Administration

21世纪应用型本科管理系列规划教材

U0674997

3rd edition

行政管理学
（第三版）

姜秀敏 编著

东北财经大学出版社
Dongbei University of Finance & Economics Press

大连

图书在版编目（CIP）数据

行政管理学 / 姜秀敏编著. —3版. —大连：东北财经大学出版社，2018.9
（21世纪应用型本科管理系列规划教材）
ISBN 978-7-5654-3332-0

Ⅰ．行…　Ⅱ．姜…　Ⅲ．行政管理–管理学–高等学校–教材　Ⅳ．D035

中国版本图书馆CIP数据核字（2018）第214323号

东北财经大学出版社出版
（大连市黑石礁尖山街217号　邮政编码　116025）
网　　址：http：// www.dufep.cn
读者信箱：dufep@dufe.edu.cn

大连雪莲彩印有限公司印刷　　东北财经大学出版社发行
幅面尺寸：185mm×260mm　　字数：433千字　　印张：18.5
2018年9月第3版　　　　　　2018年9月第4次印刷
责任编辑：蔡　丽　张爱华　　　　责任校对：齐　欣
封面设计：冀贵收　　　　　　　　版式设计：钟福建

定价：38.00元

教学支持　售后服务　　联系电话：（0411）84710309
版权所有　侵权必究　　举报电话：（0411）84710523
如有印装质量问题，请联系营销部：（0411）84710711

  行政管理学是20世纪20年代诞生于美国的新兴科学，是研究国家行政管理活动规律的科学，是理论与实践紧密结合的学科。自20世纪80年代我国在各大高校恢复行政管理专业的招生以来，行政管理学科发展突飞猛进，研究成果丰硕，取得了十分可喜的成绩。

  伴随着全球化、信息化、市场经济的飞速发展，社会治理方式发生了巨大变革，对行政管理学也提出新的要求，需对政府管理职能转变、理念创新和管理方式进行科学研究。党的十八届三中全会提出将推进国家治理体系和治理能力现代化作为全面深化改革的总目标，对行政管理学科提出了新的要求和新的视域。因此，在编写本书的过程中，力求结合我国当下的改革实际，关注学术界最新研究动态，引导学生的专业视觉与专业思维的训练。

  本书系统介绍了行政管理学的基本概念、核心原理和主要方法。在体系安排上既选取了行政环境、行政职能、行政体制、行政组织、行政领导、行政决策、行政执行、行政法治等行政改革与发展的核心问题，也充实了行政伦理、公共危机管理、政府绩效管理等最新的学术前沿问题，界定了行政管理学的定义、研究对象和基本范畴等问题，同时关注国家和政府管理的改革实践，及时更新了行政监督、行政法治、行政体制等问题领域的最新改革成果。本书采用可读性强的编排方式，每章开头运用导读的方式引发读者思考，更具有目的性和可读性；章后所附的"关键术语""基本训练"能够帮助学生更加系统地掌握行政管理的相关专业基础知识。这些细节内容的编排突破了目前现有行政管理学教材的模式，以学生为主体，以更易于读者理解和接受的方式传授行政管理专业理论和知识。同时，此版在修订的过程中增加了大量最新的行政管理实践案例，以引导学生对学术前沿热点问题的关注。

  本书可作为我国高校行政管理、公共事业管理、政治学、社会学、经济学、哲学、历史、法学等专业本科生、研究生的教材，还可作为广大公务员、各类非政府公共组织工作人员及其他各类组织管理者和一般读者了解行政管理理论与实践的读物。

  本书来源于姜秀敏老师为本科生讲授"行政管理学"课程的长期积累和心得体会。第三版增加了大量最新、最前沿的数据和资料，介绍了学术界关注的热点问题；全部替换了最新的章后案例分析，增加了一些小引例，更新了一些知识点，如关于行政监督体制的改革成果，以便于学生更好地理解行政管理理论，关注政府改革实践。研究生王舒宁、韩笑、梁译文、宫玉石、温波参与了全书的修订和改编过程，其中：王舒宁负责第一章、第三章、第四章、第五章、第六章；韩笑负责第七章、第八章；梁译文负责第九章、第十章、第十一章、第十二章；宫玉石负责第二章、第十三章；温波负责第十四章。祝贺、郭如婷、苏燕妮、顾佳琪、康梦杰、贺倩等同学参与了材料收集、整理及校稿等工作。全书由姜秀敏老师统稿。

　　本书广泛汲取国内外行政管理学教材和论著的精华，书中既有作者多年讲授"行政管理学"课程的经验总结，又渗透了关于政府治理与改革实践的思考，更有对他人成果的借鉴，在此恕不一一列举，谨对各位专家学者致以真诚的谢意。由于作者水平有限，书中的不当和疏漏之处，敬请广大读者批评指正。

编　者

2018 年 8 月

↘ 目 录

[第一章]

绪 论

本章提要

（1）行政管理学概述；（2）行政管理学在西方国家的发展历史；（3）行政管理学在我国的发展历史；（4）国家公共行政管理。

导读

行政管理学又称行政学、公共行政学，是一门研究政府对社会进行有效管理规律的科学。国家公务员和其他公共部门工作人员应该具必备行政管理学的相关知识。行政管理学作为一门科学，在 20 世纪初从政治学中独立以来，得到了长足的发展。在发达国家，行政管理学（公共行政学）已成为一门独立的、具有众多理论流派的、多学科交叉的、理论联系实际的科学。改革开放以来，我国行政管理学的研究也蓬勃发展。

"科技与管理是车之两轮，鸟之两翼。"行政管理在各种管理中起领导、主管作用。社会主义现代化建设也需要各方面的有效管理，其中行政管理是否科学、有效，直接影响着国家、社会的发展。

资料来源　孙倩倩. 学习行政管理的目的［EB/OL］.（2006-11-09）［2015-06-30］. http：//blog.sina.com.cn/s/blog_4b5432b1010006gg.html.节选.

第一节　行政管理学概述

行政管理学是一门以各级国家行政机关为主要研究对象、涉及领域广泛、内容丰富、综合性和动态性较强的理论与应用相结合的相对独立的学科。本节主要介绍行政管理学的概念、研究范畴、研究方法等最基本的问题。

一、行政管理学的相关基本概念

（一）我国古代关于行政管理的相关论述

关于"行政"的概念，我国古代典籍中早有论述。例如《左传》中早就有"行其政事"与"行其政令"的记载;《史记》里是指当政者以"王"的身份,推行全部政治任务;《纲鉴易知录》中赋予行政以"处理一切政事"的概念等。只是行政管理还未作为一个独立的学科产生,但作为一种实践活动,行政管理在我国有着非常悠久的历史,积累了非常丰富的经验,如郡县制、三省六部制等都是古人对行政管理体制的创新,为后来的管理者提供了有益的借鉴。

(二)西方国家关于行政管理的相关论述

西方学者也早就对"行政"的概念进行过论述。亚里士多德赋予行政的基本含义也是一种议事之后的执行活动,或对国家一般事务的各种具体管理。到了近代,学者们以"三权分立"的观点来解释行政;还有以"政治与行政完全分离"的观点来解释行政,认为政治是国家意志的表达,行政是国家意志的执行。这些为行政管理学作为一门独立的学科奠定了理论基础。一般认为,最早使用"行政学"一词的是德国学者史坦因。1865年,他的著作《行政学》出版,但他当时主要是在行政法的意义上使用"行政学"一词的。作为行政管理学科的概念,"行政学"一词一般认为始见于美国学者伍德罗·威尔逊1887年所著的《行政学之研究》之中,该文被认为标志着行政学的发端。

政治是国家意志的表达,行政是国家意志的执行。早期的行政管理虽然从一开始就强调行政执行的特殊意义,但那时所涉及的主要领域是理论的、范畴的和逻辑思辨的,不是技术的、过程的和实际运作的,而且有关公共行政的诸多问题常常与政治学学科合并讨论。因此,早期行政管理学关于公共行政的研究,其政治理论倾向比较明显。由于这种历史的渊源,即使到了今天,有关公共行政的若干问题,也仍然是与政治学学科交叉研究的。这种历史的渊源以及行政管理学的国家公共行政的属性,决定了它与政治学学科必然和内在的联系,以至于有人认为,从基础学科的角度来划分,行政管理学是政治学的一个分支学科。

以1911年美国人泰勒的《科学管理原理》的问世为标志,西方国家工商业界率先进行了管理观念、文化和管理技术的革新。在当时,效率、成本、时间、动作分析等观念和方法,几乎成为提高产量、增加利润的同义语,并以此为中心迅速在西方形成了一股革新潮流。在这一潮流的影响和推动下,像其他领域里发生的情况一样,"管理"的观念和方法也开始被逐渐注入关于行政问题的研究之中。这就为行政管理学的研究提供了新的领域和方法,并推动行政管理学朝着实证研究的方向发展。

自威尔逊的《行政学之研究》问世以来,许多研究者从不同的角度给行政学或行政管理学下过许多不同的定义,这些定义区别的关键在对行政一词的不同理解,区别的要点则主要集中在两个层面,即政治的层面和管理的层面。这两个层面恰好反映了行政管理学发展史上两个不同时期研究的不同侧重点。

1.持政治行政观的人主要是一些早期的行政学者

他们根据三权分立学说和自然法原则、议会至上原则认为,凡国家立法和司法以外的政务总称行政;政治是国家意志的表现,行政是国家意志的执行;行政是政府行政部门所辖的事务,或是政府官吏推行政府功能的活动。这种定义方法并没有错,但不够全面。因为,政治与行政无论在法理上还是在实际过程中都存在很强的内在联系性和功能的交叉性,都不存在截然的职能划分或不可逾越的界限。另外,仅就行政功能而言,政府公共行政管理的有效性在某种意义上更为重要。

2.持管理行政观的人主要是科学管理运动兴起以后的一些行政学者

他们认为，行政是如何使人民对政府的期望取得成功的各种方法，是完成或实现一个权力机关所宣布的政策而采取的一切运作，是一种活动或程序，是通力完成共同目标的团体行动；行政特别注重管理方法、程序具体操作，是研究政府做些什么和如何做的理论；是经由集体合作实现共同目标的艺术。从这些观点中可以看出，他们将行政理解为一个实际而广泛的运作过程，注重的是行政管理实施过程中的方法及其有效性。这样，行政就被理解成一个包括政府、其他公共权力机关甚至工商社会组织的、有着较为广泛的内涵和外延的概念。但一般来说，行政管理学仍以政府活动及其科学化为主要研究对象，并据此设定研究范畴和研究方法，以区别于工商企业界的管理。

综上所述，行政（administration）管理，简称行政，是指依法享有国家权力的国家行政机关，对国家事务、社会公共事务和自身内部事务的管理活动。行政管理学就是关于公共行政制度或行政体制及其运行机制的合法性、合理性、有效性、发展性的比较系统的思想、理论、逻辑、知识和方法的体系。在一般情况下，它主要反映政府（国家行政机关）管理国家事务、社会事务和自身内部事务的活动，并通过对这些活动的本质与现象、主体与客体、观念与技术、内容与形式、制度与过程、历史与未来的研究，发掘公共行政管理的规律性，帮助推动这些活动的科学化、法制化、规范化、合理化、效率化和时代化的进程。值得强调的是，政府公共行政管理在宪法意义上具有明确无误的公共属性和公共服务的职能，与此相一致，合法性和有效性构成了政府一切行政思想和行政行为的基本价值标准。

二、行政管理学的学科目的、研究范畴及研究方法

（一）行政管理学的学科目的

（1）研究关于建立和完善国家行政制度的理念、理论与方法；
（2）研究关于提升政府公共管理的水平和行政效率的思想、途径与方式；
（3）为政府公共行政管理提供系统的理论依据、论证方法和实证技术，为国家行政发展提供专业性意见；
（4）全面培养政府公务员，尤其是行政通才。

（二）行政管理学的研究范畴

行政管理学的研究范畴中有代表性的观点有：
（1）怀特将行政管理学的研究范畴归纳为四大部分：组织原理、人事行政、财务行政、行政法规。
（2）古立克提出了"七环节"理论：计划、组织、人事、指挥、协调、报告、预算，以此概括行政管理的七大基本职能。
（3）我国台湾学者张金鉴提出了"15M"理论（每个概念里面都有一个M）：目标、计划、人员、经费、财物、组织、方法、领导、激励、沟通、士气、协调、及时、空间、改进。
（4）一般来说，行政管理学的基本研究范畴有以下方面：行政原理、行政职能、行政权力（授权）、行政组织、人事行政（公务员制度）、行政领导、行政决策、行政计划、行

政程序、行政执行、行政技术、行政行为、行政效率（有效性）、机关管理、公共财政（财务行政）、行政责任、行政监督、行政道德、法制（治）行政、行政改革、行政能力、行政发展等范畴。

（三）行政管理学的研究方法

行政管理学使用的大多数研究方法是众多社会科学共同使用的方法，在实际的研究过程中经常是交叉、交替和混合使用的。

一般来说，行政管理学常用的研究方法如下：

1. 逻辑分析方法

逻辑分析方法又称哲学研究法，主要从哲学的观点出发研究公共行政现象，通过运用理性判断、非理性判断、逻辑推理、因果关系分析等直接与哲学思想相关的分析方法，研究公共行政过程中矛盾的普遍性与特殊性、共性与个性的关系，一般规律与特殊规律的关系，进而形成一定的普遍适用的有关公共行政的理论基础和行为准则。

2. 历史分析方法

历史分析方法又称史学研究法，注重公共行政和行政管理学的起源、发展及演变的过程，不同时期的不同特点和历史类型，以及历史情形对现实行政的影响和借鉴意义。

3. 实证分析方法

实证分析方法又称事实研究法、行政调查法，指通过观察、描述事实，进而依据事实得出结论的分析方法。其特点是以实际、具体的行政事项或行政过程为研究对象，本着具体情况具体分析而不拘泥于通则或定律的原则，研究行政问题的症结所在，并制定切合实际、行之有效的对策。

4. 比较分析方法

比较分析方法主要通过对不同行政制度或行政模式、不同公共政策选择等行政问题的对比分析，研究不同政府间在行政理念、行政思想、行政原则和管理职能、管理体制、管理方式、管理手段等方面的差异，研究实现高效、民主行政的途径和方法，是一种既适用于空间序列，又适用于时间序列的分析方法。

5. 系统分析方法

系统分析方法又称生态研究法或环境研究法。其特点是将相关行政活动进而整个行政过程乃至社会环境视为一个有机整体，着重研究各个相关部分的交互影响、双向往来、动态平衡、彼此关系，进而寻求最优化的行政选择。

6. 案例分析方法

案例分析方法又称案例研究法。其特点是对已经发生的真实而典型的行政事件，通过广泛收集各种可能的资料，再以公正的观察者的态度撰写成文，以供分析研究和借鉴之用。

7. 模拟分析方法

其特点是通过使用定量概念和方法，来模拟行政管理中的某些基本因素或条件，从中寻求行政管理合理效率和效益的模式。

三、行政管理学的学科特点及与相关学科的关系

行政管理学作为一门理论与应用相结合的系统学科，其特点比较突出，具体表现为：

（1）综合性，即它是交叉的、丰富的、广泛的。这一特点是由政府公共行政管理的复杂性、广延性所决定的。

（2）实践性，即它是实际的、应用的、具体的。

（3）系统性，即它是整体的、有序的、相互关联的。

（4）技术性，即它是方法的、工具的、手段的。

（5）发展性，即它是动态的、进步的、创新的。

行政管理学学科的意义是建立在与其他学科的相互联系、相互比较、彼此相交的相互关系的基础上的。它与相关学科具有密切的关系。

1.行政管理学与政治学

一般认为，行政管理学源自政治学，其最初的目的是研究如何有效地保卫宪法和执行宪法，所以从渊源上说，行政管理学是政治学的分支学科，但二者具有比较明显的领域差别。政治学主要是研究国家的基本理论和制度，如国家的起源、构成要素、体制，国家的政治原则、政治权力、政治制度，以及其他政治性的原理、原则和实践。行政管理学则主要研究政府体制和政府行为等行政现象，研究如何制定正确的政府目标和如何有效地达到这些目标，因此实务是其基本内容。就相互关系而言，"行政学是借政治学指引其努力的方向，政治学则有赖于行政学充实它的内涵"。

2.行政管理学与行政法学

有的学者认为，行政管理学源自行政法学，因为行政管理学的形成是从研究法律对行政活动的规范开始的。后来由于行政活动日渐繁多，行政管理学才逐渐分离独立形成一门学科。从现代学科的领域看，行政法学是以行政法律关系为研究对象的学科，其性质和内容是研究与规定公共行政管理的法律规范。比如，行政权力主体如何行使职权，以及在其对民权和其他行政权力有所侵犯时如何惩处和补救等。行政法学典型表述方式是各种行政法律规范。行政管理学则研究推行和执行政务及如何使之有效的原理原则与技术方法，尤其注重在行政过程中的有效性。行政法学与行政管理学都是以国家行政为中心观念的学科。前者有赖于后者不断充实其内容，后者则有赖于前者提供维护自身合法权威的规范，进而加强自身的性能。因此，行政管理学与行政法学在现代社会中是紧密联系、相互促进的两门学科。

3.行政管理学与企业管理学

企业管理学是科学管理运动兴起以来有关企业管理的理论和方法的总称。一般认为，企业管理学较之行政管理学后起，它主要研究如何管理和改进企业的经营状况，提高生产率和增加利润，但它兴起之后却不断对行政管理学产生重大、直接的影响和推动。应当说，行政管理学借用或吸收了相当多的企业管理学的概念、词汇和方法，同样，企业管理学也从行政管理学借鉴了某些思想、理论和方法。因此，可以说，二者在本质上是一致的，在方法论上也是相通的，但在研究对象、目的和范畴等方面存在明显的差别。行政管理学与企业管理学是内容上交叉、理论研究和研究方法上相互借鉴、学科发展上相互影响和相互渗透、研究领域上各异的两门学科。

4.行政管理学与社会学

社会学是研究人类社会各种社会生活现象的学科，是社会科学的基本学科之一。从广义上说，一切社会生活都是社会学的研究对象，其中包括社会公共管理的概念、方式和手段。行政管理学只有将行政现象置于广大的社会环境中来考察，才能获得比较符合实际的理论和解决办法。从狭义上说，社会学不以公共权力的成立和行使为特定的研究对象。就相互关系而言，社会公共事业的管理是公共行政管理的重要内容，许多重大社会问题只有依靠国家行政机关的法权地位和特有的方式、手段才能解决。所以，行政管理学与社会学是相互促进、相互支持的。

除了以上学科外，行政管理学与经济学、财政学、统计学、心理学、社会心理学、行为科学、运筹学、高等数学、计算机语言学、公共关系学等学科都有着比较密切的关系。

四、现代行政现象与现代行政精神

现代行政现象是指第二次世界大战以后，尤其是20世纪60年代以来，国际上主要是发达国家所出现和形成的某些公共行政现象。现代行政精神则是指与现代行政现象相一致的、政府在实施公共行政管理过程中比较重视和强调的某些行政精神。

（一）现代行政现象

1.行政职能扩展

西方国家的行政机关在相当长时间里，遵循宪法规定行政活动的限度和秩序，其一切行政行为都必须以法律为依据，受法律的严格控制，由此形成"无法律即无行政"的法治行政原理。行政被看作仅仅是国家官员依法行使职权和寻求行政效率提高的活动。与这种国家理论相一致，西方国家政府的职能在相当长一个历史时期被限定在维护国家安全、社会秩序以及个人财产不受侵犯等方面。自从自由资本主义发展成为垄断资本主义，特别是第二次世界大战以后至20世纪60年代以来，人类社会发展进步的节奏明显加快，出现了大量的新思想、新观念、新学科、新技术、新行业、新文化、新财富等，推动着人们形成新的需求和新的价值观念，同时给西方国家带来了日渐增多、日益复杂的政治、经济和社会问题，这就需要一种能够对变化及时反应并有效解决问题的力量。在这种条件下，具有较强机动性、灵活性、伸缩性的国家行政机关，顺理成章地成为国家的主导权力机关。西方国家认为，"法律有限、人事无穷"，纯粹的法治行政已不再适应变化的需要。因此，依法行政不应是一切行政行为均必须依照法律条款，而是必须符合法律原则。也就是说，在不违反宪法和法律的条件下，国家行政机关有自由裁量、采取行政行为的自主权力。上述行政观念的变化，使政府不仅承担起了保国卫民的责任，而且承担起了扶助各行各业均衡发展，普遍提高各个阶层生活水准和道德、文化水准，防止个人私欲损害社会公益以及缓解社会矛盾的责任。政府行政职能的扩展造成了"行政国家"的兴起，行政国家的兴起则造就了一个"大政府"。

2.不良行政现象增加

行政权力的扩展和强化导致了行政国家的出现，行政国家的出现则进一步加强了行政活动。以行政权力的强化和行政职能的扩展为基础的政府行政活动的加强相应带来了一系列的不良行政现象：

（1）行政组织规模庞大，形成了许许多多结构复杂、分工细致、门类繁多的专业部门和各种行政委员会，与此同时，政府公务人员也大量增加。

（2）行政决策迟缓，使政府行政管理的效率和有效性受到影响。

（3）政府人员专业化，主要是指政府大量招揽和使用专业人才的现象，造成了所谓"专业人员国家"的现象。

（4）官僚化倾向滋长，导致了"程式化"行政现象出现，不仅使国家行政组织中人际关系淡薄，主动进取精神受到抑制，而且导致政府与公众关系恶化。

3.行政管理和行政管理理论现代化

这主要是指随着社会的发展进步所形成的某些行政现象：

（1）重视社会目的。从积极意义上说，重视社会目的、为国民利益服务是现代宪政国家政府的天经地义的职责，从消极意义上说，轻视社会目的、不为或不能为国民利益服务的政府，则会为国民所不容、被国民所抛弃。

（2）行政管理手段现代化，主要是指政府为适应现代管理的需要，不断和大量吸收、采取现代化的技术设备和技术方法的行政现象。

（3）行政管理理论现代化。从科学管理理论开始，经过行为科学-人际关系的激荡、管理科学的充实、系统论-权变观的发展，当代行政管理学已经成为一门内容丰富多彩、分支学科众多、研究领域独特、实践性较强的学科。为民服务、依法行政、高效管理、适应发展成为其中心观念。

（二）现代行政精神

1.主动进取

社会经济的发展和一系列复杂的社会问题的出现，要求政府经常地审时度势，不断地提出对策，进而有效地解决面临的各种问题。因此，只有那些锐意进取的政府，才有可能获得国民的支持，进而获得国家和民族的竞争优势。

2.追求卓越

作为一种行政精神，所谓追求卓越主要指现代政府在主观意愿与客观效果相统一的意义上追求出色的政府公共行政管理，在比较的意义上追求不断提升并在实践中表现出具有卓越品质的公共政策能力、综合实施社会公共行政管理的能力、有效地向公众全面提供公共产品和公共服务的能力、自律和自我更新的能力。这种精神直接表现政府的工作动机、工作意愿、工作状态。追求卓越涉及两种相互联系的价值取向，即效率与效果。

3.创新发展

创新发展是一个政府乃至一个国家、一个民族的生命力和适应环境能力的主要标志之一。在现代社会条件下，发展变化的节奏明显加快，优胜劣汰已经成为一种随处可见的社会现象。政府对国民负责，要使国富民强、永远立于不败之地，就必须具有强烈的忧患意识，不断创新发展。

第二节　行政管理学在西方国家的发展历史

行政管理学的演进是指行政管理学的发展及在不同发展阶段上的不同内容和特点。一般认为，行政管理学发端于19世纪末期，以威尔逊的《行政学之研究》为标志，但自那以后，研究者们提出了许多不同的观点。我们认为，以新学派的创立、新理论的形成、新的研究方法的提出为主要划分标准，行政管理学的演进大致可以分为：

一、行政管理学的产生时期（早期公共行政研究时期）

这一时期是指1887年威尔逊发表《行政学之研究》到科学管理理论兴起之前（1911年）的一段历史时期。1865年，德国学者史坦因在《行政学》中最早提出了行政学的概念。1887年，威尔逊（曾任美国普林斯顿大学教授和校长，后任美国新泽西州州长和美国第二十任总统）在美国哥伦比亚大学《政治科学季刊》上发表了《行政学之研究》一文，主张建立一门独立学科——行政学。一般认为，该文是行政学的开山之作，威尔逊本人也因此被认为是行政学的创始人。1893年美国学者古德诺所著的《比较行政法》出版，该书被许多大学视为教科书，但他的最有代表性的著作是《政治与行政：对政府的研究》（于1900年出版）。《政治与行政：对政府的研究》是最早的行政学专著之一，在书中他明确提出"政治是国家意志的表达，行政是国家意志的执行"，他成为政治、行政二分论的代表人物。

在这一时期里，行政管理学建立了基本的理论基础，形成了初步的学科体系，产生了比较大的影响，为行政管理学的进一步发展提供了条件。

二、科学管理时期（传统公共行政研究时期）

科学管理时期以美国泰勒1911年的《科学管理原理》一书为标志，到20世纪30年代行为科学兴起之前。1926年，美国罗纳德·怀特的《行政学导论》和1927年美国学者威罗福毕的《行政学原理》是行政学成为一门独立学科的标志。

在这一时期里，行政管理学在前一时期研究的基础上，同时受到科学管理理论的启发和影响，开始转向建立学科的基本框架体系的方向上来，其研究的重点集中在谋求行政组织的合理化、行政过程的制度化、行政行为的效率化、行政方法的标准化。这一时期提出了行政管理学的研究目的、研究对象、理论范畴、管理原则、研究方法等一系列的规范，基本形成了行政管理学的学科体系，使之成为一门领域广泛、内容丰富、作用独特的独立学科。

三、行为科学时期

这一时期以艾顿·梅奥1933年的《工业文明的人类问题》为标志，到20世纪60年代系统管理学派兴起之前。美国在1929年成立了全美行政学会，加强了理论研究与交流。这一时期是行为科学-人际关系管理理论盛行的时期。行为科学-人际关系学说并不是单独以行政管理学为研究对象，而是以一种非常广泛的社会科学为研究对象的。它使用反传统的研究方法，开拓了以人的行为和人际关系为中心的新的研究领域，所以有人称之为"新社会科学"。

四、系统科学时期

这一时期开始于20世纪60年代，没有明显的标志，而是一种渐进的过程。从提出新问题的角度划分，该时期或许可以以孔茨于1961年发表的《管理理论丛林》为启端。在该文中，孔茨用"丛林混战"一词来描述和形容管理理论的名词、术语、定义、假设漫天飞舞，学派、理论、体系、方法林立的现象，由此提出了管理理论价值取向和价值目标混乱，造成学术研究和管理务实的困难或迷茫问题。1980年，孔茨再著《再论管理理论的丛林》，认为当时至少可以概括出社会系统学派、决策理论学派、系统管理学派、经验主义学派、权变理论学派、管理科学学派、组织行为学派、社会技术学派、经理角色学派、经营管理理论学派等学派。为了突破和摆脱"丛林混战"造成的困境，人们开始试图寻求一种能够较为有效地整合各种管理理论的新的基础。这就是后来的系统理论和权变理论。

第三节　行政管理学在我国的发展历史

伴随着1978年开始的改革开放和现代化建设进程，中国的行政管理学作为一门独立学科经历了倡导与恢复、研究与教学、应用与检验，经过40年的发展，取得了巨大的进步和成就。

一、行政管理学的研究与改革开放的实践同步发展

中国是一个有着极为丰富的行政管理思想传统的国度。行政管理学作为一门独立学科的研究，可追溯的历史大体和德国、美国相同。1896年梁启超在《论译书》中提出"我国公卿要学习行政学"，1908年清朝政府在北京创办的铁路管理传习班（学制1年和3年，相当于中专和大专）开设了"行政管理"课程，1918年国立交通大学管理学院设"公务管理"科（系）。20世纪30年代，在中国共产党领导的革命根据地延安建立过行政学院，并开设行政管理学课程。在中国国民党治理区建立有全国性的行政管理学术团体，1934年设立"行政效率研究会"，并创办《行政效率》半月刊，尔后成立了"中国行政学会""中国行政问题研究会""行政评论社""中国宪政学会"等学术团体，不少大学开设有行政管理学课程。1935年张金鉴的《行政学之理论与实际》问世，这是我国第一部比较系统的行政管理学专著。中华人民共和国成立后，学界和教育行政主管部门提出用马克思列宁主义指导行政管理研究。20世纪50年代高等院校课程调整时，由于受到"左"的思想和苏联高等教育体制的影响，照搬当时苏联的办学模式，行政管理学被当作"伪科学"，未能作为一门独立学科予以保留，改名"行政组织与管理"，后仅存在不到3年时间，即告中断。全国对行政管理的理论研究和教育基本处于停滞状态。

改革开放以来，中国进入社会主义现代化建设新的历史时期。随着经济体制改革和政治体制改革的发展，政府行政体制改革和提高行政效率越来越成为改革开放与现代化建设中迫切需要重视的课题。1978年年底召开的具有重大历史意义的中国共产党第十一届三中全会提出了"精简经济行政机构"的任务。1979年3月30日，邓小平指出"政治学、法学、社会学以及世界政治的研究，我们过去多年忽视了，现在也需要赶快补课"，要"下定决心，急起直追，一定要深入专业，深入实际，调查研究，知彼知己，力戒空谈"。1980年邓小平提出"党和国家领导制度改革"的重大命题，接着又提出"精简机构"，强调精简机构"是对体制的一场革命"，认为机构改革、体制改革要提到"搞好现代化建设的四个保证"的"高度"来看等重要观点。这一系列论述为行政管理学的恢复与重建提供了重要依据，举起了一面旗帜。在张友渔、周世述、夏书章、丘晓等一批政治学者、行政管理学者的积极奔走倡导下，政治学、行政管理学等学科研究被提到日程上来。

1980年中国政治学会在北京成立。1981年在昆明召开的中国政治学会年会和政治学

规划会上有学者讨论到有关行政体制改革的问题。1982年中国政治学会在上海复旦大学举办了全国行政管理学讲习班，重点讲授行政管理学知识，为行政管理学发展在全国培训了一批骨干力量。1983年中国政治学会又在济南举办了政治行政体制改革研讨会，对政治学行政管理学研究的主要问题进行了讨论，并举办了政治学行政管理学讲座。1985年3月山西人民出版社出版了夏书章为主编、刘怡昌为副主编的《行政管理学》一书，在全国发行达10万余册。1988年由国务院办公厅作为主管机关的中国行政管理学会在北京正式成立，国务委员兼国务院秘书长陈俊生任第一届理事会会长。中国行政管理学会的成立，标志着改革开放以来中国的行政管理学恢复建立的倡导和准备工作已经完成，标志着行政管理学作为一门独立学科在中国得到公认。

二、行政体制改革成为行政管理学发展的主要动力

改革开放以来，中国社会发生了巨大的变化，经济体制从计划经济向市场经济转变，社会形态由农业社会向工业社会转变，社会结构从封闭走向开放，政治体制逐步走向民主和法治。面对经济、社会和政治不断发展的新形势，行政体制出现了许多不适应经济社会发展的方面，如政府职能转变不到位、政府直接干预微观经济活动过多、市场监管体制不完善、社会管理体制不健全、公共服务体系薄弱等。中国行政管理学正是在这样强劲的现实需要推动下，从停顿多年之后奋力崛起，紧紧围绕我国政治、经济、文化、社会各项事业全面发展对改进行政管理、改革行政体制提出的要求，围绕行政体制改革的实践，加快理论研究步伐，努力实现理论对实际的跟进、同行和先导。

（一）行政管理学发展的"主线"：政府职能改革与管理方式创新

中国行政管理学的发展一方面遵循学科规律，相对独立地构建自身的体系，另一方面则围绕着政府职能改革与管理方式创新进行行政管理理论和实践研究。从一定意义上说，后者决定了前者的方向和构成，是中国行政管理学发展的一条"红线""主线"。

中华人民共和国成立以来，我国在经济体制上实行计划经济，在行政体制上实行高度集权的管理模式，政府管了许多"不该管""管不好""管不了"的事情。行政体制改革需要科学的理论作为指导。如何建立与经济社会发展需要相适应的行政体制，成为时代对我国行政管理学发展的要求。行政体制改革与创新直接成为我国行政管理学研究的核心主题。

全国的行政管理学术团体、科研机构和广大行政管理研究人员针对关系党和国家事业发展全局、现代化建设亟待解决、广大干部群众关心的涉及政府管理改革与创新的热点、难点问题进行了系列研究和探索。如中国行政管理学会成立以来就注重对行政改革问题的研究。这方面的研究首先是从基础性的调查研究开始的，对面广量大的县一级基层政府行政管理情况及其体制改革需求、改革重点和路径等问题开展了一系列研究，并注意引导行政管理学研究向层级化、分科化发展。这一时期行政管理研究的突出成果是提出了"小政府、大社会""小机构、大服务"等重要观点，引起中央政府高度重视，并得到肯定，国务院在"政府工作报告"中明确提出了这方面的改革任务。

我国行政体制改革在不断深化。1988年随着政府机构改革不断深化，中央政府提出了转变政府职能的要求，并且于1992年提出了行政体制要按照建立社会主义市场经济的目标来进行改革的要求。在1993年召开的中国行政管理学会年会第二次代表大会上，行政管理

学界提出行政管理学研究要上一个新的台阶，要进一步探讨中国行政管理的发展趋势，在行政管理界和行政管理学界引起较大反响。1996年，中国行政管理学会年会集中讨论"建立现代企业制度和政府管理现代化"。大家认为，当代行政管理日趋国际化，行政信息交流更加密切，中国实行社会主义市场经济更需要吸取国际社会和各国市场经济的管理经验。由此而到国外学习考察行政管理的人数逐渐增加，开展比较各国行政管理研究增多。行政管理学研究的视野越来越开阔，中国行政管理学研究逐步走向深化和提高发展阶段。

中国行政管理学界围绕建立与完善社会主义市场经济、发展社会主义民主政治和构建社会主义和谐社会等重大时代命题，着重研究了政府如何在社会主义市场经济下转变行政职能，转变工作方式和工作作风，提高行政管理质量和效率的问题；研究了行政公开性原则、政务公开的法制和制度建设，以及电子政务的发展；研究了行政道德建设、行政文化和政府机关思想政治工作问题；研究了加入世界贸易组织后的政府行政管理如何应对、行政体制如何深化改革问题；研究了在西部大开发中政府行政管理存在的误区，以及如何提升西部地方政府管理能力等问题；研究了加强政府公共服务和社会管理职能，建立绩效评价体系，建设服务型政府的问题；研究了社会转型期突发事件政府应急管理的组织体系和运作程序等许多极为重要的问题。这些研究大大拓展了行政管理学的研究深度和广度，同时，由于研究成果与实践贴得越来越近，许多理论观点和具体思路直接进入政府的决策，成为改进行政管理、促进行政改革的理论依据和社会动力。这样，行政管理学的发展进入了一个新的阶段。

（二）行政管理学发展的"主体"：国家公务员制度的建立和完善

国家对行政管理人员的管理体制的发展能很清楚地折射出我国行政管理学研究的轨迹。在改革开放之前，我国行政管理队伍与政党干部、企业和事业单位干部统称为国家干部，没有对行政这一特殊的管理领域加以区分。随着党和政府的工作重点转移到现代化建设方面，建设一支精明强干的公务员队伍便成为具有战略意义的选择。改革开放初期，邓小平便提出要实现干部队伍的革命化、年轻化、知识化和专业化。1980年中共中央下发《关于加强干部教育工作的意见》，认为干部教育是实现四个现代化的根本大计。为适应公务员队伍建设的需要，从20世纪80年代至今，中国公务员制度得到大力发展，对公务员的科学严格管理、专门知识和技能的培养以及职业精神、伦理道德的树立，特别是对公务员的学识、能力、素质等方面有了新的、专业化的要求，公务员教育和培训工作逐步走向经常化、制度化和正规化。行政专业知识的教育和培训被纳入了公务员制度与国民教育制度。第十届全国人民代表大会常务委员会第十五次会议通过了《中华人民共和国公务员法》（以下简称《公务员法》），并于2006年1月1日正式实施。之后，2008年6月27日《公务员培训规定（试行）》由中共中央组织部与人力资源和社会保障部联合下文颁发，这为建立科学化、民主化、制度化的中国特色公务员制度，全面建设小康社会提供了人才支持和组织保证。公务员除了政治理论的教育培训以外，经济理论与管理、行政管理与公共政策、依法行政成为公务员学习的重点。公务员制度的建立，大规模、经常化、制度化的培训，为行政管理学的发展提供了契机，也成为行政管理学发展的重要动力。

（三）行政管理学发展的"主力"：行政管理教育事业的发展

在20世纪80年代中期，中国人民大学等一些大学率先开设了行政管理学的课程，国家教育主管部门适时批准了武汉大学、兰州大学、郑州大学等部分大学开办行政管理专业和院、系，在短短的几年中，行政管理专业就在许多大学开始设立。至1992年，中国的行政管理教育已经初成体系。1996—1997年，国家教育主管部门对中国高等教育的学科专业做了一次较大的调整，新设置了管理学门类以及公共管理一级学科，将原属于法学门类政治学一级学科的行政学专业归入公共管理学科之中，并更名为"行政管理"。这不仅是行政管理学专业的学科归属上的变化，而且有着更深刻的内涵，即意味着该专业的人才培养模式必须由传统的学术型向应用型转变，以适应市场经济和现代化建设对复合型、应用型的公共管理人才的需求。国家的重视和行政管理人才培养模式的转变，给行政管理学的发展提供了更大的空间。2001年国家教育主管部门又批准在部分大学试办公共管理专业硕士学位（MPA）教育。行政管理学教育实现了从间接地提供知识到直接向实践工作者培训，从而进入决策和管理的深刻转变，大大缩短了科学研究与实践应用的距离，这也成为社会实践推动行政管理学迅速发展的重要动力。

（四）行政管理学发展的"生态力"：学科的分化整合与国际化

人类关于管理的研究领域是一个开放的领域，其知识体系呈现交叉性、放射性和融合性。行政管理学是综合性学科，科际整合特征比较明显，研究行政管理学必须研究行政生态，即行政的经济生态、政治生态、社会生态以及学科生态，才能获得"生态力"。因此行政管理学必须有政治学、心理学、法学、经济学、管理学、统计学、历史学、领导科学、行为科学等相关的知识。同时，当代公共问题的复杂性也使得任何单一学科的知识与理论不足以解决公共问题，多元学科的研究途径符合复杂世界的本质。行政管理学研究的许多内容包含着从社会科学的其他学科领域发展起来的概念、假设和理论，也深受自然科学理论和假设的影响。从20世纪80年代起，社会科学的其他学科如经济学、政治学、社会学、心理学、法学等都得到了重建或发展。另外，行政管理学作为社会科学的一部分，它的发展本身就与社会发展密切相关，当今社会国际化已成为一个客观趋势，而社会科学研究的国际化乃是当代社会科学本身发展的需要，亦是开放社会的需要。社会科学研究的国际化的本质是跨国之间的学术组织和研究者交流信息、相互学习、共享知识、创造知识的过程。从这个意义上而言，中国行政管理学学科的发展始终都是伴随着国际化的步伐并在此过程中得到发展的，中国行政管理学界十分重视吸收和借鉴外国的经验教训。20世纪80年代以来，国际上行政管理学进入了一个新的"丛林"时期，各种各样的学术流派不断涌现出来，对行政管理实践的影响也越来越大。中国行政管理学的发展在很大程度上也得益于借鉴国际上的研究成果。

纵观我国行政管理学的发展，走势十分清晰。既有我国现实改革开放的实践需要引发大规模的行政管理学研究，又有国际行政管理学发展对我国的积极影响。这样，在一个东方大国的社会科学领域，在走向现代化的行政实践中，经过无数理论工作者和实践工作者的辛勤耕耘，行政管理学繁荣的季节到来了。

三、中国行政管理学研究取得的成就

改革开放以来，中国行政管理学研究取得显著成就。

（一）确立行政管理学独立的学科地位

中国的行政管理学厚积薄发，按照改革开放事业对行政管理的时代要求和学术演化规律，逐步形成了特定的研究内容，主要包括行政管理主体、行政管理客体、行政管理流程、行政管理方法、行政管理改革、行政管理法治、行政管理发展、行政管理生态等。行政管理学已经发展成为一门相对独立的学科，其地位得到了社会科学界的认同和政府主管部门的确认。现在行政管理学在中国已成为一门热门学科，并且在行政管理实践者中兴起了学习和运用行政管理理论的热潮，如在各大学纷纷开设专业，各种行政管理培训、进修班数量很大。行政管理必须实现科学化、民主化、法制化、现代化。做好行政管理工作，必须学习行政管理知识。把行政管理学作为公务员的必修课，已成为实践工作者、理论工作者和教学工作者的共识。

为了把行政管理学学科的基础打造得更加牢固，中国的行政管理学研究者不断加强对行政管理基础理论和深层次问题的研究，展开了行政哲学、行政方法论、公共性、行政战略、行政伦理等内容的思考。2003年4月，中国行政管理学会与南京财经大学联合在南京召开"全国行政哲学研讨会"。这是我国恢复研究行政管理学以来第一次全国性的关于行政哲学的学术聚会。它有效地聚集了国内行政哲学研究的力量，涌现了一批有较高质量的论文，深化了对行政哲学本身及相关问题的研究。在会议论文基础上形成的《行政哲学导论》一书，对行政哲学的视域、行政价值与行政责任、行政伦理与行政文化、行政发展等方面展开研究。此后，中国行政管理学界每年都召开行政哲学方面的研讨会，取得了一大批研究成果。这对于研究和解决全球化背景下行政改革实践中存在的问题，探索行政管理活动的本质和规律，加强对行政理论的哲学概括，形成行政管理学的理性规范，具有重要意义。

同时，中国行政管理学界还通过翻译、介绍、出版外国著作，借鉴外国的行政管理学理论和行政改革经验，进行比较研究，为我所用。行政管理学界贯彻"百花齐放、百家争鸣"方针，开展广泛的学术交流研讨活动，努力探索新时期行政管理规律和特点，不断深化对行政管理学的研究，丰富和发展行政管理理论体系。一门成系统、能自恰、可兼容、有发展的行政管理学已经基本形成。

（二）加强对中国重大现实问题的研究

行政管理学作为研究政府管理活动规律的一门学科，有很强的现实性、应用性。我国从中央政府（国务院）到地方政府（省、市、县、乡镇）已把行政管理的理论研究和应用放到推进行政体制改革，提高政府效能、执行力和公信力的重要位置，政府积极实施科学行政、民主行政、依法行政，将公务员的行政管理实践与理论学习、学术研究结合起来，并在政府机关和事业单位中设立行政管理研究机构，加强行政管理研究。行政管理学界对行政体制改革中热点、重点和难点问题特别是涉及全局性、战略性、前瞻性的重大课题进行研究，贴近实际，整合资源，不断深化对当代中国经济社会发展和政府管理规律的认识，提炼出具有针对性、实用性的科研成果，为党和政府的决策服务，力求得出科学的理论回答。中国行政管理学会每年都有重点项目（研究报告）受到国务院领导的重视、肯定和批示。截至2015年6月，中国行政管理学会有关于行政管理改革方面的80余篇调研报告得到国务院和国务院领导、国务院办公厅和其他有关部门领导的批示与肯定，有的已被政府决策所采纳，如《关于山西隰县"小政府、大服务"为模式的县级行政管理体制和机构改革的经验调查报告》《加快政府职能转变，建立、健全宏观经济调控体系》等调研报告。其中一些重点课题成果在《人民日报》《中国行政管理》等报刊发表，扩大了成果的影响。我国行政管理学界编辑出版的行政管理学专著数以千计，仅中国行政管理学会编辑出版的学术著作和论文集就有60余部，如《邓小平行政管理思想研究》《邓小平行政管理思想概论》《中国行政管理体制改革及发展趋势》《中国行政科学发展》等。其他各行政管理学研究机构、社团以及学者也都取得了一系列成果。这些研究成果为促进行政管理改革，提高行政效率，逐步实现行政管理科学化、民主化、法制化、现代化，建立和完善适应社会主义市场经济要求的行政体制，发挥了参谋咨询作用。这些研究成果丰富了行政管理学理论宝库，使行政管理研究机构成为政府的重要"智库"。

2012年以来"简政放权"大力推行审批制度改革，行政审批制度改革取代机构改革成为政府职能转变的主要工具和途径之后，职能转变工作取得一定成效。从机构改革的历史进程来看，机构改革以转变职能为导向，适应市场经济发展的需要，具有明显的"适应性"特征。

2013年以来中国启动了新一轮行政体制改革：第一，大部制改革持续推进，比如撤销铁道部成立铁路总公司，把新闻出版、广播电视等部门合并起来成立了一个大的部门，统管相关事项。第二，赋予行政体制改革以新的意义和职能，即行政体制改革要服务于、服从于国家治理体系和治理能力的现代化。第三，对一些比较弱的部门进行了加强，成立了一些新部门，如国家安全委员会。

十八届二中全会指出，转变政府职能是深化行政体制改革的核心。简政放权、放管结合工作取得明显成效。国务院部门共取消或下放行政审批事项537项，本届政府承诺减少1/3的目标提前两年多完成。

十八届三中全会《中共中央关于全面深化改革若干重大问题的决定》提出"推进国家治理体系和治理能力现代化""更好发挥政府作用""有效的政府治理"等提法和理念，也凸显了机构改革的自主性特征。

习近平总书记在十九大报告中指出，为适应新时代中国特色社会主义现代化，要进一步深化机构和行政体制改革。他指出，特别是要"统筹考虑各类机构设置，科学配置党政部门及内设机构权力、明确职责"。特别强调了内设机构的配置问题，明确了政府机构改革的发展方向。破解机构合并后的"同床异梦"现象，切实推进合并后的机构整合和职能融合，通过内设机构的合理配置产生加成效应，通过上下联动的机构改革产生倍增效应。

其次，十九大报告指出要"统筹使用各类编制资源"，这为破解政府机构编制难题提供了思路。确保政府机构的人员安排能够得到有效控制，盘活既存人力资源并激活新增人力资源，从而实现政府编制管理的优化配置。

最后，十九大报告指出要使省级及以下政府拥有更多的自主权，并鼓励职能相近的党政机关合并设立或合署办公。这有利于进一步理顺党政关系和上下级关系，并发挥各地各级政府的能动性，明确了未来政府机构和行政体制改革的三大方向，有利于在巩固已有机构改革成果的基础上，进一步实现行政体制改革的提质增效。

十九届三中全会《中共中央关于深化党和国家机构改革的决定》和随后公布的机构改

革方案揭示了新一轮机构改革的全貌，机构改革从行政体系向整个治理体系拓展，"以加强党的全面领导为统领，以国家治理体系和治理能力现代化为导向"，对党和国家机构的存量职能进行优化配置，表明机构改革完全发展出自主性的改革内涵。

中国行政体制改革不断向建设责任政府、廉洁政府、法治政府、服务政府的方向推进。这也是中国行政体制改革发展的基本趋势。

（三）建立起一支强大的教学和科研队伍

行政管理学术团体和教学、研究机构的设立，是反映一个国家对行政管理学的重视程度和发展水平的重要标志。它们的设立壮大了科研队伍，增强了科研力量和社会基础。改革开放以来，已在30个省、自治区、直辖市和7个副省级城市建立了行政管理学会。中国行政管理学会成立以后，在促进科学研究、传播公共行政科学知识、为政府提供咨询方面做了卓有成效的工作，这些工作极大地促进了行政管理学科和职业的快速发展。到2014年，中国行政管理学会已有会员近万人。中国行政管理学会充分发挥学会优势，调动、组织和吸引多学科、多层次的理论和实践工作者等优势研究力量进行集体合作，协力攻关。中国行政管理学会已建立了6个专业领域的研究组织：全国行政管理教学研究会（1987年）、县级行政管理研究会（1990年）、政策科学研究会（1992年）、后勤管理研究会（1994年）、公安管理研究会（1996年）、绩效管理研究会（2006年）。地区性和专业领域的学术组织的发展，标志着行政管理的研究向着更广泛和更纵深的方向发展。国家社会科学基金和自然科学基金对行政管理学研究的资助力度不断加大。此外，在一些部门和省市区建立了行政管理学科研机构和创办了学术刊物，如中国人事行政科学研究院（所）、中央编办行政研究中心、国家行政学院行政管理研究中心、上海市人才开发研究所等都是实力较强的行政管理研究机构。改革开放以来创办的《中国行政管理》《行政论坛》《领导科学》《行政法治》《现代行政》《公共管理学报》《公共行政评论》《中国应急管理》等杂志，以及《中国行政管理学年鉴》和为数众多的"以书代刊"的连续出版物，成为传播行政管理学知识、探索行政管理学理论、交流行政管理学研究经验的重要园地。

在行政管理教育教学方面也取得了系列成绩，培养了大批优秀行政管理专业人才。1994年9月，国家行政学院正式成立，成为国务院直接领导的培养公务员的高级学府。20世纪80年代开始恢复行政管理学学科教育时，仅有少数大学（如北京大学、中国人民大学、中山大学、南京大学等）设立行政管理专业。截至2014年，全国已有264所高校设有行政管理本科专业，387所高校设有公共事业管理本科专业，100多所高校开设MPA硕士点，137所高校拥有行政管理专业的硕士学位授予权，10多所高校拥有行政管理专业的博士学位授予权。在大学的公共管理（政府管理、行政管理）学院、系讲授行政管理学的教师，加上广播电视大学、网络及函授学院等教育机构的专业教师，教师人数已有数千名，充分显示出我国行政管理学教育的较强实力。

这些行政管理学术团体和教学、研究机构的建立，组成了一支强大的行政管理学研究、教学和实践三者相结合的队伍。这对于组织全国从事行政管理理论研究者和实践者，开展行政管理研究，推动行政管理学学科的发展，起到十分重要的作用。

（四）大量引进外国行政管理学研究成果

中国在改革开放进程中，很重视与外国的交往，吸收和借鉴外国的经验。中国行政管理学的研究，不仅从本国的国情和实际出发，同时也重视学习外国的优秀成果，与外国的行政管理学术团体、学校和专家学者建立了广泛联系，积极开展交流，在借鉴外国新成果、培养和引进人才上起到了积极作用。这主要表现在：

第一，以开放的姿态，大胆学习和借鉴国外行政管理理论与实践经验。国内多家学术研究机构和学者组织国内的学术力量翻译了一大批国外行政管理领域的经典著作、教材，中国人民大学出版社、人民出版社等出版了大量原版和翻译的行政管理学名著，向国内学界和实务界介绍西方行政管理理论和实践的最新发展动态，推动了国内行政管理教学和科研的发展。

第二，举办国际性的学术研讨会。中国政府有关部门和学术机构积极同国际组织合作在中国举办学术研讨会，并已经取得了系列成绩。从1984年开始，我国政府和学界承办了多次大型国际公共行政研讨会，如1984年联合国文官制度改革研讨会、1991年东部地区公共行政组织第十四次大会、1995年世界反贪大会、1996年国际行政科学学会第三届国际大会。2000年中国行政管理学会与国家人事部、中央编办、国际行政科学学会、联合国经济社会事务部在北京举办了亚洲国家公共行政改革经验研讨会。2002年以来由中国行政管理学会、美国行政管理学会、中国人民大学、美国罗格斯大学在中国和美国联合举办了五届中美公共管理国际学术研讨会。中国行政管理学界还积极参加国际学术组织和一些国家的学术交流研讨活动，特别是每年都参加国际行政科学学会和东部地区公共行政组织召开的年会。2005年起，由电子科技大学发起，中国行政管理学会、美国行政管理学会、美国明尼苏达大学、莫斯科大学公共管理学院以及《中国行政管理》杂志社共同主办的公共管理国际会议连续举办了五届。中美公共管理国际学术研讨会和公共管理国际会议已成为我国公共管理学领域规模最大、层次最高、影响最广泛的世界性学术活动。

第三，学者之间的交流。改革开放40年来，中国积极组织专家、学者和实际工作者出访国外，进行学术交流，也请国外许多著名的行政管理学者先后到国内进行定期或不定期的学术交流活动。

第四，国际合作研究。国内许多大学、研究机构、学者和国际机构（如联合国开发计划署、世界银行、亚洲开发银行）在共同关心的许多议题领域如政府改革、环境管理、治理与发展、公共服务等开展共同研究。通过这些活动，不仅增进了了解，发展了友谊，更重要的是通过互相学习，促进了学术研究和行政管理学的创新发展。

四、中国行政管理学研究和发展的特点

中国的行政管理学自改革开放以来取得了长足发展，集中起来可以用系统化、中国化、拓展化和应用化这"四化"来概括其基本特点。

（一）行政管理学研究的系统化

把行政管理研究确立为行政管理学，作为一门独立学科，需要对行政管理进行深入全

面的研究。不实现系统化，就不能使行政管理学成为真正的学科。中国的行政管理学研究在借鉴国外发达国家和其他国家及地区行政管理学理论体系的基础上，确立了逻辑体系，构建了行政管理理论范畴，形成了比较完整的学科框架。

中国的行政管理学研究系统化的过程是理论与实际相结合的过程，是从中国国情和实际出发，遵循自己的原则，在改革开放和社会主义现代化建设中推进行政管理研究的过程，是行政管理学研究适应时代特点和要求，紧紧围绕改革和发展的主题，研究改革和建设的实际问题，总结改革和建设的实践经验，发扬改革和建设实践成就，促进行政管理的科学化、民主化、法制化、现代化的过程，也是结合中国实际学习外国成功的经验，而不照搬硬套的过程。

（二）行政管理学研究的中国化

行政管理学研究的中国化集中体现在其指导思想上。以马列主义、毛泽东思想、邓小平理论、"三个代表"重要思想、科学发展观、习近平新时代中国特色社会主义思想为指导，是中国行政管理学研究与发展的根本要求。行政管理学研究以此作为指导思想，是中国的行政管理学最鲜明和最有时代感的特色。中国行政管理学界从恢复研究的一开始就明确提出建立有中国特色的行政管理学这一重大课题，并以此为目标建立中国的行政管理学。不少学者致力于马克思、恩格斯、列宁、毛泽东、邓小平关于行政管理思想的研究。将马克思主义与中国实际结合起来研究行政管理学，比较突出的成果有彭国甫的《毛泽东邓小平行政管理思想研究》。这反映了一个重要的问题——西方行政管理学在中国的本土化，即中国化的行政管理学，其在学科和理论上的含义已超越了对中国行政管理学自身研究的范围，成为马克思主义中国化的一个重要组成部分，具有深刻的影响力。

行政管理学研究的中国化还体现在其发展历程中的反观上。中国行政管理学研究在起步和一段时间中，相当多的人把精力放在研究西方国家的行政管理学理论与经验上，学科出现了比较明显的移植特点，但是在进入21世纪前后，中国的行政管理学研究者对加入世界贸易组织后我国政府如何应对这一现实问题进行深入研究后，开始进行反思，很多学者提出了新的思路。这就是要合理借鉴西方行政管理学研究成果，不断追踪国际上关于行政领域的新理论，同时，要吸取中国传统的行政管理思想营养，对中国的历史、经济、社会、文化传统进行思考，对中国现实问题进行实证研究，对中国行政改革进行认真总结，建设中国特色的行政管理学，这样才能使行政管理学的繁荣成为真正有现实意义和理论价值的东西。此后，有大批学者脚踏实地，走出书斋，联系实际，求真务实，与时俱进，潜心研究，搞出了很多扎根于中国土壤的学术成果。

中国行政管理学把中国特色社会主义理论运用到行政管理研究领域，提出了建立服务政府、责任政府、法治政府、廉洁政府等理论观点，提出了改革和创新行政体制和机制、建立中国特色的社会主义行政体制等理论观点，还提出了建立应对突发事件的包括应急预案、应急管理体制、应急管理机制和应急管理法制在内的中国特色应急管理体系等思想。这些都是中国自己探索的结果和具有中国烙印的行政管理思想。

（三）行政管理学研究的拓展化

从研究领域上来说，在早期恢复和重建时期，行政管理学的研究领域相对比较狭窄，主要偏重于行政管理一般理论的介绍和研究，经过改革开放40年的发展，中国行政管理学研究在宏观、中观以及微观层面上都有了更大的拓展。在宏观层面上，将研究领域从政府自身拓展到公共领域，拓展到研究政府与市场、政府与社会、政府与企业、政府间关系等领域，创建并发展了公共管理学、公共服务学等新兴学科。在中观层面上，更加关注公共政策的制定、执行与评估问题以及具体公共事务领域的政策与管理问题（如公共卫生政策与管理、环境政策与管理、土地资源政策与管理、教育政策与管理、能源政策与管理等）。在微观层面上，研究的核心更加关注政府内部体系的科学管理问题（如公共组织的管理、公共部门的人力资源管理、公共财政与预算的管理、公共部门绩效的管理、公共部门的战略管理等）。研究领域的不断拓展使中国的行政管理研究更趋于符合中国的行政现实，更趋于以解决公共问题为导向，更趋于运用多学科的知识研究行政问题。

从研究手段和模式上来说，随着经济社会的发展，行政管理组织扁平化趋势逐步明显，行政管理手段信息化发展迅速，政府管理正在适应新时代特征和任务的需要，向高效、民主、廉洁、公正、法治和全球化等方向发展。行政管理现代化的进程加快，对行政管理学也提出了转型和拓展的要求。中国的行政管理学发生了多重变化：一是向多模式发展。行政管理学可以从不同的角度做出诸多划分，无论是从过去的学科归属，还是从现有范畴体系等方面看，都反映出中国的行政管理学研究模式从单一的政治学取向向多学科（政治学、经济学、法学、社会学、管理学等）高度复合支撑的交叉领域转型，行政管理学内容也与公共管理学、公共服务理论等相互融合，体现出多学科取向以及与它们复合取向的共存性，如发展管理学取向模式、经济学取向模式以及公共管理学科取向模式等。

（四）行政管理学研究的应用化

行政管理学是一门应用性学科，只有在应用中才有生命力，应用的范围越广、层次越高、领域越专，其发展才能越快、越好。中国的行政管理学在决策、管理、执行、监督、教学、培训等方面的应用，取得了积极进展。比如，在政府决策、管理中，行政管理学在理念引领、创新培育和服务指导等方面发挥积极作用。我国政府的行政首长与西方的情况不一样，西方行政管理官员来自各个岗位，因此他们缺乏行政管理的基础知识，需要行政管理学研究者的建议。而我国较高层级的行政首长都经历了从低到高的职位，是一级一级地干上来的，有着丰富的行政管理经验，加上这些年来重视学习型政府建设，他们一般都有了一定的行政管理理论知识，所以他们在决策和管理中贯彻科学化的要求，对行政管理学研究者的咨询、参谋的需求，与西方不同。

我国行政管理学研究者主要从3个方面参与到行政决策和管理中去，应用行政管理理论为实践服务。一是用新的行政管理理念武装实践者。我国行政管理学研究者立足国情，借鉴国外的行政管理最新理论成果和现实经验，提出适应我国基本需求的方针政策。二是对行政管理创新实践进行理论上的解析和提炼。近些年来我国实行理论的创新与实践研究，跨越理论与实际的界线，从正面、侧面甚至反面对各项行政管理方面的内容进行了研究。三是在某些相对比较专业的领域发挥专家学者的学术作用。如我国在建设服务型政府进程中需要大力加强公共服务，而多数行政管理负责人在过去的工作经历中缺少这方面的经验，这就需要行政管理学研究者从外部的创新理论和成熟经验中进行借鉴、总结与提炼。

行政管理学的应用还体现在政府行政执行、行政监督中大量运用行政管理学研究的案例分析和理论引导。行政管理学研究者的工作为政府执行力、公信力的提高，做了一定的贡献。行政管理人员接受行政管理专业化培训、行政管理学历学位教育、专业学位教育等，也是行政管理学发挥作用的重要领域，大批公共行政、公共政策、公共决策等专家把研究成果通过教育和培训的平台，推动了行政决策和管理的科学化。

中国的行政管理学在不长的时间里取得今天这样的成就，实属人类社会科学发展史上的奇迹。然而，由于"起早赶晚集"，加之研究力量较之发达国家和地区仍然比较薄弱，技术手段落后，行政管理学总的来说还是一门不完善的学科。国内学界从20世纪90年代就开始反思与评估中国行政管理学研究的不足。最近，又有一些学者对此问题进行了更为密集的关注。例如，张康之、张桐在《论"公共行政"的确切含义》一文中认为，学界存在着概念混乱的状况，学者们在使用"公共行政""行政管理""公共行政管理"等概念的时候，表现出了极大的随意性，不仅对于理论建设会造成消极影响，而且对于实践方案的设计，也会造成误导。张康之、张桐认为："我们在谈论一些与政府相关的现实问题时，特别是在中国语境中，更多地使用'行政管理'一词，可能会显得较为合适一些。"马骏、刘亚平在《中国公共行政学的"身份危机"》一文中指出，中国行政管理学存在着严重的"身份危机"，并将其存在问题概括为研究重心的"非中国化""管理主义"盛行、缺乏对真实世界的了解、消解了"历史"的公共行政研究、规范理论的贫困、研究质量存在问题、缺乏学术规范、缺乏指导实践的能力。对于如何解决我国行政管理学研究的"身份危机"，已有的反思工作在对策研究还是问题研究、经验研究还是非经验研究、定性研究还是定量研究等问题上产生了一系列分歧。从我国行政管理学研究的现状来看，指向真实行政实践的行政管理学经验研究的积累非常重要。张成福在《重建公共行政的公共理论》一文中认为，中国公共行政最大的问题在于其合法性危机，而合法性危机的根源在于公共行政公共性的不足。因此，从行政理论发展的角度，有必要摆脱传统的技术理性的行政典范，建立公共行政的公共理论。陈辉提出，要尊重科学的方法，构建知识研究的规范性与学术社区；从真实的世界中提升真问题，注重实证研究，运用深描、因果分析、结构方程模型、抽样统计方法等探寻问题解决的策略，此应成为今天中国行政管理学研究者的基本价值理念与方法论意识。

随着中国社会主义现代化事业的发展，生产力水平不断提高，社会结构深刻转型，行政管理实践积累了丰富经验。行政管理学研究将致力于把这些宝贵的经验上升到理论的高度加以总结和提升，再到行政管理的实践中去验证和指导，这将为学科发展提供极好的机会。党的十八大对我国"加快政府职能转变步伐，继续深化行政体制改革"做出了总体部署，明确指出："站在全局和战略的高度，以科学发展为主题，以转变经济发展方式为主线，正确处理政府与市场的关系；以改善民生为出发点和落脚点，进一步强化政府公共服务职能，建设人民满意的服务型政府；强化政府社会管理职能，加强和创新社会管理，进一步提高社会管理的科学化水平，加强社会管理法律、体制机制、能力、人才队伍和信息化建设。"中国行政管理学界以及广大行政管理实务工作者将以马列主义、毛泽东思想、邓小平理论、"三个代表"重要思想、科学发展观、习近平新时代中国特色社会主义思想为指导，扎实工作，开拓进取，团结奋斗，深入研究和进一步明确我国行政体制改革的指导思想、性质、方向、内容、目标、方法和要求，对行政体制改革和行政管理创新进行不懈的理论求索，为全面建立和不断完善中国特色的行政体制、机制和法治提供理论支撑，为发展中国的行政管理学再做新贡献。

第四节　国家公共行政管理

国家公共行政管理是一个政治的、经济的、社会的、文化的、心态的综合性概念、行为和过程。政府是这一概念、行为和过程的主体。这种主体地位是以合法合理的权力即行政权力为基础的。政府从这种权力地位出发，通过履行特定的职能，实现国家对广泛的社会生活的有效管理。"行政的第一个目标就是获得并保持权力，行政官员的职位就是建立在这个基础之上的。这个目标是完成其他目标的先决条件。"

一、国家公共行政管理的基础

国家公共行政管理的基础实际上指作为国家公共权力机构一部分的国家行政机关，以国家名义进行的政府公共行政管理的基础。在现代民主宪政社会中，这种基础由两大部分构成：其一，经由宪法、法律以及政治传统、社会习惯等合法认定和授予的政府行政职能。其二，政府在名义上享有、在实际上行使的国家公共行政权力。

公共行政权力作为国家行政管理的基础，其有效性主要取决于三个要素的交互作用，即合法性、合理性、实际运用。

（1）合法性是公共行政权力的第一要素。在现代民主国家中，无论是三权分立还是议行合一的国家体制，公共行政权力的合法性都表现为符合宪法和法律所规定的范围、种类、程序和限度。

（2）合理性是公共行政权力的第二要素，其基本含义，是指公共行政权力的存在与运用必须要符合国家、民族、国民的利益和有利于社会的发展。

（3）实际运用作为公共行政权力的第三个要素，主要是指公共行政权力所特有的实际操作性质。公共行政权力实际操作不当，必然不能实现其合理性，也必然有悖于其合法性。从这个意义上可以说，公共行政权力的实际操作及有效性，是公共行政权力的现实基础。

归根结底，行政研究的全部任务就是寻求保证公共行政权力有效运用的途径和方法。

二、国家公共行政管理的主体

在通常情况下，政府即国家行政机关代表国家，是国家公共行政管理的主体。政府通过实施公共行政管理，来履行国家的社会职能。在此基础上，从名义享有公共行政权力和具体行使公共行政权力的角度分析，国家行政管理的主体又可以分为四种：

（1）政府，包括中央政府和地方政府。

（2）政府行政机关。政府机关的公共行政权力是通过法律规定以及在法律规定之下的政府内部授权获得的。

（3）行政首长。各国政府即行政机关通常实行首长负责制。因而，行政首长无论在名义上还是在实际执行上都是公共行政权力的一种主体。行政首长可以分为四种情况：政府首脑；政府首脑以下的高级政务类行政首长；政务首长以下的各级常务首长；由宪法和法律所特别授权的一部分官员，主要是指主持人事行政事项的少数首长。

（4）政府普通公务员。

三、国家公共行政管理的客体

国家公共行政管理是一种以全社会为对象的管理，这是它区别于其他任何管理的最显著的特点之一。政府通过行使公共行政权、实施公共行政管理，与社会生活中的几乎一切行为主体发生行政、法律关系。在通常情况下，所谓社会行为主体是指具有法人和自然人的资格与地位且有一定行为能力的公民、公民团体、社会组织。政府的行政行为是影响乃至决定其社会生存条件的最重要的因素之一。概括地说，国家公共行政管理的客体大致可以分为以下六类：

1.经济性组织

经济性组织包括制造业、服务业、金融业、科技业和其他一切以营利为目的的组织。政府与它们的公共行政管理关系主要表现在利率、税收、正当开支、工业卫生、环境保护、人身保障等方面。执照、许可证等申请、登记、备案、审批制度，限期改正、吊销营业执照直至拘捕等处惩制度，是政府对经济性组织实施行政管理的经常性方式。

2.社会性组织

社会性组织包括教会、社区团体、群众团体等一切非以营利为目的的组织。一般来说，政府对它们的公共行政管理以不妨碍他人、不危害社会和公众、不违反国家法律和公共行政管理法规为限度。登记制度和检查制度是政府对其管理的主要方式。

3.政治性组织

政治性组织包括政党和一切以政权或政治性权力为目的的组织。政府对它们的行政管理主要是依据法律促使它们按照政治竞争的规则开展政治活动，防止和制止它们颠覆国家的政治企图。登记制度和检查制度通常也适用于政治性组织。

4.教科文组织

教科文组织包括学校、科学研究单位和各种文化团体。政府在多数情况下对这类组织予以支持，提供财政资助和各种便利，但同时要求它们遵守国家法律和政府行政法规，不得危害公共安全和公共健康，在必要时，也可能对其采取强制性的行政措施。

5.新闻性组织

新闻性组织包括报社、新闻社、电台、电视台等一切新闻传播媒介组织。政府对它们的公共行政管理也以不违背国家法律和政府行政法规为限度。

6.公民

公民是政府公共行政管理的最大量的行为对象。管理的原则仍然是依据国家法律和政府行政法规，最经常的标准是履行对国家所承担的义务，如缴纳税金、服兵役等；遵守社会生活的行为规范和道德规范，如不妨碍公共道德和他人私生活等。在对公民实施公共行政管理方面，政府可能采用的行政手段是多种多样的。

四、国家公共行政管理的主要方式

国家行政管理的根本目的是实现民富国强，推动社会的均衡稳定发展。为此，就必须正确地制定和有效地实施行政方略。其中，正确地选择管理方式是至关重要的，因为一定的行政目标和行政内容是通过一定的行政管理方式来实现的。国家的公共行政管理方式是多种多样的，也是发展变化的。不同的历史文化传统、不同发展阶段、实行不同政治体制和经济体制的国家，其公共行政管理方式有着较大的差异。从世界各国政府公共行政管理实践的情况看，常见的国家公共行政管理方式主要有以下几种：（1）行政立法、行政司法、行政管理法规；（2）行政决策、行政决定、行政政策；（3）行政领导、行政指导、行政引导；（4）行政规划、行政计划、行政预算；（5）行政协调、行政沟通、行政平衡；（6）行政干预、行政检查、行政制裁；（7）行政扶助、行政救济、行政服务。

关键术语

行政管理（administration）　行政管理学（administrative managerialics）　公共权力（public power）

基本训练

★简答题

1.简述行政管理学的一般含义。

2.简述行政管理学与相关学科的关系。

3.简述国家行政管理学的基础。

资料阅读 1-1　　资料阅读 1-2　　资料阅读 1-3　　资料阅读 1-4　　资料阅读 1-5

第二章

行政环境

本章提要

（1）行政环境概述；（2）行政环境与行政管理的相互关系；（3）我国当代行政环境的
特征分析。

导读

"处长现象"

在 2015 年 4 月 15 日的国务院常务会议上，李克强总理说："部长们参加的国务院常
务会已经讨论通过的一些政策，现在却还'卡'在那儿，让几个处长来'把关'，这不
在程序上完全颠倒了吗？"这引发了人们对"处长现象"的关注。4 月 21 日《中国青年
报》的一篇文章援引了一个旧例，说某省一个富豪在接受采访时直言无忌："老板再大，
一个处长都能把你搞死。"

部长们开会时没意见，开完会回去却要处长来"把关"，这种奇怪的现象似乎与权
力无关，而只与程序有关。不过，人们对"处长现象"的议论由来已久，有的称之为
"处长专政""处长治国"，表达了对处长们的厌恶感。

在古代中国，一个县太爷掌握生杀予夺大权，所谓"灭门的知县"。如今，一个处
长有没有把一个老板"搞死"的能量呢？如果处长的权力很大，不受制约，并且"搞
死"不意味着对生命权的剥夺，那么是有可能的。岂止处长可能，更低级别的官员也可
能，更高级别的官员就更可能。但事情不能做抽象的讨论，是非曲直还需要具体情况具
体分析。

处长虽然官不大不小、位置不上不下，其在工作中的作用和地位却是不容忽视的。
权力系统有层级分工，司局长要处长"把关"，这意味着处长有权力，也意味着处长有
责任。如果处长不用动脑筋、不用承担任何责任，上级怎样说就怎样办，上级不说就不
动，那他也就没有任何权力可言。但这样一来，权力高度集中到处长们的上级，同样会
发生相似的问题，甚至可能导致更严重的问题。

处长在权力运行中承上启下，他们的才干与品德会对行政效率、社会效率构成直接
影响。如果一个项目被一个处长否决，这可能是项目本身有问题，也可能是这个处长在滥

用权力。无论是出于何种原因，都应该让当事人有申诉救济的渠道。处长身为中间层级，不可能一手遮天，但如果处长所做的决定不能被重新审视，那么就会形成一种事实上的绝对权力，他可能用之来为民办事，也可能以之来实施刁难甚至寻租。

在一定意义上，"处长现象"可以看作机关治理中亟待解决的一项"内部事务"，只是因为它有广泛的外部效应，才为社会公众所瞩目。给"处长"贴上各种标签是容易的，却无助于问题的解决，并且使复杂的问题不恰当地简单化。"处长现象"不会孤立地产生。有理由相信，当一个权力系统中的处长能够经常滥用职权，这个系统的治理已经存在问题。倘若一个省长到部委去办事，接待的处长连眼皮都不抬一下，这是什么问题？如果处长的上级做"甩手掌柜"，不亲理"庶政"，那么权力向处长发生转移是必然的，但与此同时责任也会发生转移，这就使处长在有些时候会充当系统工作不力而被诿责的"替罪羊"。相反，假如系统权责明晰、制度健全，则处长就不会有不受监督制约的自由裁量权。

如果处长不成为一个"现象"，解决起来当然很简单；问题是，当人们观察"处长现象"把原因归结于处长这一层级本身，甚至归因个人品行，则很可能偏离了正确的治理之道。在一定的行政环境中，把处长张三换成李四，并不会使"处长现象"得到真正解决。处长成为人们诟病的一个"现象"，其实再一次提示了改革的着力点，那就是一方面要加快简政放权，另一方面要对一切权力实施有效监督和制约。

资料来源　滕朝阳."处长现象"的核心仍然是滥用权力［N］.羊城晚报，2015-04-22.

第一节　行政环境概述

行政管理活动总是在一定的环境中进行的。任何行政活动都有它的生存空间、发展空间和作用范围。行政组织和行政人员只有在一定的环境中，才能得以生存和发展。

一、行政环境的含义

1.环境

物质世界是普遍联系的。世界上万事万物的存在和发展总是在一定的环境中进行的。所谓环境（environment）是以人为主体的环境，即指围绕着人群的空间，直接或间接影响人类生活和发展的各种自然因素与社会因素的总和。自然环境是指环绕于人类周围的自然界，包括大气、水、土壤、生物和各种矿物资源等。自然环境是人类赖以生存和发展的物质基础。社会环境是指人类在自然环境的基础上，为不断提高物质和精神生活水平，通过长期有计划、有目的的发展，逐步创造和建立起来的人工环境，如城市、农村、工矿区等。社会环境的发展和演替，受自然规律、经济规律以及社会规律的支配和制约，其质量是人类物质文明建设和精神文明建设的标志之一。

2.行政环境

行政环境是指直接或间接影响和作用于行政管理主体及其活动过程、活动方式的所有外部要素的总和。这些要素的形式是多种多样的，既有物质的，如经济发展水平、设备材料等，也有精神的，如宗教信仰、风俗习惯等；既有社会的，如民族关系、阶级状况，也有自然的，如地形地貌；既有无形的，也有有形的；既有国内的，也有国外的等。它们之间相互联系、相互作用，共同构成行政管理的外部要素、境况，影响和制约着行政管理的思想观念、方式等，并不断地处于发展变化的动态过程之中。

二、行政环境理论的由来

行政学界对行政环境进行专门研究的时间并不长，对行政环境进行研究的直接源头是受生态学的影响。生态学是研究各种生物之间以及与环境之间相互作用的一门科学。而行政环境是应用生态学的理论和方法研究行政管理学从而提出的新课题。在第二次世界大战以前，行政管理学的研究主要限于行政组织内部，如组织结构、规章制度等，很少涉及组织外在环境因素。但是，第二次世界大战以后，由于世界人口剧增、环境污染、能源紧张、资源破坏、食品短缺等环境问题日益突出，唤起人们对环境问题的高度重视和关心。这时，不少行政学者开始认为，行政管理学不仅要研究行政组织内部静态状态，而且更要注意行政管理学与行政环境之间的动态作用关系。行政生态学正是在这一背景下兴起和发展的。

最早建立行政环境理论的是高斯。1936年，美国哈佛大学教授高斯发表了《美国社会与公共行政》，提出了行政管理与行政环境的关系问题。1947年，他又发表了《政府生态学》，提出用生态学来研究生态公共行政环境，强调外部环境因素对行政管理的重要性。1957—1961年，美国哈佛大学教授利格斯所著的《比较公共行政模式》和《公共行政生态学》两本书先后出版，从此创立了以生态方法研究行政活动的新的学科体系。利格斯通过对世界各国行政模式的分析，认为行政生态学就是研究"自然以及人类文化环境与公共政策运行之间的相互影响情形"的一门行政学分支学科，并将其概括为三种模式：

1.融合型

这是农业社会的行政模式。其特征是：经济基础是农业生产力，政治与行政不分，存在明显的阶级制度、严格的等级服从，实行世卿世禄的行政制度；权力源于君主，实行高度的中央集权；行政官僚在政治、经济上成为特殊的阶级；行政活动以地域或土地为基础；行政的主要问题是维持行政的一致和统一。

2.棱柱型

这是处于农业社会向工业社会过渡期间的一种行政模式。它同时具备农业社会和工业社会两种行政形态的一些特征。其特征是：政府的制度、法规已健全，但难以在实践中起到约束和规范作用，虽然形式上已抛弃了传统社会的行政特征，但实际上仍有很大的影响；同时，呈现异质的行政制度、行政风范与行政行为；传统结构与现代结构交叉重叠存在。

3.衍射型

这是工业社会的行政模式。其特征是：经济基础是美国式的自由经济或苏联式的管制经济；民众有影响政府决策的渠道，政府与民众关系密切；依法行政，行政风范体现平等主义；成就取向和对事不对人的原则；由于社会高度专业化，因而行政的主要问题是谋求专业化基础上的协调和统一。

利格斯的理论确立了行政生态学的基本思想，开创了行政管理学研究的新途径。同时，他的《公共行政生态学》被认为是行政生态学的代表作。此后，行政环境研究受到行政学界和行政活动家越来越广泛的关注。目前，在我国也已经普遍把行政环境作为行政管理学教学和科学研究的一个重要课题，并形成良好的发展势头。

三、行政环境的分类

行政环境的内容广泛而复杂，它们之间既相互联系又相互制约，各种关系错综复杂。因此，从不同角度分类，可以得出不同的结论。

1.按行政环境影响的地域范围大小划分

（1）国内环境，是指直接或间接影响和作用于行政管理的本国内部的社会经济、文化、政治、人口、民族和自然条件等各种客观环境因素的总和。

（2）国际环境，是指直接或间接影响和作用于行政管理的一个国家，同世界各国家、各地区之间的政治、军事、经济、文化、自然地理等方面的关系，国与国之间的相互关系，以及国际组织的关系等外部条件。在当今世界政治经济一体化的潮流下，国与国之间的交往日益密切，一个国家要生存和发展，必须与其他国家相互联系、相互促进，融入世界这个大整体中。因此，在分析一个国家的行政管理活动时，不仅要将视域集中在国内的层次，还应当具有全局思想，清醒地认识到一个国家的国际背景。

任何一项行政管理活动都处在特定的内外部环境中。

2.按行政环境的性质划分

（1）自然环境。行政自然环境是指作用于行政系统的各种自然条件和物质能量的总和，具体指一个国家或行政部门所处的地理位置以及存在于这一地理位置上、对行政产生直接或间接影响的物质世界。对行政活动产生影响的自然环境主要指由各种自然资源，如空气、水、土地、森林、草原、矿产资源，以及由各种微生物、动植物构成的生态系统。自然环境是构成人类从事经济活动的基本物质条件，是行政系统赖以生存和发展的活动空间。同时，行政系统工作必须考虑自然条件的有效利用；否则，自然环境恶化，行政系统工作也将受到严重制约。因此，行政系统和自然环境必须保持动态平衡。

（2）社会环境。行政社会环境是指一种特定的环境，主要是指直接或间接作用于行政系统的各种社会因素的总和。它包括国内的人口、民族、社会历史、社会制度、社会分层结构、贫富差距、社会发展、社会变迁、社会管理方式等因素。社会环境的变化与发展要比自然环境迅速而且复杂。

（3）政治环境。行政政治环境主要是指直接或间接作用于行政系统的各种政治因素的总和。它包括国家的政治制度、政党制度、法律制度、阶级状况等。各因素之间相互联系、相互作用，构成政治环境的整体。行政系统是政治系统的一个部分，是国家意志的执行系统，因而政治环境对行政系统有直接作用。

（4）经济环境。行政经济环境主要是指直接或间接作用于行政系统的物质技术和经济制度，也就是通常所说的生产力和生产关系。它包括经济发展水平、人民生活水平、财政政策、经济结构、经济体制、资源开发、对外贸易以及银行制度等。经济环境对行政系统起决定性的作用，是行政环境系统的基石。

（5）文化环境。行政文化环境主要是指直接或间接作用于行政系统的科学技术、文化教育、思想意识形态、宗教、道德、文化艺术等文化条件。它是行政管理的潜在环境，对行政管理具有潜移默化的作用。行政系统处于一定的文化氛围之中，它的活动必须和周围文化环境相协调，文化环境对它有深刻的影响。同时，文化环境具有整合为一、连绵不断、渗透于社会各个领域的特点，它是对行政人员和人民群众产生普遍影响的社会力量。

四、行政环境的特点

1.复杂性

行政环境是一个复杂的开放系统，其中有物质的，也有精神的；有社会的，也有自然的；有有形的，也有无形的；有国内的，也有国外的。如此众多的因素构成了行政环境的网络系统，全方位、多渠道地影响行政管理过程。不同的行政环境因素在具体的行政管理活动中所起的作用是不同的，即使是同一环境因素，在不同的时间、地点、情境所发挥的作用也有所不同。可见，行政环境是极其复杂的。

2.差异性

行政环境在国家间、地区间存在明显的差异。国家间在自然环境、社会环境方面存在众多差异。不同国家的自然环境千差万别，有的是山区，有的是平原，有的是丘陵；有的湿润，有的干燥。不同国家的经济状况、物质条件及文化环境也不尽相同。国与国之间、民族与民族之间、沿海与内陆之间、东部与西部之间的行政环境也存在着各种各样的差异。同一国家内部的不同行政区域之间，往往也存在着自然环境和人文环境的差异。各种不同的行政管理特色的形成正是这种差异性的具体体现。

3.不稳定性

世界上的任何事物都是运动变化的，不是一成不变的，行政环境更是如此。环境的重大变化往往对行政系统产生重大影响，这时行政系统常常要进行改革或重大调整，以适应变化了的环境。

4.关联性

各环境要素之间都是互有联系、互相调整并互相适应的，其中某一因素的变化会引起连锁反应，使众多环境因素发生相应变化，因而产生行政管理活动的变化是相关环境因素作用的结果，而不是某一种行政环境因素单独作用的结果。环境的这一特征要求行政系统对环境进行综合把握，同时，对环境施加影响必须慎重，必须考虑到由此而来的系列变化。

5.广泛性

行政管理所涉及的环境十分广泛，可谓是无所不包、无所不在、无时不有。凡是作用于行政系统的外部条件和因素，都是行政环境的范围。无论是地形分布、气候变化、资源特征等，还是人口数量、民族概况、文化教育、科学技术以及政治制度、经济状况等，无一例外。

第二节　行政环境与行政管理的相互关系

行政管理与行政环境的相互作用、相互制约、相辅相成的关系构成了二者间基本的辩证关系。这种关系从行政环境方面表现为行政环境决定和制约行政管理；从行政管理方面表现为行政管理对行政环境具有能动的反作用。

一、行政环境决定和制约行政管理

1.行政管理要适应行政环境的性质

适应行政环境的性质首先就是要适应国家的政治和社会制度，建立与之相适应的行政体制和管理思想。奴隶制社会是建立在奴隶主完全占有奴隶和生产资料的经济基础之上的一种剥削制度，与之相适应的国家行政管理，则是奴隶主残酷镇压奴隶、维护奴隶主利益的专制独裁行政。封建制是建立在地主占有土地、残酷剥削农民的经济基础和严格等级特权至上的社会制度，其行政管理就是地主阶级镇压、剥削农民的等级特权行政。资本主义是建立在资本家占有生产资料、工人靠出卖劳动力为生的经济基础之上的社会制度，其行政管理就是资产阶级统治广大劳动人民的金钱特权行政。社会主义是建立在生产资料公有制和人民享有广泛民主权利基础之上的新型社会制度，其行政管理就必然是人民当家做主并参加管理的民主行政。可以说，行政管理是适应一个国家及其不同历史时期行政环境性质的产物，即有什么样的行政环境就有什么样的行政管理与之相适应。

2.行政管理要适应行政环境的现状和发展水平

行政环境包括政治、经济、文化、教育、社会、自然资源、技术手段等各种要素。这些要素在不同的国家和地区，其发展水平存在着很大的差异，也就形成不同特点的行政环境。行政管理本身没有严格的好与坏的区分，唯有适应其现状才是最理想的。如果政府行政管理不能适应这一时期、这一国家和地区行政环境的要求，或者与其格格不入，则必定导致失败。我国建立民族区域自治制度显然是适应我国各少数民族聚居的现实国情所做出的正确决策。

3.行政管理要适应行政环境的发展方向

行政环境不是一成不变的，而是始终处于不断变化的动态过程中，有它自己的过去、现在和未来。因此，行政管理要有对行政环境进行科学预测的能力，并能在此基础上确立远期目标和近期目标，确立发展战略，使政府成为前瞻性政府，而不是"头痛医头、脚痛医脚"的"近视"政府。我国从计划经济转为社会主义市场经济，行政职能和管理方式就必须及时地进行调整和改革。社会变迁会影响到社会的各个角度和各个方面，它会迫使行政管理做出一系列变革。

二、行政管理对行政环境能动的反作用

行政管理对行政环境能动的反作用分为两种形态：积极作用和消极作用。行政管理必须适应行政环境，但是并不意味着行政管理只是消极、被动地适应环境，相反，行政管理是积极地适应行政环境。行政管理在适应外部环境的基础上，根据自身发展和社会整体发展的需要，对行政环境发展提出积极的建议、意见，可以有组织地控制、利用和改造行政环境。这样便发挥了行政管理对行政环境的积极功能。当然，如果行政管理发展滞后，行政管理对行政环境的发展势必产生负面影响，这时，受外界压力的影响，行政管理改革将不可避免。

首先，行政管理利用行政环境所提供的政治、经济、文化、技术、心理等条件，对所面临的问题，根据现有的条件，积极制定解决问题的政策、制度和方法，并迅速有效地加以实施。行政管理主体面对行政系统外部各种有利或不利的环境要素，能够进行及时正确

的价值权衡，充分利用现有的政治条件、物质条件和精神文化条件，选择正确的行政管理目标，制订科学的决策方案，采取切实有效的措施，实施各种行政规划和行政战略，并以此达到改善行政环境的目的。

其次，行政管理可以通过对行政环境的再认识、再思考、再总结，主动自觉地纠正不符合行政环境要求的管理行为、管理法规和管理方式。由于信息条件、认识能力、思想觉悟、思维模式等不利因素的限制，行政管理主体所制定的政策、措施以及选择的行政管理目标，往往不可避免地会产生一些失误。对此，行政管理主体可通过行政环境不断提供的积极因素，审时度势，不断修正偏差，使之不断完善，更好地适应行政环境之要求。

最后，行政管理对行政环境的能动作用还表现为消极的作用，即沿着行政环境的相反方向，起阻碍和破坏作用。我们国家实行的是社会主义市场经济，要求政府必须下放、分离资源配置权，遏制利用政治权力谋取经济利益的行政行为。如果一部分既得利益者不按照这一环境要求逐步实现自我革命，而是变本加厉地控制某些不应有的权力，进行寻租活动，那么以权谋私、权钱交易、贪污腐化之风会日益盛行，经济发展就会受到极大的损害，行政环境就会日趋恶化。

综上所述，行政管理与外部行政环境之间存在着互动关系，二者互相制约、互相推动，使行政管理在推动社会发展的同时，自身也得到了发展。既然如此，就必须重视行政环境与行政管理关系的研究，从中寻求行政管理活动的规律，进而增强行政管理实践的针对性、实效性。

第三节　我国当代行政环境的特征分析

我国现阶段的行政环境是制约和影响行政管理的重要因素，又是行政管理的改造对象，并为行政管理的实施提供条件。因此，清楚认识中国现阶段的国际和国内的行政环境是必要的，有助于我们研究和把握行政管理的发展方向。

一、和平与发展是当今国际环境的两大主题

和平与发展是当今国际环境的基本趋势和主要特点，也构成了我国现阶段的国际行政环境。所谓和平，是指维护世界和平，防止新的世界战争。和平是人类世世代代追求不息的理想与目标。世界人民还面临着争取和维护和平、防止新的世界战争的艰巨任务。所谓发展，是指世界经济的发展，特别是发展中国家的经济发展的问题。谋求社会的发展与繁荣是人类永恒的课题。

自苏联解体后，世界政治格局由两极抗衡向多极化方向发展。世界政治格局是现实力量的配置和组合，世界政治格局是以综合国力对比为基础的。经济发展的区域化和全球化促使经济资源在世界范围内大规模地重新配置，各国以及各个国家集团都致力于经济发展，期望国家实力的快速增长。发达国家的经济经过长期停滞之后并没有出现人们期待的强劲增长，而是复苏乏力。发展中国家除某些国家和地区外，许多国家和地区都获得了较快的经济增长，特别是东亚地区各国走出了金融风暴的低谷，实现了经济复苏和经济较为强劲的增长，成为世界上最具经济活力和发展潜力的地区。虽然在今后相当长的时间里，发达国家在经济实力方面仍具有不可取代的优势，如美国在经济、科技、军事上仍居超强

地位，世界各国家和地区之间的经济力量对比仍严重失衡，但发展中国家经济的较快增长，将使世界各国家和地区之间的经济力量走向某种新的均势。它们将以国家实力快速增长为后盾，努力争取获得参与国际事务的平等地位，从而使世界走上多元化、多极化的道路。虽然这是一个曲折的发展过程，但是在相当长的时期内，争取一个良好的国际和平环境仍然是可能的。国际形势的发展告诉人们，世界各国，特别是发展中国家的经济越是发展，野蛮的战争侵略和赤裸裸的军事干涉就越不得人心，和平和发展的世界主流就越是不可逆转。①

20世纪六七十年代开始而至今仍方兴未艾的、以高科技为核心的新技术革命，正以它的巨大社会创造力量和社会功能改变着旧的国际秩序，加速形成公正、合理的国际新秩序。当今的高科技已突破了某一单项技术或实验室活动的范围而进入经济、军事和社会等各个领域，成为世界各国经济上的生产力、军事上的威慑力、政治上的影响力和社会进步的推动力，并且成为各国实力竞争的制高点。各国和各个国家集团都致力于抢占这一制高点，以掌握国际竞争的主动权。高科技融入经济以及它本身的飞跃发展改变了各国社会财富的经济资源的流向和分配方式，促进了世界的多极化发展。由于各国经济、政治和科学文化等发展的不平衡，当前及今后一个时期内，经济实力雄厚的发达国家在高科技领域仍然占据优势，发展中国家的科技整体水平仍处于落后状态。但科技发展的多极化和技术转让的国际化，使发展中国家有可能超越科技发展的惯常阶段，从高起点开始而后来居上，不断缩短与发达国家之间的差距。但发展中国家在经济全球化进程中获益较少，有的面临被边缘化的危险。

进入21世纪，"和平和发展仍是当今时代的主题。维护和平、促进发展，事关各国人民的福祉，是各国人民的共同愿望，也是不可阻挡的历史潮流。世界多极化和经济全球化趋势的发展，给世界的和平与发展带来了机遇和有利条件。新的世界大战在可预见的时期内打不起来，争取较长时期和平国际环境和良好的周边环境是可以实现的"。中国在和平发展道路上也面临着挑战和困难。传统安全问题仍是我国面临的主要问题，而且我国发展环境面临的新问题，如能源问题、贸易问题、人民币汇率问题等正变得日益突出。国际局部地区的冲突加剧呈现出以下几个趋势：

第一，历史遗留问题与现实权益之争相互交错，积重难返。这一态势的突出表现是民族分离主义和宗教极端主义，从苏联和南斯拉夫的解体开始，迅速蔓延到了全球。

第二，霸权主义和强权政治使许多冲突热点长期得不到公正解决，还制造出新的冲突点。许多冲突热点并非一定要有外力介入才能解决，如果冲突各方需要，外部调节力量的介入也是可以的，但关键是要公正，不能偏袒一方。

第三，国际恐怖主义的恶性膨胀确实对世界的和平与发展构成了威胁。从近年的国际时事来看，国际恐怖主义同时把矛头指向了中国，造成了多名中国人伤亡，并严重威胁了中国的安全。

第四，南北差距和贫富鸿沟的不断扩大导致国际上出现了"弱势"国家、地区和群众，一些"绝望"的群体转向了无政府主义，乃至极端主义和恐怖主义。因此，反恐不能仅靠军事手段，必须有一个政治、经济、社会、文化的综合治理方案。

---

① 夏书章. 行政管理学 [M]. 4版. 北京：高等教育出版社，中山大学出版社，2008：36.

二、社会主义初级阶段是我国的基本国情

我国正处于并将长期处于社会主义初级阶段的基本国情，是我们制定路线、方针、政策的正确依据。社会主义初级阶段的行政社会环境，意味着我国已进入社会主义社会，是社会主义社会的国家；我国是发展中国家，处在社会主义的初级阶段，带有明显的旧社会痕迹。我国脱胎于半殖民地半封建社会，在社会生产力落后、商品经济不发达条件下，建设社会主义必然要经历社会主义初级阶段，即不发达、不完善、不成熟的社会主义阶段。我国社会主义初级阶段的行政社会环境具体表现可以从政治、经济、文化、社会、生态五个方面进行分析。

（一）政治环境与行政

（1）我国国家政权的性质是工人阶级领导的以工农联盟为基础的人民民主专政，人民民主专政是在人民内部实行民主和对敌人实行专政的结合。在社会主义初级阶段，我国虽然已经消灭了剥削阶级，但是由于种种原因，国内阶级斗争还将在一定范围内长期存在，国际上仍然存在妄图颠覆我国社会主义制度的势力。这就迫切需要我们强化专政职能。同时，应该注重加强社会主义民主政治建设。民主，就其形式而言，是按民主集中制原则建立起来的各项民主制度。民主生活的完善和发展，就其实质而言，就是人民当家做主。虽然我国的民主政治建设取得了显著的成绩，但是由于我国经济文化比较落后，不具备高度民主所必需的高度发达的经济条件，因此我国社会主义民主和法制还不够健全、完善。这就要求各级政府努力完善各项民主制度，并提高公民的文化素质，加强公民的民主观念，使其自觉地参加国家和社会事务的管理。

（2）人民代表大会制度是我国的根本政治制度，也是我国行政管理的根本组织保证。这是由我国的国体即人民民主专政的国家性质决定的，是符合我国国情的。我国宪法规定，人民是国家和社会的主人，享有管理国家事务、管理经济和文化事业、管理社会事务的民主权利。人民代表大会制度是人民行使民主权利的基本形式。作为国家权力机关的各级政府，理应在宪法、法律规定的范围内，依法保障并充分发挥广大人民群众当家做主的民主权利，自觉接受人民代表大会及人大代表的监督，对人民代表大会负责并报告工作，使民主建设和管理落到实处。

（3）完善中国共产党领导的多党合作与政治协商制度。实行共产党领导的多党合作制度是符合我国国情的一项社会主义政党制度，而政治协商制度则是发挥民主党派在国家政治生活中的作用的一项重要制度与组织形式。中国共产党是社会主义事业的领导核心，我国的行政管理必须置于共产党的领导之下。这是我国政府管理的一个最基本的特征。只有这样，才能保证我国政府的社会主义方向，才能更好地认识和掌握行政管理活动规律，才能科学合理地组织与领导政府的各项管理工作。与此同时，还要发挥各民主党派的民主协商和政治监督的作用。作为共产党领导下的政府，应该在行政管理中不断加强和充分发挥各民主党派参政议政和民主监督的作用，提高政府决策的民主化与科学化水平。

（二）经济环境与行政

我国的生产力发展水平还没有达到足以使得社会主义生产关系完善和成熟的程度，这

就决定了现阶段我国行政管理将围绕下列经济环境的基本特征展开：

（1）社会生产力得到了较快的发展，但发展极其不平衡，突出表现为：我国农村基本上靠手工具生产；一部分现代化工业同大量落后的工业同时存在；一部分经济发达的地区同广大不发达的地区同时存在；少量具有世界先进水平的科学技术同普遍不高的科技水平同时存在。这种状况决定了我国行政管理必须始终以经济建设为中心，正确处理政府和市场的关系，发挥经济体制改革牵引作用，推动生产关系同生产力、上层建筑同经济基础相适应。坚持和完善基本经济制度，加快完善现代市场体系、宏观调控体系、开放型经济体系，加快转变经济发展方式，加快建设创新型国家，推动经济更有效率、更加公平、更可持续发展。

（2）发展社会主义市场经济和建设社会主义市场经济体制取得很大的发展，但仍然是长期而艰巨复杂的社会系统工程。过去，制约我国社会主义生产力迅速发展的关键，除了历史的、政治的、文化的等非经济因素和国际环境因素之外，还存在与基本国情和社会生产力发展要求不相适应的、僵化的计划经济体制。经过40年的改革开放，我国经济体制发生了巨大变化，以公有制为主体、多种经济体制共同发展的格局已经形成，市场在社会资源配置中起决定性作用趋势增强，对外经济技术交流与合作广泛开展。十九大报告指出，我国经济已由高速增长阶段转向高质量发展阶段，正处在转变发展方式、优化经济结构、转换增长动力的攻关期，建设现代化经济体系是跨越关口的迫切要求和我国发展的战略目标。

（3）逐步形成了以公有制经济为主体、多种所有制形式共同发展的所有制结构。经过这些年的改革开放，我国对以公有制为主体、多种经济形式并存的所有制结构有了更深刻的认识。公有制经济的实现形式可以而且应该是多样化的。一切反映社会化生产规律的经营方式和组织形式都可以大胆地利用。要努力寻求能够极大促进生产力发展的公有制实现形式。公有制的实现形式已不再局限于全民和集体所有制企业，同时还有国有独资形式、社区所有制、股份制、社团所有制、混合所有制等。

（4）实行了以按劳分配为主体、多种分配方式并存的分配制度。党的十五大对分配方式的阐释有了更深刻的认识，明确要求：坚持以按劳分配为主体、多种分配方式并存的制度，把按劳分配和按生产要素分配结合起来……允许和鼓励资本、技术等生产要素，参与收益分配。这就是我国社会主义初级阶段分配理论的发展。十六大报告中又进一步提出，确立劳动、资本、技术和管理等生产要素，按贡献参与分配的原则，完善以按劳分配为主体、多种分配方式并存的分配制度。十八大报告指出，要千方百计增加居民收入，深化收入分配制度改革，实现发展成果由人民共享。十九大报告指出，增进民生福祉是发展的根本目的。我国目前民生领域还有不少短板，脱贫攻坚任务艰巨，城乡区域发展和收入分配差距依然较大。

十九大政府工作报告指出，我国经济建设取得重大成就。经济保持中高速增长，在世界主要国家中名列前茅；供给侧结构性改革深入推进，经济结构不断优化；城镇化率年均提高1.2个百分点，八千多万农业转移人口成为城镇居民；区域发展协调性增强。

我国经济环境发展也存在一些困难和挑战：发展不平衡不充分的一些突出问题尚未解决，发展质量和效益还不高，创新能力不强，实体经济水平有待提高。

（三）文化环境与行政

我国是一个具有悠久历史文化传统的国家，经过近70年的社会主义革命和建设，我国已形成了具有中国特色的行政管理的文化环境，概括来说：

（1）马列主义、毛泽东思想、邓小平理论、"三个代表"重要思想、科学发展观、习近平新时代中国特色社会主义思想在我国社会主义文化阵地上确立了指导地位，这是我国行政环境最基本的文化环境。马列主义、毛泽东思想、中国特色社会主义思想是我们立党立国的根本，当然也是我国行政管理进行文化建设的根本，决定着我国文化事业建设的性质和方向。应该看到，要塑造社会主义的先进文化，抵制并最终消除一切落后的、腐朽的思想文化影响，不断创造出先进的、建设的并适应现代化建设需要的崭新文化，对于国家行政管理来说，将是一项长期的战略任务。

（2）传统文化虽受到现代文化的巨大冲击，但仍对当今中国行政管理产生了重大影响。我国传统文化是传统生产方式的客观反映，随着一定历史时期的社会、政治、经济的发展和变化，不断地补充、融化，吸进了新的内容，形成了我们今天所面临的传统文化体系的连续体。传统文化虽然受到社会主义文化的改造和现代文化的熏陶，但对今天中国文化建设仍起着不可忽视的作用。

（3）教育科学文化事业虽然取得了巨大的成就，但是同我国经济与社会发展的迫切需要相比仍存在着较大差距。改革开放以来，我国教育事业取得了历史性的伟大成就。2011年，所有省（自治区、直辖市）均通过了国家"普九"验收，人口覆盖率达到100%，全面普及了城乡免费义务教育。2012年九年义务教育巩固率为91.8%。特殊群体平等接受教育的权利明显改善。同年，国家财政性教育经费占国内生产总值比例为4.28%，比2011年的3.93%增加了0.35个百分点。

我国教育科学文化事业虽然取得了举世瞩目的成就，但发展极不平衡，还远远满足不了社会主义现代化建设事业的需要。某些尖端技术和科学文化的某些领域的发展有较高水平，有的已接近或超过世界先进水平，但从整体上看发展又非常落后，底子薄，起点低，水平差。这种不平衡性还表现在地区和城乡分布上的差距。这就要求行政管理要牢固树立教育立国和科技兴国的意识，把教育放在优先发展的战略地位，让"科学技术是第一生产力"的思想贯彻于政府的决策之中。

十九大报告指出，要加快建设创新型国家。创新是引领发展的第一动力。要加强应用基础研究，拓展实施国家重大科技项目，突出关键共性技术等创新，为建设科技强国、质量强国、数字中国、智慧社会提供有力支撑。

（四）社会环境与行政

社会和谐是中国特色社会主义的本质属性，是国家富强、民族振兴、人民幸福的重要保证。构建社会主义和谐社会，就是实现民主法治、公平正义、诚信友爱、充满活力、安定有序、人与自然和谐相处的社会。

总体上看，中国社会正在远离传统社会而向现代社会快速迈进，稳定的社会环境为党的执政和政府的行政提供了良好的基础与条件，但是社会环境中存在的一些不利因素也给党和政府提出了挑战。这些因素除了收入差距扩大、分配不公等因素外，还有社会的阶层分化日趋明显。根据中国社会科学院的研究，中国目前存在着十大阶层，每一个阶层内部都存在着复杂的亚阶层。发展意味着多样性的扩展，而多样性的扩展意味着复杂性的增强，因此正确处理十大阶层之间的利益关系，是党和政府在21世纪面临的一项重大任务。弱势群体无论在数量上还是在地域上都不断扩大，贫困面从农村扩展到城市，社会保障制度的建立和完善任重道远。社会公共物品供给不足，分配不均衡。基础设施建设投资和教育投资主要集中在城市，农村居民不能享受与城市居民均等化的公共服务。

建设平安中国，加强和创新社会治理，维护社会和谐稳定，确保国家长治久安，人民安居乐业的稳定社会环境是推进国家行政管理发展的重要前提。

总之，社会主义初级阶段的行政环境，必然要求我国行政管理要从中国实际出发，坚持对外开放，吸取外国行政管理的先进经验，实施中国特色的行政管理。要充分认识我国现代化建设的艰巨性和长期性，从国力出发，量力而行，循序渐进，积极奋斗。

（五）生态环境与行政

随着工业文明的发展，全球环境遭受到严重的破坏，工业文明社会理念与发展方式已难以为继。我国作为一个负责任的社会主义大国，在党的十八大中把生态文明建设纳入中国特色社会主义事业五位一体总布局，提出紧紧围绕建设美丽中国深化生态文明体制改革，加快建立生态文明制度，健全国土空间开发、资源节约利用、生态环境保护的体制机制，推动形成人与自然和谐发展的现代化新格局。生态文明是人类文明发展到一定阶段的产物，是反映人与自然和谐程度的新型文明形态，体现了人类文明发展理念的重大进步。建设生态文明不是要放弃工业文明，回到原始的生产、生活方式，而是要以资源环境承载能力为基础，以自然规律为准则，以可持续发展、人与自然和谐发展为目标，建设生产发展、生活富裕、生态良好的文明社会。

我国经济正处于增长速度换挡期、结构调整阵痛期的叠加阶段。我们用几十年的时间走过西方国家几百年的发展历程，在经济社会发展取得巨大成就的同时，各种矛盾和问题也集中显现。我们党把握规律，审时度势，及时做出大力推进生态文明建设的战略决策，对建设中国特色社会主义具有重大的现实意义和深远的历史意义。面对新时期的目标，我国政府必然要转变政府职能，加强监管，坚持人与自然和谐共生，建设生态文化，搞好生态环境治理，促进生态文明建设。

关键术语

环境（environment）　行政环境（administrative environment）　行政生态学（administrative ecology）

基本训练

★简答题

1.行政环境的含义及主要特征是什么？

2.试述行政环境与行政管理的辩证关系。

3.试分析当代中国行政环境。

★案例分析题

庸官懒政原因剖析

自从社会产生了公共权力、公共机构和公务人员，大概就伴生着庸官懒政现象，"尸位素餐""文恬武嬉""等因奉此""当官不为民做主，不如回家卖红薯"等就是对这种现象的佐证。尽管社会自身具有一定的纠错能力，也并不缺乏相应的制度规约和道德训诫，但庸官懒政现象仍不时大面积发生。就当下情形而言，究其原因，主要在于政府部门自身管理的"灯下黑"以及在体制和机制上管理的软约束。这既牵涉含带传统基因的体制层面因素，更关联着政府自身管理中的种种缺憾。

第一，管理环境软约束。政府机关单位无竞争倒闭之险，公务员个人职务常任、无过失不受免职处分，"安全感"强。虽然现代政府理论告诉人们，政府及公务员由纳税人供养，提供高效服务与管理是其合法性基础和法定义务，但在公务员履职中未必意识到这一点。因为其具体利益不需要通过管理、服务特定的行政相对人来获得和增进。因此，其行政环境缺少企业甚至事业单位那样的市场紧约束。在这种似曾相识的环境中，很容易产生似曾相识的"三铁"效应。

第二，激励软约束。激励是勤政的动力，它一般分为精神、物质和政治三种。公务员精神激励主要体现在法定奖励上。但在日常工作中很难获得记功以上的奖励，一般嘉奖一则未与提级提薪挂钩，二则常常"轮流坐庄"，作用有限。公务员的物质激励是其稳定的工资和福利。但是，也正是因其稳定，入职以后则难以起到奖勤罚懒的激励作用。加之，基层公务员薪酬也就相当于城镇居民人均收入的中位数，一般公务员的工资福利主要起保障作用，而非激励作用。公务员的主要激励当属政治"进步"，即提拔晋升。但是组织的金字塔结构决定了越往上提拔，岗位越少。根据笔者机关工作经验和调研，县一级公务员，每100人中大约有40人最后能升到副科级；副科级中，约20人能升到副科职；副科职中，约10人能升到正科级；正科级中，约5人能升到正科职，其中约1人能升到处级领导。两办、组、纪、宣等核心部门会高于这一数值比，公安、城管、工商、教育等一线公务员多的系统则低于这一数值比。地级市的公务员提拔状况与之相当，所不同的是需要到达"县、处（局）"级才算"领导"层次。这一"晋升金字塔淘汰律"既是调动公务员积极性的强大动力，也是主要的抑制因素。因为公务员一旦觉得升职无望，积极往往会转为消极。如果再考虑到基层存在的家族"裙带"关系，"朝中有人好做官"，特别是干部任用当中严重的腐败现象，基层公务员凭实绩升职更是障碍重重，"政治进步"激励作用也更加衰减。

第三，履职责任及考核、处理软约束。具体说：（1）公务员岗位职责虽有规定，但远不如企业来得明确、细致、专业。公共行政部门职位分类及职位说明书多年搞不起来就表明了很难对每个职位繁简难易、任务数量等做明细划分。（2）行政工作并无单位时间产出的数量要求，效率高低大多在于人自觉自愿。能者常常被"鞭打快牛"，形成苦乐不均，并且一些行政工作本来就是奉命行事，缺乏主动性，因此有时清闲也属正常，不好拿勤政说事。（3）部分机关单位机构臃肿，人浮于事。特别是领导层副职超配，致使正常的工作十羊九牧，官员不庸不懒也难。（4）机关存在着56周岁以上的领导退养惯例，即他们"退居二线"后，待遇不变，上班及考核无硬性要求，所以对其他人考核也不能反差太大。

资料来源　薛恒，邱冬．庸官懒政：一个政府自身治理难题的治理［J］．阅江学刊，2016（4）：70-77.节选.

讨论：

1.从"庸官懒政"现象分析当前我国行政管理处于什么样的行政环境之中，有哪些特点？

2.不良行政现象对我国行政管理发展有哪些消极影响？

资料阅读2-1　　　　资料阅读2-2　　　　资料阅读2-3　　　　资料阅读2-4

第三章

行政职能

本章提要

（1）行政职能概述；（2）行政职能的历史演进过程；（3）我国行政职能的转变。

导读

我省承担行政职能事业单位改革试点通过中央编办评估验收
职能归位，"放管服"再添新活力

我省承担行政职能事业单位改革试点达到预期效果，目前顺利通过中央编办评估验收，标志着此项改革试点取得重要成果。

作为中央确定开展承担行政职能事业单位改革的4个试点省份之一，我省在省一级，常州全市，无锡、南通、盐城等3市及江阴、宜兴、启东、如皋、东台、滨海等6县（市）开展试点。无论是职能划转还是机构编制精简，我省改革力度非常之大，为深化"放管服"改革再添新动力。

一、行政职能应回尽回

长期以来，交通运输系统由事业单位履行部分行政职能，随着此次改革到位，这一管理模式正彻底改变。省交通厅所属8家事业单位的行政许可、行政裁决职能已划入省交通厅；整合行政执法监督职能，组建省交通运输综合行政执法监督局；整合公路局、港口局、航道局的公益服务职能，组建公路事业发展中心和港航事业发展中心，使事业单位更加聚焦公共服务短板、提升公共服务能力。承担行政职能事业单位改革是一次"刀刃向内"的改革，我省坚持应改尽改，将试点地区完全、主要和部分承担行政职能的事业单位均列入改革试点范围。"在全面清理职能的基础上，通过单独设置、整体并入、部分归并、系统整合4个路径，实现行政职能由行政机构承担、执法职能由综合行政执法机构承担、公益服务职能由事业单位承担、市场经营业务由企业承担。"省机构编制委员会办公室主任俞军介绍，推进承担行政职能事业单位改革试点，我省坚持"四个结合"，即与行政机构大部门制改革相结合、与行政审批制度改革相结合、与综合行政执法改革相结合、与公益类事业单位改革相结合。行政职能回归行政机构，破解了政府职能"体外循环"的问题，消除了"放管服"改革的"盲区"和"死角"。目前，省金融办、省文物局等涉改单位行使的融资性再担保公司董事、监事和高级管理人员任职资格审核，文物保护工程资质审批等17项行政许可事项被取消或委托下放至设区市，省测绘局取消乙丙丁级测绘资质申请人测绘工程项目质量检验合格证明等3项中介服务事项，减少了事业单位对市场的干扰，激发了市场活力和社会创造力。

二、严把机构编制总量关

改革中，我省严把机构编制总量关，把精简摆在突出位置，在"减"字上做文章，在盘活上下功夫。

此项改革涉及全省295家事业单位，改革后，同级别行政机构和事业机构增减相抵，达到机构编制只减不增的目标。其中，省一级共44家单位进行改革，副厅级机构净减少3个，正处级机构净减少10个；市一级4个市共78个单位进行改革，净减少机构45个；县一级12个县（市、区）共173个单位进行改革，净减少机构85个。

通过对涉改单位主管部门现有空编和2020年前退休人员情况全面摸底，逐家核实到具体人头，将腾出来的行政编制优先用于安置涉改人员。为支持地方改革试点，置换核增的行政编制向基层倾斜，将省级置换核增的行政编制调剂94名给12个试点县（市、区）使用。常州坚持全市"一盘棋"，市本级与6个辖市（区）同步推进改革，在常州高新区和武进区推进行政许可权相对集中改革试点，在常州经济开发区和市委组织部、市发改委分别推进大部门制、大处室试点。通过统筹综合行政执法改革、行业体制改革，市级共整合减少执法机构18个、撤并减少事业机构77个。在全市范围内统筹协调资源，将市本级和武进区置换核增的行政编制调剂一部分给其他辖市（区），有效解决部分辖市（区）行政编制基数少、职责任务日益增加的现实矛盾，缓解基层工作压力。

资料来源　黄伟. 我省承担行政职能事业单位改革试点通过中央编办评估验收［EB/OL］. (2018-02-24)［2018-09-08］. http://www.js.xinhuanet.com/2018-02/24/c_1122444293.htm.

第一节　行政职能概述

行政职能反映政府活动的基本内容与方向，是行政组织设置的依据。不同的国家或地区，以及同一国家或地区在不同的历史时期，其行政职能的表现是不完全相同的。环境发生了改变，行政职能也要相应地做出调整。因此，充分研究行政职能具有重要的意义。

一、行政职能的含义

职能是指一定的人员或组织所拥有的职责和功能。行政职能是作为国家权力的执行机关，依法对国家政治和社会生活诸领域进行管理所具有的基本职责与功能作用，主要涉及政府管什么、怎么管、发挥什么作用的问题。行政职能是一个由相互渗透的行政活动中各个方面的职能构成的完整的职能体系。

行政职能与国家职能的区别。国家职能包括立法、司法和行政职能。行政职能是国家职能的重要组成部分和表现形式，行政职能的行使受其他职能的制约和监督；反之，行政职能发挥的程度又制约和影响其他国家职能的实现程度。

二、行政职能的特点

从总体上考虑，行政职能具有以下几方面的特点：

1.执行性

从政治与行政的关系来看，政治是国家意志的表达，行政是国家意志的执行，因此行政职能是一种执行性职能。行政职能的行使是以国家强制力为后盾的，具有明显的代表国家意志的权威性。我国是以工人阶级领导的、以工农联盟为基础的社会主义国家，行政管理必须贯彻中国共产党的路线、方针和政策，必须执行人民代表大会的决定和决议。

2.阶级性

行政职能代表着在国家中占统治地位的阶级的利益，当然执行的也是这个阶级的意志。不同历史类型的国家的行政职能必然具有不同的阶级属性。我国是工人阶级领导的、以工农联盟为基础的人民民主专政的社会主义国家，同以私有制为基础的剥削阶级占统治地位的国家相比，其行政职能的性质有着本质的区别。

3.多样性

行政管理的范围涉及国家政治和社会生活的各个方面，因此行政管理的职能是多种多样的：从范围上可分为对内职能和对外职能；从作用领域上可以分为政治职能、经济职能、文化职能和社会职能。同时，不同的国家以及同一国家在不同的历史时期，其行政职能的表现和作用方式是不完全相同的。

4.共同性

任何类型国家的行政职能都必须适应国家和社会生活发展的共同需要，都具有计划、组织、协调、控制等功能。这些功能都产生于行政管理自身运动的内在机制和过程之中，贯穿于整个行政管理活动的始终。即使是不同时期、不同制度的国家，行政职能也都有其共同点。

5.动态性

行政职能不是静止不变的，是随着国家社会生活及行政环境的变化而变化的。社会发生变迁，行政职能的主次关系、侧重点及作用对象等都必然发生变化，因此及时适应不断变化发展的环境，调整和转变行政职能，是开展好行政管理活动的重要前提。比如，在我国，在夺取全国政权的革命时期，行政职能的重点是组织一切力量取得革命战争的胜利；中华人民共和国成立后的社会主义改造时期，行政职能的重点是建立公有制为主体的社会主义经济基础；在社会主义建设时期，行政职能的重点是集中生产力，以经济建设为中心，不断满足人民日益增长的物质文化需要。

三、行政职能的类型

（一）按行政职能的运行方式划分

国内外学者从不同角度对职能做了不同的概括和表述。法国管理学家亨利·法约尔在其著名的《工业管理和一般管理》一书中提出"计划、组织、指挥、协调和控制"的五职能论。美国管理学家卢瑟·古利克与英国管理学家林德尔·厄威克则在1937年共同编写出版的《行政管理科学论文集》中，在法约尔思想的基础上提出了人们所说的一般管理七职能论。古利克用七个首字母构成的组合词"POSDCORB"来表明行政管理所具有的抽象内容。这七种职能分别为计划、组织、人事、指挥、协调、报告、预算。

三职能说（计划、组织、控制）、四职能说（决策、计划、组织、控制，或者计划、组织、协调、控制）、五职能说（计划、组织、指挥、协调、控制，或者决策、执行、咨询、信息、监督）、七职能说（即著名的 POSDCORB，意思是计划、组织、人事、指挥、协调、报告、预算）等，基本内容都是基本一致的，我们将行政职能概括为计划、组织、协调、控制四方面的职能：

（1）计划职能，是指政府行政组织为了实现既定的目标，对整体目标进行科学分解和测算，并策划必要的人、财、物，拟定具体实施的步骤、方法以及相应的政策、策略等。

（2）组织职能，是为实现既定的行政管理目标和任务，通过建立政府组织机构，确定职位、职责和职权，从而将组织内部各个要素联结成一个有机的整体，并进行有效的指挥、沟通、协调。这是行政活动过程的关键性职能。

（3）协调职能，是指对各行政机关之间、行政人员之间以及各项行政活动之间的关系进行调整和改善，使它们按照分工协作的原则，互相支持、密切配合、步调一致，共同完成预定的任务和工作。

（4）控制职能，是依据行政计划标准，来衡量计划完成情况并纠正计划执行中的偏差，以确保行政目标和计划目标实现的管理活动。有效的监督和检查是控制的前提。

（二）按行政职能发挥的作用领域划分

1.政治职能

政治职能是指政府所承担的维护和实行阶级统治、保卫国家和社会安全的职能。这是政府职能最主要的职能之一，有鲜明的阶级性。它包括防御外来敌人的颠覆和侵犯、保卫国家的安全和世界和平、镇压国内敌对分子的破坏、发展人民民主等职能。政治职能的内容比较广泛和复杂，主要有以下几项：

（1）阶级专政职能。任何掌握政权的统治阶级为了维护它的政治统治和阶级利益，总是对敌对势力行使专政的职能，即镇压职能。这种职能依国内外阶级斗争形势而定，有时强化，有时弱化，但决不放弃。

（2）军事保卫职能。这种职能包括保卫国家的独立和主权、保卫公民的合法权益和生命安全、对外维护世界和平、反对霸权主义等，为本国经济建设和其他各项事业的发展创造良好的外部环境。

（3）社会治安职能。这种职能包括制裁危害社会治安、扰乱社会秩序的各种违法犯罪行为，坚决打击和惩办各种犯罪分子，为社会主义经济建设和其他各项事业的发展创造良好的社会环境。

（4）民主建设职能。这种职能包括确保公民的政治民主权利，建立稳定的民主政治秩序，保证公民的参政议政权利，建立公民的参与制度和监督制度，提高政府活动的公开性、民主性等。加强民主建设，保障人民民主权利，是人民政府的天职。

2.经济职能

经济职能是指政府所承担的组织和管理社会经济建设的职能。经济基础决定上层建筑，因此发展国民经济关系到政治的稳定、社会的繁荣和文化的发展。经济职能是最主要和最基本的职能。

我国政府的管理经济职能是以宏观管理为主、以间接管理为主、以法律和经济手段为主、以服务性为主。我国政府的经济职能主要包括：第一，制定国民经济和社会发展规划、计划。第二，制定并颁布重大的经济技术政策、法律、条例、规章、规定，同时颁布主要经济技术指标、定额、规范。第三，运用投资、信贷、财政、税收、价格、工资等经济杠杆，指导、控制、调整企业的生产经营方向和投资方向，促使产业结构和产品结构合理化，促进经济规划和经济目标的实现。第四，制定经济法规和必要的管理条例，依法调解、处理企业之间的经济纠纷和经济案件，检查督促经济组织和企业贯彻国家政策、计划和法规的情况，依法保护企业生产经营的自主权和利益。第五，组织市场调查和预测，大力推进市场经济体制的改革和增长方式的转变，使我国由原有的高度集中的计划经济体制转变到市场经济体制上来。第六，协调部门、地区、企业之间的发展计划和经济关系，指导和促进经济协作与经济联合。

3.文化职能

文化职能是指政府指导和管理文化事业的职能。它是行政管理最古老、重要的职能之一，并且在不同的时代、不同的国家有着不同的内容和形式。我国现阶段的文化事业一般包括教育、科学、文化艺术、新闻出版、广播影视、卫生、体育、图书馆、博物馆等。

政府的文化职能主要有：第一，制定科学、文化、教育发展的总体战略、规划和计划。第二，制定和颁布重大的科学、文化、教育的政策和法规。第三，组织力量对重大科技项目进行协调攻关。第四，指导、监督、协调科研部门、教学单位有效地贯彻执行国家科学、文化、教育发展规划，逐步实现总体目标。第五，有领导、有秩序地逐步深化科技、文化、教育体制改革，建立和完善有中国特色的充满活力的体制。第六，加强科技、文化、教育队伍建设，对其部门的领导者进行考核、任命和监督。

4.社会职能

社会职能是指政府为社会提供各种服务和搞好社会保障的职能。政府要搞好诸如环境保护、医疗卫生、城市规划、旅游娱乐以及建立、健全养老保险制度和待业保险制度，逐步完善社会保障体系等。它是行政管理中内容最为广泛、丰富的一项基本职能。

政府的社会职能主要有：一是制定各种社会福利的法律、制度、规定、条例，建立一套完整的社会福利和社会保障体系。二是建立合理的社会福利管理体制，加强对社会福利的指导、规划和协调。三是筹集社会保险基金，从物资上保证社会福利事业。四是创办各种社会服务事业，解决涉及人民群众的福利问题。五是大力保护和合理利用各种自然资源，进行环境污染的综合治理，保护生态环境。

四、行政职能的作用

行政职能是国家职能的具体执行和体现，反映了国家的性质和政府活动的方向，是政府开展行政管理活动的依据和前提，行政管理各个环节和层面的活动，都可以说是行政职能的运用和展开。因此，行政职能在行政管理中具有重大的意义。

1.行政职能是设置行政组织的依据

行政职能是"内容"，行政组织是"形式"，行政组织是履行行政职能的载体，行政组织的设置、规模、层次、数量以及运行方式等都必须以行政职能为依据。同时，行政职能的发挥也必须通过一定的行政机构来实现。没有行政机构，行政职能确立得再科学合理，也无济于事。

2.行政职能是进行机构改革的依据

行政机构的设置是以行政职能为依据的，要明确政府应该管什么、不应该管什么。有什么样的行政职能就需要设置什么样的行政组织机构，职能变了，机构也随之调整和改革。行政职能随着外部环境的变化而变化，因此行政组织必须具有灵活性，适应因行政职能变化而带来的对行政管理活动的新要求。

3.行政职能是实现行政管理过程科学化的依据

行政管理的过程是计划、组织、协调、控制等职能相互作用的系统工程，每项职能都是不可或缺的。实现行政管理过程的科学化，必须依据行政职能活动过程的内在规律，把每一项行政职能都作为行政管理过程的一个环节，并根据各项行政职能之间的先后顺序和相互制约关系，把它们连接成紧密配合、运转协调的系统。

五、行政职能研究中的三对关系的争论

政府到底应该管什么、不应该管什么，争论的焦点集中在国家与社会的关系、政府与市场的关系、公平与效率的关系三个相互联系的问题上。

（一）国家与社会的关系

这种关系主要涉及政府的政治职能。权威与民主的关系问题是其核心问题。事实是，资产阶级成功地取得国家政权以来，政府的公共权力一直在加强，政府的公共职能始终在增加，政府的影响力在不断扩展。不论是什么原因所致，政府的公共权威一直在上升通道中运行是一种不争的客观事实，以至于成为名副其实的"大政府"，成为公共选择学派布坎南称之为自行其是的"巨物"。政府从来没有像现在这样广泛而深刻地影响人们的生活。这可从两方面来看：

一是精英政治盛行。所谓精英政治，是西方政治学的一个概念。它的积极意义是指，由于人类社会发展的局限性，社会极少数卓越分子及其组成的集团，承担了领导社会前进的责任，实际享有和拥有广泛的国家权力；它的消极意义是指，社会的极少数人及其组成的集团，实际控制甚至垄断了国家权力，国民实际政治权利因此受到限制、侵害甚至被剥夺。精英政治现象之所以为人们所关注，是因为迄今为止，在可以观察到的任何政治制度下，总是少数人统治多数人。对于政治精英们来说，国民政治参与并不是一种正当的、必不可少的民主政治生活的理念，更不是一种基本的价值观，至多只是一种手段，一种使政治精英的政治得以延续的政治策略。

二是公共支出增长。德国经济学家瓦格纳在考察了几个国家的公共支出情况后预言：随着工业化社会的到来，公共部门在经济活动中的数量和所占比例具有一种内在的扩大趋势，公共支出因此将不断膨胀。这一预言在一百多年来许多国家的实践中一再得到验证。

由于人类代议制民主发展阶段的特征，围绕着公共权威与民主的价值首要性问题，关于国家与社会的关系的争论还将继续下去。[①]

① 张国庆. 公共行政学 [M]. 3版. 北京：北京大学出版社，2007：74-75.

（二）政府与市场的关系

这种关系主要涉及政府的经济职能。通常人们使用"市场缺陷""市场失灵""政府失灵"来概括凯恩斯经济理论之后关于政府与市场关系争论过程中几乎是截然相反的两种价值取向：市场失灵源于西方经济学，是在垄断、外部性、公共产品、信息不对称等场合或领域，市场机制丧失了有效配置资源的功能，主要是指市场机制在实现资源配置方面存在许多的局限性或缺陷性，因而不能达到帕累托最优，不能实现预期社会经济目标。所谓政府失灵，是主张实行政府的政策干预措施不能实现预期调节市场的作用，在某些条件下甚至导致比市场失灵更坏的结果。市场失灵是主张实行政府干预的强有力的理由，政府失灵是主张实行更为彻底的市场经济的基本依据。

关于政府经济职能的主张早在资本主义生产关系萌芽时期的重商主义经济就已经开始。18世纪后半期，随着工业革命的发生，商业资本转向工业资本，资本诉求随之由主张国家干预转向主张自由资本主义。反映这种历史性的新的诉求，亚当·斯密以理性"经纪人"假设为理论基础，提出"自私的动机、私有的企业、竞争的市场"是自由经济制度的三要素，认为不断增加国民财富的最佳途径就是给予经济活动完全的自由，由一只"看不见的手"支配市场，概括地说，政府职能规范的基本价值标准，就在于成为一个好的"守夜人"。在此意义上，管得最少的政府是个好政府。作为主流经济学理论，斯密的自由资本主义的经济理论支配了欧美国家一百多年，直至20世纪30年代席卷整个资本主义世界的经济大危机为止。

20世纪30年代的经济大危机引发了西方经济学说史上的"凯恩斯革命"，以亚当·斯密的经济理论为基础的、传统的、新古典的经济学说因此让位于以约翰·梅纳德·凯恩斯经济理论为核心的国家干预经济理论。凯恩斯经济理论影响一代经济学家，成为那个时期西方国家政府基本公共政策选择的理论基础，以至于20世纪30—70年代被称为"凯恩斯时代"，凯恩斯也因此被称为"战后繁荣之父"。凯恩斯经济理论之后，出现了以汉森、萨缪尔森、希克斯等人为代表的新古典综合学派，后又称后凯恩斯主流经济学。他们试图消弭宏观经济学与微观经济学的"巨大裂缝"，途径是实现凯恩斯总量经济范畴与新古典微观经济范畴的综合，静态经济分析与动态经济分析的综合，即实现所谓"新古典综合"，或"混合经济"，从而建立一种新的经济理论体系。新古典综合经济理论成为这一时期广泛流行于西方各国，被奉为西方国家的正统经济学，并成为国家干预经济的主导经济理论。

进入20世纪70年代以后，西方国家先后出现了新的经济危机，并且通货膨胀与经济停滞同时出现，形成了所谓"滞胀"现象。与此同时，国家财政赤字越来越大，而社会失业人员越来越多。凯恩斯主义因此在实践中面临着一种难以解脱的两难选择境地，人们不能不承认凯恩斯主义失灵，出现了对凯恩斯主义的否定。从弗里德曼针对凯恩斯经济理论提出现代货币评论理论开始，一大批学者从不同的角度提出了许多的理论主张，这些理论统称为新自由主义经济学理论，成为这一时期的主流经济学理论，成为政府制定经济政策的理论依据。

进入20世纪80年代以后，西方国家再次普遍出现失业率猛增且居高不下、国内生产总值下降、经济增长停滞、政府财政状况恶化等一系列的问题。失业与停滞问题依旧存在并有所恶化，这就不能不引起人们对新自由主义经济学理论的怀疑。①

正是在这样的历史条件下，新凯恩斯主义或新凯恩斯主义经济学应运而生，出现了凯恩斯主义的某种"复兴"，国家干预论东山再起，并成为克林顿政府经济政策的理论基础。

从以上可见，与政府职能问题相联系，关于"看得见的手"与"看不见的手"的争论还将继续下去。但经过大的历史反复，问题不会集中在是否需要市场或是需要政府干预，而会集中在如何让市场实现对资源的基础配置与政府对市场的合理干预之间的平衡方面。

（三）公平与效率的关系

公平与效率的关系主要涉及政府的社会职能。这种关系也可以理解是个人利益与公共利益、经济增长与大众福利、政府的经济职能与社会职能的关系。关于效率与公平的解释是多种多样的。一般而论，所谓公平，通常是指社会成员机会或收入的均等化，以及社会权力的平等化。效率是指资源的合理、有效的配置，在同一时间内投入的最小化与产出的最大化是效率的恒定标准。按照经济学家格列高里·曼尼的解释，效率是社会能从其稀缺资源中得到最多东西的特性，平等则是经济成果在社会成员中公平分配的特性。换句话说，效率是指经济蛋糕的大小问题，而平等是指如何分割这块蛋糕的问题。在设计政府政策的时候，这两个目标往往是不一致的。

公平与效率的问题和国家发展战略的选择相联系，不只是现代经济问题的焦点之一，更是人类社会政治和道德问题的轴心，因此直接与广泛和深层次的人类价值判断问题相联系，进而与政府职能及宏观公共政策选择相联系，成为每一个国家的政府过去、现在和将来都不可能回避的问题。公平与效率作为两种价值取向存在一种此消彼长的替代关系，在同一时间和空间可以有主次之分，却很难做到并行不悖。这样，作为一种宏观公共政策选择，政府事实上必须取舍维护社会公平抑或提高效率，作为政府基本的价值取向和政策标准。

关于公平与效率的问题，目前主要有三种典型的观点：效率优先论、公平优先论、效率与公平平衡论。效率与公平平衡论是当代世界多数国家政府宏观公共政策的选择。效率与公平平衡论认为公平与效率同等重要，主张在公平与效率之间建立一种平衡关系，即以最小的公平代价换取最大的效率结果。据此，效率与公平平衡论主张同时建立以利润为目标的私有经济和以社会福利为目标的公共经济，进而在"混合经济"的基础上建立一种兼顾公平与效率、结果与机会均等的制度，借以在保持以"自利"为导向的效率的同时，通过政府对社会收入再分配的有效的宏观调节，维护基本的社会公平。

第二节 行政职能的历史演进过程

一、前资本主义时期的行政职能

前资本主义时期是指奴隶制和封建制社会时期。奴隶制社会的奴隶主占有奴隶的全部

---

① 王锐兰. 行政管理学导论 [M]. 北京：清华大学出版社，2009：55.

劳动成果，为了维护奴隶主阶级的统治，政府通常采取暴力统治的形式来维持奴隶主阶级的生存和发展，表现出强烈的政治统治职能。奴隶制社会的生产力水平极其低下，因此经济职能和社会管理职能比较微弱。到了封建制社会，农民有了一定的人身自由，从事分散的、个体的小规模生产劳动，形成了自给自足的自然经济。国家为了巩固封建主的统治，往往增加国家税收，由国家出面管理一些有利于经济发展的事务。因此，这时期国家的经济职能内容有所增加。封建制国家实行高度集权的专制制度，行政职能的重点是政治统治，通过强化政治职能来维护封建地主阶级的统治，社会职能也相对比较薄弱。

二、自由资本主义时期的行政职能

自由资本主义时期是资本主义市场经济发展和扩张的时期。在这一时期，英国古典经济学家亚当·斯密极为推崇私人经济部门和市场机制的作用。他认为市场就像一只"看不见的手"，可以通过价格和竞争机制，对经济活动进行自发的、有效的组织，并最终给全社会带来共同利益，反对政府干预经济生活，认为最好的政府就是权力被限定在最小范围的政府。

因此，一方面，资产阶级政府以保障资产阶级的自由、平等、民主权利为目的，通过政治统治职能对新生资产阶级政权的巩固和发展起着"守夜人"的作用。另一方面，奉行"政府要好、管事要少"的信条，反对政府对经济的干预，主张依靠市场"无形的手"来调节和引导社会经济及其他各方面事业的发展。

三、垄断资本主义时期的行政职能

随着自由资本主义向垄断资本主义的过渡，生产规模扩大，资本主义所固有的矛盾日益尖锐，自由主义的管理方法已经不适应社会发展的要求。1929—1933年席卷资本主义世界的经济大危机，将整个资本主义世界推向了崩溃的边缘。传统的"守夜人"政府面对这场大危机束手无策、一筹莫展，显现出了相当的软弱性。在这种背景下，美国著名经济学家凯恩斯提出，要全面增强国家的作用，政府不应该仅仅是社会秩序的消极保护人，还应该是社会秩序与经济生活的积极干预者，特别是要熟练和有效地利用政府的财政职能影响经济的发展。凯恩斯干预主义理论提出后在西方盛极一时，产生了很大的影响，由此形成了干预主义的政府职能论。这一理论认为，市场并不是万能的，如果没有国家的宏观管理，市场经济就会成为万恶之源，资源也会遭到毁灭和破坏。

这一时期资本主义国家充分运用和强化了政府的政治统治职能，行政权力扩大，专政镇压职能大大加强，民主职能有所削弱。在经济领域，强调政府对社会经济的调节和干预，垄断代替了自由竞争，垄断资本和国家政权紧密结合，政府的经济职能和社会职能都扩大与加强了，如政府通过行政手段和法律手段来维护市场秩序，通过预算、高额税收、发行公债等办法承担某些社会公共事务，在收入及分配领域采取一系列福利措施等。

经济危机时期美国社会经济持续衰退，金融体系接近崩溃，失业剧增，生产相对过剩，饥饿寒冷与财产的大幅贬值使美国处于深刻的社会危机之中。面对这种局面，美国总统罗斯福全面推行了以凯恩斯理论为基础的国家干预理念，通过"新政"，政府进行了一系列改革，如加强政府对银行、金融货币、信用的控制，加强对农产品生产和销售实行补贴的方法等，使美国度过严重的经济危机。通过改革，罗斯福大大强化了政府的职能，开创了国家强力干预经济的先例，并由此掀起了政府干预理论的浪潮。

四、当代资本主义时期的行政职能

当代西方学者既不赞成政府只承担"守夜人"职责的自由主义，也不同意政府全面干预经济的干预主义，而主张有选择地干预"市场失败"。这时期，政府奉行"尽可能——市场，必要时——国家"的原则，在充分发挥"无形的手"调节社会经济发展的前提下，也强调利用"有形的手"来弥补市场机制的不足，为资本主义社会经济生活的运行创造条件和提供相对稳定的社会环境。

这一时期，一方面，资本主义国家政府的经济职能和政治职能中的暴力职能相对减弱，而保持社会稳定的调节职能趋于加强。另一方面，资本主义国家承担了更多的经济职能，并以此作为行政职能的重点。同时，政府的社会服务职能也在逐步扩大。对于诸如就业、住宅、交通、人口控制、环境保护、生态平衡等系列新的社会问题以及一些投资大、成效慢从而私人垄断组织无力承担或不愿承担的社会公共事务等，政府不得不加以研究解决，以维护社会经济的发展和社会的稳定。

五、当代社会主义时期的行政职能

社会主义革命是人类历史上最伟大的革命，第一次实现了多数人的统治。社会主义政权实行无产阶级专政，但它没有自己的特殊利益，而是与占人口大多数的广大人民群众的利益相一致，因此它具有广泛的代表性。尽管从形式上看，社会主义国家的行政职能与资本主义国家的行政职能并无太大的差别，但两者之间却存在着本质的区别。资本主义国家的行政职能虽然也强调提高社会生产力水平和全体社会成员的生活水平，但是它充其量仅仅是维护资产阶级统治的手段，而社会主义国家的行政职能则将提高社会生产力和人民生活水平作为最终目标，将管理社会公共事务、促进社会生产发展、维护社会公共秩序、不断发展各种社会公益事业视为责无旁贷的义务。虽然现阶段社会主义国家的行政职能还不完善，但强大的自我更新能力却预示着它的持久生产力。

社会主义社会一方面保留人民民主专政的职能；另一方面国家行政管理的重心转移到经济服务上来，大力发展生产力，加强政府的经济职能和社会职能。

第三节 我国行政职能的转变

一、行政职能转变的含义

行政职能作为一种上层建筑，必然随着外界环境的发展而发展，凡是不适应经济基础的形式，如果不进行改革就会与之发生矛盾。因此，转变行政职能是我国行政体制改革的重中之重，也是一项复杂的系统工程。所谓行政职能转变，是指政府根据社会环境的变化和发展的需要，对其履行职责和功能做出适当的调整与转变。随着市场经济体制改革的不断推进，转变行政职能的要求日益迫切。

二、我国行政职能转变的必然性

（一）行政职能转变是社会主义市场经济体制发展的必然要求

我国原有行政职能的配置基本上是在计划经济体制下逐步形成的，政府管了很多不该管、管不好、管不了的事。本来应该由企业管的事、市场管的事、社会团体与中介组织管的事，我们却长期依靠行政手段，并通过设立政府机构来管，把过多的社会责任和事务矛盾都集中在政府身上。随着我国经济体制改革的深入开展、对外开放的不断扩大、宏观调控体系框架的初步建立，特别是社会主义市场经济体制的确立和发展，市场在资源配置中的基础性作用明显增强。在这种社会历史条件下，过去的那种行政职能已经到了不改就难以为继的程度，因此行政职能的转变被提上了议事日程。

（二）行政职能转变是政府机构改革的前提和关键

行政职能是政府机构设置和机构改革的重要依据。政府机构改革包括科学分解、确定政府各机构职能，合理划分各机构权限，调整、设置政府机构，合理配置和使用人员，转变机构运行方式，改变机构办事手段，完善机构运行机制，精简多余机构和人员等。政府的机构改革并不是单纯从组织或人员的数量上进行撤减或增加，而是应该配合转变政府行政职能。过去常把机构改革仅看成机构的撤销、合并、调整等，似乎机构、人员数量减少了，机构改革的目的就达到了，因而往往追求"精简机构""缩减编制"的表层目标，忽视了以转变职能为基础的原则。由于没有转变职能，只是简单地撤销或合并机构，过不了多久，原来行使职能的机构又会以这样或那样的理由恢复，从而冲抵了机构改革的成效。这是导致机构周而复始、故态复萌，甚至出现恶性膨胀的重要原因之一。

（三）行政职能转变是实现职能体系合理配置的根本途径

我国原有的行政职能体系是参照苏联高度集中统一的计划经济模式建立起来的。这种以高度集中统一为特点的职能体系，政治专政职能过强，社会职能相对薄弱；政企政事不分，职能内容庞杂、运行紊乱，管了许多不该管、管不好也管不了的事。这种高度集中的计划经济管理体制及政府的行政职能体系，曾经发挥了重要的积极作用，使我国政府能够在短暂的时间内，在短缺经济的情况下，集中必要的人力、物力、财力，实现了国民经济的恢复和发展。但是，随着社会主义市场经济的确立和发展，这种建立在高度集中的计划经济管理模式基础上的行政职能体系，也日益暴露出它的弊端，已经到了非改不可的地步。因此，只有切实转变行政职能，理顺各种关系，才可能实现政府职能体系的合理配置。

（四）行政职能转变是社会主义民主政治建设的需要

实现社会主义民主是我国政治发展的终极目标，而政治的民主化又离不开政府行政管理的民主化、法制化和现代化。随着我国经济实力的提升、人民群众文化素质和生活水平的不断提高，公民参与公共事务的热情日益高涨，参政议政的意识日益强烈，要求对行政管理过程享有充分的知情权，更迫切地希望能够参与政府的管理活动。而行政管理的现代化又总是与行政管理的民主化相提并论的。行政管理的民主化诉求就是要改以往垄断式的管理模式为参与式的管理模式。这就涉及政府工作作风的转变和适当的简政放权，做到公正、公开和透明，重新界定行政职能的范围和界限，认真听取广大人民群众的意见和建议，勇于接受社会公众的监督和评议，鼓励和吸收社会公众参与对社会公共事务的管理工作。

三、我国行政职能转变的基本内容

（一）职能重心的转变

由于"左"的思想的影响和对马克思主义关于社会主义个别结论理解的偏差，我国在长达20多年的时间里，一直是重政治统治职能、轻社会管理职能，重阶级斗争、轻经济建设，形成了一条"以阶级斗争为纲"的错误路线，导致国民经济处于濒于崩溃的边缘状态。对此，1978年年底党的十一届三中全会明确提出要抛弃"以阶级斗争为纲"的错误路线，把党和国家的工作中心转移到经济建设上来。这标志着我国政府职能重心的根本性转变。我国把经济建设放在政府工作的首要位置正是适应历史潮流的明智之举，各级人民政府紧紧围绕经济建设这个中心，开创了我国行政职能的新局面。

（二）职能关系的转变

职能关系问题是指不同的管理职能该由谁来行使以及管理主体之间职责权限的划分问题。分清职能、理顺关系、明确不同管理主体之间的职责权限，这是实现行政职能转变的关键环节。

1.理顺政府与市场的职能关系

关于政府与市场之间的关系，存在两种误区：一种是政府能够解决好所有的经济和社会问题，因而主张政府全面干预社会经济生活；另一种认为市场机制本身能够解决好各种经济问题，政府干预只能使问题恶化，因而反对政府干预，主张自由放任。这两种观点都是片面的。定位政府职能，关键是处理好市场和政府这"两只手"的关系，从而发挥市场机制对资源配置的决定性作用，更好发挥政府职能对经济和社会发展的宏观调控作用。无论是政府还是市场都存在缺陷。处理政府和市场的关系，不是在纯粹的市场和纯粹的政府中做出选择，而是在市场机制与政府适度干预之间的组合中做出选择。政府是市场竞争规则的制定者，而不是市场竞争的直接参与者。政府职能主要是：为社会提供公共产品和公共服务，包括基础设施、法治秩序、公共政策等；制定各种规则，为市场经济的发展提供一个公平竞争的环境；加强宏观调控，实现宏观经济稳定；建立完善的社会保障制度，并通过税收等公共政策，实现社会公平。考虑到政府干预行为的局限性及政府失灵，必须让市场在资源的配置或私人物品的生产和供应上起决定性作用，政府只能补充市场机制，而不是取代这种机制；政府应根据市场经济发展的不同阶段以及现实经济运行状况，确定好干预的内容、范围及手段，使干预保持在恰当的限度之内。

2.理顺政府与社会的职能关系

当前我国经济和社会发展中的一个结构性矛盾是政府社会职能落后于政府经济职能。政府既在某些社会事务管理上"缺位"，又在某些社会事务管理上"越位"。随着现代社会的迅速发展，社会事务趋于复杂化、多样化，政府很难对各种具体社会事务都直接插手干预。面对政府自身精力有限性和社会问题无限性的矛盾，政府要有所为有所不为。政府主要从宏观上规范社会秩序，用法律手段进行协调、监督管理，并以此来应付各种社会问题。随着广大非政府组织的发展和完善，政府应把那些管理不好、管理不了、不该管的社会事务交给社会组织自行管理。社会组织自己能管好的事，政府不要去插手，给社会组织留下发挥主动性、创造性的空间。总之，政府在对社会公共事务的管理上，应在"越位"的领域"正位"，在"缺位"的领域"补位"。

3.理顺政府与企业的职能关系

转变政府职能的中心是理顺政企关系。在传统体制下的政企关系是企业国有制以及政府对企业实行高度集中的计划管理，致使政企不分、以政代企，并由此导致和积累其他一系列矛盾与问题，严重制约了经济建设的发展。转变政府职能，应首先做到政企分开。政府对企业行为通过法律、政策手段进行规范和管制。转变政府职能是适应市场经济体制需要，把本来不属于政府的职权交还企业、生产主体，改变管理经济的方法，行使真正意义上的政府职能。政企分开关键是实行政府的行政管理职能与国有资产管理职能分开，建立国有资产管理的专门机构，从而为真正实现政企分开提供制度保障。通过政企分开，使政府从直接而沉重的商务困扰中解脱出来，集中精力和时间搞好本职行政工作，真正扮演社会管理者的角色。

4.理顺上下级之间的职责关系

我国现行上下级政府之间的职责尽管有法律规定，但内容笼统，以致实际运行过程中存在许多问题，诸如上级政府过多集中权力，过多干预下级政府的工作；下级政府不积极主动完成上级安排的工作，甚至不服从上级的领导等。为此，应进一步对各层政府的职能范围做出规定。各级政府的专有职能、与上级共有的职能、共有职能在不同层级的侧重点等都应用法规、制定加以规定。现代市场经济的发展要求尽可能权力下放，不宜过多集中在上级。从各级政府的行政地位和功能特点看，属于全局性的经济调节、大型基础设施建设和社会发展等方面的事务，应主要由省级政府承担；属于科技、教育、文化、卫生、治安、民政等方面的事务，应主要靠市、县级政府管理，省级政府主要通过制定规划和政策进行宏观指导和监督。

5.理顺政府内部各职能部门的关系

要对政府各部门进行职能分析和职能分解，明确各自的职责分工，建立严格的工作责任制和岗位责任制，从制度上解决职能不清、人浮于事的弊端。

（三）职能方式的转变

1.从以运行行政手段为主转向以运行经济手段为主，经济手段、法律手段和必要的行政手段相结合

经济手段是指政府按照客观经济规律的要求，运用价格、财政、税收、信贷、工资、利润等经济杠杆来组织、协调经济活动。经济手段的特点在于间接性和诱导性。实践证明，运用经济手段，使经济组织从政府行政指令计划的束缚中解脱出来，能最有效地使用人力、物力和财力，提高企业的经济效益。运用经济手段也能更好地增强企业的外部压力和内在动力，提高技术和改善管理。在市场经济体制的条件下，经济手段的运用显得更为

重要。法律手段是行政机关依据法律、法规而实施管理的方法，具有强制性和规范性，在治安、交通、食品、卫生、环保等领域的管理中其他方法无法取代。

2.从以微观的直接管理为主转向以宏观的间接管理为主

计划经济体制下的政府承揽了许多的社会经济事务，强化了政府的微观管理、直接管理职能。政府对企业实行统一计划、统收统支、统负盈亏、统购包销。企业生产什么、生产多少、怎样生产以及生产后效益等都由政府决定，这种管理方式势必影响企业的主动性、积极性的发挥，妨碍经济的发展。政府管理经济的方式应该是：凡是国家法令规定属于企业行使的职权，各级政府都不要干预；下放给企业的权利，中央政府部门和地方政府部门都不要截留。政府的经济职能主要是宏观调控、提供服务和检查监督。

3.从一元管理到政府与非政府组织的共同管理

政府在管理中将面临越来越复杂多变的国内外环境，公共事务也日益繁重和复杂，政府不可能将全部社会公共事务纳入管理范围，公共事务管理主体必然走向多元化。非政府组织在社会服务和管理上有自己的独特优势，在一些空白领域和一些传统上由政府从事活动的领域里，比政府做得更好、更有效。政府通过竞争招标、合同承包等方式，把原来由政府提供的公共服务交给市场，由市场来满足公众的需要，如城市基础设施、垃圾的处理、街道清扫、道路维修等。政府只通过规则来规范市场，建立服务质量标准，确定监测和评价程序。这种政府管理公共事务方式的创新，使政府有更多的精力制定公共政策，处理重大事务。

四、当前我国行政职能的转变

（一）十七大报告提出的新观点和新举措

2007年10月，胡锦涛同志在党的十七次全国代表大会上的报告中，对我国今后"加快行政管理体制改革，建设服务型政府"做出了总体部署，提出了一系列新观点和新举措。

（1）针对政府职能转变再次强调要抓紧制订行政管理体制改革总体方案，着力转变职能、理顺关系、优化结构、提高效能，形成权责一致、分工合理、决策科学、执行顺畅、监督有力的行政管理体制。健全政府职责体系，完善公共服务体系，推行电子政务，强化社会管理和公共服务。

（2）提出了必须加快推进以改善民生为重点的社会建设职能，在经济发展的基础上，更加注重社会建设，着力保障和改善民生，推进社会体制改革，扩大公共服务，完善社会管理，促进社会公平正义，努力使全体人民学有所教、劳有所得、病有所医、老有所养、住有所居，推动建设和谐社会。

（3）指出必须深入贯彻落实科学发展观。在把经济建设这一基本职能作为执政兴国的第一要务的同时，也必须努力做到发展成果由人民共享，更加注重收入再次分配的行政职能。必须坚持全面协调可持续发展，统筹城乡发展、区域发展、经济社会发展、人与自然和谐发展、国内发展和对外开放等。

（二）十八大报告提出的新观点和新举措

党的十八大再次强调要深化行政体制改革。党的十八届二中全会对深化行政体制改革的重点领域和关键环节做出部署。这是进一步深化行政体制改革的纲领、方针和基本依据，为今后的行政体制改革指明了方向。机构编制部门要认真领会八个方面改革的主旨，不断推进市县深化行政体制改革工作。

1.深入推进政企分开、政资分开、政事分开、政社分开

改革开放以来市县经过六次机构改革和常态化的政府职能机构调整，"四个分开"取得了实质性进展，政府履行职能中的越位、错位、缺位现象越来越少，市场作用得以发挥，企业自主经营受到保障，社会和事业单位的功能进一步强化。

2.深化行政审批制度改革

行政审批制度改革是政府转变职能的突破口，是行政体制改革的重要内容。《中共中央关于全面深化改革若干重大问题的决定》提出，进一步简政放权，深化行政审批制度改革，最大限度减少中央政府对微观事务的管理。行政审批权是各级政府依法组织和管理公共事务的一项重要公权力，它的科学配置和正当行使，事关政府管理的有效性、廉洁性和合法性。因此，改革和完善行政审批制度，不仅是世界许多国家和地区行政改革的重要课题，也是中国不断深化行政体制改革，着力转变政府职能、创新管理方式、规范权力运行、提高行政效能的重要内容。实践证明，行政审批制度改革已成为推动中国行政体制改革、转变政府管理职能、构建服务型政府、从源头预防腐败的一个重要突破口。

3.稳步推进大部门体制改革

大部门体制是按照社会主义市场经济条件下政府管理经济社会事务的要素设置部门，把政府相同或相近的职能整合归入一个部门，以该部门为主进行管理，其他部门协调配合，或把职能相同或相近的机构合并为一个较大的部门，以加强协调配合，提高工作效率。大部门体制有四个显著特征：一是职能有机统一。按照政府"经济调节、市场监管、社会管理、公共服务"的基本职能设置机构，坚持一件事情由一个部门承担，一项职能集中到一个部门，不搞职责交叉，不搞同一事项由几个部门共管。二是机构综合设立。将职能相同或相近的部门整合后组建若干精干的大部门，承担政府某一方面的职能。这些大部门履职范围宽，涉及领域广，组织形式优，协调问题顺，部门内部工作联系衔接融洽。三是运行机制高效。大部门把外部协调变成了内部协调，避免了推诿扯皮；工作流程由原来多个系统、多个渠道变成了一个系统、一个渠道，加之层次减少、环节压缩，办事效率明显提高。四是机构序列合理。政府主要由大部门组成，取消了大量的议事协调机构，减少了办事机构，使得政府机构序列精干优化。

4.创新行政管理方式，提高政府公信力和执行力

行政管理方式是政府履行职能的机制和制度，决定着政府职能的充分履行和政府工作效率的不断提高。在创新行政管理方式上：

一是要创新管理理念。树立以人为本的理念，建设服务政府；树立权责一致理念，建设责任政府；树立依法行政理念，建设法治政府；树立清正廉洁理念，建设廉洁政府；树立质量效率理念，建设效能政府。

二是要不断完善科学民主的决策机制。合理界定政府及其部门的决策权限，依法规范与约束决策主体、决策行为和决策程序，坚持科学决策、民主决策、依法决策。涉及经济社会发展中的重大决策，坚持调查研究与集体决策制度，充分听取社会各界的意见。

三是要全面推进依法行政。规范行政执法，按照依法行政、合理行政、程序正当、高效便民、诚实守信、权责统一的原则，规范政府行政的自由裁量行为，严格按照法定权限和程序履行职责。完善行政复议、行政应诉和行政赔偿、行政补偿。

四是要健全完善责任机制。坚持决策权、执行权、监督权既相互制约又相互协调。明确各级政府之间及政府各部门之间的职责权限，责随权走，权责统一，从根本上克服多头管理、政出多门的弊端，促进政府机构高效协调、规范运转。

五是要完善行政监督和政务公开制度。健全社会信息反馈机制，切实保障公民的参与权和知情权，实现政府管理的公开、公正和透明。

5.严格控制机构编制，减少领导职数，降低行政成本

经过六次从上到下的机构改革，机构和编制总量是基本适应经济社会发展和政府履行职责需要的。多年来，机构编制管理形成了一整套的制度、机制和方式，如"统一领导、分级管理"的管理体制、"一支笔审批"的规定、行政编制与事业编制分类管理、机构编制与财政、人事综合约束机制等，实践证明是行之有效的。控制机构编制，要坚持总量不增，在此前提下盘活存量，既做减法又做加法。建立健全机构编制与财政、组织人事、监察、审计等部门相互配合又相互制约的机制，建立编制台账，实行机关事业人员"实名制"，保证机关事业工作人员不超编、不超员。实行编制信息公开，加大对违反编制纪律的监督查处力度，维护行政编制的权威性、严肃性。逐步建立编制管理的宏观调控机制、盘活存量机制、动态监控机制、违规处罚机制，不断推进编制管理的科学化、规范化和法定化。严格控制机构编制、减少领导职数是降低行政成本的重要方面。政府不仅要尽职尽责地履行职责，而且要尽可能用最低的行政成本实现履职效果的最大化。

6.推进事业单位分类改革

事业单位改革的主要内容为：以创新体制机制为核心，理顺政府与事业单位的关系，积极探索政事分开、管办分离的有效实现形式；建立多种形式的法人治理结构，健全事业单位内部决策执行和监督机制；深化人事制度改革，建立责权清晰、分类科学、机制灵活、监督有力的事业单位人事制度；以完善工资分配激励约束机制为核心，深化收入分配制度改革；健全符合事业单位特点、体现岗位绩效和分级分类管理要求的工作人员收入分配制度；完善事业单位及工作人员参加基本养老、基本医疗、失业、工伤等方面的社会保险政策，逐步建立起独立于单位之外、资金来源多渠道、保障方式多层次、管理服务社会化的社会保障体系；改革和完善财政支持方式，构建财政支持公益事业发展的长效机制，多渠道筹措资金发展公益事业机制。

7.完善体制改革协调机制

体制改革是一个宏观工程、系统工程、连续工程，必须做好它们之间的协调。统筹规划和协调重大改革：一是把握整体性。体制改革既涉及经济基础也涉及上层建筑，既涉及经济体制也涉及政治体制、文化体制、社会体制。进行行政体制改革，要整体设计、全面实施。二是把握统筹性。从发展全局和趋势出发，谋划体制改革与其他改革、整个改革与不同领域不同层面改革的相互统一和协调，从而使体制改革既有长远目标又有近期目的，既有长期规划又有短期计划，既有整体设计又有单项安排，以便横向上整体推动、纵向上步步深入。三是把握配套性。既要从改革必要性、紧迫性上考虑，又要从改革可能性和可行性出发，实现改革的力度与发展的速度、社会可承受的程度相统一；既要重视改革的整个过程，又要重视过程中的每一个环节，还要兼顾环节的各个方面，做到步步衔接、环环

相扣、错落有致、积极稳妥；既要把改革作为一个过程来做，又要注意其阶段性、层次性，改革措施的实施要分清轻重缓急，有的一步到位，有的几步到位，条件和时机不成熟的暂缓到位。

8.优化行政层级和行政区划设置

党的十八大报告在深化行政体制改革部分还提出了一项重要任务，这就是"优化行政层级和行政区划设置，有条件的地方可探索省直接管理县（市）改革，深化乡镇行政体制改革"。行政层级和行政区划是行政体制的重要组成部分，进一步对其进行优化有利于发展社会主义市场经济，更好地发挥区域优势，降低行政成本，提高行政效率。省直接管理县（市）是我国管理体制的一项重大实验，应该按照中央的部署积极进行探索。乡镇机构改革已经取得明显成效，要根据经济社会发展的需要进一步调整和优化。

（三）十九大报告中的新举措与新观点

坚持全面深化改革。必须坚持和完善中国特色社会主义制度，不断推进国家治理体系现代化，坚决破除一切不合时宜的体制机制弊端，突破利益固化的藩篱，吸收人类文明有益成果，构建系统完备、科学规范、运行有效的制度体系。

深化机构和行政体制改革。统筹考虑各类机构设置，科学配置党政部门及内设机构权力、明确职责。统筹使用各类编制资源，形成科学合理的管理体制，完善国家机构组织法。转变政府职能，深化简政放权，创新监管方式，增强政府公信力和执行力，建设人民满意的服务型政府。赋予省级及以下政府更多自主权。在省市县对职能相近的党政机关探索合并设立或合署办公。深化事业单位改革，强化公益属性，推进政事分开、事企分开、管办分离。

关键术语

行政职能（administration function） 市场失灵（market failure） 政府失灵（government failure） 服务型政府（service-oriented government）

基本训练

★简答题

1.行政职能的特点是什么？
2.简述行政职能的历史演进过程。
3.简述我国政府行政职能转变的必然性。
4.我国行政职能转变的基本内容有哪些？

★案例分析题

行政体制改革的海南实践

从1988年4月海南经济特区诞生，海南就实行全国独一无二的省直管市县和"小政府、大社会"的行政体制，而这正是海南30年经济社会发展取得巨大成就重要的制度保障之一。

1987年9月，中共中央、国务院《关于建立海南省及其筹建工作的通知》明确要求海南建立"省直接领导市县"的地方行政体制，还要求"海南建省后，各级机构的设置和人员编制的确定，要符合经济体制和政治体制改革的要求……要突破其他省、自治区现在的机构模式，使海南省成为全国省一级机构全面改革的试点单位"。

省直管市县和"小政府、大社会"管理体制应运而生。实际上，除了中央对海南在体制改革方面先行先试的要求，"海南的体制改革选择，也有着特殊的历史背景和省情实际"。海南省编办主任郑作生说。

建省前，海南岛存在着"一岛四方"：行政区、自治州、农垦系统、中央部属和广东省省属企事业单位，多头管理、各自为政，全岛缺乏统一领导和统一规划。

减少行政层级、降低行政成本、提高行政效率，成为摆在这个新生岛屿省份面前的首要问题。"党中央的决策部署，帮助新生的海南顺利理顺各种关系，并进行了一系列体制改革探索和创新。"郑作生说。

从横向看，省政府机构由原海南行政区的60多个部门，精简调整为26个工作部门和1个直属事业单位。改革后党政机构数量只有其他省的30%，省级党政机关行政编制人员核定为3 500名，比原海南行政区减少200多名。

从纵向看，1988年中央撤销海南行政区和海南黎族苗族自治州，率先全国在省和县之间取消地区一级行政机构设置，由省直接管理19个市县。

海南大学教授曹锡仁总结说，海南省直管市县体制与内地三级管理体制相比具有以下鲜明特点：

党中央、国务院的方针政策由省委、省政府直接指导市县实施落实；县一级领导班子由省委直接考核、任命和管理；所有市、县委书记都是省委委员或候补委员，直接参与省委的重大决策；市县财政与省财政直接联系，对市县的财政转移支付、专项支付、专项补贴都由省财政直接发放。

省级与市县间的职责、事权得以科学划分。建省30年来，省政府不断将内地由地级市承担的经济社会管理权限，特别是将贴近基层和群众的管理服务事务交由县级政府承担，扩大市县自主发展权。

"独一无二的行政体制，不仅在于层级、机构和人员数量的减少，更重要的是在于从本质上探索解决市场经济条件下政府如何履职的问题。"海口市委党校教授鲁兵说。

特殊的行政体制赋予了海南与生俱来的改革基因，为海南一轮又一轮改革提供了至关重要的制度保障。

为减少政府对市场的干预，更好推动市场经济发展，海南率先实行股份制改革、企业登记制度改革、燃油附加费改革……一些改革举措走在全国前列。

党的十八大以来，海南率先实行省域"多规合一"改革，整合六类空间规划编制海南省总体规划，实现全省一张蓝图干到底；实施"极简审批"，推进"不见面审批"，一号申请、一网审批、全程网办、快递送达，进一步优化了政务服务体系。

2018年4月14日公布的《中共中央国务院关于支持海南全面深化改革开放的指导意见》指出赋予海南省级政府更多自主权，推进海南行政区划改革创新，优化行政区划设置和行政区划结构体系等。

郑作生表示，海南省编办将以舍我其谁的精神，当好改革开放的促进派和实干家，当好体制机制改革的施工员，为推进海南全面深化改革，争创新时代中国特色社会主义生动范例提供新动能。

资料来源　赵叶苹．行政管理体制改革的海南实践［EB/OL］．（2018-04-26）［2018-09-08］．http：//www.xinhuanet.com/politics/2018-04/26/c_129859980.htm.

讨论：

1.结合案例，分析我国行政体制改革的必然性和现实性。

2.结合十九大报告以及海南省行政体制改革实践，分析当前我国行政职能转变的基本内容。

3.行政职能转变对我国行政体制改革有哪些意义？

资料阅读3-1

资料阅读3-2

第四章

行政体制

本章提要

（1）行政体制概述；（2）行政权力体制；（3）行政领导体制；（4）行政区划体制；（5）我国行政体制改革。

导读

政治放权是行政体制改革的突破口

2013年2月28日上午，中共中央在中南海怀仁堂举行民主协商会。中共中央总书记习近平在讲话中指出，行政体制改革是推动上层建筑适应经济基础的必然要求。要实现全面建成小康社会和全面深化改革开放的目标，必须深化已进行30多年并取得重要成果的行政体制改革，破除制约经济社会发展的体制机制弊端。2013年3月10日，新一轮"大部制"方案公布，以往的"行政管理体制改革"都成了"行政体制改革"，少了"管理"二字。

"这个进步很大。"国家行政学院公共管理学部副主任马庆钰说，行政本来就包含"管理"的意思。更深刻的意义还在于，淡化管理色彩后，突出了政府服务和监管职能，这对推进下一步行政体制改革无疑有导向性意义。

其实，中央对"行政体制改革"的认识也在不断深化。十七届二中全会还提出了到2020年建立起比较完善的中国特色社会主义行政"管理"体制，但到十八大就正式提出了"行政体制改革"，并做出部署。2013年2月召开的十八届二中全会再次明确了行政体制改革的重要性，指出它是推动上层建筑适应经济基础的"必然要求"。

但毫无疑问，目前改革已进入深水区，行政体制改革也不例外。3月17日，国务院总理李克强在回答记者提问时，并不掩饰改革的阻力，他说要有"壮士断腕"的决心。接下来的就是，除了决心，该选择什么样的方法与路径。

资料来源　钱昊平.行政体制改革——政治放权是突破口 [N]. 南方周末，2013-03-22.

第一节　行政体制概述

一、行政体制的含义与特点

1.行政与国家行政体制

所谓行政，若做广义的理解，即指管理。任何组织为了达到一定的目标，都要进行计划、控制和协调等活动，而非国家独有。作为一般组织管理意义上的行政活动，其历史比国家管理要久远得多，从人类一开始组成一定的社会群体，就已经不可避免地产生了执行群体公共事务的管理活动。然而，只有在国家产生之后，要求对国家大量的事务进行有效的管理，才形成大量的以国家机关为主体的行政活动。一方面，行政活动的对象范围广泛，非限定于某一固定组织内部，而是涉及整体社会事务，非常重要。另一方面，国家的行政也为国家行政活动提供了重要的物质基础和法律基础，使国家行政活动有了相对固定的机关、人员和活动依据，走上了规范化的轨道。

马克思给行政提出的经典定义认为："行政是国家的组织活动。"这就明确了两点：第一，行政是一种国家活动，而不是个别人或一般社会组织的行为。第二，行政是国家对社会事务的组织和管理，区别于立法、司法等国家机关的活动。这是从狭义上理解行政。

另一种观点认为，国家立法、司法机关也有管理活动，行政也应该包含立法行政、司法行政等各类国家机关的管理活动。这可以看作中义上的行政。

行政体制又称行政管理体制，主要是指政府系统内部中行政权力的划分、政府机构的设置以及各种关系和制度的总和。从国家的层面看，行政体制是指行政机关与立法、司法机关的权力的划分。行政体制是政治体制的重要组成部分，政治体制决定行政体制。简而言之，行政体制是指行政系统内部围绕权力的划分和运行而形成的制度化的关系模式。

行政体制包括以下几层含义：第一，行政体制是国家政治体制的一个有机组成部分，包括立法和司法体制；第二，行政体制的核心内容是行政系统内职权的划分和配置，包括横向的部门划分、纵向的层次划分和地域空间的区域划分；第三，行政体制是行政组织机构的建立依据。

2.行政体制的特点

行政体制特点包括鲜明的政治性、较强的稳定性、严格的系统性、相对的滞后性、历史的继承性。

二、行政体制的类型

行政体制的类型主要有以下三种：

1.行政权力体制

行政权力体制是指国家行政机关与其他的国家机关、政党组织、群众团体等之间的权力分配关系及制度的总称。它反映国家行政机关在该国政治体制中所拥有的职权范围、占有的权力地位，通常由宪法和法律明确规定。行政权力体制分为集权制、分权制和民主集中制，主要有三权分立制度、议行合一制、军政合一制、政教合一制、党政合一制等类型。

2.行政领导体制

行政领导体制具体指领导的组织依托，领导的职能、原则，领导者与被领导者之间的关系等，是国家组织的领导方式的具体体现。行政领导体制主要有首长制与委员会制等。

3.行政区划体制

行政区划体制是指国家为实现有效管理，依据一定的原则，将全国领土划分为若干层次的区域单位，并建立相应的各类地方国家权力机关和行政机关的一种制度体制。

三、行政体制的功能及影响因素

（一）行政体制的功能

功能一般指事物或方法所发挥的有利的作用，所强调的是事物或方法积极的意义。行政体制的功能也就是指行政体制所存在的价值及发挥的积极作用，具体体现在以下几个方面：

1.促进市场经济的纵深发展

中国经济体制改革是在生产力水平较低、工业化程度不高、技术水平落后等条件下进行的，各级政府在推进经济市场化过程中发挥了主导作用。在改革开放至今的40年里，与经济的市场化程度显著提高相对应的是政府职能和行政方式也发生了明显变化。在宏观上，政府开始运用市场、法律等手段调节国民经济的运行，进行产业结构调整，实现经济增长方式的转变；在微观上，政府改革了对企业的管理模式，政企分开成为经济改革的重要内容。同时，政府的市场管理职能也逐渐转为主要以市场定价、反垄断、反欺诈、反不正当竞争等方面。行政体制经过不断调整，适应了市场经济体制，并有力地推动了其发展。

2.回应利益多元化社会建构的需要

在实行改革开放政策前，存在于人们生活中的是计划经济体制下一元化的社会结构模式。在这样的模式下，公民或直接依附于政府，或因依附于其所在单位而间接依附于政府，他们之间的利益选择也因为这样的依附关系而在形式上表现得高度一致。在向市场经济体制转型的过程中，这种一元化的社会结构开始逐渐瓦解，取而代之的是多元化的社会利益结构。不但社会个体之间的交往可以通过市场机制和契约机制来完成，而且政府也不可能像过去那样，对社会生活事无巨细都要实施控制和管理。此外，利益多元化还表现在地区利益、地方利益、行业利益的凸现，合作与竞争共存，客观上需要行政体制做出积极回应。

3.加快公共行政的有效开展

在国家行政向公共行政转变的过程中，现代行政权呈现出多元化的发展趋势，国家行政机关已不是唯一的行使行政权的主体，其行政权也部分地归还于社会主体。公共行政的有效开展，要求对公共权力进行重新调整和配置，以发挥社会自治的力量、保障公众在社会事务管理中的参与权利；这些也都依赖于行政体制发挥其基础性的作用，因为没有具体的制度基础，公共行政的有效运行只能成为空谈。灵活、高效、务实的行政体制将改革公共权力的行使方式，积极引入符合现代市场经济规律和价值理念的管理与服务手段，促进社会各部门的合理分工和资源的有效配置，推进公共行政的顺利开展。

4.推进行政法治的发展

行政法治是现代法治建设的重要组成部分，反映了经济社会发展对行政权力行使的全面要求，其核心的价值追求在于依法行政、建设法治政府。在制度层面，行政法治包含了行政实体制度、行政程序制度和行政救济制度三部分制度建设。在这里，行政体制与行政实体制度相对接，在一定程度上，行政体制就是一系列行政实体制度的总称。只是传统上行政体制更侧重于政府系统的职能、权力配置、运行规则，而行政实体制度则强调公共行政的主体形式和法律地位，各类行政主体的权利、义务和责任。行政体制更多是管理学中使用的概念，而行政实体制度则是法学中的用语。

（二）行政体制的影响因素

1.经济的影响

行政体制要与社会经济发展相适应，经济的发展和经济体制的变化要求行政体制进行改革，促使行政体制转变管理职能、方式和手段。

2.政治的影响

行政体制是基本政治制度的组成部分，两者既紧密相关，又相对独立。一方面基本政治制度决定着行政体制的性质和运行的基本方向；另一方面行政体制必须与基本政治制度相适应、相协调，并随着基本政治制度的发展而相应变革。

3.文化传统的影响

文化传统对各自国家的行政体制有着潜在和深远的影响。如美国的行政体制就深受崇尚个人主义和自由主义、推崇法治与自治精神等民族文化传统的影响；德国的行政体制深受信守国家至上与中央集权，酷爱整齐划一与法律条文完整、统一等民族文化传统的影响。

第二节　行政权力体制

一、行政权力体制的含义

行政权力体制是指一个国家的行政机关与其他国家机关、政党组织、群众团体等之间的权力分配关系及制度的总称。行政权力体制的中心内容是指国家行政机关在该国政治体制中所拥有的职权范围和权力地位，对此通常由宪法和法律做出明确规定。

一个国家行政权力体制的合理化、科学化程度是衡量该国政治体制和行政体制合理化、科学化程度的主要标志。行政机关在该国权力结构体系中的权力地位，直接影响着行政管理活动的权限、范围和效应，直接关系到事权的多少和职能的大小，因此可以说，行政权力体制是行政管理体制的重要体现。

二、行政权力体制的分类

（一）集权制

集权制是指一切行政权力均集中于中央政府或上级机关，中央政府或上级机关对地方政府或下级机关有直接指挥管理权，地方政府或下级机关依据中央政府或上级机关指令，在授权的范围内处理公务的行政体制。集权制的典型代表是军政合一体制和政教合一体制。

集权制原则是奴隶制国家和封建制国家机构设置的通常原则。集权制原则的基本内容是国家的最高立法、行政、司法、监督、军事、外交等大权集中于国王或皇帝一身，一切国家事务和决策均以他的意志为转移。国家根据国王或皇帝的旨意设立机构，这些机构全部向国王或皇帝负责，其主要官员均由国王或皇帝任命或撤换。

集权制的优点在于：

（1）达到政令统一、目标一致，有效防止政出多门。

（2）力量较为集中，有利于统筹兼顾，避免人、财、物分散。

（3）组织层级节制，行政领导指挥灵便，有利于提高效率。

（4）权力集中，令行禁止，保证领导权威。

集权制的缺点在于：

（1）缺乏有效监管时，易导致管理上的专制与独裁。

（2）管理过于单一、刻板，适应各种环境的能力较差。

（3）组织管理层次较多，下级依赖上级，唯命是从，决策迟缓。

（4）容易忽视地方利益，压抑地方积极性、创造性和主动性。

1.军政合一体制

军政合一体制是指军事权力和行政权力合而为一，并以军事权力作为整个国家权力的核心和后盾，国家立法机关、司法机关等都受军事政府操纵的一种体制。此制的典型是拉美、非洲一些实行军人执政的国家。

2.政教合一体制

政教合一体制是指把政权和教权合而为一的一种体制。教皇为君主，拥有立法、司法、行政全权。梵蒂冈就是一个以教皇为君主的政教合一的城国。

（二）分权制

分权制是指地方政府或下级机关在其管辖范围内有自主决定权，中央政府或上级机关不得随意干涉，只负责监督与检查的行政体制。分权制的典型代表是三权分立制度。

分权制原则是资本主义国家机构的设置原则。分权制原则的基本内容是：

（1）按不同的功能把政治权力划分为不同的类型。法国启蒙思想家孟德斯鸠把权力划分为立法、行政、司法三权。

（2）不同功能的权力之间形成相互制约关系。

分权制的优点在于：

（1）分权分工，防止、避免上级专断独裁。

（2）分级治事，分层负责，有利于发挥下级积极性。

（3）分层授权，地方自主，实现近点决策。

（4）因地制宜，灵活权变，对外界环境适应能力很强。

分权制的缺点在于：

（1）过度分权，独立性强，易导致本位主义和各自为政。

（2）过度分权，权力分散，不利于统一协调与内部整合。

（3）分权制不利于集中力量、统筹全局，易导致资源利用的盲目性。

（4）分权制易造成地区间的不平衡。

三权分立制指国家的立法权、行政权和司法权分别由议会、政府、法院独立行使，同时又相互制约，保持权力均衡，按照这种权力分立和权力制衡的原则来组织国家机关、行使国家权力的制度。三权分立与权力制衡作为资本主义民主制度的一项原则，为现代资本主义国家所广泛采用，其中美国最为典型。

三权分立制的特点是：将国家权力分为立法、行政、司法，并且这三种权力分别由三个不同机关行使，即议会行使立法权，政府行使行政权，法院行使司法权，三种权力相互独立又相互制约，保持三种国家权力之间的平衡状态，防止某一个机关或某一个人的独断专行。三权分立是以权力对抗权力、以权力制衡权力，其实质是权力分配。随着资本主义国家的发展，现在一些西方国家的行政权力日益扩大和加强，不少学者认为"三权分立"已名存实亡。如美国，行政权力几乎达到要吞食整个国家权力的地步。

（三）民主集中制

民主集中制是在民主基础上的集中和在集中指导下的民主相结合的制度，是无产阶级政党、社会主义国家机关和人民团体的根本的组织原则。它规定了领导和群众、上级和下级、部分和整体、组织和个人的正确关系，是顺利推进革命和建设事业的重要保证。

民主集中制既承认人民内部存在着利益的多样性，同时又确认人民利益根本上的一致性。这种多样性和一致性奠定了在民主基础上集中的政治协调原则基础。民主集中制主要代表制度为议行合一制，我国的行政体制便是议行合一的人民代表大会制度。

议行合一制是指立法权和行政权属于同一个最高权力机关，或者行政机关从属于立法机关，仅是立法机关的执行部门的政体形式和政权活动原则，与三权分立制相对。现代议行合一制的雏形是1871年法国的巴黎公社。巴黎公社委员会是统一掌握立法权和行政权的权力机关。

中华人民共和国的人民代表大会制度被认为是议行合一制。其特点是：首先，由人民直接或间接选举的代表机关统一行使国家权力。其次，国家行政机关和其他国家机关由人民代表机关产生，各自对国家权力机关负责并受其监督。国家权力机关在国家机构体系中处于最高地位，不与国家行政机关、审判机关和检察机关分权，不受它们的制约，只对人民负责，受人民监督。中华人民共和国全国人民代表大会是最高国家权力机关，有权选举、决定、罢免国务院、最高人民法院、最高人民检察院的负责人。全国人民代表大会对人民负责，受人民监督。国务院、最高人民法院和最高人民检察院均就自己的工作向全国人民代表大会和它的常务委员会负责，并接受其监督。

第三节　行政领导体制

一、行政领导体制的含义

行政领导体制是指用严格的制度来保证行政组织进行决策、指挥、监督等领导活动的具体制度或体系的完整性、一致性、稳定性和连贯性的体系。行政领导体制从制度上决定了行政组织的最高行政首脑，也从制度上规定了领导决策机构及最高行政首脑与其他执行机构、参谋辅助机构、监督机构和信息反馈机构之间的领导关系和权责关系。

行政领导体制的核心内容是各级各类行政领导机关职责与权限的划分，载体是各级各类领导机构的设置，具体内容是行政领导者的领导层次与幅度，具体体现是行政领导者的管理制度。

二、行政领导体制的类型

根据最高领导者或最高权力中心的权力分配和实施领导的具体方式，可以将行政领导体制划分为首长制与委员会制。

（一）首长制

首长制又称一长制、独立制、首长负责制，是指在行政系统中最高行政决策权、指挥权由行政首长一人执掌，对所管辖领域内的行政管理事务进行统一领导并全权负责的一种领导体制。

首长制的优点在于：

（1）领导者在其职责范围内有权决定一切，权力较为集中，便于迅速做出决策。

（2）领导者个人决策，易于保守秘密。

（3）指挥统一，领导效率较高，减少扯皮现象，组织系统运行的整体性强。

（4）个人做出决定，行动迅速，便于政策执行。

首长制的缺点在于：

（1）整个组织系统的领导效果与领导者个人素质的关系很大，由于个人在知识、经验、才能、精力方面的局限性，决策、指挥容易出现主观片面性和失误。

（2）权力集中，个别领导独揽大权，容易产生个人专制和个人迷信。

（3）由于领导者个人在其职责范围内握有决策、指挥、任免、否决、强制执行等权力，在监督或制衡机制不健全的情况下，有可能出现滥用权力的现象，甚至会由个人专断导致个人专权。

（二）委员会制

委员会制又称集体负责制或合议制，是指在行政系统中，最高的法定决策权和指挥权由两个以上人员共同执掌的行政领导体制。在组织中，这些位居组织最高层的领导者并不是分兵把口、各管一摊，他们根据一定程序和规定组成一个进行决策、指挥、监督的群体，一切涉及整个组织系统的重大决策都不能由个人单独做出，必须由整个群体成员集中讨论决定，亦即是集体领导、集体决策、集体负责。即使该群体有一名组长、主任或主席，他也只是名义上的首脑或会议召集人，在群体中只有一票的权力。

委员会制的优点在于：

（1）有利于克服个人的主观片面性和局限性，提高决策质量和领导效果。

（2）较为民主，有利于避免出现滥用权力和个人专断的现象。

（3）集体承担责任，有利于调动多方面的积极性，减轻个人压力和负担。

委员会制的缺点在于：

（1）容易出现意见分歧，决策迟缓，甚至使问题拖延，贻误时机。

（2）个人责任不明确，易于出现争功诿过现象。

（3）协调任务重，易于影响工作效率。

（4）集体决策时，难以保守秘密。

三、我国行政领导体制概述

（一）我国行政领导体制的含义

1982年通过的宪法明确规定了我国国家行政机关实行行政首长负责制，即由行政首长全面领导本机关的工作，对机关的事务有最后决定权，行政机关所属的各机构及工作人员的工作都要对行政首长负责。同时，行政首长对本机关的工作负全部责任。我国行政机关实行的首长负责制，按照宪法规定主要有两方面的内容：一方面在中央，作为国家最高权力机关的执行机关——中华人民共和国国务院，即中央人民政府实行总理负责制，其领导的各部、各委员会实行部长、主任负责制；另一方面在各级人民政府中，也一律实行省长、市长、县长、区长、乡长、镇长负责制。

我国的行政首长负责制不同于一般意义上的首长制，它既兼备了委员会制和首长制的优点，又避免了首长制和委员会制的短处。它有三个突出的特点：一是民主决策，行政首长虽然拥有最终决定权，但并不是行政首长个人独裁。政府工作中的重大问题必须经过集体讨论决定，行政首长根据大家意见，行使最终的决定权和否定权。二是责任明确，行政首长在任期内，对在法定职权范围内的工作负完全责任。领导集团内部各个成员也分清职责。三是分工合作，行政首长与其他成员之间分工协作、相互配合，在实践中实行"归口管理"，职责明确，分工不分家。

我国之所以要实行首长负责制，是因为在"我们的党政机构以及各级企业、事业领导机构中，长期缺乏严格的从上而下的行政法规和个人负责制，缺少对于每个机关乃至每个人职责权限严格明确的规定，以致事无大小，往往无章可循，绝大多数人往往不能独立负责地处理其所应当处理的问题，只好成天忙于请示报告、批转文件"。有些单位、有的领导人甚至推卸责任，相互扯皮。所谓集体领导，实际上是无人负责，行政机关工作效率低得惊人。正是为了克服以上这些问题，宪法规定在我国国家行政机关中实行首长负责制。

（二）我国行政领导体制的特点

我国行政领导体制在本质上是社会主义的领导体制，是在中国共产党领导下、在新民主主义革命和社会主义革命，以及社会主义建设的过程中逐步建立和发展起来的，具体来说，具备以下几个特征：

1.人民群众的主人翁地位

人民群众当家做主是我国行政领导体制的基础，也是社会主义根本区别于资本主义的主要标志。人民群众的主人翁地位不仅表现在对于一切社会财富的支配上，更重要地表现在劳动人民都有参与国家管理的权利，这是在社会主义制度下劳动者最根本的权利，是得到宪法的确定与保护的。

2.中国共产党的领导核心作用

我国是工人阶级领导的、以工农联盟为基础的、人民民主专政的社会主义国家，中国共产党是领导社会主义事业的核心力量。在我国的行政领导体制中，中国共产党的领导核心作用主要体现在以下三个方面：一是各级领导机关受同级党的领导机构领导；二是一切大政方针制定和实行必须由同级党的领导机构批准；三是党的领导机构成员在特殊情况下，兼任领导机关的主要领导人，以保障党对行政的领导。

3.中央集权式的领导和管理

中央集权式的领导和管理即对社会经济、政治、文化等实行中央集权式的领导和管理。从纵向领导关系上看，我国长期实行中央集权式的行政领导体制，形成自上而下的行政领导系统。虽然中央以下的各级机关也有一定的权力，但主要的领导决策权力都集中在中央。从横向领导关系看，我国实行的是统一的一元化的行政领导体制。在政治上、思想和组织上，一切行政领导机关都要服从中国共产党的统一领导。

四、我国行政领导体制未来发展方向

就我国目前的实际情况来看，许多地方首长负责制并未真正落实，许多行政首长还没有真正负起责来，或者其本身还不能负责。要使行政首长负责制的优点得以充分发挥，关键要做好以下几项工作：

1.坚持党政合一

坚持党对一切工作的领导。党政军民学，东西南北中，党领导一切。必须增强政治意识、大局意识、核心意识、看齐意识，自觉维护党中央权威和集中统一领导，自觉在思想上、政治上、行动上同党中央保持高度一致，完善坚持党领导的体制机制，坚持稳中求进工作总基调，统筹推进"五位一体"总体布局，协调推进"四个全面"战略布局，提高党把方向、谋大局、定政策、促改革的能力和定力，确保党始终总揽全局、协调各方。

2.坚持责权一致

责任和权力是任何一个领导职位都必须具有的两种属性。有责无权或责大于权，就会使责任落不到实处；有权无责或权大于责，就可能产生权力滥用。因此，要使行政首长负责制得到切实推行，就必须使责任和权力保持一致。

3.加强监督，防止和克服个人专权

首长负责制有两大不容忽视的缺点：一是由于个人智慧和经验有限，容易造成决策和指挥上的失误；二是由于权力集中于一人，容易造成个人权力膨胀、滥用职权等弊端。我国实行的首长负责制是同集体领导相结合的，可以避免一般首长制缺点，但是要真正克服以上弊端，还必须加强各种行政监督措施。

4.规范行政首长的选拔

正确的政治路线确定之后，干部就是使行政首长负责制是否能有效实施的决定性因素。要使行政首长负责制有效的实施，如果没有适合担任行政首长的人才，那是不可能真正达到行政首长负责制所要求的目的的，甚至会把事情搞糟。因此，必须认真选拔好合格的人才。

第四节　行政区划体制

一、行政区划体制的含义及影响因素

（一）行政区划体制的含义

行政区划就是国家对行政区域的划分。具体地说，就是根据国家行政管理和政治统治的需要，遵循有关的法律规定，充分考虑经济联系、地理条件、民族分布、历史传统、风俗习惯、地区差异和人口密度等客观因素，实行行政区划的分级划分，将国家的国土划分为若干层次、大小不同的行政区域系统，并在各个区域设置相应的地方国家权力机关和行政机关，建立政府公共管理网络，为社会生活和社会交往明确空间定位。行政区划是一个国家权力再分配的一种主要形式，也是国家统治集团意志及政治、经济、军事、民族、习俗等各种要素在地域空间上的客观反映。行政区划体制是指国家为实现有效管理，依据一定的原则，将全国领土划分为若干层次的区域单位，并建立相应的各类地方国家权力机关和行政机关的一种制度体制。

（二）影响行政区划体制的因素

1.政治因素

巩固中央政权，维护国家统一。行政区划的目的和它的形式正好相反，是为了加强中央政权对全国各地的统一管理。行政区划往往采用一种有限授权的方式，通过各级地方政府加强中央政府对地方的治理。

2.经济因素

利用各地的经济特点和优势，促进国家和地区经济的发展。行政区划的目的不是要造成地区性经济封锁和市场分割，而应推进市场经济的发展和统一市场的形成。

3.民族因素

尊重不同民族的文化和风俗习惯，有利于促进和加强民族团结。这是加强国家统一的基础，一般在少数民族聚居区的基础上建立民族自治的地方政府。

4.地理因素

根据山、川、河流等自然条件和地理条件划分行政区域的边界和地界，这些地理因素也是间接影响市场经济的因素。

5.历史因素

行政区域的划分往往是在历史演变的过程中形成的，历史方面的因素可以为行政区域的总体布局、某些地区的归属或具体边界、地界的确定提供参考。

6.管理因素

行政区划应考虑管理层次、控制幅度、各级地方政府的规模、人员编制、财政预算等各种问题。既要增加各级地方政府的管辖能力，又要有利于中央政府集中统一管理和减少财政开支，提高管理效率。

二、行政区划体制的类型

行政区划体制在不同社会制度的国家、在不同结构形式的单一制或复合制的国家，可以采用多种标准将其划分为不同的类型。在我国，根据不同的标准，也可将其划分为不同的类型。如按行政层次不同，可划分为省级行政区、地（市）级行政区、县级行政区、乡级行政区等；按时间的长短不同，可划分为稳定性行政区、过渡性行政区等。若着重从行政区划的主要要素和特征来划分，我国现行的行政区划体制主要有以下三种：

1.传统型

传统型是指既侧重于地域这一基本要素，又顾及历史传统因素所设置的行政区域。这是我国，也是世界多数国家普遍采用的行政区划建制。一般来说，在这种建制下，相同层级的行政区划由多大的地域面积及多少行政单位构成总是基本稳定的。因此，我国各级行政区划的建制多具有长久的历史沿革。

2.发展型

发展型是指既侧重于一定区域空间人口聚集这一首要因素，又顾及区域经济发展所设置的市政区域。与自给自足、封闭的传统型相对应，这是一种适应社会化、工业化、商品化、现代化生产发展，充分发挥城市中心作用的地方行政区划建制。通常以一定地域或空间非农业人口数量、地理位置、发展前景作为划分不同层级市政区域的标准。以城区常住人口为统计口径，将城市划分为5类7档。城区常住人口50万以下的城市为小城市，其中20万以上50万以下的城市为Ⅰ型小城市，20万以下的城市为Ⅱ型小城市；城区常住人口50万以上100万以下的城市为中等城市；城区常住人口100万以上500万以下的城市为大城市，其中300万以上500万以下的城市为Ⅰ型大城市，100万以上300万以下的城市为Ⅱ型大城市；城区常住人口500万以上1 000万以下的城市为特大城市；城区常住人口1 000万以上的城市为超大城市。与此城市人口规模及其他因素相对应，分别设置直辖市行政区域、地级市行政区域、县级市行政区域等。

3.特殊型

特殊型是指既侧重于全局性的政治和行政管理上的特殊需要，又顾及历史的和现实的复杂因素所设置的特殊的行政区域。相对于一般的或普通的地方行政区域而言；有民族自治地方的自治区、自治州、自治县和特殊建制；相对于一般管理而言，需要采取特殊管理政策和方法的一定区域，有工矿区、盐区、特区等；相对于实行社会主义制度的内地而言，香港、澳门等回归祖国后，按照"一国两制"的构想，实行不同社会制度的特别行政区。

三、我国行政区划体制现状

《中华人民共和国宪法》规定我国实行省、县、乡三级行政区划体系，即"（一）我国分为省、自治区、直辖市；（二）省、自治区分为县、自治县、市；（三）县、自治县分为乡、自治乡、镇"。而实际上，在省县之间，还存在着一个地级市的行政级别。总的来说，是四级制和三级制并存的一种状况。

截至2018年9月26日，全国共有（省以下行政区划单位统计不包括港澳台）：一级行政区（省级行政区）34个（23省、5个自治区、4个直辖市、2个特别行政区）；二级行政区（地级行政区）334个（294个地级市、7个地区、30个自治州、3个盟）；三级行政区（县级行政区）2 851个（970个市辖区、375个县级市、1 335个县、117个自治县、49个旗、3个自治旗、1个特区、1个林区）；四级行政区（乡级行政区）39 888个（2个区公所、21 116个镇、9 392个乡、152个苏木、984个民族乡、1个民族苏木、8 241个街道）。

四、我国行政区划体制改革——"省直管县"

近年来，有关我国行政区划调整的话题一直是公共行政领域的一个热点。应当说，我国现行省—市—县—乡四级行政区划体制基本上是与传统计划经济体制相适应的，其设置初衷是好的，实践中也曾发挥过一些积极作用，在一定程度上加速了我国的城市化进程，发挥了中心城市的辐射和带动作用，促进了城乡一体化和协调发展。

但随着我国市场经济体制的建立和发展，现行区划体制存在的问题日益暴露，已经难以适应市场经济发展和国家行政体制改革的需要。一方面，市管县的体制在省—县中间增加了一级行政管理层次，原本省县之间可以直接沟通的事务，现在则必须经过市来"上传下达"，这与强调信息化和行政效率的现代行政理念要求相比，明显科学性不足，因为多了一层区划设置就增加了一套信息传递程序，这不仅会降低信息传递的速度，而且使得信息在传递过程中受到主观干扰的概率大大增加，极易导致信息失真，也影响了现代行政的生命线——效率，更深层次的危害，就是导致中央政令不畅，政策措施落实不到位。

另一方面，现行市管县的区划体制还造成机构膨胀臃肿，一级行政区划设置就需要配置一套机构和人等。由于市级建制既要管理城市，又要管理农村，而城市和农村在社会结构、功能作用、发展需要等方面具有天然的不同性，在客观上既增加了行政管理工作的复杂性，又使得为了做好这两方面的工作而设置大而全的机构，导致机构臃肿不堪。这样不仅增加了财政负担和农民负担，而且也极易滋生多头领导、人浮于事、相互扯皮等官僚主义现象。

此外，从实践来看，目前市管县的区划体制在实现城乡一体化和协调发展上的作用也甚微。因为城市系统和农村系统本身各具特殊性，而且非常复杂，实践中往往将市里的工作重心放在城市，而忽视农村和农民的利益需求，出现重城市轻农村、重工业轻农业、促工压农的现象，这无疑与当前"三农"问题和农业在国民经济建设中的基础地位是不符的，也与中央目前解决"三农"问题的有关政策相悖。从这个意义上说，对现行区划体制进行调整，也是更好地保护农民利益、发展农村经济的需要。

因此，改革现行区划体制，取消市管县的设置，建立由"省直管县"的省—县—乡三级区划体制，不仅是市场经济发展的要求，也是行政体制改革现代化、科学化的必然反映。但同时需要指出，由于区划调整涉及宪法上的制度架构，由地方通过地方性法规的方式实施不妥，而由全国人民代表大会或其常务委员会经过充分论证，做出全国性的区划体制调整实施方案，才是目前较为理想也是符合现行宪法要求的做法。

首先要明确"省直管县"改革的总体思路。这可以概括为"一条主线、一个目标、一个重点"，即以全域城市化为主线，通过"省直管县"改革，提高县域中心城市的承载力，率先把经济强县发展成为中等城市，科学规划撤县（市）设区，扩大城市规模，形成大中小城市与小城镇协调发展的新格局；以统筹城乡发展为目标，着力破除城乡二元制度，加快建立"城市支持农村"的长效机制，到2020年基本建立城乡经济社会一体化发展的体制机制，保障城乡居民公平与可持续发展；以提高农业大县等经济欠发达县的财力水平为重点。按照因地制宜、分类推进、重点突破的原则，建议从以下几方面推进"省直管县"改革：

第一，推进户籍制度改革。逐步放开城镇落户政策，3年左右落实放宽中小城市、小城镇特别是县城和中心镇落户条件的政策，重点引导农村人口向人口规模20万以下的中小城市集聚；5年内，放开中等城市和大城市的落户政策。户籍制度改革是实施全域城市化战略的前提，也是"省直管县"体制改革的制度保障。

第二，建立城乡一体化的土地管理体制。重点加强土地用途管制，防止"省直管县"改革变相掠夺农民土地。以完善农民土地使用权为重点，保障农民土地权益在符合城乡土地规划的前提下，可以将土地长期使用权转让、出租、抵押、入股和出售，建立主要依托土地的农民财产性收入增长机制。

第三，精简机构，合理安置人员。在改革中，我们要把精简机构与合理安置人员相结合，采取各种途径妥善安置分流人员。省级政府可制定详细录用标准，择优录用一些人员到省级部门工作，也可把政府机构中的一些专业性管理部门转制为经营性公司（如工程评估部门等），变为独立核算、自负盈亏的经济实体，为机关人员提供就业岗位，同时鼓励创业或是自谋职业，国家给以其经济补偿和各项优惠政策。

第四，加大扩权放权力度，理顺条块关系，为推行"省直管县"体制奠定基础。将当前放权的重点放在行政审批、行政收费、行政处罚、国有资产管理和社会事业管理等方面，真正把关键性和涉及具体利益的权限下放给县（市）。

第五，稳步推进财税体制改革。建立事权与财力相匹配的财政体制，按照全省统一的基本公共服务均等化标准测算各级政府所需要的财政支出规模，由上一级政府负责平衡辖区内政府间财力。

第六，加强立法，明确各级政府职责权限。原有的相关法律和法规基本上都是行政性立法，效力层次较低，且操作性不强，需在各地试行"省直管县"经验的基础上，制定"地方政府法"或完善《中华人民共和国地方各级人民代表大会和地方各级人民政府组织法》，要以立法的形式，将省与市县政府的权力范围、权力运作方式、利益配置结构、责任和义务等明确下来，逐渐使省与市县政府的关系制度化、可问责。

第七，完善监督约束机制。各省必须在县级的行政权力扩大的同时创新监管方式，必须采取措施加强对县级行政权力进行有效的监督和约束，建立、健全监督机制。只有在确保监督和约束力度得到加强的前提下，才能够确保"省直管县"体制改革的成功，才能够确保县级行政权力得到增强而不被滥用，把县级行政打造成真正的"阳光"政府。

第八，推进财政层级扁平化。2016年年底，以农业大县为重点，将经济欠发达地区的县全部纳入财政"省直管县"范围，先行建立省以下3级财政层级体制，保障中央转移支付直达县；合理划分税种，建立财力与事权相匹配的财税体制，保障县级政府基本财力需求。10年内，逐步把已经实行财政"省直管县"的地区纳入行政"省直管县"改革范围。到2020年年底，在全国范围内普遍实行行政"省直管县"体制，实现省以下3级区划体制，形成省与市县合理的公共职责分工体制。

总之，我国现阶段实行的"省直管县"体制改革，能够使我国经济更加快速发展，增强我国综合实力。鉴于此，我们需要不断研究、明确"省直管县"体制改革的重点及难点，不断完善"省直管县"体制，探索出一条与我国国情相适应的行政区划体制。

第五节　我国行政体制改革

一、我国行政体制改革历程及启示

（一）我国行政体制改革历程

行政体制改革是一个持续不断的过程，可以肯定地说，只要有政府存在，这一过程就不会消亡。改革能解决某一时期内存在的问题，但在改革的过程中又会出现一些新的问题，进而又引发后续的改革。改革开放以来，我国先后经历了8次行政体制改革：

1982年改革，根据党的十一届三中全会精神进行，在大幅精简机构的同时，重点解决了领导体制和实际存在的领导干部终身制问题。

1988年改革，根据党的十三大精神进行，在精简行政机构和人员的同时，提出了转变政府职能问题。

1993年改革，根据党的十四大精神进行，建立适应社会主义市场经济体制需要的行政体制，转变政府职能，在党政机关普遍进行"三定"工作，建立推行公务员制度，实行分税制财政管理体制。

1998年改革，根据党的十五大精神进行，是中华人民共和国成立以来规模最大的行政体制改革，明确把政府职能界定为宏观调控、社会管理和公共服务；政企分开有了新的突破，党政机关与所办的经济实体和管理的直属企业脱钩；中央各部门的部分审批权和具体事务性工作下放给地方政府，国务院机构和人员大幅减少。

2003年改革，根据党的十六大精神进行，按照精简、统一、效能的原则和决策、执行、监督相协调的要求，进一步转变政府职能，调整政府机构设置，理顺部门职能分工，减少行政审批，提高政府管理水平，努力形成行为规范、运转协调、公正透明、廉洁高效的行政体制。

2004年各级政府以实施《中华人民共和国行政许可法》（以下简称《行政许可法》）为契机，贯彻落实《全面推进依法行政实施纲要》，加大了清理行政审批项目、深化行政审批制度改革的力度，并取得了明显的进展。2005年4月通过的《公务员法》也对规范行政管理主体、加强公务员队伍建设产生了重要影响。

2008年改革，根据党的十七大提出的"加快行政管理体制改革，建设服务型政府"的精神，掀起以"大部门"体制为核心的行政改革，成立了交通运输部、人力资源和社会保障部、环境保护部、住房和城乡建设部等共26个部委。

2013年，政府工作报告提出坚持转变政府职能，推进政企分开、政资分开、政事分开、政社分开，建设职能科学、结构优化、廉洁高效、人民满意的服务型政府。十八大报告指出，要深化行政体制改革。行政体制改革是推动上层建筑适应经济基础的必然要求。要按照建立中国特色社会主义行政体制目标，深入推进政企分开、政资分开、政事分开、政社分开，建设职能科学、结构优化、廉洁高效、人民满意的服务型政府；深化行政审批制度改革，继续简政放权，推动政府职能向创造良好发展环境、提供优质公共服务、维护社会公平正义转变；稳步推进大部门制改革，健全部门职责体系。优化行政层级和行政区划设置，有条件的地方可探索省直接管理县（市）改革，深化乡镇行政体制改革；创新行政管理方式，提高政府公信力和执行力，推进政府绩效管理；严格控制机构编制，减少领导职数，降低行政成本；推进事业单位分类改革；完善体制改革协调机制；优化行政层级和行政区划设置。

2018年，十九大报告指出继续深化机构和行政体制改革。统筹考虑各类机构设置，科学配置党政部门及内设机构权力、明确职责；统筹使用各类编制资源，形成科学合理的管理体制，完善国家机构组织法；转变政府职能，深化简政放权，创新监管方式，增强政府公信力和执行力，建设人民满意的服务型政府；赋予省级及以下政府更多自主权；在省市县对职能相近的党政机关探索合并设立或合署办公；深化事业单位改革，强化公益属性，推进政事分开、事企分开、管办分离。

总之，8次行政体制改革取得了重大进展：一是政府机构数量有所减少。就国务院机构（包括职能部门、直属机构、办事机构、直属事业单位和特设机构）而言，1982年改革之前最多的时候为100个，1988年改革后为86个，到2003年已减少为66个，2018年机构改革后，国务院设置组成部门为26个。二是机构设置趋于合理。现有的政府部门大多都是按照市场经济要求设置的，计划经济时期按照产品行业设置的工业部门大多被撤销或者合并；政府职能发生转变，已将经济调节、市场监管、社会管理和公共服务明确为政府主要职能。三是行政管理方式也发生变化。由过去主要依靠行政手段发展到现在主要依靠经济和法律手段。四是依法行政和建设法治政府取得进展。《行政许可法》的实施和行政审批制度改革取得明显成效，国务院分3批取消和调整审批项目1 806项，占改革前行政审批项目总数的50.1%，行政效率明显提高。从中央到地方，上下接力、持续发力，取消和下放了许多行政审批事项，政府职能转变取得了突破，显著表现在我国市场主体的经商创业环境得到了显著改善上。根据世界银行《2018全球经商环境报告》显示，到2017年，中国经商环境的世界排名提前了18位。近年来，各地开始对乡镇机构进行改革，在实践中积累了有关经验。

（二）我国行政体制改革启示

经过长期改革，政府职能得到转变，政企分开得到不断推进，机构和人员得到精简，干部队伍结构得到优化。应该说，现行的行政体制基本上适应了经济社会发展要求，也符合我国国情。在改革过程中，我们积累了许多成功的经验，从中也得到一些启示。

第一，行政体制改革必须从我国国情出发，有利于坚持党的领导，有利于提高行政效率，有利于保证政府充分发挥在改革发展稳定中的作用。行政体制改革是各项改革工作的连接点和交汇点，具有举足轻重的作用，必然触及深层次问题和矛盾，触及错综复杂的利益关系和利益格局的调整。以往历次改革之所以能够顺利推进并取得成果，关键在于坚持了党的领导，各项改革措施都是按照中央关于经济社会发展的重大决策和战略部署采取的，而且注重提高行政管理效率，保证政府在改革发展稳定中发挥重要作用。因此，我们必须立足于我国实际，认识我国所处的发展阶段和面临的实际问题与矛盾，认识我国政治、经济、文化和社会特点，学习借鉴国外的有益经验和做法，强调为我所用，不能照抄照搬。

第二，行政体制改革必须适应经济社会的发展要求。纵观我国行政体制改革的历程，可以发现，行政体制改革的任务往往是经济社会发展到一定程度提出的，适应经济社会发展要求是行政体制改革的出发点和主要动力。例如，我国在计划经济时期，曾经按行业设立了多个部委，仅是机械工业部就曾设过7个，导致了多个中直企业或部属企业的产生，形成了严重的"条块分割"问题。为了适应经济改革的需要，对有关经济行业管理部门进行了调整，以更好地解决政府与企业、政府与市场之间的矛盾。

第三，行政体制改革是一项系统工程，不可能单兵突进。行政体制关系到经济社会生活的方方面面，改革行政体制有着牵一发而动全身的作用。行政体制与政治、经济、社会之间存在复杂而又密切的关系，因此不仅要调整好行政机关内部职能，还需统筹公共部门和事业单位的改革，处理好政企关系、政事关系，同时更要重视政府职能准确定位和切实转变的问题。

第四，行政体制改革需要科学化、法治化。由于改革大多都是政府自身由上而下进行的，政府既是改革的执行者和推动者，又是改革的直接对象，角色冲突也在一定意义上阻碍改革的深入，特别是改革涉及权力与利益格局的重新调整，增加了行政体制改革的难度，加之改革的政策性较强，因而需要科学论证，提高法治化程度。

二、我国行政体制改革面临的问题

我国行政体制改革面临的问题是多方面的，既有个性问题，也有共性问题。从行政体制各个领域的角度看，表现出的是行政体制各个领域的个性问题，这些问题包括行政职能、行政组织、行政权力配置和行政权力运行体制方面的问题。从行政体制整体的角度看，行政体制各个领域也存在共性问题，这是现行体制在宏观上的普遍性问题，如制度缺失、与社会不匹配、缺乏科学性和权利参与等。具体说，我国行政体制改革面临的问题有以下方面：

（一）行政体制涉及的制度缺失

我国行政体制改革所面临的最为严重的问题就是制度缺失。从权力配置到行政职能，从行政组织到权力运行，都存在制度规定的欠缺，使体制缺乏稳定性、明确性和预见性。

1.从中央到地方各级政府的职责和权限缺乏明确的法律规定

首先，在中央与地方的关系上，凡是中央认为适宜于自己决定的事情，都可以自主决定，法律上没有进行严格的事权划分；其次，在地方各级政府之间，总是事权划分不清，缺乏界定，造成上下级政府间的矛盾与冲突；再次，在政府部门之间，职权也缺乏制度上的界限，一项政府职能实施涉及多个部门时往往难以理清；最后，法律对各级政府职能的规定较为模糊，缺乏明晰性。

2.行政组织方面程序制度缺失

实践中，无论是行政组织过程还是组织结果都缺乏程序的约束，因而不可避免受到行政首长主观意志的左右，因人设事，强调上下机构对口设置。例如，作为我国最高行政机关的国务院，其各类行政机构的职责和权限多在国务院办公厅颁发的《职能配置、内设机构和人员编制规定》文件中进行规定，这尽管比原先"三定"方案有进步，但该规定不是法律和行政法规，加上缺少对违反规定者追究法律责任的条款，其效力和权威远远不够。

3.有关承担社会公共职能的公共组织的制度缺失

对于社会公共组织，只有社团登记条例、捐赠法等少数法律规范，相关的制度也未建立。众多社会公共组织的性质、地位、作用及政社关系，还停留在研讨阶段。在社会实践中，虽然已经有众多社会公共组织，但由于没有法律规范，都是按自己的主观认识和主观理解去做，五花八门，各行其是。

4.中央和地方以及各级政府间权限纠纷解决机制缺失

40年的改革开放，不仅有效进行了经济转型，而且促使了社会多元利益格局的形成。在利益的驱使下，各类矛盾大量涌现，地方各级政府间纵向和横向的冲突也开始显现。市场经济将地方各级政府带到了竞争的前台，对地方利益的追求，很容易使地方政府及行政机关超越权限，从而引发冲突。另外，随着经济社会的发展，地方政府间的合作与竞争也日趋激烈，纠纷冲突也就难以避免。问题是，时至今天，除了个别法律对个别问题做了规定外，政府间的权限纠纷解决机制还没有建立起来。

（二）行政体制与社会需求不匹配

现行行政体制继续着许多传统体制中的做法，从而与发展的社会需求存在很大差距。行政体制严重滞后于社会现实，与社会现实严重脱节，缺乏回应社会的能力，社会现实中各种利益需求、各种经济要求在行政体制中体现不出来。事实上，社会系统越复杂，体制设计越应该精细化，而我国现行的行政体制却比较粗糙，无法适应日益复杂的社会现实。这主要有以下几方面的表现：首先，在政府与市场的关系上，我国多年来形成的自上而下的"指挥式"管理模式与市场经济多元化的网络结构极不适应。其次，在政府与社会的关系上，政府对社会的管理也明显不适应。最后，政府对事业单位的管理也难以适应社会需求，微观活动管得过细过死，而宏观管理有些失控。

（三）行政体制缺乏科学性

现行的行政体制本身科学性不强，行政体制的建立缺乏科学论证和系统性、整体性考虑，忽视了行政管理的规律性。

1.政府结构方面存在不合理现象

重政策制定，轻服务提供与市场监管，非业务处室太多。与组织结构不够合理相对应，必然表现为行政组织数量过多，各类行政机构比例失调。

第一，纵向层次结构不够合理。上下之间强调一律对口，不管各地的实际情况如何，只要上面设置了一个机构，下面也必定设置一个对应的机构，只看到了共性的因素，忽略了个性的差异。

第二，横向部门结构不够合理。决策、执行部门比较强，而监督、反馈、咨询、信息等部门却比较弱；在执行部门中，专业主管部门过多，综合职能部门力量不足；在专业主管部门中，直接管企业、管产品的部门强，管文化、教育、卫生、社会福利等部门弱；在各个部门内部，业务科室和非业务科室的比例不合理。

2.行政体制中权力配置不科学

从行政机关上下级关系看，地方的上级政府也集中了下级政府的许多权力，尤其在县和乡镇政府之间，权力集中问题更为突出，县政府集中了大量的权力，乡镇政府则有责无权。从政府内部权力关系看，权力设置有的并不科学。从政府职能部门的内部权力角度看，权力又过于集中，每个职能部门融决策、执行、监督为一体，自定规则，自己执行，自我监督，这必然形成权力上的垄断。

3.行政权力运行不科学

按照行政管理的规律，一个结构合理的行政组织系统应包含四类机关：精干的决策指挥机关、相对集中的执行机关、地位独立的监督机关，以及地位超然、结构扁平化的咨询机关。目前，存在政府结构不合理、决策指挥机关规模大、执行机关过于分散、监督机关无法独立、咨询机关边缘化的问题，突出表现为科学的咨询体制和决策体制尚未真正建立起来。

（四）行政体制缺乏权利参与

行政体制在传统上被认为是政府内部的事情，可由政府自我调整，一直排斥受行政权力影响的组织和公众的参与。在当前开放性、多元性的社会结构中，各种利益主体没能有效地参与行政体制。

1.中央政府与地方政府在权力配置方面忽视地方利益和地方自主权

由于传统体制的制度惯性和集权放权的失衡，中央和地方之间形成了非常复杂的条块关系和矛盾。中央政府与地方政府的权力关系体现在权力过于集中于中央。

2.行政体制改革过程排斥社会参与

改革开放后我国共进行了8次较大规模的行政体制改革，但是每一次改革都是在相对封闭的情况下进行的，社会没有太多参与的机会，甚至行政官员也没有太多的参与空间。而社会参与机制是现代社会的一项重要制度，既承载着民主价值，又是改革理想化的基础。行政体制改革过程可以通过政府和社会进行广泛的沟通讨论，使政府的改革方案能为社会接受，便于改革方案的推行。

3.行政决策中的权利参与不足

一些地方政府在行政决策实践中表现出专横和武断，决策甚至背离民意。长期以来，有的地方政府在进行行政决策时，或是出于部门管理方便的考虑，或是因为政策制定成本等原因，不愿听取社会公众的意见；即使能听取民意，对于获取到的民意也往往不给予应有的重视。此外，在政府的行政应急管理体制上，长期形成的"大政府，小社会"的格局，使得在应急管理中的社会动员能力相对不足，也就是说，公民自发地组织和行动起来防范危机、应对危机的主动性、积极性不够，使得社会公众参与程度不高，防范风险能力薄弱。

三、我国行政体制改革发展趋势

经过以上的分析可以看出，中国行政体制改革要走出目前的困境，关键是要进行主动的综合配套改革，首要的是宏观层面的配套改革，为行政体制的改革创造良好的外部环境。其中，尤其是经济体制改革的复杂性和政治体制改革的滞后性作为环境因素，对行政体制改革形成了较严重的阻力。一方面，经济体制改革的阶段性发展对行政体制改革具有决定性的影响作用。如果在经济基础层面上未发生明显的改革转型，行政体制改革就无法有实质性的进展。另一方面，政治体制改革的滞后会构成行政体制改革的严重羁绊，行政体制改革需要政治体制改革优化外部条件。因此，作为"上下改革结合部"的行政体制改革的进程，既是其自身上下联动的发展过程，更应是三大体制改革相互配套的协同发展过程。

总的来看，主张行政体制改革和政治体制改革协同前进的观点更加具有战略性和长远性。虽然政治与行政体制改革并行可能触及的领域和关系较多，引发的矛盾也可能比较复杂，但改革无法绕开一些症结问题。随着改革的深入展开，政治体制改革滞后，在直接牵制行政体制改革的同时，也从根本上阻碍了经济体制改革的推进。因此，在推进行政体制改革的同时，必须要借以政治体制改革措施的相互协调、配套和保障。在社会转型过程中，经济的发展、利益的分化、民众政治参与期望的提高等新因素，会与政治体制之间形成冲突，为避免矛盾的激化，必须进行政治体制改革。如何在经济体制改革和行政体制改革推进的同时加快政治体制改革的步伐，是当前行政体制改革无法回避的实质性问题，其关键在于揭示新的改革方向和设定新的改革路径。这在现阶段的理论上和实践上都已有日益强烈的呼应。

在行政体制改革的实际进程中，有一个改革的边界问题，即行政体制改革如何谋取与经济体制改革和政治体制改革在合理时序与幅度上的互相配合。中国行政体制改革和政治体制改革不能截然分开或分阶段推行，也不宜重此轻彼，以确保改革的最终成效。有学者把现阶段行政体制改革的"结合部"地位的动态边界概括为以下四个方面：一是经济体制改革对行政体制改革的驱动（决定）作用；二是政治体制改革对行政体制改革的直接制约作用；三是行政体制改革对经济体制改革的促进或障碍作用；四是行政体制改革对政治体制改革的带动作用。这些因素复合同构的特点，要求行政体制改革和外部环境合理协调，形成彼此间体制性驱动和制约的积极功效。

十九大报告明确指出，推进全面深化改革，坚决破除各方面体制机制弊端。改革全面发力、多点突破、纵深推进，着力增强改革系统性、整体性、协同性。未来我国行政体制改革将重点在以下三个方面展开：（1）要深化机构和行政体制改革。统筹考虑各类机构设置，科学配置党政部门及内设机构权力、明确职责。统筹使用各类编制资源，形成科学合理的管理体制，完善国家机构组织法。转变政府职能，深化简政放权，创新监管方式，增强政府公信力和执行力，建设人民满意的服务型政府。赋予省级及以下政府更多自主权。在省市县对职能相近的党政机关探索合并设立或合署办公。深化事业单位改革，强化公益属性，推进政事分开、事企分开、管办分离。（2）加快完善社会主义市场经济体制。经济体制改革必须以完善产权制度和要素市场化配置为重点，实现产权有效激励、要素自由流动、价格反应灵活、竞争公平有序、企业优胜劣汰。必须坚定不移把发展作为党执政兴国的第一要务，坚持解放和发展社会生产力，坚持社会主义市场经济改革方向，推动经济持续健康发展，深化供给侧结构性改革。（3）要长期坚持、不断发展我国社会主义民主政治，积极稳妥推进政治体制改革。推进社会主义民主政治制度化、规范化、法治化、程序化，保证人民依法通过各种途径和形式管理国家事务，管理经济文化事业，管理社会事务，巩固和发展生动活泼、安定团结的政治局面。

关键术语

行政体制（administrative system）　　行政权力体制（administrative power system）　　行政领导体制（administrative leadership system）　　行政区划体制（administrative division system）

基本训练

★简答题

1.行政体制的含义是什么？

2.简述行政权力体制的类型。

3.简述行政领导体制的类型。

4.简述行政区划体制的类型。

5.简述我国行政体制改革面临的问题。

6.简述我国"省直管县"行政体制改革中面临的困难。

★案例分析题

新时代国家治理视域下的行政体制改革

从行政生态来看，行政体制涉及内部结构和外部结构两个方面。内部结构是指机构的设置以及机构内部不同部门之间的关系，包括责任配置、权力、责任、人员、编制、规模、层级、专业化等问题。外部结构的调整围绕着调整党政关系、政府与市场的关系、政府与社会的关系、中央和地方的关系来考虑，主要有三种：一是跨"部门"（政府、社会、市场）的结构。这涉及"放管服"改革、服务型政府等，也涉及事业单位改革。二是跨层级结构，央地关系属于这个领域，强调赋予省级及以下政府更多自主权。三是跨组织结构，党政关系、党政合署办公属于这个范畴。总体来看，这些是对治理结构的调整和改革，因为治理就是要界定不同治理主体的功能、责任、关系。

从这个角度看，机构和行政体制改革对于整个国家治理体系与治理能力现代化至关重要，行政体制是国家治理体系的组织和体制表现。当前，对治理体系、治理能力研究还不够深入，有观点认为，只要把所有政策领域的政策做好了，现代治理体系和治理能力自然就有了。但实际上，治理变革和政策变革是相互联系而又相对独立的两个方面，可以把它们看作改革的两个维度，各有程度高低之分（如图4-1所示）。治理变革和政策变革都高的时候当然好，治理体系表现出最强的适应性。有时候对政策做了很多调整，但是治理体系和治理能力保持不变，那很可能政策的调整是修补性的。有时候在治理体系上做了很多变化，但是具体政策却因循守旧，这种改革也有可能是瞎折腾。如果总是处于修补状态，政策调整多，治理体系和治理能力提升少，就不能说深化改革工作做到了全面系统。

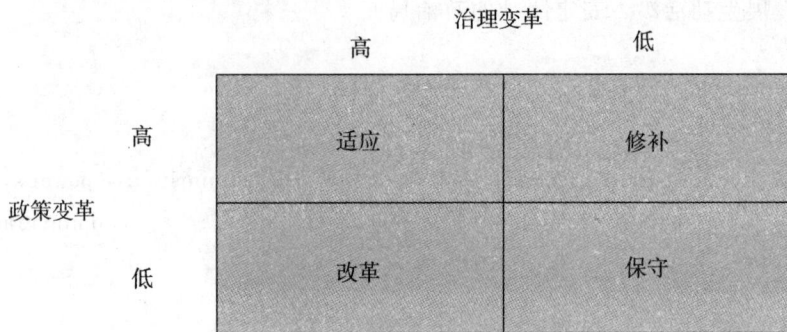

图4-1　治理变革与政策变革的关系

　　既然机构和行政体制改革是治理体系与治理能力现代化的一部分，那么其改革也必须依据新时代国家治理面临的主要矛盾、主要价值、主要理念和主要任务来进行。

　　资料来源　杨开峰.新时代国家治理视域下的行政体制改革［J］.中国机构改革与管理，2018（2）：30-32.

　　讨论：

　　1.行政体制改革与政治体制改革的区别和联系是什么？

　　2.试析当前我国行政体制改革。

资料阅读4-1　　资料阅读4-2　　资料阅读4-3　　资料阅读4-4　　资料阅读4-5

第五章

行政组织

本章提要

（1）行政组织概述；（2）行政组织的结构、类型与编制管理；（3）行政组织的理论；（4）行政组织法。

导读

力推简政放权 激发市场活力——我国5年简政放权进展巡礼

为企业"松绑"、为群众"解绊"、为市场"腾位"——党的十八大以来，作为转变政府职能的突破口，一场简政放权改革在中国全面推开，蹄疾步稳。

这场政府的自我革命，放真权，动真格，让企业和群众有了切切实实的获得感，极大地激发了市场活力和社会创造力。

权力瘦身：走好改革"先手棋"

在河北省邯郸市，到市政务服务中心大厅办事的人发现：大厅一楼东侧有一面"公章墙"，2894枚被清理取消的公章在这里集中展示。

大批公章"退休"，这一现象不仅发生在邯郸。5年来，各地深化"放管服"改革，推进简政放权，提升行政效能，优化营商环境，"一枚印章管审批"成为很多地方行政许可权改革的新气象。

大力推进简政放权，是全面深化改革的"先手棋"，是转变政府职能的"当头炮"。

党的十八大以来，以习近平同志为核心的党中央从全局出发，把转变政府职能作为深化经济体制改革和行政体制改革的关键，多次做出部署。2013年3月18日，新一届国务院第一次常务会议，就把议题集中在《国务院机构改革和职能转变方案》上。

把政府权力关进"制度笼子"，把错装在政府身上的"有形之手"换成"市场之手"——简政放权，这是一场从理念到体制的深刻变革，这是一场刀刃向内的自我革命。

削手中的权、去部门的利、割自己的肉——在简政放权改革的路上，中国始终步履坚定。

5年来，简政放权成效显著：

——国务院部门取消和下放行政审批事项的比例超过40%，不少地方超过70%，非行政许可审批彻底终结；

——国务院各部门设置的职业资格削减70%以上；

——全国减少各类"循环证明""奇葩证明"800余项；

——中央层面核准的投资项目数量累计减少90%；

——外商投资项目95%以上已由核准改为备案管理。

尤其是商事制度明显简化。工商登记由"先证后照"改为"先照后证"，前置审批事项压减87%以上，注册资本由"实缴制"改为"认缴制"，"多证合一、一照一码"改革深化，企业注册登记所需时间大幅缩短。

在东北老工业基地全面振兴的爬坡过坎阶段，吉林省去年持续放宽市场准入条件，前置审批事项削减85%，全省企业开业筹建时间平均缩短3到6个月。

从去年7月1日起，吉林省又大力推进"多证合一"改革，全面推行"32证合一"办法，实现"一窗受理、一网办理、一表申请、一套材料、一照一码"，办理时间平均压缩85%以上。改革后，全省日均新登记企业307户，比改革前增加196户，增长176.58%。

改革是决定当代中国命运的关键一招。以简政放权为突破口加快推进政府职能转变，使政府的行政方式更加适应市场经济发展的要求，为改革疏通了血脉，为经济增添了动力。

资料来源　赵晓辉，李延霞，宗巍.力推简政放权 激发市场活力——我国5年简政放权进展巡礼［EB/OL］.（2018-03-04）［2018-09-08］.http：//www.xinhuanet.com/2018-03/04/c_1122485145.htm.

第一节　行政组织概述

行政组织（administrative organization）是行政管理的主体，通过行政组织来实现国家的行政管理活动。行政组织是否具备合理性、高效性、科学性，直接影响到行政职能能否实现、行政效率的高低、行政效果的好坏。因此，对于行政组织的研究始终是行政管理学研究的重点。

一、行政组织的含义

关于行政组织的界定，学界存在各种不同的说法。比较有代表性的观点包括狭义与广义之分、动态与静态之分，以及根据属性不同而做的阶级属性与社会属性之分。

1.广义与狭义之分

广义的行政组织是指为了实现共同的目的而负有执行性职能的组织。既包括政府行政系统组织，也包括立法、司法、企业、事业等部门及社会团体中有行政性职能的组织。而狭义的行政组织特指依照宪法和法律建立的、旨在执行国家政务的国家行政机关体系，是国家机构的重要组成部分。

2.动态与静态之分

从动态上讲，行政组织是指为完成行政管理职能而进行的组织活动和运行过程。从静态上讲，行政组织就是上述具有广义与狭义之分的各类职能性组织体系。

3.阶级属性与社会属性之分

从阶级属性上讲，行政组织是在国家生活中占统治地位的阶级推行本阶级意志的工具，是为统治阶级服务的。从社会属性上讲，则是为实现社会目标而通过法定程序建立起来的、受国家强制力保障的行政机关体系。

作为行政管理学的重要研究内容，本书着重研究的是狭义的、静态的、具有社会属性的行政组织。在我国，行政组织包括中央人民政府和地方各级人民政府。前者是最高国家行政机关，后者是地方国家行政机关。

为了进一步界定行政组织的概念，需要对与行政组织类同或易混淆的概念进行辨析，主要包括以下三种：

1.行政机关

国家行政组织是一个庞大的、综合的国家行政机关体系，是享有完全行政权力的法律和行为的主体。行政机关是行政组织的重要组成部分，是组织大系统下的一个次级系统，享有部分的、单一的、有限的行政权。行政机关受行政组织的领导，通过各机关有机配合，从而构成整体的行政组织。

2.行政机构

行政机关和行政机构是两个经常被混用的概念。事实上，行政机构是行政机关的内部单位，为行政机关行使职权服务。在行政法上，行政机构在一般情况下对外不能以自己的名义发布决定和命令，其行为由其所属的行政机关负责。在正式的法律文书中，代表国家权力的主体通常称为行政机关或行政组织，很少使用行政机构的称谓。

3.官署

官署是行政机关的一种，主要指具有决定权并对外代表国家意志的事权机关。在我国历史上，官署亦称官府、官衙，是民间对政府或政府机关的一种称呼。这种称呼常常表现出民众不满和失望的情绪。

二、行政组织的构成要素

1.组织目标

行政组织目标是行政组织活动的方向，是行政组织建立和存在的前提与基础，是组织活动的出发点和归宿。行政组织的目标是由总目标和分目标、长期目标和短期目标、原则目标和工作目标构成的目标网，各个行政机关在这个目标网中依据所处的位置、所肩负的目标而发挥应有的功能。因此，行政组织必须明确目标，为行政活动指明方向，从而避免对外造成消极行为，对内产生混乱等影响组织关系的行为倾向。

2.机构设置

机构是行政组织的实体，是行使行政权力、履行行政职能、实现行政目标的载体。依据法律设置机构是行政组织构成的基础。科学合理、精干高效的行政机构，是行政组织建设的核心内容。

3.权责体系

行政组织是典型的层级制的组织结构，权力与责任是这种组织结构的基础。权责体系是行政组织内部权力分配、权责关系、运行程序、沟通渠道以及各种机构、各个岗位在组织中的地位、作用及内在联系的具体表现，它直接关系到行政机构的设置。

4.组织人员

组织由人构成，人是组织活的灵魂。组织目标的实现和任务的完成都是通过组织成员的共同努力来实现的。组织人员的构成与素质直接影响着组织目标的实现程度。因而，根据行政管理的需要有选择地吸收、调派、使用、培训组织人员是十分重要的。合理的人员任用制度是实现人尽其才、才尽其用的有效保证。

5.运行机制

行政是有一定办事程序的动态过程，通过在组织内部的分工、规范、监督、反馈等因素的有机配合形成内在的运行机制，从而保证行政行为的有效性以及社会目标的实现。庞大的行政组织是不能单纯依靠行政首长的个人意志来管理和运行的，一套既注重法度又具灵活性的管理制度是行政组织发挥效能的重要保证。

6.法规制度

行政组织是依照宪法和法律建立起来的、以公共权力为基础进行活动的，因为依法行政是行政组织行政首要的和基本的要素，法规制度则是行政组织依法行政的根本保障。法规制度健全与否是行政组织健全与否的主要标志之一。因此，建立、健全行政法规制度是行政管理学十分重要的内容。

7.物质条件

行政职能的实现、行政任务的完成还需要依赖物质条件。没有这个条件，行政组织就无法实现管理，甚至无法存在。这里的物质条件主要是指行政经费、办公场所、设备、资金、用品等所必需的物质条件。行政经费是核心问题。节约型政府的建设对于行政经费的规范性、合理性提出了更高的要求。

8.价值观念

行政组织的价值观念是公务人员对于组织的共同感受、一致态度，即认同感、共同的信念、责任感，是关系到组织的和谐稳定、成员工作状态和进取精神、行政管理效能的一大因素。行政价值观念是行政伦理的重要内容，行政伦理建设也是当前行政管理学研究的重点。

三、行政组织的特性及与其他组织的区别

（一）行政组织的特性

1.政治性

行政组织是以公共权力为基础的，依法对国家社会事务进行管理的国家机关体系，是表达统治阶级意志、维护本阶级利益、巩固统治阶级地位的重要工具，这就决定了行政组织具有鲜明的政治性。这种性质贯穿于国家行政管理的整个过程和全部活动中。不同性质的国家，其行政组织的性质、职能、管理方式等存在着本质性的差别。我国行政组织的政治性集中体现在以工人阶级为领导的、以工农联盟为基础的、代表最广大人民群众利益的人民民主专政，这与我国的国体相适应。

2.社会性

行政组织是社会公共产品和公共服务的最主要的提供者，承担着管理社会公共事务的职能，它服务于社会、造福于社会公众。行政组织通过制定政策、维持秩序、组织协调、

监督控制等形式对广泛的社会事务进行有效的管理和领导。另外，行政组织利用自身的权威地位，整合各类公共资源，从而为社会提供公共产品和公共服务，满足社会的多样性需求。

3.权威性

国家行政组织是国家权力机关的执行机关，是依照宪法和法律的规定、以国家权力为后盾制定行政政策、颁布行政法规、发布行政命令和决定，从而对整个国家范围的社会事务进行管理和施加影响的组织，因而具有普遍的约束力和权威性。任何组织和个人都要对其予以服从；否则，行政组织可以依法对其进行行政制裁。

4.法制性

行政组织的设立、变更、撤销均依据宪法和法律的规定及程序进行。行政组织的机构设置、人员编制、财政预算、规章制度、管理方式等都是由宪法和法律规定的。同时，行政组织在运用公共权力、行使行政职能的过程中也要按照宪法和法律的规定依法进行，行政组织制定的政策、法规等都要依照法定程序经由权力机关的批准。任何违背宪法和法律原则与规定的行政行为都是无效的。上述严格的规定性，体现了行政组织的法制性。

5.系统性与动态性

行政组织是按照一定的等级和序列建立起来的、规模庞大的、结构严密的、具有极强系统性的社会系统。这个大系统中包含多个次级系统和子系统，按不同的区域、层级、管理功能划分，设置相应的组织机构，从而形成了纵横交错且相互制约的权责体系。随着行政环境的不断变化，这个大系统要不断地调节来适应这种变化，使其处于对外界环境良好的输入、输出的状态之中，以适应形势发展的需要。

（二）行政组织与其他组织的区别

行政组织的特性使其区别于其他组织。经常与行政组织同时出现的组织主要有以下四种类型：

1.政党组织与行政组织的区别

政党组织是国家的政治组织，中国共产党居于领导地位，国家行政组织都要坚持党的领导。但是，坚持党的领导并不意味着由政党组织来行使行政组织的职权，对国家、社会事务的管理仍然是由国家行政机关来依法实行。

2.权力机关与行政机关的区别

根据我国宪法规定，全国人民代表大会和地方各级人民代表大会是我国各级国家权力机关，也就是我们所说的人民代表大会及其常务委员会。国家行政机关、审判机关、检察机关等都由它产生，并且对它负责、受它监督。行政机关是权力机关的执行机关。在我国，全国人民代表大会及其常务委员会是最高国家权力机关，国务院是最高国家权力机关的执行机关。

3.司法机关与行政机关的区别

我国司法机关包括人民法院和人民检察院。法院依法行使审判职权，检察院依法行使法律监督职权和一定范围内的刑事侦查职权，而行政机关行使社会事务管理职权。司法机关和行政机关都由人民代表大会产生，这之间没有隶属关系，两者之间无权彼此干涉，但存在着监督与互相支持工作的关系。

4.社会组织与行政组织的区别

社会组织主要是指公民自愿结成、为实现共同意愿、按照章程开展活动的非营利性的民间组织。其定位是作为政府与社会相互沟通和联系的纽带与桥梁，开展各种各样的社会公益性活动。在国际上，社会组织的主要提法是非政府组织（NGO）和非营利性组织（NPO）。社会组织的权威基础来源于社会或其组织成员对其组织共同价值的认同，并得到政府政策或道义上的资助，经费来源主要是政府提供或社会捐助、非营利性的服务性收费。

社会组织虽然区别于行政组织，不是行政组织的一部分，没有行政级别，但是并不意味着它与行政组织毫无关系。事实上，社会组织常常通过各种形式影响国家政策的制定与实施。因此，行政组织必须充分发挥社会组织的功能作用，调动社会各阶层组织的积极性和创造性，形成公共管理和公共服务的整体合力。

四、行政组织的类型

行政组织对于社会事务的管理是通过各类机构共同作用整合而成的。依据行政机关的职能和管理权限的不同，行政组织可以划分为以下几种类型：

1.领导机关

领导机关又称首脑机关，是行政组织的指挥、决策中心，发挥统筹全局的作用，是行政组织的中枢。其职能是对辖区内的重大行政事务进行集中领导和决策，并监督其实行。在西方，领导机关多数称为内阁，在形式上一般是指由政府首脑召集主持的内阁会议或部长会议或国务会议。在我国，国务院和地方各级人民政府属于领导机关。

2.执行机关

执行机关又称职能机关，是行政机关体系中数量最多的、隶属于领导机关或行政首长之下的、分管专门行政事务的机构。其职能包括执行领导机构的方针、政策和决策，同时督率其所属机构的活动，因而具有专业性、执行性、局部性的特点。在我国，国务院所属的各部、委、办及直属总局都属于执行机关。

3.咨询机关

咨询机关又称智囊团或参谋机关，由专家、学者和有实际经验的行政管理人员组成。其职能在于为领导机关提供意见和建议，出谋划策、提供论证、优选决策方案。它既不是执行机关也不是秘书班子，具有业务独立的地位。在现在决策体制中，咨询机关的作用越来越显著，对于咨询机构的投入不断增大，发达国家的咨询机构的数目已经超过了职能部门，这些都是值得我们政府关注和借鉴的。

4.监督机关

监督机关是指对行政机构及其管理活动进行监督检查的机构，如监察机构、审计机构等。它是建立、健全行政组织制衡机制的重要组成部分，是促使行政机构及公务员依法行政、忠于职守、秉公办事的重要保障。

5.辅助机关

辅助机关又称幕僚机关或办公机关，是指为了协助行政首长处理日常事务的综合性办事机关。辅助机关包括两类：一类是设置于政府内部的办公厅（室），其职能在于参与政务、协助决策、沟通关系、整理信息，具有综合性和服务性的特点。另一类则是为了协助行政首长处理专门或特殊事务的办公机构，如国务院侨务办、港澳办等。

6.信息机关

信息机关是指主要负责信息的收集、加工、贮存、传递，是为领导机关和其他各部门提供信息的服务机构。随着信息技术的日益普及，科学、准确的信息往往是决策成功的关键，因而信息机关早已成为现代行政决策体制的重要组成部分。在我国，信息机关包括统计局、档案局、情报局等。

7.派出机关

派出机关不是一级政府的行政机关，而是一级政府为了政务管理的需要通过授权在所辖区域设置的代表机构，是委派机关权力的延伸。其职责在于一方面督促检查下级机关对于上级机关决定和指示的执行，另一方面及时向上级机关汇报辖区内行政机关的情况和意见，并完成上级机关委派的其他事项。

第二节　行政组织的结构、类型与编制管理

一、行政组织的结构

结构是组织的基本属性。行政组织的性质是由构成行政组织的基本要素及结构决定的。行政组织的结构（structure of administrative organization）就是指构成行政组织的各要素之间的排列组合关系及其所确定的相互间的互动模式。纵向结构和横向结构构成了行政组织的基本框架，不同类型的行政组织结构都是在纵横交错的组织基本架构的基础上建立起来的。

1.行政组织的纵向结构

行政组织的纵向结构亦即层级化结构。它是行政组织内部上下层级关系的有序构成形式。它以上下级关系为重点，以命令与服从为原则，职位、职权和职责从最高层向最低层沿直线分布。每一层级都有自身相应的管辖范围，层级越高，权力越大，职责也就越大。行政组织的纵向结构要求下级必须服从上级，听从上级的领导、指挥和命令，下级组织的行政目标必须与上级组织的行政目标保持一致，信息沟通通过逐级传递的方式来实现。

2.行政组织的横向结构

行政组织的横向结构亦即部门化或分部化结构。它是指行政组织同级部门和每级机关内部各部门之间平衡分工的构成形式。科学有效的行政管理活动要以完善的组织结构体系为基本保障，因而行政活动的复杂性要求行政组织需要包括领导机关、执行机关、辅助机关、监督机关等多种组织类型，从而保证行政行为的质量。行政组织的部门化结构是对行政职能目标的分解，同时实现了行政分权。

3.管理层次与管理幅度

行政组织的纵向结构和横向结构的有机结合，有利于行政组织形成网络型的组织结构模式，使其两者间相互补充、制约，有效地处理好以效率为中心的层级隶属关系和部门设置的限度，也就是更好地处理管理层次与管理幅度二者之间的关系。

管理层次是指行政组织内部划分管理层级的数目。管理层次的多少是由工作量来决定的。管理层次的划分必须适当，必须以提高行政效率为准则，不宜过多也不宜过少。管理

层次过多，会造成手续繁多、程序复杂、信息沟通不畅、公文履行与政策履行难于监督和控制、官僚主义滋生等弊端。管理层次过少会导致权力过于集中、分工不明确、权责不清、不利于调动下属的积极性。在行政组织中，管理层次一般设为高层、中层、基层三个层次。高层一般具有最高决策权，基层主要拥有执行权，中层则起到承上启下的作用。

管理幅度是指行政组织中一级领导机关或领导者直接领导和管理的下属部门或人员的数目。它的目的是使管理专业化和规范化，让管理更加有效率。管理幅度也不宜过宽或过窄。管理幅度过宽，会造成机构臃肿、部门或人员过多、管理难度增大、难以应付，还会出现权力交叉、责任不清、各自为政从而导致部门的本位主义。管理幅度过窄则会造成对下属的干预过多，事无巨细，下属无法独立开展工作，积极性大大受挫。

在同一行政组织中，管理层次与管理幅度表现为反比例关系：在一定的管理地域条件或管理工作量下，管理幅度越大，层次就越少；反之，管理幅度越小，则管理层级就越多。根据管理层次与管理幅度之间的关系规律，在现实的行政管理过程中，应该有效地设置管理层次与幅度，从而使行政领导一方面能够统筹全局、进行指挥决策，同时又有机会接近基层，及时处理问题，形成高效率的行政管理运行机制。

二、行政组织结构的类型

1.直线型结构

直线型结构（linear structure）的特点在于组织中呈现上下级之间垂直领导关系，在这个结构中，职权、职位、职责从组织的最高层逐级向下直线分布，形成等级序列，通过自上而下的责任关系，将一切权力集中在行政组织的最高层，行政领导执行各种职能，不设专门的参谋机构，参谋人员以行政首长助手的方式存在。

直线型结构的优点是：统一领导、关系明晰、结构简单、权责明确、决策快、政令统一。其缺点是：权力过于集中，缺乏专业化分工，再加上行政首长受个人素质、专业等因素的限制，容易出现决策失误的情况；行政首长事必躬亲，往往无暇应对，顾此失彼；行政信息传递途径单一，只沿上下直线传递，从而导致横向部门间信息不畅、沟通不调。因此，直线型结构使用范围比较有限，一般只适用于那些规模较小、活动简单、事务较少的组织。

2.职能型结构

职能型结构（functional structure）是指组织在水平方向上依据职能进行专业化分工，再分别对下属实施领导的结构，又称参谋型组织。各行政主管领导各职能部门，直接对行政首长负责，并对下级具有指挥、协调、监督的权力。职能型结构的特点是每一个行政主管有多个服从自己的下级部门，相应的，每个下级部门要受到多个上级部门的领导。这种结构将行政权力交给下设的职能部门，各部门在自己的业务范围内可以直接向下级下达命令和指示，具有决策权。

职能型结构的优点是：实行了专业分工，使行政首长能够从繁杂的日常事务中脱身，从而能够集中精力做决策。其缺点是：易造成多头领导、政出多门、互相推诿扯皮、妨碍统一领导，增加协调的困难，易造成管理上的混乱。

3.直线-职能型结构

直线-职能型结构（line-functional structure）是在综合直线型和职能型组织结构的基

础上形成的一种组织结构形式，它以直线型组织结构为主，在行政首长之下设立职能部门，实行行政首长统一领导与专业化管理相结合的组织形式。在这种结构中，行政首长拥有独立的决策权和指挥权，职能部门对行政首长只有建议权没有决策权，对下级机关有命令和指挥权，只对下级机关进行业务指导，但在其职能范围内具有决策权和监督权。

直线-职能型结构的优点是：既有直线型结构的统一指挥、职责清楚、组织稳定的特点，又兼具了职能型组织专业化分工、适应性强的特点。这种结构也存在着缺陷：直线指挥系统与横向的专业化职能系统之间容易产生矛盾，容易造成混乱，各职能部门横向联系不足，容易产生脱节或冲突。但是相较于前两种结构，直线-职能型结构还是被大部分组织所采用。

4.矩阵型结构

矩阵型结构（matrix structure）是以完成某项任务为核心，围绕这项任务从各相关部门中抽调人员组成临时机构来履行工作任务的结构，又称专案组织，是一种效率高且逐渐风行的组织形式。它是由纵向的职能系统和横向的项目系统交叉形成的组织形式，由于这种结构很像一个矩阵，故而得名。

这种结构的特点在于组织中的成员是从各职能部门临时抽调过来的，当任务完成后，再各归其位。这种结构是一种垂直领导和水平领导并重的结构形式，加强了管理的纵向和横向控制，打破了传统层级制组织所坚持的命令统一原则，强化了组织的整体性。

矩阵型结构的优点是：对外界环境的变化具有较强的反应性；使包括人力资源在内的各种组织资源能够在不同项目间共享，提高了资源的利用率；有利于信息的有效沟通，加强各职能部门间的横向联系，实现各专业人员优势互补、发挥综合优势。这种组织也存在一定的缺陷：双向领导容易出现两个上级意见不一、下级左右为难的情况；组织的这种高度灵活性要求管理者具备更高的素质来协调、沟通，一般工作人员也需要具备良好的人际交往能力。

三、行政组织的编制管理

（一）行政组织编制管理的含义和体制

组织人员作为行政组织构成的基本要素，必须对其进行有序的管理，使其充分发挥积极性，挖掘他们各自的潜力。根据组织的具体要求配以适当的人员，建立合理的人员梯队，是当前行政组织面临的重要任务，因而对行政组织人员和机构进行编制管理则尤为重要。

行政组织编制管理就是按照法律制度和法定程序，对行政组织进行职能设定、机构设置、人员配备等一系列管理活动，包括职能管理、机构管理、人员编制管理，即所谓的"定职能、定机构、定编制"。这三方面内容彼此联系，从而构成编制管理的一个完整体系。

我国行政组织的编制管理实行统一领导与分级管理的体制。建立这种体制的目的在于既保证和强化了中央的统一领导，又能适应地方实际情况和工作任务的需要。

根据我国《地方各级人民政府机构设置和编制管理条例》（以下简称《条例》）第十六条的规定："地方各级人民政府的行政编制总额，由省、自治区、直辖市人民政府提出，经国务院机构编制管理机关审核后，报国务院批准。"具体来说，党中央、国务院统一制定机构编制管理的方针、政策，规定各级机关、各部门的任务和职责，确定省、自治区、直辖市和中央各部门的编制总额，审批省、自治区、直辖市政府工作部门和中央各部委司局级机构的设置，地方各级党委、人民政府在党中央、国务院统一领导下，对本级行政机关编制总额进行管理，具体安排本地区的编制，审批下一级机关和本级各部门机构。

《条例》第十七条规定："根据工作需要，国务院机构编制管理机关报经国务院批准，可以在地方行政编制总额内对特定的行政机构编制实行专项管理。"如党中央、国务院核定各级公安机关的编制，具体分配方案由这些部门和同级机构编制主管部门共同核定，逐级下达，专项使用。

《条例》第十八条规定："地方各级人民政府根据调整职责的需要，可以在行政编制总额内调整本级人民政府有关部门的行政编制。但是，在同一个行政区域不同层级之间调配使用行政编制的，应当由省、自治区、直辖市人民政府机构编制管理机关报国务院机构编制管理机关审批。"地方政府享有在行政编制总额核定的情况下的一定范围内的自由调配的权力，从而能够保证中央统一领导下的地方主动性的发挥。

（二）编制管理的意义

1.编制管理有助于建立科学合理的行政组织体系

机构设置和人员配备都是行政组织的重要因素，行政人员又是行政活动的重要载体，因而根据职位、任务的需要，结合行政人员自身的素质组建行政组织，是保证行政组织高效、有序运转的重要前提。通过编制管理，将职能、职责、人员三者有机地结合起来，使得人尽其职、人尽其能，从而优化行政组织体系。

2.编制管理有助于提高行政人员的工作效率

编制管理往往采取职位表述的形式来选拔符合要求的行政人员。这样就保证了行政人员在被选拔任用之初就能够对自身的职位有一个清楚的认识，从而防止了职位模糊、职责不清等问题的产生，促使行政人员在其职责范围内更好地完成任务，提高工作效率。

3.编制管理有助于节约财政支出

行政经费开支历来就在国家财政支出中占有重要的份额，巨额的行政经费开支往往会使政府陷入被动不堪的境地，出现财政危机、信任危机，因而有效控制行政经费开支是当前各国政府面临的严峻问题。通过编制管理，国家会根据机构和人员的总额来进行财政拨款，对于超编人员国家财政不予支持，这样就会加重超编机构的财政压力，从而使国家财政开支得以节约，而机构也会因为无力承担，避免出现更严重的超编现象。

（三）编制管理的原则

编制管理是对国家机构设置和人员配备进行直接的管理与干预，因而必须按照一定的原则切实做好编制管理工作。

1.统一原则

我国实行统一领导、分级管理的编制管理体制。这就要求，各级地方行政组织根据本地区工作需要在享有一定程度上的编制管理灵活性权力的基础上，严格按照党中央、国务院制定的编制管理规定来具体进行编制管理活动。各级行政组织职能目标的设定，职责权限的划分，机构名称、级别的订立等是在党中央、国务院的统一领导下完成。

2.精简原则

机构精简，减少重叠和职能性不强的层次，合理定编定员，是我国对于国家机关实行精简原则的具体体现。通过法定的程序，采用科学的方法，合理确定机构人员数额，严格按照数额配备适合的行政人员，这是建立高效精干的行政组织的重要保证。通过调离的形式妥善安排多余或不称职者，通过借调、交流的形式来挖掘行政人员的潜力，使其更好地发挥所长。

（四）编制管理的方法

1.经济方法

经济方法是指按照物质利益原则，运用经济手段，对编制进行调控的方法。其目的是提高编制管理的效能，优化编制管理。该方法具体包括经费预算管理、编制与工资基金结合管理、编制包干、经济奖惩等。经费预算制度是最主要的形式，通过预算管理，能够有效控制人员编制总额，尽量杜绝人员超编现象的发生。

2.行政方法

行政方法是指编制管理部门以行政组织所拥有的权力为基础，按照组织系统对编制进行直接管理的方法。该方法主要有以下几种形式：一是制订编制方案，即对一个地区或系统的机构设置或调整进行总体规划。随着国内外政治、经济和社会发展状况的不断变化，需要对原有的编制进行重新梳理，如改革开放以来我国进行的八次政府机构改革。二是核定编制总额。党中央、国务院对地方各级政府及其派出机关的工作部门的数目做了严格的规定，有利于控制行政机构数量的盲目增长。三是具体审批机构编制，即对机构的设置、撤销、合并以至更名等方面的要求，进行审查批复。这样做可以大大提高编制管理体制的适应性。

3.法律方法

法律方法是指运用法律和法规，对机构和人员编制进行调控管理的方法，这是加强编制管理的强制手段。通过健全编制管理法规、组织机构法规、审批程序法规等一系列的制度，使我国编制管理纳入法制轨道，逐步实现编制管理的法制化，规范编制管理活动。

第三节　行政组织的理论

行政组织理论指对行政组织现象产生的原理、本质、运行规律进行论述和概括的体系。行政组织早已有之，但对行政组织进行系统理论研究是近代的事。从19世纪下半叶开始，西方学者从多个角度进行了理论研究，形成了多个学派。无产阶级对建立无产阶级革命政权进行了深入研究，形成马克思主义行政组织理论，成为我国行政组织建设的指导原则。

一、西方行政组织理论

（一）古典行政组织理论

西方古典行政组织理论盛行于20世纪二三十年代，着重分析组织的结构和管理的一般原理。主要包括以泰勒（F.W.Taylor）为代表的科学管理组织理论，以法约尔（H.Fayol）为代表的一般组织理论和以韦伯（M.Weber）为代表的官僚制（亦称科层制）组织理论。

1.泰勒的科学管理组织理论

美国工程师泰勒（1856—1915年）是科学管理理论的创始人，被誉为"科学管理之父"。1911年，他的代表作《科学管理原理》出版。泰勒研究科学管理是基于劳动生产率的提高。他认为，高效率取决于形成一个健全的组织。他的组织思想主要包括：主张组织中管理职能与作业职能分离；强调组织管理职能的专业化；强调组织中的计划职能；强调组织管理中的例外管理等。泰勒认为组织中的人都是以经济利益为动机进行机械性的劳动的，因而他提出了以时间动作分析、工作定额制度、标准化管理、对工人进行职业培训和刺激性的差别工资等概念为核心的管理理论，目的在于通过建立一套标准化、规范化的工作方式，最大限度地提高组织的效率。"泰勒制"在企业组织领域内的成功，极大地推动了它在其他领域的实践。在行政管理领域方面，如美国的关于节约和效率的大总统委员会的设立就开始用行政立法的形式来肯定和强调科学管理在国家行政领域内的重要作用，使科学管理理论在行政组织建设中发挥作用。

2.法约尔的一般组织理论

法约尔（1841—1925年）是20世纪初欧洲的行政管理学派的代表，他试图提出一种适合于很多领域的一般组织理论。1916年，他在其著作《工业管理与一般管理》中首次和系统地提出了他的行政管理的要素论，即计划、组织、指挥、协调和控制5种要素。组织是其行政管理5要素的核心内容之一，他在这方面的贡献在于组织的目的和结构方面。组织内容包括为各种活动和各种关系及人员的雇用、评价与培训等做好准备，管理人员和管理部门的职责就是设法使人员与物资的组合符合公司目标的需要，也就是建立合理的组织机构。他主张把组织中的管理层次和管理幅度保持在最低的限度内，他提出了职能和等级系列的发展进程及比例，如下属与上级的人数成4：1的比例。

法约尔还指出了管理活动有序健康进行的决定条件，他用"原则"这个词来表述这种条件概念。这14条原则是分工、权力、纪律、统一指挥、统一领导、个人利益服从整体利益、报酬、集权、等级链（权力线）、秩序、平等、人员保持稳定、主动性、团结精神。这14条原则不是固定不变的僵化的概念，而反映的是一些尺度问题。原则可以随着具体环境的不同而改变，以适应外界的变化。法约尔认为这14条原则适用于一切组织，所以他的理论被称为行政管理理论或一般组织理论。

3.韦伯的官僚制组织理论

韦伯（1864—1920年）是德国著名的社会学家、政治学家和官僚制组织理论的奠基人。其主要思想和理论集中体现在他的著作《社会和经济组织的理论》中，被称为"组织理论之父"。官僚制（bureaucracy）又译科层制，是指组织结构的特点和规范，而非通常所说的并被人们所反对的、具有官僚主义作风的、行政效率低下的组织。韦伯的官僚制组织理论的主要思想包括：官僚制是最理想的组织形式，其特点是层次分明、等级森严、职能分工、权责明确、熟练的文件处理能力等，并且对组织的类型及组织权力的类型也进行了划分。韦伯"理想的行政组织体系"的出发点不是为某一个组织而设计的，而只是组织的最理想的、标准的、通用的形态。因而，韦伯认为，官僚制是最纯粹、最理想、适用于一切复杂组织的最有效的组织形式。

（二）行为科学组织理论

20世纪30年代，行为科学兴起，它是综合运用社会学、心理学等学科的方法对人的行为进行研究的科学。这一时期以艾顿·梅奥1933年发表的《工业文明的人类问题》为标志。行为科学组织理论主要理论包括：以梅奥（Mayo）为代表的人际关系组织理论，以巴纳德（C.I.Bannard）为代表的组织要素与平衡理论和以西蒙（H.A.Simon）为代表的决策过程组织理论。

1.梅奥的人际关系组织理论

行为科学发端于美国的"霍桑试验"。从1927年到1932年，梅奥和洛特利斯伯格及怀特赫德3位美国哈佛大学的教授在美国西方电器公司的霍桑工厂连续5年进行了新的实验，即著名的"霍桑试验"。梅奥总结了霍桑试验的结果，系统地提出了一套新的人际关系理论：人并不是只关注经济利益的"经济人"，而是"社会人"；组织中个人的需求是多样的，除经济因素刺激外，尊重、参与、情绪发泄、士气等社会、心理、文化因素也会对人的行为产生影响，而且这些因素起到决定性的作用，而法规制度、纪律、精密性等则是次要的因素；企业中不仅有正式的组织，还有一些非正式组织和小团体，这些组织是建立在共同的爱好、兴趣、价值观的基础上的，它们影响着组织的工作效率，还影响整个组织文化。新型的领导在于要在正式组织的经济需求和工人的非正式组织的社会需求之间保持平衡，即通过提高职工的满足度而刺激职工的"士气"，从而达到提高生产率的目的。

2.巴纳德的组织要素与平衡理论

巴纳德是用系统观点来考察组织的第一人，创立了社会系统学派，奠定了现代组织理论的基石。他的主要贡献：第一，指出组织的本质特征在于，它是一个协作系统，即是由相互进行协作的个人组成的系统。组织必须具备3个要素：共同的目标、协作的意愿、信息。第二，巴纳德认为组织中的权威来自下级的接受，即权威接受理论。下级的认可、命令被接受和执行是组织权威的保证，从而产生了对组织管理对象的重视。第三，巴纳德提出了组织平衡的思想，他认为组织能否持续存在取决于内外部是否平衡。同时他也注重组织中正式组织与非正式组织、个体与群体的平衡，认为非正式组织具有信息传递的功能，能够激发和影响组织成员的整体愿望，有效率的组织要保证个人为组织所做的贡献和从组织中所获报酬的动态平衡，从而抵消非正式组织对正式组织的离心力，非正式组织从而得以正确引导。

3.西蒙的决策过程组织理论

西蒙的决策过程组织理论是围绕决策而建立起来的决策过程理论。西蒙的决策过程组织理论主要包括：第一，管理就是决策，组织的全部活动就是决策，决策贯穿于管理的全过程。而传统的组织理论对组织的研究都只限于组织的结构、权责和指挥，太过简单且不符合实际。组织中的成员不是机械性执行任务的既定因素，而是具有逻辑思维能力和心理抉择的可变因素，是具有选择能力的"理性人"。组织的目标在于追求决策的合理性，但是由于人的理性无法摆脱主观因素和客观条件的限制，因而要设计一个合理的组织决策结构，从而引导组织成员更好的决策。第二，他发展了巴纳德的组织要素与平衡理论，认为组织是由人组成的集体平衡，一方面组织要为组织成员根据其贡献提供一定报酬，另一方面组织成员同时又必须对组织做出贡献。第三，他提出了组织影响论，即研究组织如何影响个人的决策行为，因素包括权威、组织认同、信息沟通、培训、效率。第四，他提出了组织设计论，指出合理的组织设计要建立组织的目标体系、进行分工、确立组织的工作中心、进行组织的权力配置，从而有利于组织决策以及所需的信息传递、处理工作。

（三）现代行政组织理论

20世纪60年代以后，组织理论的研究引进了系统论、控制论、信息论的成果，由此，西方组织理论进入到了一个新的发展阶段。现代行政组织理论主要理论包括以卡斯特（K. E. Kast）、罗森茨韦克（J. E. Rosenzweig）为代表的系统组织理论和以劳伦斯（P. R. Lawrence）、洛西（J. W. Lorsch）、伍德沃德（J. Woodward）为代表的权变组织理论。

1. 系统组织理论

系统组织理论是用系统分析的方法研究组织，认为行政组织是"一个结构的社会技术系统"。1970年，卡斯特、罗森茨韦克合著了《组织与管理——系统方法与权变方法》，阐述了他们的系统组织理论，主要观点包括：第一，组织是一个整体系统，一般由5个分系统组成，即目标价值分系统、技术分系统、社会心理分系统、结构分系统和管理分系统。这些系统不是相互分离的，而是连接在一起的具有相互作用的有机整体。第二，组织还是一个开放的系统，任何组织都必须有足够的投入，同社会环境进行物质、能量、信息等交换的相互作用，以维持其正常运转，同时提供足够的产出给外界环境，并随环境的变化不断进行反馈调节，以保持组织与社会环境的动态平衡。

2. 权变组织理论

所谓权变，就是权宜通达，应付变化。权变组织理论是以系统理论为基础的，否定一成不变、普遍适用的最佳管理理论和方法，认为每一种组织所面对的内部条件和社会环境都不是完全一致的。这意味着，每一个特定的组织都必须确切地了解自己所处情境的各种可变数，以及这些可变数之间的相互关系和相互作用。把握组织原则和组织模式，随机应变，一切以时间、地点和条件为转移，这是组织管理行之有效的关键。权变组织理论在一般系统理论提供的总体指导思想的基础上，由原则性转向灵活性，由标准化转向多样化。

二、马克思主义的行政组织理论

（一）马克思、恩格斯的行政组织理论

马克思、恩格斯基于巴黎公社经验，提出了无产阶级政府组织的基本框架和基本原则，对社会主义国家行政组织的建设具有重大的理论意义和实践指导意义。

马克思、恩格斯主张劳动者"自治"，主张人民参加政府的管理，"把行政、司法和国

民教育方面的一切职位交给普选选出的人担任"①。强调民主是政治组织的现实基础，未来社会应该是"劳动者自由联合体"。

马克思、恩格斯也主张简化政府机构，建立一个"小政府"，但这与早期资本主义国家的"小政府"思想有本质区别。他俩认为，政府的职能是为数不多的、有限的，劳动者拥有自己管理自己的思想，应简化政府机构，公职人员无论职位高低，只给予等同于其他工人的工资。

在行政组织形式上，主张国家应采取议行合一的组织形式。代议制机关（如苏维埃和人民代表大会）是兼管立法和行政的机关，突出代议制机关的地位。行政组织系统是执行人民共同意愿的社会公仆，体现一切权力属于人民的思想。强调"廉价政府"，公职人员是社会和人民的公仆，为了防止公职人员由社会公仆变成"社会主人"，公职人员应由人民群众直接选举和监督，人民群众随时罢免他们的职务。政府本身不会创造价值，而政府的经费开支越少，劳动者的付出也就越少，政府也就越廉价。任何不能对人民有效负责的政府，人民就都有权推翻它。马克思、恩格斯所期望的政府是廉价的、负责任的政府。

（二）列宁的行政组织理论

列宁是第一个马克思主义政府组织理论的实践家，领导和建立了世界上第一个苏维埃政权，对社会主义国家行政组织的建设进行了实践探索和理论总结，提出了许多有价值的行政组织理论观点，主要包括：

（1）创立了议行合一苏维埃国家政权形式，论证了行政组织在国家与社会管理中的重要作用，尤其政府在国民经济与文化建设中的重要作用，并在实践中提出了人民参与管理与"专家"管理相结合的行政管理模式，实行了选举制、罢免制和监督制等民主制度。

（2）主张精简机构，"改善、精简、革新"管理机关，"尽量减少拖拉现象和不必要的形式"②。职责要明确，工作要程序化，列宁认为行政组织必须按照苏维埃办事程序工作，规定了国家机关决策、办事、行文等程序，重视组织管理的科学化、制度化，规定会议和文件要简短，反对任何形式的官僚主义。

（三）中国共产党的行政组织理论

中国共产党在革命战争和社会主义建设时期，把马列主义行政组织理论与中国的具体实践和国情相结合，发展了马列主义行政组织理论，指导了中国行政组织的建设。

在革命战争时期，以毛泽东为代表的中国共产党人提出了丰富的组织理论，对中国新民主主义革命的胜利起到了重要作用，创立了一些适合我国实际的行政组织原则，主要包括：坚持中国共产党对行政组织的领导；重视组织目标，强化干部素质，提出干部是人民公仆和全心全意为人民服务的思想；机构设置要精干，实行精兵简政，要求达到精简、统一、效能、节约和反对官僚主义五项目的；重视民主建设，要依靠人民大众监督政府，实行民主集中，较好地划分中央政府与地方政府的职权，调动各方面积极性；重视行政组织的作风建设，强调纪律性，要实事求是，密切联系群众；加强思想政治工作，倡导群众路线，形成官兵一致、军政一致、军民一致的良好人际关系。

---

① 夏书章.行政管理学［M］.4版.北京:高等教育出版社,中山大学出版社,2008:84.
② 列宁.列宁全集:第30卷［M］.中共中央马克思恩格斯列宁斯大林著作编译局,译.北京:人民出版社,1957:56.

中华人民共和国成立后，原本的行政组织理论得到了进一步的完善和发展。在社会主义建设时期，以邓小平为代表的共产党人运用马列主义行政组织理论指导政权建设和经济、文化建设，领导我国在社会主义现代化建设和改革开放的过程中创立了独具中国特色的国家行政组织理论，主要包括：建立了议行合一的国家行政制度，全国人民代表大会及其常务委员会为最高国家权力机关，国务院为最高国家行政机关；提出了富有中国特色的中央与地方政府关系理论，在保证中央统一领导的前提下鼓励地方政府发挥主动性、创造性，建立中央集权与地方分权相结合的行政体制；从政府职能出发，调整和改革政府机构，建立精简、统一、效能的行政组织体系，创造性地发展了马克思主义行政组织理论；确立了民族区域自治制度，从组织上保证了各少数民族的自治和平等参与国家与社会管理的权利；提出党政分开、政企分开、政事分开的理论设想，并在实践中逐步理顺执政党和行政组织、政府与企业组织、政府与事业单位的关系，达到简政放权的目标；在新时代中国特色社会主义的时代背景下，在我国政治生活中，党是居于领导地位的，加强党的集中统一领导，支持人大、政府、政协和法院、检察院依法依章程履行职能、开展工作、发挥作用，这两个方面是统一的；要改进党的领导方式和执政方式，保证党领导人民有效治理国家。

第四节　行政组织法

一、行政组织法的含义

关于行政组织法的含义，有狭义和广义两说。狭义的行政组织法，仅指有关规定行政机关的结构、组成、权限等的法律和法规的总称。在中国，狭义的行政组织法就是指行政机关组织法。而在有的国家如日本，这个意义上的行政组织法可以区分为国家行政组织法、地方公共团体组织法及其他的公共团体组织法。

广义的行政组织法，除了行政机关组织法之外，还包括构成行政组织的人的要素（即国家公务员的法）和供行政目的使用的物的要素（即公物的法）。在中国，有学者认为，行政组织法大致由行政机关组织法、行政机关编制法和公务员法构成，即传统意义上的行政组织法。

二、我国行政组织法的现状分析

《中共中央关于全面推进依法治国若干重大问题的决定》指出："完善行政组织和行政程序法律制度，推进机构、职能、权限、程序、责任法定化。"要依法全面履行政府职能，没有行政组织法支持，全面履行政府职能就难以实现。这事实上对中国完善行政组织法提出了新的要求，我们应该加速行政组织法的立法与完善，为建设法治政府提供组织上的保障。

目前，中国还没有一部适用于所有行政组织的"行政组织基本法"或者"行政组织基准法"，但针对具体行政组织所制定的单行行政组织法已为数不少，如《中华人民共和国国务院组织法》（以下简称《国务院组织法》）、《中华人民共和国地方组织法》（以下简称《地方组织法》）就是分别对中央行政组织与地方行政组织做的较为专门的规定。就内容而言，现有的行政组织法一般包括有关行政机关和机构、行政编制和公务员的规范，例如，《国务院组织法》主要规定了国务院的组成、责任制度和各组成人员的职能分工，并对国务院各部、各委员会的设立、撤销或者合并以及各部委的组成和工作原则等做出规定。而1997年国务院制定的《国务院行政机构设置和编制管理条例》，主要规定了国务院直属机构、国务院办事机构和国务院组成部门管理的国家行政机构的设立、撤销或者合并问题，进而对国务院行政机构编制管理的原则、数量定额和领导职数等做出了规定，同时还确立了国务院行政机构设置和编制中"事先组织有关部门和专家进行评估与论证"等民主化、科学化和法治化的机制。虽然如此，但中国行政组织法还很不完善，特别是法治化方面还存在着许多的问题亟待解决。

三、当前我国行政组织法存在的问题

1.各个部门职权并未法治化

改革开放以来我们进行了多次机构改革，重新设置、合并或者撤销是主要的表现，但由于各个部门职权并未法治化，会出现改革的反复现象，导致地方在上一轮改革未完成时又要开始新一轮改革，严重影响了地方政府部门的效率。从形式上来看，设置或裁撤行政机关的基本考量就是建立有限政府，但规模有限并不等于权力有限，权力有限是根本。有什么样的行政任务才会有什么样的行政组织，行政任务不存在了就要裁撤执行该任务的行政组织。如何建立权力有限的政府？中央政府应该行使哪些行政任务？如果不将这些问题搞清楚，机构改革势必无休无止，反复进行。倘若仅仅追求外在或形式有限，权力未减，那么用"日理万机""鞠躬尽瘁"等词来形容公务员是不为过的。因此造成的不良现象可以想象，要么拼命地加班但仍有未尽之行政任务；要么将行政任务交由所谓的"事业单位"或"行业组织"，结果使这些组织在运行了一个阶段后又内生了"行政化"的需要，呼吁其重归政府序列。此时，我们又可能重返"精减—膨胀—再精减—再膨胀"的怪圈。同时，最近多年实行的"大部制"，效果明显，但也引发了关于中央政府机构的分类标准以及层次的问题。以后立法是不是应一部（委）一法？是否应在法律中明确其行政任务（职权）？立法中可否规定部委与司局数目总量？部委司局设立/裁撤的方式是否要明确规定？国外有这样的做法：在法律中规定有多少部门、多少附属机关。这里还要提及一下中央机构编制委员会办公室的作用，如何改革这一机构，如何将其纳入法律体制之中，如何使其在机构改革、行政组织法完善中发挥领导作用，均是需要统筹考虑的问题。一些学者建议成立行政体制改革委员会或政府改革委员会，这更涉及部门职权法治化的问题。

2.中央行政组织与地方行政组织的关系并未法治化

近两年中央政府实施简政放权，许多许可事项由国务院部门下放到地方政府。应该讲，中央将业务下放无疑可以减少中央专属权力，减少行政组织数量，但什么样的业务可以下放给地方，下放到哪个层级，如何认识垂直管理，如何理解业务指导与直接领导，均需要在法规的框架下认真探讨。从本质上讲，中国不存在国家行政与地方行政的严格划分，所有的公共事务均归属于国家。地方行政机关大多接受双重领导，即受同级人民政府的领导与国务院主管部门的领导。此种体制形成于中华人民共和国成立初期。此种方式存在三个方面的问题：第一，难以保证国务院主管部门政策的执行。由于国务院主管部门对地方行政机关没有直接指挥权，更缺乏对地方政府的直接控制，因而当地方行政机

关不执行国务院主管部门的政策时，没有相应的机制纠正。第二，难以保证地方行政管理的统一协调。由于在主管事务上，地方各行政机关分别受国务院主管部门领导，因而不利于地方政府的统一管理，容易造成各自为政。有些领域的管理还难以得到地方政府的支持，如环境保护管理等。第三，难以控制地方政府的规模。政府对政府、部门对部门的管理思路，极易造成机构林立，规模失控。有学者认为可借鉴国外经验，建立单一领导体制，即国务院和其职能部门直接控制地方政府，但职能部门的控制主要是在政策和执行手段上。

3.行政组织的建制原则并未法治化

有关行政组织的建制原则中，民主性（受全国人民代表大会监督）原则、法治性原则以及科层式体制（效率性）原则最受关注。前述《国务院组织法》只有11条，不到1 200字，内容空洞、可操作性不强；《地方组织法》涉及地方各级人民政府组织法的条款也只有15条，不到3 400字。根本性的内容特别是建构原则均未涉及。如何将这些原则贯彻于行政组织立法及运作之中是个极为重要的问题。如何理解"三定"方案与法律规范之间的关系、行政组织改革的程序等均是需要完善的课题。

关键术语

　　行政组织（administrative organization）　　行政组织的结构（structure of administrative organization）　　直线型结构（linear structure）　　职能型结构（functional structure）直线-职能型结构（line-functional structure）　　矩阵型结构（matrix structure）

基本训练

★ 简答题

1.简述行政组织与行政机关、行政机构、官署的比较释义。

2.简述行政组织的构成要素。

3.试析行政机关与权力机关、司法机关、政党组织和社会组织的区别。

4.简述行政组织的类型。

5.简述行政组织结构的类型及各自优缺点。

★ 案例分析题

十九大明确了政府机构和行政体制改革的三大方向

高效合理的政府机构设置和行政体制安排，是建设社会主义现代化强国的重要组成部分，并将为经济、社会、文化、生态等领域深化改革提供制度支撑。习近平在十九大报告中指出，为适应新时代中国特色社会主义现代化，要进一步深化机构和行政体制改革。他指出，特别是要"统筹考虑各类机构设置，科学配置党政部门及内设机构权力，明确职责"。与此同时，"统筹使用各类编制资源，形成科学合理的管理体制，完善国家机构组织法"。此外，还需要"赋予省级及以下政府更多自主权。在省市县对职能相近的党政机关探索合并设立或合署办公"。这些思想反映了政府机构和行政体制改革未来发展的三大方向，并将为指导服务型政府建设提供了行动路线图。

首先，我国历次政府机构改革往往主要对政府直属部门进行合并重组，而很少触及内设机构。这使各个政府机构的内设机构千篇一律，并很难适应经济社会发展的需求。以过去两届大部门制改革为例，各级政府合并的大部门仅对其综合管理的内设机构进行合并，如办公室、财务、信息、人事等，而很少针对职能机构加强重组。这也使一些政府机构在合并以后仍然是"两张皮"，无法真正打通职能交叉、重叠乃至矛盾之处，使机构改革无法带动和引领职能转变。

习近平在十九大报告中开宗明义地指出机构设置要统筹考虑，特别强调了内设机构的配置问题，明确了政府机构改革的发展方向。这意味着政府机构改革不应仅仅停留在表面，而应深入到政府机构内部，并逐步优化内设机构的设置。与此同时，破解机构合并后的"同床异梦"现象，切实推进合并后的机构整合和职能融合，是今后一段时期政府机构改革需要重点关注的课题。这就要求政府机构改革不应只是加减法，而应引入乘除法，通过内设机构的合理设置产生加成效应，通过上下联动的机构改革产生倍增效应。

其次，十九大报告指出要"统筹使用各类编制资源"，这为破解政府机构编制难题提供了思路。编制管理可以确保政府机构的人员安排得到有效控制，并避免机构膨胀和人浮于事。但是，编制管理也导致人事安排的僵化和固化，难以适应行政体制改革的要求。很多政府部门存在"忙闲不均"的现象，一些部门可以说是门可罗雀的"清水衙门"，而另一些部门则是炙手可热的"肥水衙门"。受制于刚性编制管理，还有许多部门存在想要的人进不了，不想要的人赶不走。许多政府机构迫于工作需要，不得不引入大量编外人员，但是同工不同酬和其他人事管理问题也成为困扰其难题。因此，如何使各类编制资源"动起来"，并可以加以灵活有效的统筹使用，是推进行政体制改革的关键环节。此次报告特别指出编制资源的统筹使用思路，这就要求盘活既存人力资源并激活新增人力资源，从而可以实现政府编制管理的优化配置。

最后，十九大报告指出要使省级及以下政府拥有更多的自主权，并鼓励职能相近的党政机关合并设立或合署办公。这些新提法将有利于进一步理顺党政关系和上下级关系，并发挥各地各级政府的能动性。目前我国在经济、财政等方面的分权政策已经基本到位，而在行政体制方面的分权进程还需要加快。以往政府机构改革过分强调"职责同构"，即要求下级与上级在机构设置方面"上下一般粗"。这意味着上面设置什么机构，下面也要对应设置同样或类似的机构。这就需要各级政府都有相应的"对口单位"，但却忽视了各地各级政府机构本身应有的特色和属性。与此同时，这也让各级政府的部门设置缺乏变通性和灵活性，并导致省市县政府部门只是各类中央政策的"二传手"，出现机构"悬空"和政策空转的问题。

我国幅员辽阔，各地情况不同，各级政府的职能定位和侧重点也差异较大。鉴于各地各级政府机构的本身属性和特点，因地制宜地设置机构，是构建更加合理高效的政府组织结构的关键所在。目前，许多省份都探索试点市县政府机构改革，将职能相近的党政机关予以合并，并通过合署办公等方式精简人员和强化协同。但是，地方机构改革面临的挑战是，合并设立或合署办公的机构无法同上级部门一一对应，往往出现一个下级部门向多个上级部门报告的情况。打通上下级政府之间的"最后一公里"，充分肯定地方政府机构设置的灵活性，将可以大大释放机构改革的正能量。与此同时，未来也需要关注在上下级政府部门不对应的情况下，如何加强上下级之间的互动和协同，避免"一对多"的组织沟通遇到梗阻。

　　正如十九大报告指出的，政府机构和行政体制改革归根结底是要"转变政府职能，深化简政放权，创新监管方式，增强政府公信力和执行力，建设人民满意的服务型政府"。如果机构改革无法带动职能转变，或者难以推动政府管理创新，就谈不上深化行政体制改革。此次报告明确了未来政府机构和行政体制改革的上述三大方向，有利于在巩固已有机构改革成果的基础上，进一步实现行政体制改革的提质增效。因此，通过上述三方面的改革深化，特别是加强内外联动、资源统筹和上下互动，必将提升政府工作的效率、效果和公平，并赢得人民的满意和信任。

　　资料来源　马亮.十九大明确了政府机构和行政体制改革的三大方向［EB/OL］.（2017-10-19）［2018-08-07］.http://www.china.com.cn/opinion/think/2017-10/19/content_41759366.htm.

　　讨论：

　　1.政府机构和行政体制改革的核心目的是什么？

　　2.根据案例，谈谈你对"党政机关合署办公"的理解。

资料阅读5-1　　资料阅读5-2　　资料阅读5-3　　资料阅读5-4

[第六章]
行政领导

本章提要

（1）行政领导概述；（2）行政领导的方式、类型与内容；（3）行政领导制度；（4）行政领导方法与艺术。

导读

山东检察将建机制，监督纠正行政执法不作为乱作为

2018年5月28日，记者从山东省人民检察院获悉，根据山东省人民检察院《关于充分发挥检察职能作用 努力为新旧动能转换重大工程保驾护航的实施意见》，山东检察机关将探索建立检察机关对行政机关及其工作人员不作为、慢作为、乱作为的监督纠正机制。

在依法推动营造良好政务环境方面，将探索建立检察机关对行政机关及其工作人员不作为、慢作为、乱作为的监督纠正机制，促进简政放权、依法行政。加快建设行政执法检察监督信息共享平台，拓宽监督渠道，实现对所有行政执法机构行政执法行为监督全覆盖。在办理行政诉讼监督案件中，对影响和制约新旧动能转换的规范性文件依法进行审查处理，为新旧动能转换扫清制度障碍。强化对钢铁、煤炭、电解铝等落后产能行政审批、强制、处罚等行为的监督，促进高能耗、低效能产业依法有序退出市场。

结合内设机构改革，有条件的检察院将组建金融、环保、知识产权等专业化的办案机构或团队，提高案件办理专业化水平。

资料来源 马云云,崔岩.山东检察将建机制，监督纠正行政执法不作为乱作为［N］.齐鲁晚报,2018-05-28.

第一节 行政领导概述

行政领导涉及战略管理、政策管理与意识形态管理，是行政管理的"大脑"。行政领导在行政管理过程中居于主导地位，因此行政领导研究也是行政管理学恒久不变的重要研究内容。

一、领导与行政领导的概念

1.领导的含义

现代汉语中，"领导"一词既可以作为动词也可以作为名词。其作为动词，指的是一种率领和引导活动的过程与行为。其作为名词，则是指进行率领和引导活动过程与行为的人。

领导是一个具有多层次、多领域内涵的概念，可从多角度进行分类。按权力基础进行分类，有正式领导和非正式领导；按行为发生的层级来分，有高层领导、中层领导和基层领导；按行为发生的领域又可分为政治领导、行政领导和具体业务领导等。值得注意的是，作为名词的"领导"一般是指组织的领导者。

2.行政领导的含义

行政领导是指在行政组织中，经选举或任命拥有法定权威的领导者依法行使权力，为实现行政管理目标所进行的组织、决策、指挥、控制等活动的总称。

二、行政领导的特点、地位与作用

（一）行政领导的特点

1.政治性与行政性

行政机关的政治性决定了行政领导的政治性。行政机关是为了巩固阶级统治、实现阶级使命而建立的政治组织，具有鲜明的阶级性。这就要求在行政机关中任职的行政领导在进行决策、指挥、协调、控制、监督等一系列活动时，必须要把政治性放在首位，坚持做到为社会主义社会政治服务、为人民服务。

行政领导是对行政的领导，因此其主要活动是事务性活动，是为了实现一定的行政目标而进行的一系列决策、指挥、协调、控制、监督等活动，这又体现了行政领导的行政性。

2.社会性与服务性

行政是以提供公共服务为目的的社会性管理活动。现代行政活动日益突出的公益性质赋予行政领导的社会性，这体现出行政领导超越了阶级的力量。同时，行政活动又是以服务公众、满足公众政治社会需求为目标，这决定了行政领导活动的服务性。

3.协调性与执行性

为了实现一定的行政目标，行政领导者必须对行政活动进行一系列的指挥与协调，这体现了行政领导的协调性。我国是一个议行合一的国家政权组织形式，而行政机关是国家权力的执行机关，这决定了行政领导活动必须遵循权力机关所制定的法律，坚持依法行政。同时，必须根据权力机关的合法要求，及时组织好人力、物力和财力，高效迅速地使权力机关的意志得以实现。

（二）行政领导的地位与作用

1.行政管理活动的指挥者与协调者

行政管理本身是一个复杂的社会系统。为了保证系统内行政活动的协调和统一，需要行政领导统一的意志与统一的指挥。而随着社会的发展和科技进步，行政机构日益复杂，行政人员不断增加，这更突出了统一意志与统一指挥的行政领导的重要性和必要性。同时，行政管理是一个由多层次、多部门以及众多人员共同进行的管理活动，他们之间既有为完成行政任务而努力工作的共同目标，又有各自的特点和要求。他们之间的关系如果处理好，能出现团结协作、相互促进、共同前进的好局面；相反，如果处理不好则会产生相互埋怨、钩心斗角、内耗丛生的恶果。因此，形成统一的意志和实施统一的指挥，以保证行政活动的协调与统一，是对所有行政管理的共同要求。

2.行政管理过程的战略核心

一般而言，行政领导的过程是推动他人去做、借助他人智慧与力量来实现的，这符合管理的特征。就具体过程而言，行政管理是通过各环节连接起来的链条来实现的，主要环节有建立行政组织、选才用人、收集信息、确立目标、制订计划、组织实施、检查监督、调节完善等。这实质上是不断制定和执行政策的过程。决策即"出主意""用干部"，其是行政领导的根本职责。正是"出主意""用干部"这两种领导职责构成有效的行政管理活动，并贯穿于行政管理活动的始终。

3.行政管理成败的关键

行政管理是由诸多因素构成的大系统，每个因素都对行政管理产生影响。由于行政领导者有"统领""引导"的整体管理功能，尤其是行政决策规定了目标及达到目标的途径与措施，因此成为行政行为的指南与依据。要保证行政决策的高效能，不仅要提高效率，更要保证行政决策的正确导向。正是这样的决定性作用，规定了担负行政决策责任的行政领导成为整个行政管理活动成败的关键。因此，正确认识行政领导的职、权、责，建立和完善科学的行政领导制度，掌握并运用科学的行政领导方法、方式与艺术，提升行政领导个人的素质，优化行政领导的素质结构，这些无不对行政管理效能产生决定性影响。

三、行政领导者的职位、职权与责任

（一）行政领导者的职位

1.行政领导者职位的含义

行政领导者的职位是指行政领导者在行政组织中的法律地位和其所担任的行政职务的统一体。行政领导者的职务和责任是构成行政领导者职位的两个不可或缺的要素。只有担任了某一职务，才负有与其相应的指挥与统御权；担任某一行政领导职务就意味着必然要承担相应的领导责任。

2.行政领导者职位的特点

（1）职位是以"事"为中心来确定的。这一特点决定了行政人员，尤其是行政领导者必须围绕轻重缓急程度不同的行政事务开展工作，以高效率、高效益和高效能为标准推动工作任务的完成。

（2）职位本身具有相对稳定性。行政领导职位具有法定性，即按法律规定职位，既不能随意增设，也不能随意废除。这一特点表明某一职位的行政领导人担任职务的时间长短与责任的主次对职位本身并不构成影响。

行政领导者职位是行政领导者的职权与职责的集合体。因为设置的每一个职位,都明确规定了与该职位相适应的职权和职责。因此不在一定职位任职的人,就不能行使与该职位相适应的行政领导者的职权,也不承担与该职位相适应的行政领导者的职责。

(二)行政领导者的职权

1.含义

行政领导者的职权是指由行政领导者的职位赋予的,并受到法律保护的行政权力。行政领导者的职权是行政领导者完成行政任务、履行行政职责必不可少的重要条件。行政领导者的职位明确规定了行政领导者的工作范围、工作项目以及工作量等,而要完成这些任务,国家就应该依法赋予他们相应职位的权力,使他们能够在其职位要求范围内凭借权力的力量来组织、指挥、协调、控制人力、物力、财力等,以保证行政任务顺利完成。

2.职权与职位的关系

行政领导者的职权是与职位紧密联系在一起的。行政领导者只能拥有与其职位相适应的职权,超越职位以上的任何权力都是无效的。

行政领导者的职权不是世袭的,也不是终身的。行政领导者的职权是由国家和人民授予的,因此职权的行使要受到法律、国家机关、政党、人民团体、人民群众等各方面的监督。对于那些不称职的行政领导者,国家和人民可依据有关规定,解除其行政职务,取消其行政权力。对于因年龄、疾病等因素,不再担任行政领导职务的人员,其行政领导者的职权也随之消失。

(三)行政领导者的责任

1.含义

行政领导者的责任是指行政领导者因担任领导职务所应承担的具体工作责任及法律上应负的行政责任。在这个意义上,人们又通常把行政领导者称为"负责人"。行政领导者的责任是正确履行行政职务,行使行政权力过程中应尽的义务,它是随着一定职务的确定与职权的授权所产生的。责任与职位和职权成正比关系,即行政领导者的职位越高,职权越大,其责任也越重。

2.内容

行政领导者的责任包括多方面内容,主要可分为以下三个方面:

(1)政治责任,即领导责任,是指领导者因违反了特定政治义务或没做好分内之事而导致的政治上的否定性后果,以及所应遭受的谴责和制裁。政治上的否定性后果意味着政治权力资格的丧失和不再是行政权力的行使者。

(2)法律责任,是指行政领导者在行政管理活动过程中因违反法律规范而应承担的法律后果或应负的责任。

(3)工作责任,是指行政领导者的岗位责任,是行政领导者担任某一职务所应承担的义务以及对成败的个人担当。

第二节　行政领导的方式、类型与内容

一、行政领导的方式

行政领导方式是在领导过程中领导者、被领导者及其作用对象相结合的形式。行政领导方式的中心问题是正确处理上下级关系。

行政领导方式可从不同角度进行分类。

（一）按工作侧重点分类

1.重人式

重人式是指致力于建立和谐的人际关系和宽松的工作环境，以人为中心进行领导活动。

2.重事式

重事式是指注重行政组织的目标、任务的完成以及工作效率的提高，以事为中心进行领导活动。

3.人事并重式

人事并重式是指既关心人也注重工作，强调关心人与关心事的辩证统一性。关心人才能调动人的积极性。关心工作才能使每个人都有明确的责任与工作目标。显然，应该提倡人事并重式的领导方式。

（二）按行政领导者作用于行政下属的行为方式分类

1.强制式

行政领导中的强制性，是组织行为中经常出现的现象。这是由现代社会组织特性决定的。现代行政组织作为现代社会组织的一种，为了使本组织意志统一、行动一致、效率提高，必须使本组织成员遵守组织的规章制度。因此，行政领导者需要以行政指令来约束或引导行政人员的言行。行政指令具有明显的强制色彩，而这种强制又往往以惩罚为外在特征。一个行政领导者要善于用行政指令来规划和指挥行政人员与行政活动参与者，保证其不违反行政指令，并服从自己的权威，以此保证最低限度的行政效率。

2.说服式

强制能有效约束行政人员的行为，但也容易引起下属的逆反心理，因此行政领导务必慎用之。行政领导经常用的领导方式应是说服式，包括劝告、诱导、启发、商量、建议等易于领导者与群众双向沟通的方式。沟通有利于贯彻领导者的领导方略，有利于上下级达成共识以及加强其协同工作的愿望，有利于优化人力资源，以较少数量而较高质量的人力投入获得更高的行政绩效。

3.激励式

激励式是直接服务于提高领导效能的领导方式，是行政领导者使用物质手段或精神手段激发下属积极性，进而实现决策目标的推进型领导方式。对组织成员施加不同的激励方式，有利于提高其工作积极性和工作效率。

激励的方式可分为普遍激励与特殊激励两种。普遍激励是针对组织所有成员的，包括改善工作条件和提高报酬。由于普遍激励属于领导的经常性工作方式，因此必须辅之以特殊激励，才能起到激发下属积极性和提高工作效率的作用。特殊激励是针对工作积极、成效显著、贡献较大的人员，对他们授予特殊的精神和物质奖励，促使其产生更大热情，还可产生榜样效应，激发其他工作人员的积极性。

4.示范式

领导者是一个组织的象征。领导者的精神面貌、行为和工作方式、价值观念乃至个人趣味都会对本组织成员产生潜移默化的影响。因此，良好的领导方式也包括领导者本人的领导形象塑造，而最有益的塑造方法莫过于身体力行。领导者能够做到吃苦在前、享受在后，本身就是对组织成员的无声号召。

二、行政领导者的类型

1.独断型

独断型行政领导者注重正式组织的结构与规章制度，以及组织内正式的沟通程序。他以大权独揽的方式对下级进行领导，将决策权高度集中在自己手中，下属完全处于被动地位。他还注意避免同下级发生比较亲密的个人关系，下级因而通常对他敬而远之。

2.放任型

放任型行政领导者通常不把持决策权，对下属亦采取自由放任的态度，这是一种弹性或自由度较大的领导方式。

3.民主型

民主型（也称参与型）行政领导者居于独断型行政领导者与放任型行政领导者类型之间。民主型行政领导者既注重正式组织结构的作用、规章制度的作用，又不完全大权独揽，在某种程度上又设法使下级参与一些决策，善于在决策过程中发挥下属的作用。

三、行政领导的内容

（一）计划

计划是整个行政领导活动过程的起点和归宿。计划活动包括决定目标及先后顺序、预测未来、确立行动方案和组织落实、评价和修正计划。计划活动在行政领导过程中具有不可替代的重要作用。

首先，它能集中组织内所有成员和次级组织对组织目标的注意，并将他们的活动与这一目标协调起来。

其次，计划可以减少未来不确定因素对组织活动的干扰。

最后，计划提供了衡量实际工作成果的标准，提供了一个可参照的依据，为展开组织的监督活动提供了基础。

（二）组织

组织活动在于保持完成计划所必需的活动的连贯性和步调一致，保证执行过程中系统内部发展的平衡并在必要时加以调整。它包括人员的组织、财力和物力的组织、时间的组织以及信息的组织。

（三）指挥

指挥活动是领导者通过与行政组织层级相一致的权力线或指挥链实施上级对下级组织和个人领导，通常具有两种形式：

一是行政命令，它以强制力为后盾，要求下级部门或下属按程序完成其应该完成的任务，体现的是一种命令和服从的关系。

二是控制与监督活动。行政控制与监督波及两大类——系统和人。行政控制和监督包括按照行政法规进行的规范控制与监督，对组织活动过程中的问题和缺陷进行的组织行为控制与监督，以定期考核和奖惩作为表现形式的个人行为控制与监督，以及通过感情沟通所进行的非正式组织控制与监督。

（四）协调

领导者的协调活动是由行政工作的专门化所决定的。随着分工的发展，协调活动也就越来越多。领导者的协调职能主要体现为两个方面：一是组织方面的协调，主要为事权协调；二是人员协调，确保权责统一、职责分明。行政领导的协调活动主要通过三种途径得以完成：

一是通过政策与目标获得组织活动的协调，旨在使整个组织的成员都了解组织的目标，并以此作为行动的依据和指南，以及衡量工作的标准。

二是通过行政组织的层级制结构获得协调，旨在消除领导成员和监督成员之间的冲突与摩擦，保证整个组织的领导体系顺利运转。

三是通过正式沟通和非正式沟通获得协调，旨在使组织上下团结一致，共同行动，消除组织内部可能存在的猜疑、矛盾、流言或内耗等有碍组织正常运转的消极因素。

第三节　行政领导制度

一、行政领导制度的含义与类型

1.行政领导制度的含义

行政领导制度是指有关规范行政领导活动的一系列制度的总和。这是因为，无论是行政领导者独立自主地进行决策或指挥的活动还是与被领导者相互配合、齐心协力完成行政任务的行为，都不应该是主观随意的，而必须是建立在制度化的基础上的。行政领导制度是行政领导活动规范化、科学化的重要保证。

2.行政领导制度的类型

行政领导制度主要有两种类型：一是根本性行政领导制度，其在行政领导制度中起到主导作用，决定和制约着其他行政领导制度的制定与执行；二是日常性行政领导制度，是根本性行政领导制度的具体化。

二、根本性行政领导制度

我国根本性行政领导制度主要有民主集中制、集体领导与个人负责制。

（一）民主集中制

民主集中制是民主制与集中制有机结合的一种制度。毛泽东指出："这种民主和集中的统一，自由与纪律的统一，就是我们的民主集中制。"

1.民主集中制的基本内容

第一，民主制是在国家的政治生活中，充分发挥广大人民群众参与国家事务和社会事务管理的主动性、积极性与创造性，以确保人民当家做主的实现。

第二，集中制是在高度民主的基础上实行高度集中，在任何时候任何情况下都必须坚持个人服从组织、少数服从多数、下级服从上级、全党服从党的全国代表大会和中央委员会的原则。在上述"四个服从"中最重要的是全党服从党的全国代表大会和中央委员会。党和国家的指导思想、奋斗目标、大政方针和法律制度以及重要工作部署，全党全国必须统一。"四个服从"是建立与维持全党和全国的正常秩序、实现集中统一行动的基本保证。

2.民主制与集中制的关系

民主制与集中制是不可分割的统一体，二者相辅相成、互相制约。实行民主集中制的目的是要实现在民主基础上的集中和在集中指导下的民主相结合，努力创造又有集中又有民主，又有纪律又有自由，又有统一意志又使个人心情舒畅、生动活泼的政治局面。

3.民主集中制是根本性行政领导制度

民主集中制为了维护党和国家集中统一的需要，要求行政领导者既要发扬民主，调动各方面积极性，又要坚决维护党和国家的统一，防止和纠正分散主义倾向，具体表现在：

首先，全国人民代表大会和地方各级人民代表大会的代表，都由民主选举产生，对人民负责，受人民监督。国家行政机关、审判机关、检察机关都由人民代表大会产生，对人民代表大会负责，受人民代表大会监督。

其次，中央和地方国家机构职权的划分遵循在中央统一领导下充分发挥地方积极性的原则。

最后，民主集中制贯穿于行政领导的全部活动过程，决定和影响其他的领导制度。行政领导者在贯彻民主集中制的过程中必须坚持"三不允许"，即不允许把自己管理的地方、部门和单位搞成不听党的统一指挥、不受组织约束和群众监督的"领地"；不允许有令不行、有禁不止，搞"上有政策、下有对策"，搞地方保护主义；不允许制定与中央政策和国家法律与法规相抵触的规定。

（二）集体领导与个人负责制

集体领导与个人负责制是我国各类组织普遍实行的一种领导制度。实践证明，这一制度对于协调领导成员在领导活动过程中的相互关系、更好地发挥领导作用具有很重要的积极意义。

集体领导是与民主集中制紧密联系的重要原则。集体领导和民主集中制是党的领导的最高原则。集体领导是集体决策、共同负责的制度。集体领导的优点在于发扬民主、集思广益，分工合作、能力互补，互相制约、互相监督，从而有利于充分发挥并集中各领导成员的智慧，防止决策失误发生，实现决策的科学化与民主化。

个人负责制是由行政机关的性质决定的。行政机关是执行机关，行政执行的基本要求是：事权集中，责任明确；办事果断，当机立断；指挥统一，行动迅速。《中华人民共和国宪法》第八十六条规定，国务院实行总理负责制，各部委实行部长、主任负责制；第一百零五条规定，地方各级人民政府实行省长、市长、县长、区长、乡长、镇长负责制。《中华人民共和国宪法》在做出上述规定的同时，还规定了由总理召集和主持国务院全体会议、国务院常务会议，国务院的重大问题必须由全体会议和常务会议决定，因此我国行政首长个人负责制是建立在发挥集体作用基础上的同集体领导相结合的行政首长负责制。

三、日常性行政领导制度

日常性行政领导制度是根本性行政领导制度在行政管理活动过程中的具体表现形式，主要可分为以下三个层面：

（一）领导与群众的关系

这是行政领导民主原则最直接的要求与体现。由于行政领导者在这种制度中处于权力掌握者与决策者的地位，他们应主动加强与行政活动参与者的联系，想方设法收集群众意见与建议，了解群众愿望与要求，以求最广泛反映社会公众最迫切的要求、获得最有力的社会心理支持，从而保证行政活动参与者始终活跃在行政活动过程中。行政领导密切联系群众的制度主要有以下几种：

1.群众接待日制度

定期由主要领导干部接待来访群众，直接倾听群众意见与建议，了解群众呼声与要求。各级行政领导必须及时、认真、热情地解决人民群众反映比较强烈而且急需解决的问题。

2.来信来访制度

如果说群众接待日制度是定期接待来访群众的制度，那么来信来访就是不定期的日常接待与受理人民群众来信来访的制度。来信来访是使行政领导者及时地了解民情、掌握民意的重要渠道。对于群众来信来访所反映的建议、意见和问题等，信访部门应及时归纳、整理并迅速送达有关部门，供行政领导者在进行行政决策时参考，尤其对于群众来信来访反映的重大问题，应督促有关部门及时解决。

3.咨询会制度

行政领导者定期或不定期召开会议，邀请有关群众代表就工作任务与工作计划及贯彻执行等情况进行咨询，广泛听取人民群众的意见，使行政领导者的决策建立在民主化的基础上。

4.是民主评议制度

定期召开会议，就本单位、本部门工作情况向群众进行通报，实行政务公开，让群众对工作情况和行政领导者的表现评头论足。这是强化行政领导者"公仆"意识，向人民负责，受人民监督的制度化措施。

（二）领导之间的上下级关系

行政活动的有序完成、有效开展，需要上下级行政领导者之间的密切配合。在上者应能够发出正确的行政指令或行政禁令；在下者要做到严格执行、令行禁止。上下配合、相互支持，才能优化行政行为。最有效的上下级行政联系原则是统一意志、统一指挥、统一步调、统一行动。上下级行政领导联系制度主要有以下几种：

1.通报征询制度

定期或不定期召开各种会议，及时将上级领导意图、决策、部署等传达给下级领导，并主动征询下级领导意见，这有利于把下级领导的工作主动性与创造性调动起来。

2.报告指示制度

报告指示制度要求下级领导对涉及全局的领导决策或步骤或在自己权限范围内难以做出正确判断的问题，及时向上级领导报告。在上级领导做出明确指示之后，严格按其指示贯彻执行。

3.检查反馈制度

这是上级领导的一项经常性工作，有利于及时发现问题，以保证工作计划保质、按量、按时完成。该制度一方面要求上级行政领导对下级领导执行其决定或工作任务进行经常性检查落实；另一方面也要求下级行政领导将其执行的有关情况及时反馈给上级领导，为上级领导修正决策或制定新的决策提供真实可靠的材料。

（三）领导班子内部工作协调关系

领导班子成员之间联系制度的健全与建立是使集体领导与个人负责制的根本性制度得以贯彻落实的有效措施。

首先，行政领导班子要有搞好工作的共识。只有领导班子成员都有做好工作的共识，能理智地相互配合而不是相互拆台，行政领导工作才可能成功。

其次，行政领导班子应主要依靠公开、合理的制度安排来协调内部关系。

最后，行政领导班子应以工作实绩和领导效果评估自身的工作绩效，并以此作为协调行政领导班子成员关系的客观准则。密切彼此联系，通力合作，通过办公会议、集体学习和民主生活等制度安排，达到更理想的行政领导效果。

第四节　行政领导方法与艺术

行政领导要完成行政领导任务，实现行政领导目标，一方面必须坚持依法行政，强调行政领导行为的合法性；另一方面还应使行政领导行为符合行政管理的客观规律，体现行政领导的科学性。行政领导的科学性是奠定在行政领导方法科学化以及行政领导艺术化的基础上的。

一、行政领导方法的含义与内容

（一）行政领导方法的含义

行政领导方法是在领导活动过程中所采取的各种手段、办法与程序的总称。它是指行政领导在行政领导活动过程中经过长期不断总结与探索，逐步形成的一系列相对稳定的且行之有效的领导方法。

（二）行政领导方法的内容

1.实事求是的方法

实事求是既是我们党的思想路线，也是我国行政领导的最基本思想方法。邓小平指出："实事求是，一切从实际出发，理论联系实际，坚持实践是检验真理的标准，这就是我们党的思想路线。"江泽民在庆祝中国共产党成立八十周年大会上指出："要坚持解放思想、实事求是就必须在党的基本理论指导下，一切从实际出发，自觉地把思想认识从那些不合时宜的观念、做法与体制中解放出来，从对马克思主义的错误和教条式的理解中解放出来。坚持科学态度，大胆进行探索，使我们的思想和行动更加符合客观实际，更加符合社会主义初级阶段的国情和时代发展的要求。"因此行政领导的基本方法就是坚持实事求是的方法。

坚持实事求是的方法，必须做到：

第一，一切从实际出发，反对主观主义。客观实际是行政领导发现问题、分析问题、做出决策的基本依据，只有真正从客观事物本来面目出发，才能从中引出正确的方针、政策与方法。

第二，发挥主观能动性。行政领导者必须勤于思索，将感性材料去粗取精、去伪存真、由表及里，找出事物内部的规律性。

第三，坚持用实践检验和发展真理。这要求行政领导者从"实事"中求得"是"，也必须接受实践检验。同时，即使是经过实践检验的"是"还必须在实践中进一步加以提高与完善。

2.群众路线的方法

群众路线的方法就是指一切为了群众，一切依靠群众，从群众中来，到群众中去。它是实现党的思想、政治、组织路线的根本工作路线。群众路线科学地解决了领导和群众的关系，是行政领导的根本领导方法。

坚持群众路线，必须做到：

第一，虚心向群众学习，有事与群众商量，把群众的智慧、经验和意见集中起来，实施正确的领导。

第二，领导骨干与广大群众相结合。行政领导必须深入群众，依靠群众，善于发现、培养与使用领导骨干，依靠他们团结处于中间状态的多数群众，热情帮助少数后进群众。

第三，一般号召与个别指导相结合。行政领导必须善于宣传群众、组织群众，向群众指明奋斗目标。同时，运用蹲点等方式取得经验并运用于全局。

3.调查研究的方法

毛泽东曾指出："没有调查就没有发言权。"调查研究不仅是行政领导者的基本功，也是坚持实事求是的基本手段。行政领导者只有在进行深入调查研究的基础上，才能全面、准确地了解把握客观实际，才能真正做到实事求是。

调查研究的具体方法包括：

第一，典型调查法，是指通过有计划、有目的地选择若干个典型，采取典型分析与典型解剖的方法，对其具体做法进行认真分析与总结。通过总结经验、吸取教训来掌握事物发展的一般规律，以典型带动全面。

第二，抽样调查法，是指从调查总体中抽出部分对象作为样本进行调查分析和统计，并用以推论样本所代表的总体的方法。抽样调查法一般由抽选、检查、推算三个环节组成，其中样本抽选最为关键。抽样调查是行政领导常用的一种基本方法。

第三，全面调查法，是指按行政系统的上下隶属关系，通过由上而下逐级布置下达和由下而上逐级汇总上报的方法进行的。全面调查法的特点是涉及面广、人数多、耗资大、时间长，如人口普查。

除此之外，还有专家调查法、民意测验法、专项调查法等。

二、行政领导艺术的含义与特征

（一）行政领导艺术的含义

行政领导艺术是行政领导方法的个性化、艺术化体现，是行政领导者在工作中结合普遍经验与个人体会形成的，它属于领导方法中创造性、随机性、权变性较强的部分。行政领导艺术对行政绩效的影响是通过其本身具有的超规范和非模式化途径达到的，是将个人经验与科学规则有机结合为领导方法而达成的。

（二）行政领导艺术的特征

1.随机性

行政领导艺术是非规范化和非模式化的技巧。这决定了它在行政领导活动中的运用必然是因人、因事、因时、因地而异。这要求行政领导者在处理问题时，必须根据不同的具体情况，迅速做出正确判断，随机应变，以提高行政领导效能。

2.创造性

行政领导艺术能体现领导生机勃勃的创造力，尤其是在一些特殊的事件中，行政领导敢于打破常规，以前人没有用过的思维方式、技巧方法，成功地使问题得到圆满解决，从而体现了行政领导独特的风格、新颖的构思和惊人的创造力。

3.多样性

由于行政领导艺术是行政领导在品德、智力、能力、性格等因素下的综合反映，因此决定了行政领导在运用领导艺术时必然呈现多样性。行政领导艺术的多样性表现为不同行政领导对同一行政领导艺术的运用会产生不同效果，同一行政领导运用不同行政领导艺术的效果也不同。

4.科学性

尽管行政领导艺术具有随机性、多样性与创造性的特点，但行政领导艺术仍是有规律可循的。行政领导艺术是科学理论与行政领导实践相结合的产物，因此它必然符合事物发展的客观规律。

三、行政领导艺术的主要内容

1.授权艺术

授权是上级授予下级一定的权力与责任，使其在一定范围内有处理问题的自主权。授权艺术可帮助领导"分身有术""事半功倍"。通过科学合理的授权，可激发下属的责任心、上进心，促使他们负责任地全权处理问题，从而提高组织绩效。

2.用人艺术

用人主要讲究人尽其才，这是高效率利用人力资源的必然要求。知人善任是用人艺术的基本要领。领导要了解下属、知其长短、以诚相待、合理奖励，以达到提高组织绩效的目的。

3.处事艺术

领导每天都有大量事务急需处理，干好领导工作，忠于职守、专心本业、统筹安排、学会"弹钢琴"等是领导处事的原则。

4.运用时间艺术

运用时间艺术要求领导自觉形成时间意识，合理安排时间消耗的比例，善于把握高效率的时间段，并且能够利用各种有利因素延长内在时间，从而提高时间使用效率。

关键术语

行政领导（administrative leadership）　　行政首长负责制（administrative leadership responsibility）　　民主集中制（democratic centralism）

基本训练

★简答题

1.行政领导的含义和特点分别是什么？

2.简述行政领导的作用。

3.简述行政领导者职位、职权与责任的关系。

4.简述行政领导的方式。

5.简述行政领导的内容与行政首长的类型。

6.简要分析我国行政领导制度。

7.比较分析行政领导的方法与艺术。

★案例分析题

我们需要怎样的"一把手"工程

当前我国政务信息化建设已经取得一定的成绩，但在建设过程中仍有一些问题，最具典型的问题包括以下几个：领导重视不够、信息化机构设置不合理、系统平时运行维护缺乏制度保障、信息化资金不能及时到位、缺乏监督与评估、缺乏充足的人员保障等。

以上问题，分析它们的根本原因都可以归结为一条——领导重视不够。这种现象就是我们耳熟能详的"一把手工程"。

由此，探讨"一把手"在政务信息化建设中的角色定位已成为一个非常重要而紧迫的问题。

一、“一把手工程”的四种表现

（一）强力推动

这种类型的领导首先是一个强势领导，也就是说他在本部门内具有很高的威望和资源调配能力，另外很重要的一点是他对信息化很了解，主观上存在推动信息化发展的愿望。在建设过程中，他往往亲自披挂上阵，组织考察，制订方案，召集会议，协调部门间利益，确定责任划分。在项目建成以后，带头使用新系统，亲身体会效果，并大力推动应用。在他的强力领导下，该部门的政务信息化水平往往能在短时间内突飞猛进，取得明显效果。

（二）有限支持

这种类型的“一把手”对信息化建设也抱明确的支持态度，但由于种种原因（如刚刚调任对情况不熟、现有需求不足、财力有限），并没表露出过于主动的姿态，对于信息化采取了一种“有限度支持”的态度。

（三）犹豫观望

犹豫不决是指“一把手”在有关信息化建设的问题上逡巡不前，没有明确的态度。造成“犹豫”的原因不完全是“一把手”对信息化认识不够所致，宏观体制不顺、客观上需求的不成熟或者开展信息化所需要的各种软硬件条件不具备等都是造成这种局面的原因。

（四）消极应对

这种状态下的“一把手”对信息化建设漠不关心，基本不予考虑，导致信息化发展缓慢，最多也只是下属部门在小范围内开展的一些简单应用。

二、被动出现的“一把手工程”

目前我国的许多“一把手工程”往往是为了弥补制度的缺失。我们举个例子来说明：

A市的政府网站经过半年的艰苦努力，终于以全新的面貌正式推出。清新的页面、友好的操作，给人耳目一新的感觉，访问量迅速攀升。然而，内容缺乏更新的问题日渐暴露。由于我国目前在政府信息公开方面尚没有统一的规定，除了涉密信息明确不能公开以外，其余哪些信息可以公开、哪些信息不能公开，完全取决于各级政府自身。

负责网站维护的信息中心在这个问题上犯了难。领导同志的讲话稿、本市的突发性事件等到底能不能在网上公布？为了避免出了问题承担责任，信息中心不厌其烦地向主管领导请示。

从上述例子中可以看出，如果有相应的规章制度，那么这样的“一把手工程”完全可以避免。

对于由制度缺失所引发的“一把手工程”，出现的问题原本应该由规章制度来处理，但不幸的是这些制度尚不健全，其背后的原因是部门之间的利益争端以及责任划分问题，于是只能由“一把手”来决断，用“人治”代替“法治”。

资料来源　吴倚天.我们需要怎样的“一把手工程”？[EB/OL].（2006-12-14）[2018-07-01].http://www.my.gov.cn/santai/1369666032767074304/20061214/142336.html.

讨论：

1.什么是行政首长负责制？

2.本案例中行政领导制度存在哪些弊端？

3.根据案例，简要分析我国行政领导制度。

资料阅读6-1　　　资料阅读6-2　　　资料阅读6-3

[第七章]
行政决策

本章提要

（1）行政决策概述；（2）行政决策的程序、原则和方法；（3）行政决策体制；（4）行政决策理论。

导读

我国拟进一步规范重大行政决策程序 提升公众参与度

新华社北京6月9日电 国务院法制办9日就《重大行政决策程序暂行条例（征求意见稿）》公开征求意见，旨在落实健全依法决策机制，推进行政决策科学化、民主化、法治化，提高决策质量，增强社会对重大行政决策的理解和支持。

国务院法制办在关于《重大行政决策程序暂行条例（征求意见稿）》的说明中指出，目前，我国已有17个省级政府和23个较大的市政府出台了规范重大行政决策程序的规章，但在实践中仍存在决策尊重客观规律不够、听取群众意见不充分等问题，有必要认真总结经验教训，制定一部规范重大行政决策程序的行政法规。

该意见稿分为10章，共44条。除总则、决策动议、决策执行、法律责任和附则外，将公众参与、专家论证、风险评估、合法性审查和集体讨论决定分别作为专章予以规定。

根据该意见稿，除依法应当保密的外，涉及社会公众切身利益或者对其权利义务有重大影响的决策事项应当广泛听取意见。听取意见可采取向社会公开征求意见、举行听证会、召开座谈会、书面征求意见、问卷调查、民意调查、实地走访等多种方式。

决策事项向社会公开征求意见的，决策承办单位应当通过政府网站、新闻发布会以及报刊、广播、电视等便于社会公众知晓的方式，公布决策草案及其说明等材料，明确提出意见的方式和期限。公开征求意见期限一般不得少于30日。

同时，决策承办单位应当对社会各方面提出的意见进行归纳整理、认真研究，对合理意见应当采纳。社会各方面意见有重大分歧的，决策承办单位应当进一步研究论证，完善决策草案。对社会各方面提出的主要意见及其研究处理情况、理由，应当及时公开反馈。

　　该意见稿还规定，专业性、技术性较强的决策事项，需要进行专家论证的，应当组织论证其必要性、可行性、科学性等。重大行政决策的实施可能对生态环境、社会稳定等方面造成不利影响的，应当开展风险评估，并规定未经合法性审查，或者经审查不合法的，不得提交决策机关讨论。决策事项应当经决策机关常务会议或者全体会议讨论，由行政首长在集体讨论基础上做出决定。

　　中国政法大学副校长、行政法学专家马怀德认为，该意见稿对公众参与、专家论证、风险评估、合法性审查、集体讨论等行政决策程序进行了规范，提出了具体可操作性要求，有助于切实规范行政行为，提高决策的质量和效率，实现科学、民主、依法决策。

　　社会公众可以在2017年7月8日前登录中国政府法制信息网，对该意见稿提出意见。

资料来源　丁小溪，熊丰.我国拟进一步规范重大行政决策程序 提升公众参与度［N］.（2017-06-10）［2018-09-07］. http://politics.people.com.cn/n1/2017/0610/c1001-29330657.html.

第一节　行政决策概述

　　行政决策是行政管理过程的首要环节，贯穿于行政管理的全过程。行政决策水平的高低直接关系着行政管理运行的成败。为了提高行政决策的效能，必须掌握行政决策的基本程序，遵循科学合理的决策程序，构建科学的行政决策体制，最终实现行政决策的科学化和民主化。

一、行政决策的含义

　　"决策"一词最早出现在我国先秦古籍《韩非子》"智者决策于愚人"中，意思是决定某种策略和计谋。在现代管理学中，决策是指人们为了实现一定的目标而制订方案，下定决心努力实施的全部过程。决策活动广泛存在于人们的社会实践活动中，上至国家的重大问题，下至个人生活中所面临的种种问题。因此，决策贯穿于人类生活的各个领域。

　　行政决策是决策的一种，只存在于行政领域。它是指国家行政机关为履行行政职能，依法处理行政事务而进行决策过程。具体来说，行政决策包括各级政府发布的行政决议和行政指示；政府各部、委、厅、局制订的工作计划以及签署的行政请示报告等。

二、行政决策的特点

　　行政决策作为一般管理决策的一种，必然具有一般管理决策的普遍特性。同时，行政决策是国家行政机关所进行的行政决策活动，所以又是一种具有特殊性质的管理决策。行政决策在具有一般管理决策的普遍特性的基础上，还具有区别于其他决策的特殊性质：

1.行政决策主体的特定性

　　任何决策都需要一个决策主体，即做出决策的个人或组织。行政决策是处理国家行政事务时所做出的决策，因此只有具备管理公共事务的行政权的组织和个人才能成为行政决策的主体。我国宪法和法律对中央和国家各级行政机关的行政权都有明确的规定，各级国家行政机关只能在各自职权范围内进行决策。在国家行政机关以外，某些国家机关和社会组织，依照宪法、法律规定或授权，具有一定的行政权之后，也可以成为行政决策的主体。

2.行政决策客体的广泛性

由于行政管理的范围和内容的广泛性，行政决策与其他决策相比，其内容也更加广泛。它包括国家的政治、经济、文化、教育、军事、外交以及其他社会生活各个方面的重大事务，即除国家法律另有规定之外的一切社会公共事务，都需要通过行政决策加以解决。而其他决策，如企业、事业单位和社会团体的决策等，其内容主要局限于各自的内部事务，一般不涉及整个国家和社会范围事务。因此，行政决策的牵扯面之广，涉及的机构之多，动用的人力、物力、财力之大，是其他社会组织无法比拟的。

3.行政决策依据的法律性

行政机关是国家权力机关的执行机关，因此从实质上讲，行政决策是对国家立法机关意志的执行，行政决策必须代表和反映统治阶级的利益与意志，而法律正是统治阶级意志的集中表现。因此，行政机关必须根据国家的法律和法规来制定，行政决策主体的决策活动只有严格依法办事，才能体现国家意志，才能代表国家利益，才能使决策具有普遍的约束力。

4.既定行政决策的强制性

行政决策体现的是国家的意志，代表的是国家的利益。它以国家权力为后盾，依据党的路线、方针、政策和国家法律而制定。因此，行政决策一旦做出，付诸实施，便具有特殊的强制性，不仅对行政组织的内部成员，而且对各级行政组织管辖范围内的企业、事业单位、社会团体和个人都具有普遍的约束力。

5.行政决策的公共利益价值取向

按照"经济人"假设理论，社会中的每一个人作为"经济人"，其决策准则是实现自我利益的最大化。营利性的工商企业也遵循这一准则，其具体决策准则是实现企业利益的最大化。但是政府组织作为公共部门不能是一个"自利性"机构，而应该是一个"追求公共利益"的机构，因此行政决策的目标准则应该是"公共利益的最大化"。这是因为国家行政机关的任何决策，都必须以国家和社会公共事务为决策对象，其目的是代表整个国家和最广大人民的利益，最终实现对国家和社会的有效管理。正是从这个意义上说，行政决策在价值取向上应该而且必须坚持公共利益最大化的原则。

三、行政决策的类型

（一）按行政决策主体的层次分

行政管理活动是分层次进行的，主体层次不同，其行政决策的权力和范围也就不同。

1.国家决策

国家决策是指由中央政府做出的决策，凡制定全国性的行政管理方针、政策和行政管理法规，处理全国性的以及对于国家具有战略意义和其他只适宜由中央统一处理的行政管理问题，都只能由中央政府做决策。例如，振兴东北老工业基地的决策、大部制改革的决策、构建和谐社会的决策都属于国家决策。

2.地方决策

地方决策是指省（自治区、直辖市）、市、县、乡（镇）政府对其管辖范围内的地方性公共事务做出的决策。例如，辽宁省政府做出的大规模造林绿化工程建设的决策、大连市政府做出的建设地铁项目的决策都属于地方决策。

（二）按行政决策主体的人数分

1.集体决策

集体决策是指由若干人组成的领导集团，按照民主集中制原则进行的决策。集体决策的优点是充分发挥每一个领导成员的积极性，集思广益，使决策奠定在民主的基础上。其缺点在于如果处理不好，会导致议而不决，贻误时机。

2.个人决策

个人决策是指由领导者个人拍板定案做出的决策。个人决策的优点是行动统一、迅速，减少了互相扯皮等现象的发生。其缺点是个人说了算，容易造成个人专断；同时，智者千虑，必有一失，容易导致决策的失误。

（三）按行政决策制定的条件分

1.确定型决策

确定型决策是指信息完备，只存在一个确定的目标，面对一种环境和条件，对各种不同行动方案的结果均可确定，根据目标要求从中选出满意方案，便可获得准确无误的决策结果。

2.风险型决策

风险型决策又称随机型决策，是指在明确决策目标的基础上，决策者对决策的条件和因素可以通过估计、计算，预见其出现的概率，但不排除随机因素，决策者对决策有一定的把握，但也要冒一定风险的决策。因此，决策者在进行风险型决策时，一定要充分估计到各种方案可能产生的后果，准备好必要的备选方案，留有余地。

3.不确定型决策

不确定型决策是指没有或者只有零散的统计资料，对未来将要发生的情况，无概率可循，无经验可依，并无法预测其结果的决策。不确定型决策对于决策者来说是难度最大的一种决策。决策者在进行不确定型决策时可遵循"最大最小准则"，即在一组自然状态中，决策者选择概率值最小，而期望值最大的方案，从"最小"之中求"最大"，也可以遵循"最大最大准则"，即在一组自然状态中，决策者选择概率值最大，而期望值也最大的方案，从"最大"之中求"最大"。

（四）按行政决策问题的解决分

1.程序化决策

程序化决策是指对重复出现的、有一定规律可循的问题的决策。这是因为，同样的问题重复出现多次，我们就可以制定一套可例行的程序作为解决的办法。每当出现类似的问题时，我们就按照这套例行的程序来解决它。

2.非程序化决策

非程序化决策是指对偶然发生或首次出现的、没有现成规范和原则可循的问题的决策。非程序化决策一般更为复杂，我们既没有现成的规范和原则可以遵循，也没有既定的方法和程序可以参考，因此具有应变性或不定型的特点。显然，一个行政决策者能够及时有效地进行非程序化决策，比进行程序化决策更为重要。这是因为各种偶然性事件对社会的影响和日常事务的干扰都较为严重。

（五）按行政决策的影响程度分

1. 战略决策

战略决策是指带全局性、方向性的重大问题的决策，影响深远，涉及范围广泛。如国务院制定的"十二五"规划、关于社会主义新农村建设的决策等。

2. 战役决策

战役决策是指为解决局部性或阶段性问题所做出的决策，受战略决策所制约并为之服务。如国务院各部门或地方各级人民政府所做出的具体决策。

3. 战术决策

战术决策是指为执行战略决策和战役决策，针对一些需要解决的技术性问题所进行的决策。

这三种决策是统一的，各级行政领导，必须集中精力抓好战略决策和战役决策，而战术决策可指导下属人员或各职能部门进行。

四、行政决策在行政管理中的地位和作用

1. 行政决策是行政管理各项职能的基础

现代管理学一般把管理学的职能概括为四项：计划职能、组织职能、协调职能、控制职能，而决策则贯穿于这些职能的始终。正如西蒙所言，管理就是决策。因此，行政决策贯穿于行政管理的全过程，是一切行政管理活动的起点，行政管理的过程就是决策—执行—再决策—再执行的循环往复过程。正是从这个意义上讲，没有行政决策，一切行政管理活动都无法进行。

2. 优化行政管理目标、节约行政管理成本、提高行政管理效益

行政管理作为人的有组织的一种理性行为，需要有明确的目标。确立行政目标是行政决策的一项重要任务。在行政决策过程中，决策者往往提出多个目标，然后通过分析论证，直到找出较优目标；同样，行政决策的主要内容之一就是通过收集大量的信息，在此基础上提出各种各供选择的方案，并通过分析论证最后选择出一个令人满意的方案。一般来说，这个令人满意的方案就是一个成本较小、收益较大的方案。因此，行政决策的过程实际就是一个优化决策目标和决策方案的过程，就是一个寻找成本较小、收益较大的行政管理途径的过程。

3. 行政决策正确与否，关系到行政管理的成败，关系到国家、社会以及各项事业的兴衰

马克思主义认为，一定条件下上层建筑对经济基础具有能动的反作用。行政决策作为国家行政机关为履行行政职能，依法处理行政事务而进行的决策过程，属于上层建筑的一部分，也就是说，行政决策正确与否对于国家的经济基础起着直接促进或延缓的作用。例如，1978年中国共产党第十一届三中全会做出了把党和国家的工作重心转移到经济建设上来的重大决策，从此使中国走上了经济健康发展、人民生活水平不断提高的道路上。根据这一重大决策，中国政府就如何加速经济发展做出了一系列具体的行政决策，正是这些

行政决策，使我国各项改革步入了健康的轨道。可见，行政决策处于行政管理的中心环节，对于行政管理来说也是如此，行政决策正确与否，关系到行政管理的成败，乃至一个国家各项事业的成败。

第二节　行政决策的程序、原则与方法

一、行政决策的程序

（一）发现问题，确定目标

发现问题、确定目标是行政决策的起点。任何决策都是为了解决一定问题而准备采取的行动和做出的决定。因此，能否准确地发现问题、抓住问题的实质，就显得十分重要了。要发现问题，就必须深入实际，调查了解行政管理工作各个方面的情况，并进行认真的分析研究，透过现象看本质，及时发现隐藏在各种情况后面的问题。问题发现以后，需要对问题进行界定，主要内容包括界定问题的性质，明确问题出现的时间、地点，掌握问题的范围和程度等。同时，还要全面地研究所要解决问题的需要和困难。

确定目标，是针对所要解决的问题而制定的总体设想和希望达到的具体结果。行政决策目标的确定，不仅决定着这个决策的方向，而且还为选择行动方案提供衡量的标准，为决策实现有效的控制提供依据。确定目标应符合下列基本要求：

1.针对性

决策目标的确定应有的放矢，针对所存在的问题，紧紧抓住问题的实质寻找出解决问题的突破口。没有针对性或针对性不强的目标是错误的目标，错误的目标只会导致决策的失误。

2.明确性

决策目标不能含混不清，也不能空洞无物。所确定的目标，既要有质的规定，又要有量的规定；既要规定目标的规模，又要规定实现目标的时限，同时，还要规定实现目标的约束条件。不明确的决策目标不仅会使执行者无所适从，而且很容易导致执行的偏差现象发生，影响决策目标的实现。

3.可行性

决策目标的可行性取决于是否具备了实现该目标所需的政治、经济、组织、信息和技术条件等。对于有些一时无法具备的条件，可以积极去创造，而对于那些无法控制的外部条件应预测其发展的大致方向。

4.规范性

决策的目标不仅要符合客观实际情况，符合人民的根本利益，遵循客观规律，而且要符合政策和法律的规定，从而使政策目标的确定合理、合法。

（二）分析条件，拟订方案

这是制定决策的基础。决策目标确定以后，就必须从多方面去寻找实现目标的有效途径。分析条件、拟订方案的过程，就是寻找实现目标途径的过程。分析条件、拟订方案的

基本要求如下：

1.所拟订的方案必须具体、明确

要求所拟订的方案不但要说明方案的客观环境条件及可能发生的变化，而且要说明为适应这些变化应采取的措施和办法。同时，还要说明：方案在不同环境条件下所取得的效果；实施方案所付出的代价；各种约束条件以及如何尽可能地克服实施过程中可能产生或必然产生的副作用；方案实施的具体时间、阶段和各种要求。一般来说，方案制订得越具体、明确，就越有利于方案的评估选优，有利于方案的实施。

2.所拟订的方案要尽可能详细，考虑到多种可能性

决策就是对方案的选择，选择性是任何决策的共同特点。方案的多样化要求为实现目标所拟订的方案，从量上说应尽可能多，从质上来说应具有各自的特点，差异性要大。一般应有积极方案、应变方案和临时方案。只有这样，才能为综合评价、优选方案留下较大的回旋余地，使决策者从众多的方案中选择、比较、优选出满意方案。

3.所拟订的方案必须勇于创新，不能因循守旧

在行政管理实践中，新问题、新情况是层出不穷的，用老办法、老方案未必能解决新问题。新问题通常需要用新方法、新方案去解决。这就要求决策方案的拟订要富有新意，要具有创造性。要使拟订方案具有创造性，就要最大限度地调动智囊人员以及一切参与拟订方案人员的积极性。通过召开调查会、现场会等多种形式，采取头脑风暴法、德尔菲法等现代技术，引导他们毫无顾忌地思考问题，大胆地发表自己的意见和建议，人人敞开思想，畅所欲言，互相启发，以此来产生连锁反应，创造出富有新意的决策方案。

（三）综合评估，选择最佳方案

这是制订行政方案的关键。这一阶段，首先要对各种可行性方案的经济效益、社会效益和方案实施时将会遇到的困难、阻力等限定因素及敏感度进行分析对比，全面评估，总体权衡。然后在此基础上按照全局性、长远性、效益性、适应性等选择标准进行选择，拍板定案，从中选出或综合出一个最佳方案，形成决策。

做好方案的评估选择，一般用经验判断法、数学分析法、实验法、模拟法等。经验判断法是在科学总结的基础上，对各种方案的优劣做出分析判断的方法。它适合于某些程序化决策方案的评估和选择。数学分析法是研究和解决决策中的数量关系的一种科学方法。它适合于可以定量化的决策方案的选择。随着科学技术的进步，数学分析的具体方法越来越多，其中较容易掌握的是决策树技术。它把各决策方案及与方案有关的概率、收益值等画成树状图，分别计算其期望收益值，并由此做出选择。实验法就是把一个或几个决策方案放到个别或少量选择好的实际环境中实施，最后综合各方案的优点形成决策。对那些影响时间长、范围广的重大行政决策，常用这种实验法。模拟法则是通过把所要决策的问题构成模型，进行试验、观察、测定和分析各方面的效果，最后根据实验结果确定方案。这一方法多用于战术性的决策方案的研究，有时也用于宏观决策方案的研究。

（四）追踪反馈，完善方案

方案确定后，并不是决策完成了。由于现代行政决策的复杂性和决策者认识能力的局限性，已确定的决策方案不符合或不完全符合客观实际的情况时有发生。这就要求决策者

在决策方案进入实施阶段后，必须建立正式的决策追踪和监测制度，对决策的实施情况进行经常性的考察、监督、测定、评估和核实。同时，建立畅通的信息反馈渠道，使决策者及时了解方案实施的情况，以便及早采取修正措施。一般来说，如反馈信息表明方案基本可行，但在某些方面存在缺陷，或由于环境变化使之在某些方面要做出相应调整，这时对原方案加以适当修正、补充、完善即可，不必重新决策。而当反馈信息表明主客观条件已发生重大变化，或原有决策有重大失误，危及目标的实现时，则必须改变原有决策，重新进行决策，这就是追踪决策。

进行追踪决策时，必须对原有的决策进行认真的回溯分析，从原决策起点开始，按顺序找出失误原因，从中总结经验教训。同时，以变化了的主客观条件为起点，在新的条件下按照科学决策程序重新进行决策，以保证决策的双重优化。这里必须注意，由于追踪决策是对原决策的改变，势必会引起有关人员的强烈反应，因此在追踪决策时，必须采取各种有效措施，有针对性地做好有关人员的思想工作，以消除各种消极因素的干扰。

二、行政决策的原则

1.预测原则

预测是决策基础。决策是对未来行动所做的一种设想，是在事情没有发生之前的一种预先分析和抉择。因此，对未来的状况、发展趋势进行预测就显得尤为重要。预测是指运用科学的方法对决策对象的未来状况和发展趋势进行估计、推测。常言道：凡事预则立，不预则废。科学的预测是以辩证唯物主义为基础，以客观事实为依据，是客观事物发展规律的准确反映，所以它是科学决策的可靠基础。事实表明，对未来预测的科学程度，不仅决定着行政决策的正确程度，而且还决定着行政决策的实现程度。

2.可行性原则

可行性原则是保证决策得以实施的重要条件。决策的目的是实施，要实施就需要具备实施的现实条件。实施的现实条件包括一定的人力、物力、财力、时间、社会心理承受能力和法律后果等主客观方面的条件。这就要求行政决策者在决策的过程中，要对实施决策的现实条件进行可行性分析和可行性论证，既要考虑需要，又要考虑可能，做到积极稳妥、量力而行。超出现实条件而进行的决策，其结果是欲速则不达。

3.择优原则

择优原则是决策的关键。有比较才有鉴别，决策就是要从两个以上的不同方案中，经过分析对比，按照利中取大、弊中取小、兴利除弊、化弊为利的原则，优选出一个满意方案。如何解决问题若只有一个方案，就没有比较，没有选择，无从优化，也就无所谓决策。

4.合法性原则

合法性原则是决策的法律保证。行政决策是国家意志和利益的体现。这就决定了任何行政机关在进行行政决策时，必须在宪法和法律规定的范围内进行。这不仅要求行政决策者的决策不能超过自己的权限范围，而且还要求行政决策者决策的目标、方案、措施等，必须以国家宪法和法律规定为依据，以党的路线、方针、政策为指导。任何与国家宪法和法律规定以及党的路线、方针、政策相抵触的决策都是错误的，都必须抵制和制止。

5.信息原则

信息是决策的前提。无论是决策目标的确定、备选方案的拟订和优选，还是决策方案的实施及反馈，都离不开信息。在一般情况下，决策的科学性与信息的准确性、全面性成正比关系。为行政决策所提供的信息越准确、越全面、越及时，行政决策过程中思维的广度和深度也就越大，行政决策科学化的程度也就越高。

6.系统原则

系统原则是决策科学化的保证。马克思认为，客观物质世界的各种实体都相互联系着，人们的思维也必然表现为相应的相互联系性。在行政决策的过程中，行政决策所要解决的问题都不是孤立、片面的，而是与其他的社会问题紧密联系在一起的。因此，这就要求行政决策者必须把行政决策所要解决的问题看成一个诸因素相互联系、相互作用的统一的有机整体，从整体和局部、内部条件与外部环境、当前利益和长远利益、主要目标和次要目标等方面，来对问题进行全面的、系统的综合分析，以求出解决问题的最优方案。行政决策的层次越高，所涉及的面越广泛，诸因素的相互影响就越强烈，就越坚持系统原则。

三、行政决策的方法

行政决策的方法有很多种，归纳起来可分为两类：一类是定性决策方法；一类是定量决策方法。

（一）定性决策方法

定性决策方法主要是靠决策者应用社会科学的原理，根据个人经验和判断能力，从对决策对象本质属性的研究入手，通过定性研究，了解方案的性质、可行性和合理性，然后进行决策方案的选择。定性决策方法的核心是专家技术或智囊技术，主要是通过专家咨询、论证、组织，使专家在不受外来干扰的情况下，对决策的问题、目标、方案等各个环节充分自由地发表意见和看法，然后，有关部门将各种意见归纳集中、分析整理，供决策者决策时参考。

1.头脑风暴法

头脑风暴法是一种专家会议法，是用来产生有助于查明问题和使之概念化的思想、目标与策略方法，主要是依靠相关领域专家的知识、经验和分析判断以及通过向他们提供相关的行情材料，请他们对未来的变化态势做出判断、估计，集思广益，产生真知灼见，从而查明问题等。头脑风暴法的范围涉及从非正式的、快速的、为特定问题工作的职员会议到更正式的职员、专家和咨询者的会议。头脑风暴法的基本假设是：精通某一领域或行业的专家们，有可能综合运用他们的全部知识和经验，对未来有关事件做出合理的判断和分析；多位专家、其他专业人员共同商讨，分析的结果要比个别人分析得好。

2.德尔菲法

德尔菲法是一种直觉预测技术，以古希腊神话中的神谕之地、可预卜未来的阿波罗神庙的庙址"德尔菲"命名。德尔菲法也称函询法，是以函询调查形式，围绕着行政决策所要解决的问题，向有关领域的专家分别提出问题，使专家在彼此不见面的情况下发表意见，而后将他们的答复意见加以整理、综合，再转发给专家征求意见。经过多次的循环反复，最后汇总出一个比较一致的、可靠的结论。德尔菲法能有效地避免头脑风暴法中出现的专家容易屈服于权威和随大流，甚至产生敌对情绪等弊端，有助于专家独立思考、各抒己见。

（二）定量决策方法

定量决策方法主要是指根据调查研究、资料收集以及预测所获得的信息情报，运用运筹学、统计学、数学、概率论、决策论、计量经济学、系统工程学等，建立决策分析的数学模型，并借助电子计算机来求得决策方案及各种预期目的等技术的总称。

1.线性规划法

线性规划作为运筹学的一个重要分支，自20世纪40年代开始，就已经得到广泛的应用，特别是但泽提出的"单纯形法"，使求解线性规划问题有了标准的模式，线性规划的理论日益成熟，并广泛应用于经济领域及其他领域，特别是在解决资源的合理分配与合理利用方面发挥了重要的作用，为辅助决策做出了重要贡献。

在行政决策过程中，决策者所掌握的资源往往是有限的，如何合理分配与利用所掌握的有限资源，以投入的最小化获得效益的最大化，是每一位决策者都非常关心的问题。线性规划主要研究如何在既定的、有限的资源条件下，取得最佳的效益，因此我们说，它是解决获得最大效益的一种有效方法。具体来说，它可以解决两方面的决策问题：一方面是当决策目标已经确定时，如何统筹安排、合理配置，以便用最少的资源来实现既定的决策目标。它涉及决策系统的投入问题，即要通过线性规划求极小值点。另一方面是当资源数量已经确定时，如何合理调配与使用这些资源，以便更好地完成决策目标，获得效益的最大化。它涉及决策系统的产出问题也就是通过线性规划求极大值点。总的来说，求解线性规划问题的关键是要建立适宜的数学模型。

2.回归分析法

回归分析是用于处理由一个或一组变量来估计和预测与其有相关关系的随机变量的问题。在回归分析时，在众多变量中首先要确定一个变量为因变量，其余变量作为自变量。在预测时，预测值就是因变量。回归分析如果只涉及两个变量，称为一元回归分析；如果涉及的变量多于两个，称为多元回归分析。在进行回归分析时首先要建立回归方程。回归方程可分为线性方程、非线性方程或两者混合式方程。在回归方程中因变量与自变量为一次幂关系，称为线性回归，其他关系称为非线性回归。在实际预测中，线性回归最为重要，这不仅是因为很多相关关系为线性关系，同时非线性关系也可通过一定形式的数字变换转变为线性关系。回归分析预测技术的一般程序：确立目标，确定影响因素，收集整理数据，列表计算，求回归系数，建立预测数学模型，对目标进行预测。

第三节　行政决策体制

一、行政决策体制的含义

行政决策体制是指行政决策的机构和人员等要素所组成的组织体系及其制度。它不是固定不变的，而是随着社会政治、经济、科学技术等诸多外界环境的发展变化而变化的。

建立合理的、可行的行政决策体制是行政决策科学化、民主化的一项十分重要内容。

二、行政决策体制的构成

现代行政决策体制是一个有机系统，主要是由行政决策中枢系统、行政决策咨询系统和行政决策信息系统共同组成的一个个相互关联而职责各异的有机整体。

1.行政决策中枢系统

行政决策中枢系统是行政决策系统的核心，由拥有行政决策权的领导机构及其人员组成。只有它才有权就一定范围内的行政管理问题做出决策。一个行政机关只能有一个行政决策中枢系统，切忌多中心、政出多门。

行政决策中枢系统的主要任务是领导、协调、控制这个决策过程，确认行政决策问题和行政决策目标，并对行政决策方案进行评估选优，最终拍板定案。显然，行政决策中枢系统在行政决策体制中居于核心地位，它本身的决策水平和工作质量，直接关系着行政决策的质量并进而影响整个行政管理的成败。因此，作为我国行政决策中枢系统的领导者，必须：具有较高的马克思主义理论涵养，坚持四项基本原则，坚持改革开放，全心全意为人民服务；精通业务，具有广博的知识、丰富的经验、严密的综合思维能力和创新的精神；掌握现代行政决策的科学规律和方法、技术，具有高瞻远瞩的战略眼光和准确的决断能力；善于组织和发挥参与行政决策的广大专家和其他专业人员的作用。

2.行政决策咨询系统

行政决策咨询系统是辅助行政决策中枢系统行政决策的机构，具有辅助性、独立性、科学性的特点，是现代行政决策体制不可缺少的重要组成部分。行政决策咨询系统的主要任务是辅助行政决策中枢系统发现问题，确定目标，拟订并论证各种行政决策方案，为行政决策领导者评估选优、确定方案提供科学依据；辅助行政决策领导者发现、纠正行政决策中的偏差，提供修正意见和追踪行政决策方案等。

由于现代行政决策任务的复杂性、艰巨性和行政决策咨询系统自身具有的特性，行政决策咨询系统在现代行政决策体制中显示了越来越重要的作用。各级行政决策领导者，必须高度重视行政决策咨询系统及其人员的作用，支持他们进行独立的科学研究，为他们的工作提供良好的环境和条件。当然，行政决策咨询系统的作用始终只具有"谋"的性质，只能辅助行政决策中枢系统决策，而不能代替行政决策中枢系统决策，"断"的功能仍为行政决策中枢系统的领导者所具有。

3.行政决策信息系统

行政决策信息系统是从事行政信息处理的机构、人员及信息通道、信息工具所形成的有机整体。其主要任务是把来自各种信息源的行政信息集中起来，进行科学加工和处理，然后传输给行政决策中枢系统和咨询系统，为行政决策中枢系统和咨询系统的行政决策工作服务。

行政信息是行政决策的基础。为了保证行政决策的正确性，必须进一步建立、健全行政信息网络，注重行政信息人员的培训和素质的提高，保证行政信息通道的畅通。

综上所述，行政决策中枢系统、咨询系统和信息系统是相互联系、相互制约的，三者的统一构成现代行政决策体制。为了适应行政决策民主化、科学化的需要，我们必须进一步加强行政决策中枢系统、咨询系统、信息系统及其制度的建设，使之发挥最佳的行政决策效能。

第四节　行政决策理论

一、精英理论

"精英"一词最早出现在17世纪的法国，意指"精选出来的少数"或"优秀人物"。精英理论认为，社会的统治者是社会的少数，但他们在智力、性格、能力、财产等方面超过大多数被统治者，对社会的发展有重要影响和作用，是社会的精英。其中极少数的政治精英代表一定的利益集团，掌握着重大决策权，他们的政治态度、言行对政治发展方向和前景产生重要影响，决定着政治的性质。

简言之，决策是精英们的特权，在决策中必须要分析这些政治精英才能揭示政治的本质和规律。也就是说：（1）公共政策不反映公众的要求，只反映精英的兴趣和偏好；（2）公众是被动、麻木和信息闭塞的，公众们的情感操纵于精英们的手中；（3）精英集团对基本的"游戏规则"有着共识，社会稳定和秩序的存在是其基本诉求。

二、制度理论

制度是指一套框架和规则体系，通过规范、专业、整合而降低交易成本。制度理论的核心思想是：决策是政府的组织行为，即无论何种政策体系，政府权力机构都是公共政策的制定者和执行者，各种制度必然影响政策选择、政策内容和政策结果。政府制度是公共政策的母体，而政府就像一部机器，有固定的结构、约定俗成的工作习惯、规律性的运作方式以及程序性的工作过程等。

政府制度赋予公共政策三个明显的特征：一是公共政策的合法性。只有公共政策才表现为法律的规定，要求公众与团体予以忠诚与服从。二是公共政策的普遍性。公共政策的触角深入到社会的各个层面和社会中的每一个人，而其他一些社会组织的政策与公共政策相比，其目标群体是非常有限的。三是公共政策的强制性。政府以武力为后盾，独享社会的强制权。

三、博弈理论

博弈论又被称为对策论（Game Theory），既是现代数学的一个新分支，也是运筹学的一个重要学科。

博弈论主要研究公式化了的激励结构间的相互作用，是研究具有斗争或竞争性质现象的数学理论和方法。博弈论考虑游戏中的个体的预测行为和实际行为，并研究它们的优化策略。生物学家使用博弈论来理解和预测进化论的某些结果。博弈论已经成为经济学的标准分析工具之一。在生物学、经济学、国际关系、计算机科学、政治学、军事战略和其他很多学科都有广泛的应用。基本概念中包括局中人、行动、信息、策略、收益、均衡和结果等。其中局中人、策略和收益是最基本要素。局中人、行动和结果被统称为博弈规则。

在公共决策中，博弈理论是对两个及两个以上的决策方案之间的对比分析，深入研究，进而得到一个较为理性合理的结果。也就是说，博弈理论的核心是：决策是竞争环境中的理性选择。

关键术语

行政决策（administrative decision-making）　现代行政决策体制（modern administrative decision-making system）

基本训练

★简答题

1.什么叫行政决策？它有哪些主要特征？

2.行政决策在行政管理活动中的地位和作用分别是什么？

3.举例说明行政决策的一般程序。行政决策主要应遵循哪些原则？

4.详述行政决策体制的构成。

★案例分析题

云南发布政策：政府重大行政决策严重失误终身追责

政府决策一旦失误，或将危害社会公共利益甚至影响经济社会发展。如何减少政府部门的决策失误？日前，省政府印发《云南省重大行政决策终身责任追究办法（试行）》（以下简称《办法（试行）》），明年1月1日起，政府重大行政决策出现严重失误，不论是已调职、离职、辞职或退休，都将进行责任倒查，实行终身责任追究。

重大行政决策包括哪些？

●制定或调整国民经济和社会发展规划、土地利用总体规划、主体功能区规划、城镇体系规划等各类规划。

●制定或调整资源开发利用、环境保护、科技教育、城市建设、安全生产、劳动就业、收入分配、社会保障、卫生计生、公共服务等重大政策措施。

政府定价、政府指导价等公用事业价格、公益性服务价格以及专营商品、特许经营或者服务价格的制定或者调整。

●全局性公共资源配置、重大国有资产处置、社会公益事业建设、政府投资的重大社会公益建设项目批准和实施、非政府投资但需经政府审批并涉及公共利益的重大建设项目，重大财政资金支出。

●为保护公共安全和公共利益、维护社会稳定和社会治安秩序而采取的影响当地生产、生活秩序的长期限制性措施等。

哪些情形将被终身追责？

●除特殊情形外，在实施重大行政决策过程中未依法按照公众参与、专家论证、风险评估、合法性审查、集体讨论决定等程序规定决策，造成重大行政决策严重失误的。

●行政决策机关依法应当做出行政决策而未做出决策，或者应当及时做出决策但久拖不决，造成重大损失或者恶劣影响的。

●在履行重大行政决策程序中弄虚作假等。

哪一级别政府适用此规定？

《办法（试行）》适用于全省县级以上政府及其工作部门，乡镇政府（街道办事处）以及法律法规授权行使行政管理职能的组织参照执行。

各级相关人员责任如何定？

按照规定，各级政府及其工作部门对本行政区域内重大行政决策负责，政府及其有关部门主要领导承担主要责任，其他人员依据职责分工和履行职责情况承担直接责任或者其他相应的责任。

决策失误将面临哪些处理？

通报；诫勉；组织调整或者组织处理（包括停职检查、调整职务、责令辞职、免职、降职等）；政纪处分。责任追究对象涉嫌犯罪的，移送司法机关依法处理。值得注意的是，对于集体讨论决策的事项，对严重决策失误明确持不赞成态度或者保留意见的人员，应该免除或者减轻责任。

资料来源 宋金艳.云南发布政策：政府重大行政决策严重失误终身追责［N］.春城晚报，2017-11-27.

讨论：

1.重大决策终身责任制追究制度及责任倒查机制对于行政决策有什么意义？

2.结合本案例，谈谈我国行政决策过程中存在的主要问题，并提出可能的合理建议。

资料阅读7-1　　　　资料阅读7-2

第八章

行政权力与行政执行

本章提要

（1）行政权力；（2）行政执行；（3）行政执行权力。

导读

2017年辽宁取消调整315项省政府行政职权

在全国率先推动省、市、县三级同一政务服务事项的名称、类型、设定依据、编码及申请材料"五统一"；提前9个月完成国务院部署的"双随机、一公开"监管改革主要任务，实现随机抽查事项"全覆盖"……1月5日，记者从省编委办获悉，2017年，辽宁省着眼新形势新任务新要求，以优化营商环境为目标，按照统筹谋划、协同推进、集成改革、重点突破的总体思路，不断将"放管服"改革向纵深推进。

辽宁省把简政放权作为"先手棋"，按照能减则减、应放尽放的原则，对标先进地区，分5批共取消调整315项省政府行政职权。同时，辽宁省认真开展放权"回头看"，出台落实承接工作的配套政策，对2000年以来省政府下放市、县的839项行政职权进行全面评估，重点解决阻碍经济发展和"接不住、管不好"等问题，取消市、县政府行使行政职权71项，调整到省政府部门行使13项。

此外，辽宁省还在中国（辽宁）自贸试验区和沈抚新区探索推进集成改革，出台指导意见鼓励先行先试，省、市政府能够下放的"两区"管理机构经济社会管理权限全部下放，积极打造"放管服"改革先行区、营商环境示范区和体制机制创新试验区。

同时，辽宁省坚持"破""立"并举，加强事中事后监管，全面推进"双随机、一公开"监管改革。编制公布省、市、县三级政府部门随机抽查事项清单并动态调整，省级保留152项，市县两级分别保留189项、128项，形成了检查对象和检查人员"双向互盲"的抽查机制。

在市场监管、城市管理等领域，辽宁省也不断探索推行改革，全省14个市均已设立城市管理综合行政执法机构，并进一步完善了县级市场监管领域"三局合一"体制，构建覆盖生产、流通、消费全过程的大市场监管体系，形成了市场监管合力。

为建设人民满意型政府，辽宁省切实优化政务服务。扎实推进行政审批标准化建设，编制政务服务事项目录和办事指南，公布全省政务服务事项1 184项，通过定标准、审项目、清要件、减环节、优流程，实现省、市、县同一事项的"三级五统"和办事指南9项共性要素全省统一。2017年，鞍山市和20个县（市、区）新组建了行政审批局。目前，全省共有5个市、32个县（市、区）组建了行政审批局。

资料来源　赵英明. 2017年辽宁取消调整315项省政府行政职权［EB/OL］.（2018-01-08）［2018-08-07］. https://www.thepaper.cn/newsDetail_forward_1941541.

第一节　行政权力

行政权力是行政组织建立的基础，是行政管理的生命线，一切行政活动都是通过行政权力的运行实现的。行政权力是行政机关产生具有影响力的活动的能力，其来源于国家权力机关的授权。行政权力作为一种职权具有广泛的权力范围，几乎涉及社会生活的方方面面，因而对于行政权力的获得、分配等过程进行研究具有重要的意义。

一、行政权力概述

（一）行政权力的含义

在人类社会中，凡是有组织的地方就存在着权力现象。一般来说，权力就是行使者为实现一定的目标而对他人所具有的影响力和约束力。根据不同的标准可以将权力划分为不同的类型，就其性质而言，权力可以划分为政治权力、经济权力、社会权力等，显然，行政权力是政治权力的一种。

所谓政治权力，就是某一政治主体依靠一定的政治强制力，为达到某种政治目的而体现出来的对于政治客体的制约能力，政治主体拥有对于社会价值的支配手段。政治主体主要是指政府、政党和其他社会政治集团、社会政治人物等。社会价值是指具有某种社会效用的东西。它既包括像财富、人力资源、自然资源等经济方面的东西，也包括诸如地位、知识、机会、荣誉等非经济方面的东西，还包括政治权力本身。行政权力作为一种政治权力，是国家行政机关为有效执行国家意志，通过采取推行国家方针、政策等强制性手段对整个社会进行管理的一种能力。行政权力的含义主要包括以下五方面的内容：

1.行政权力的性质

在人类历史上，从传统农业时代到近代工业时代，再从工业时代到当今的信息时代，行政权力都是集中在少数人的手里的，其性质是一种由社会上的少数人推行的管理权力。行政权力由少数人来推行的这种现象，实际上是一种社会分工的结果。相对于执行者而言，权力所有者是一个少数人的集合。卢梭在社会契约论就指出，公民为了使自己能够更好地生活，将自己的一部分权利让渡出来形成权力，进而产生国家，国家是社会公民通过契约的形式赋予其一定强制力和影响力的组织，但是权力的最终归属仍属于人民。因此，相对于主权国家中的人民来说，政府永远是一个小小的组织，其实施权力的行政人员相较于一个国家的人口而言终究是少数人。在现代社会，国家愈来愈关注公民广泛参与国家管理，这是民主的一种体现，但是多数人的参与只能让少数管理者行使权力的方式有所改变，但改变不了少数人管理的本质。

2.行政权力的主体

众所周知，政府是最典型的行政机关，是狭义的行政组织，也是行政权力的主体最狭义的理解。政府是以国家权力为基础建立起来，是行政权力的当然主体。而在实践中，除国家行政机关外，立法和司法机关也可作为行政权力的主体，这是广义上的行政组织。从更广义的范围上理解，随着公共管理活动的日趋频繁，行政权力还普遍存在在各种公共管理主体之中。也就是说，政府、各种社会团体、政党组织、非营利性组织等都可以成为行政权力的主体。

我们认为，既然行政权力是政治权力的一种，那么行政权力的主体也应该是国家机关中的一种专司行政管理职能的行政机关。至于其他国家机关、非政府组织和社会团体，也具有负责组织管理工作的机构。这类机构所拥有的管理权力在某种程度上和行政权力有着相似之处，但不具备行政权力的全部功能和特征，只能作为某类事物看待，故称之为"准行政权力"或"行政性权力"。

3.行政权力的客体

国家权力具有政治性、普遍性、强制性等特征。行政权力的客体包括国家领土范围内的全体居民及其所组成的各种形式的组织和团体。但是，应该注意的是，行政权力的普遍性是相对的，是有限制的。行政权力是一种公共权力，那么它产生作用的领域是公共事务，一般是不涉足具体组织的内部事务和社会成员的私人事务。这也就是公共领域与私人领域的界限问题，但这种界限不是客体范围的限度，而是行政权力功能性质的限度。

4.行政权力的目标

古德诺的"政治与行政二分"学说认为，政治是国家意志的表达，行政是国家意志的执行。国家意志集中体现为国家利益。不同的国家因为政治制度的不同所代表的国家意志的性质也存在着差异。不管国家利益是代表全社会，还是代表某些强势集团，抑或某种社会阶级，从形式上都把它看作国家意志，都以公共利益的面目出现。公共利益既不简单等于某种社会集团或党派利益，也绝不是各种不同社会利益的简单相加，而是体现为在国家意志形成过程中各种政治势力意志的合力状态。在现代社会中，公共权力通过一定的宪政制度安排而体现为国家权力、公共利益的力量均衡结构。在实际的政治力量对比中，强势集团往往占据优势地位，所以从本质上讲，国家意志主要代表的是社会强势集团或阶级的利益。但是，行政权力的"公共性"是其在全社会获得合法性的基础，国家利益也不得不以公共利益的面貌出现。因此，执行国家意志并实现社会的公共利益，属于行政权力的内在要求。卓有成效是每一个国家行政机关所必须追求的。如果说实现以公共利益为核心的国家意志是行政权力的根本目标，那么效率问题就是一切行政权力的直接目标。

5.行政权力的作用方式

行政权力要有效地执行国家意志，其所推行的政策、法律、法令等都应当是行政权力客体所能够顺利接受并且是必须接受的，因此行政权力不仅需要合法性的基础，同时也离不开必要的强制手段。事实上行政管理的持续进行和有效的实施总是以暴力的威慑作用为后盾的。在行政法意义上，行政权力主体所拥有的权力在起作用过程中转化为具体的行政职权。行政职权的主要内容包括行政立法权、行政命令权、行政决定权、行政检察监督权、行政制裁权、行政强制执行权、行政裁判权等，这些内容无一不带有强制性色彩。

（二）行政权力的特征

行政权力作为国家权力的一种，既有一般国家权力的共同特征，又有着不同于其他国家权力的结构与内容。行政权力具有如下特征：

1.公共性

国家权力是一种公共权力，行政权力作为一种国家权力，显然也具有公共性的特征。行政权力行使的目的在于提供公共产品、维护公共利益。公共利益是社会中个人利益和各个组织、团体利益的一种整合。在现代社会当中，这种公共利益通过国家的法律、规章和政策等表现出来。因此，国家行政机关及其工作人员在行使行政权力时，必须是以为社会公众提供服务为指导，以实现社会公共利益为宗旨。如果以权谋私，那就偏离了行政权力行使的目的。

2.手段性

行政权力是执行国家意志的手段，其权力本身不是目的，而是实现目的的工具。从法理上讲，行政权力是一种派生性的权力，是经政治授权或经立法权力委任之后产生的，必须按照赋予它权力的公民或国家立法机关的意志要求执行权力。毫无疑问，行政权力本身也具有决策功能，会输出大量的行政决策，但这并不能等同于立法决策权或政治决策权。从整个国家权力的运行过程来看，行政权力是在立法权力的输出功能之后起作用的，行政决策属于国家意志输出过程中的决策。如果说输入过程是国家意志形成的过程，那么输出过程乃是通过一定的手段实现该目的的过程。行政权力所充当的正是手段，与其他政治权力相比，不得不说更加带有策略性和手段性。

3.自主性

首先，行政权力的自主性主要表现在其相对的独立性。相对于其他政治权力而言，行政权力的独立性表现在，行政权力在行使过程中，必须保持社会公平，不能偏向于某个强势集团。行政权力必须坚持非人格化的原则；否则，社会分利集团将会导致大量排他性政策的出现，从而违背公共利益。行政权力相对于社会权力的独立性表现在，行政权力的自主性来源是其公共性。行政权力所代表的是公共利益，是独立于个人或集体利益之外的，公共政策的制定与执行应该免受个别势力的直接干预。其次，行政权力的自主性还表现在行政权力行使过程中的自由裁量性质。司法机关具有司法案件的自由裁量权。行政自由裁量权是指行政权力主体在自己职权范围内具有决定是否采取行动和如何采取行动的权力，法律只是规定原则，行政权力主体可以在法律规定范围内以合法手段自由行使职权。应该注意的是，自由裁量权的使用要有一定的限度，如果超过了界限可能会损害公民权利和其他公共利益，因而行政自由裁量权是一种相对意义上的行政权力的自主性的体现。

4.一元性

行政权力的一元性表现在三个方面：其一，在一个国家内，拥有行政权力的组织系统只有一个；否则如果存在其他主体的干扰，行政权力的强度、轨道和效能都将受到影响。其二，在一个国家的行政系统内部，只能存在一个权力中心，各职能部门受统一和集中的领导，以防政出多门带来的行政权力客体的无所适从。首长负责制是一般行政管理机关的领导原则。其三，行政权力的一元性还表现在行政权力主体与客体之间的不可逆性，也就是说行政权力的单向性。行政权力只会从较高势能点出发自上而下进行线性运动，原因在于行政权力要执行的是已经集中了的国家意志。

5.膨胀性

膨胀性即自我膨胀性，主要表现为两种情况：一种是行政权力的自然增长，由行政权力的结构功能正向发展所决定，属于正常状态；另一种是行政权力的恶性膨胀，就如帕金森定律和彼得金字塔原理所揭示的那样，属于异常状态。行政权力的自我膨胀源于行政权力的自身结构、行政权力的性质以及行政权力客体的状况。第一，行政权力的结构是一种自上而下的放射性结构，权力每下放一个层级，其放射范围就要有一定的扩大；第二，行政权力的行使者自身存在着扩大权力的本能冲动，这就使行政权力具有一种无限延伸的能力；第三，行政权力的对象会随着社会的不断发展而日趋广泛和复杂，行政权力也就会随之扩大。以上三种因素的相互作用，就使行政权力的膨胀不可避免，对行政权力的制约和以精简为主要内容的行政体制改革也成为行政管理研究的永恒主题之一。

（三）行政权力的结构

行政权力的结构建立在行政管理活动中权力分工的基础之上，指的是行政权力整体性的关系状态和有序性的活动过程，既包括行政管理中权力安排的静态结构，也包括行政管理中权力运行的动态结构。

1.行政权力的静态结构

行政权力的静态结构是指行政权力与其行使主体结合之后所形成的一种网络架构，表现为行政权力关系及其制度安排，是行政管理活动开展的基本框架。行政权力的静态结构与行政组织的结构相类似，也包括纵向结构和横向结构。行政权力的纵向结构，也称层级制，是行政权力在垂直方向上的划分，表明行政权力主体地位在垂直方向上的差异。行政权力的横向结构，是行政权力在执行国家意志时的横向上的专业化的分工，横向结构属于组织职能权力关系和参谋权力关系的结构，横向上的差异来自功能、资源、技术、信息等方面的差异。

2.行政权力的动态结构

行政权力的行使是通过有序性的行政管理活动体现出来的，因而行政权力活动过程是行政权力的动态性的结构。动态结构包括权力作用的方向、方式、轨道、层次、时间和结果等要素。行政权力的实际内容在行政权力的静态结构提供框架支持的基础上，通过其动态结构得以展现。行政权力是一种矢量，其作用方向和轨道具有明显的指向。行政权力的作用方向呈现出自上而下的方向，轨道成伞状放射。行政权力的运行也呈明显的层次性，其中间过程存在许多中介，国家行政体系从中央到地方再到基层按照严密的层次进行划分即是如此。时间在行政权力的动态结构中也是一个必不可少的因素，是行政权力的静态与动态结构之间的最大区别。行政权力的运行必须在有效时间内起到应有的作用，否则将失去其活动的意义，因此提高效率问题就成为行政权力管理的基本原则和直接目的。行政权力的动态结构中还应该包括权力作用的结果，这是反映行政权力结构效应的因素。行政权力作用的结果主要体现为行政权力客体服从主体的状况，亦即社会成员及其所赖以存在的组织对于政府的服从情况。

二、行政权力的分配

（一）行政权力的分配方式与途径

1.行政权力的分配方式

行政权力的分配方式包括两种方式，即结构性分配和功能性分配。结构性分配是根据行政权力的层次性而对其所做的纵向垂直性分割。这样形成的权力是一种结构性权力。结构性权力使行使主体呈现出层级性的差别，权力的大小与层级的高低成正比。在结构性分配过程中，影响行政权力层级性最直接、最主要因素是权力幅度的大小。因此，处理好管理层次与管理幅度之间的关系，成为行政机构设置的基本问题。功能性分配是根据形成权力所承担的具体功能及客体的状况而进行的横向水平分割。这样形成的权力是一种功能性权力。功能性权力使行政权力主体呈现出职能上的差异。权力的大小与所承担职能的重要程度成正比，功能越重要，权力越大。行政权力在组织中进行功能性分配，就表现为行政组织中各部门之间的关系安排。

2.行政权力的分配途径

（1）行政授权。所谓行政授权，就是行政权力由较高层次的行政权力主体授予至下一级的行政权力主体，使下级在上级的监控下享有管理权限并承担相应的责任。行政授权是通过逐级下放的形式实现的。行政授权是行政权力结构性分配的主要途径，而且在行政权力的功能性分配中也是常见的基本途径，其用途广泛、形式多样。

（2）权力下放。权力下放与行政授权不同，行政权力一旦下放后，上级行政权力主体只做一般原则上的指导与检查，并不过多地干涉下级行政权力的具体实行情况，下级在不违反上级原则的基础上具有权力自主性。而行政授权只是为了更好地执行任务而采取的一种措施，本身并不影响上级原本拥有的行政权力。权力下放不像行政授权那样可以经常性、普遍性应用，它只存在于一定条件下行政权力的结构性分配中。

（3）权力外放。所谓权力外放，是针对权力下放而言的。权力下放主要解决行政权力主体内部相互之间的权力关系，而权力外放则是解决行政权力主体和社会权力主体之间的关系。通过国家行政体制改革，政府职能转变，将部分社会能够提供更好公共服务的权力重新外放到社会组织，实现行政权力在行政组织与社会组织之间更好的分配。

（4）地方自治。这是中央和地方之间行政权力分配的特殊形式。这种特殊的权力分配途径在不同国家有着不同的情况。在单一制国家中，地方自治权力往往是中央规定的，这种自治权力要与中央政府的权力相一致。在复合制国家中，尤其像美国、瑞士等联邦制国家，其地方行政机构的自治权力往往是地方所固有，待中央政府成立之后通过相互约定而保留下来的。在相互约定的情况下，地方自治主体所拥有的行政权力是中央政府所不能随意侵犯的。

3.行政权力的再分配

行政权力的分配不是一劳永逸、一成不变的事情。社会的不断发展变化会带来行政权力客体的变化，人们的思想意识也会不断地深化和提高，相应的行政权力也会随着社会的逐步发展面临一个再分配的问题。

行政权力的再分配包括两种情况：一是外源型行政权力再分配；二是内源型行政权力

再分配。外源型行政权力再分配是指社会经济制度发生变化或者是政治体制发生变革，抑或是两者同时发生变革，这样就会导致社会利益结构产生新的组合形式，原有行政权力受到来自行政体系外部的巨大压力，需要进行变革性调整。这是行政体制的全面变革。内源型行政权力再分配是指在特定的社会经济、政治制度下，由于行政体系内部的权力主体或者对象发生了局部变化，行政权力需要进行小幅度调整，如在计划、组织、人事和服务的产出等方面发生相应变化，主要的表现形式是机构的撤销、合并、改变甚至扩大的情况，是行政体制内部经常性发生的保持平衡的行为。

由此可见，行政权力的再分配并不总是引起行政体制的根本性变革。只有在外源型行政权力再分配的情况下才会带来行政体制的突破性变革，而内源型行政权力再分配的外在表现形式则是一种机构经常性的变革，是一种小幅度的个别调整。但是，两者都推动了行政权力的不断发展。

4.行政权力的人格化

行政权力的主体是国家行政机关及其工作人员，客体是整个社会的居民及其所缔结的各种组织，无论是主体还是客体，行政权力的运行都离不开人的因素。一方面要有行使权力、发号施令的人；另一方面要有接受领导、服从命令的人。因此，在行政权力分配过程中，权力与人的结合就成为关键的一环。从本质上讲，行政权力分配的对象是特定的行政职位，而不是具体的人，无论是结构性行政权力，还是功能性行政权力都包含着一系列的职位，但是这些职位都需要由具体的人来承担。国家机关工作人员通过公开的应征、考核、录用等程序获得相应的行政职位，最终被赋予了该具体职位所特有的权力及所应承担的相应职责。只有通过行政权力的人格化过程，使人在行政职位上发挥作用，行政机构才能真正地具有活力，整个行政权力主体也才能运转起来。

（二）行政权力的分配原则

行政权力的合理分配，是保证行政权力主体有效行使行政权力的基础和前提，因此行政权力的分配应遵循以下几个原则：

1.程序合法

合法性是行政权力的重要特征，也是其运行的根本保证。行政权力的分配必须按照法律规定的程序进行，只有在程序上合法，才能保证行政权力具有法律依据，才能保证行政权力的权威性，才能使行政权力客体认可和接受。行政权力合理合法性要求：（1）上级行政权力主体在分配行政权力时要依据明确的法律规范，本着合理的行政目标来进行分配，不能随心所欲。（2）行政权力分配应兼顾层次性与功能性两个因素，适当进行权力分配，过大过小都不宜。（3）行政权力人格化过程中，不能因人设职，而要根据事实和职位的需要选取人员，从而保证行政权力的稳定性。

2.职权分明

在行政权力分配的过程中应该对每一层级、每一部门的权力进行明确无误的规定。权力分配的对象既不能有职无权也不能权大于职，职位与权力要保持切实的统一，否则就会引起行政组织内部的矛盾，甚至发生权力争夺的现象，影响行政管理活动的正常进行。

3.权责一致

权力与责任、义务是分不开的。比职权更本质的东西是职责，也就是与职权相对应的责任和义务。

行政权力来自公民和国家政治机关的授权，也来自上级行政机关的授权。行政权力主体要对授权的主体负责，行政权力所要负起的责任既包括政治层面的责任，也包括管理层面的责任。行政法规和行政制度负有相应的责任。有权无责或有责无权都是权责分离的现象，应该在行政权力分配过程中予以防范。同时，权力大小也必须同责任大小相一致，权大于责会出现权力滥用，责大于权则会使工作无法开展，所以还应该把握权力与责任相匹配的问题。权责一致是实现法治行政、建立法治国家的重要步骤。

4.权利明确

行政权力主体在完成职责的过程就是承担义务的过程，但是没有无权利的义务，也没有无义务的权利，行政权力主体在恪尽职守后也应得到相应的利益和享受相应的权力。满足了这些要求，行政权力主体就获得了现实的动力。值得注意的是，在行政权力分配过程中，和权力与利益直接相关的应该是行政责任，而不能简单根据权力的大小来进行分配，否则行政权力分配过程本身会成为官本位滋生的土壤。

5.内容全面

行政权力的内容包括我们如前所述的职位、权力、责任和利益等方面内容，另外，行政权力主体在获得行政权力后就意味着在人权、财权、物权等方面也应该备齐，缺一不可。行政权力主体既要有权指挥一定数量的下级人员，也要有权调配和使用一定数量的物资及一定数额的资金等。唯有在行政权力分配时保证内容的全面，行政权力才能成为完整统一的体系而发挥作用。

三、行政授权

行政授权是行政权力分配的主要形式，既存在于行政权力的纵向分配当中，也存在于行政权力的横向分配当中。因此，行政授权是经常发生的，而且使用范围也非常之广，对它进行研究非常必要。

（一）行政授权的含义与特点

1.行政授权的含义

授权从一般意义上讲，是把权力委托给相应的人或相应的机构代为执行，任何一个组织当其达到一定的规模或实行职能分工之后，就必然要发生授权行为。行政授权乃是授权的一种形式，指行政组织内部上级机关把某些权力授予下级行政机关或职能机构，以便下级能够在上级的监督下自主地行动和处理行政事务。行政授权源于两个主要的因素：一是处理复杂公共事务的需要；二是由完成行政任务所引起的建立行政组织的需要。

从形式上看，行政授权总是以行政任务为基础的。它通过工作任务指派的方式表现出来。行政授权包括三个要素：指派行政任务、授予行政权力、承担工作责任，即上级在指派给下级具体行政任务时必须授予其相应的行政权力，以保证行政任务的执行；同时，下级在获得了行政权力后也要承担与行政权力相当的责任以防行政权力被滥用。

2.行政授权的特点

（1）行政授权在本质上是行政组织内部权力分配的特定方式。它通过上下级行政权力主体间在不同层次上的授权与被授权，进而形成一种新的动态的权力配置体系，从而不断使公共事务和行政工作经常性地发展变化。

（2）行政授权实际上是行政领导活动过程的一部分。任何授权活动都必须在特定的上下级之间进行，一般都是上级对其下属的一种管理行为，其核心是上级领导给下属分派任务。从一定意义上说，行政授权也可以看作领导方法或领导艺术问题。

（3）行政授权是一种权责高度统一的管理行为。在行政授权中，上级指派任务是将一定的职权和责任同时交给下级，下级在行使权力的同时也担负应有的责任。这样就产生一个权责体系。

（二）行政授权的方式

行政授权方式非常复杂，按照不同的标准、角度，可划分为不同方式：

1.根据行政授权内容的重要性程度、上级行政权力主体的管理水平和下级行政权力主体的管理能力等综合情况划分

（1）充分授权，也叫一般授权，是指上级行政权力主体在下达任务时，允许下级行政权力主体自己决定行动方案，并能进行创造性工作。在这种方式下，上级行政权力主体向下级行政权力主体发布一般工作指示，并非下达特定的行政事务，大多数行政授权都属于这一类。充分授权又可以分为三种情况：一是柔性授权，即上级行政权力主体对下级行政权力主体工作不做具体的安排，只规定一个大纲或轮廓，下级行政权力主体可以因地制宜、因时制宜、随机应变地处理工作，有比较大的自由。这种情况常常要求下级行政权力主体要精明能干。二是模糊授权，即上级行政权力主体只指示要达到的目标和任务，但不讲明工作的事项和范围，下级行政权力主体需要自己去选择实现目标的具体途径。这种情况一般适用于任务艰巨、需要调动下级行政权力主体积极性的情况。三是惰性授权，即上级行政权力主体把自己不愿意处理的纷繁复杂的事务交给下级行政权力主体处理，其中也可能包括上级行政权力主体本身也弄不清楚该如何处理的事务。这种情况需要上级行政权力主体对下级行政权力主体有充分的了解，并且下级行政权力主体有较强的独立工作能力。

（2）不充分授权，也叫特定授权或称刚性授权，是指上级行政权力主体对于下级行政权力主体的工作内容、范围、所要达到的目标和完成的具体途径都有详细规定，下级行政权力主体必须严格执行这些规定。这种授权方式用于事关重大、涉及一些重要内容的事务和问题。原因在于，上级行政权力主体需要对重大的问题负主要责任，下级行政权力主体被授予的权力是有限的。在刚性授权过程中，被授权者的职务、责任和权力等均有明确的规定。

（3）制约授权，也叫复合授权，是把某项任务的职权分解授予两个或多个子系统，使子系统之间产生互相制约的作用，以免出现疏漏。制约授权的适用范围：工作难度大、技术性较强而且容易出现疏漏，因而不宜进行充分授权；上级行政权力主体管理幅度大、任务重、无足够的精力实施不充分授权；或者上级行政权力主体专业知识有限，无法实施不充分授权。在制约授权的情况下，授权者往往需要助理的协商和帮助。

（4）弹性授权，也叫动态授权，是指在完成同一项任务的不同各阶段采用不同的授权方式。这种授权适用的情况是任务复杂，上级行政权力主体对下级行政权力主体的能力和水平无充分把握，环境和条件处于多变状态。

在这四种授权方式当中，前两类授权属于基本的授权方式，后两类则是前两种方式的复杂综合，其适用的场合比较少，而且运用起来难度较大，授权者必须谨慎使用。

2.根据利用授权媒介不同划分

（1）书面授权，是指上级行政权力主体以文字形式对下级行政权力主体工作的职责范围、目标、任务、组织情况、等级规范、处理规程等都有明确规定的授权方式。不管所使用的介质如何，这里所谓文字包括工作说明书、组织手册、职级规范、办法条例、事务规章、工作分配、上级行政权力主体对下级行政权力主体的工作训令与指令等。

（2）口头授权，是指上级行政权力主体对下级行政权力主体用口头语言的方式所做的工作交代或者上下级行政权力主体之间根据会议所产生的工作分配。随着多媒体介质的不断增多，直接面对面的口头授权方式越来越少，取而代之的是以网络为载体的电话会议、网络视频会议等。需要注意的是，对于责任重大的事情，不宜采用此种方式；否则，可能导致权责不清、互相推诿、玩忽职守等后果。

3.根据授权的合法、规范和程序化程度划分

（1）正式授权，是指行政权力主体依据法律规定并按照一定的程序所进行的授权活动，也就是下级行政权力主体根据其合法地位获得相应职权的过程。这是通常情况下普遍采用的授权方式，其规范性和程序性比较高，但相对古板。

（2）非正式授权，是指无法律特别规定或组织体系之外的非程序性授权。一般在如下情况下采用，即在工作过程中，下级行政权力主体厌恶正式程序或不愿遵守规定的程序，甚至抵制正式的授权。非正式授权主要适用于非正式组织大量存在的行政权力体系当中，虽然规范性和程序性较低，但相对灵活。非正式授权虽不属普遍现象，但却是行政授权中所不可或缺的形式之一。

（三）行政授权的条件与程序

1.行政授权的条件

行政授权意义重大，事关管理成败，但是这并不意味着在任何情况下都可以进行行政授权，在条件具备的情况下才可以授权。

（1）行政授权需要有良好的组织和人事基础。①行政管理目标建立、任务明确、方向正确。②衡量组织工作的预期成果标准已经普遍制定，并且这些标准是公平合理、切实可行的。③行政组织机构建立，组织结构系统完善、要素完备、功能健全。④授权也需要相应的行政组织文化的支持，良好的行政组织文化和工作环境，可以使下属心情舒畅、忠于职守。

（2）行政授权必须把握时机。当行政领导工作负担过重，而且下属在工作中随时都要请示领导，让领导决定时，就必须进行授权；当行政组织的指挥系统中有人因工作或其他任务暂时离开，或者遇到高层的缺位时，组织又感到没有适当人员接替时，需要进行适当授权；当行政机关力求开拓新局面或重视解决新问题，需要领导者必须集中精力于开拓创新和实现重大的组织工作目标时，需要进行适当授权；当有关工作人员并不在一起工作，由于空间上的差别，造成想法、意见和解决问题的方式不一致时，需要进行适当的授权。

（3）行政授权必须考虑工作需要。行政授权是有限度的，这是行政授权的限制条件。行政授权不能将属于上级职责范围内的事务作为具体内容授予下级，还要视上级主管手中职权直接的控制幅度而定。一般而言，不应该授权的内容主要包括授权本身的安排和处理、成果和绩效的评估、纪律处分和态度劝告、制定政策和总计划、机密任务和自己所接受的特派任务、危机问题的解决方案、复杂敏感的特殊任务。著名管理学家泰勒所提出的"例外原则"可以看作界定授权工作界限的原则。这样，就能够保证上级有时间和精力考虑并解决重大问题。

2.行政授权的程序

明确了行政授权的条件之后，随之而来的就是行政授权的程序问题，具体如下：

（1）确定授权的工作内容。根据行政管理的目标和任务，行政领导需要先确定自己工作的内容和范围，而后对这些工作进行分析比较，确定哪些事务自己做，哪些事务交给下属完成。

（2）选择授权的对象。确定授权内容后，上级要根据工作的性质、工作量大小、工作重要性与复杂性等，选定授权对象。

（3）规定授权工作应达到的目标、成果以及完成工作的权限和应负的责任等。授权工作的数量、质量、时限、权力范围和奖惩规定等，都必须做到明白无误，因此在授权过程中采用目标管理的方法不失为行之有效的方法。

（4）正式授予权力。正式授予权力是授权者与被授权者之间的契约或承诺的达成。授权者可以采取开会任命方式，也可以采取下发文件、任命书或聘任书等方式进行授权。被授权者可以口头表示接受，也可以通过立军令状或签订合同等形式加以接受。

（5）检查评估授权成效。行政授权需要规定检查授权成效的方法，为避免对过程的不断干预，一般采用绩效控制的方法。譬如，规定下属定期填报表格、提出书面报告，规定主要责任人定期做述职报告，保证上下级之间沟通渠道畅通。

四、行政权力的行使

国家行政管理目标的实现和活动的进行都是通过行政权力的运行得以实现的。行政权力运行的过程就是行政权力分配和行政权力行使的过程，就是行政权力主体对行政权力客体施加影响、使行政权力客体按照行政权力主体意愿采取行动的过程。

（一）行政权力行使的基础

为了使行政权力客体服从行政权力主体，就需要保证行政权力行使的基础。行政权力主体拥有了相应的资源，操控了相应的事物，便具备了支配行政权力客体的资本。也就是说，行政权力主体获得了相应的权力基础，也就拥有了使行政权力客体服从的手段。权力基础的多样性决定了行政权力主体行使权力对行政权力客体施加影响的手段也是多种多样的。按照相应的基础来划分，行政权力大致可以概括为以下几种情况：

1.结构性权力

结构性权力亦称组织权力，基础是行政组织的层级结构和组织分工，以及由此所带来的地位差异。组织通过层级性的制度安排，使每一级行政权力主体都拥有相应的权力，每一个组织成员都有其适当的地位，从而形成强有力的内部约束机制。层级越高，地位越重要，权力也就越大。与此同时，与层级结构相一致的组织目标结构，也构成强大的功能权力体系，把权力运行和组织目标的实现紧密联系起来，把权力责任、资源控制和利益的实现紧密联系起来。行政权力客体对于结构性权力的服从来源于行政组织自上而下的层级约束力。

2.制度性权力

这主要是指行政组织结构赖以运行的规则、制度，以及一些程序性的规范和行为准则。法律和伦理是制度性权力的两种基本形态，二者的有机结合构成合法合理的权力。合法合理权力是现代行政管理的基础。既合法又合理的权力在社会看来才是具有正当性的权力，才具有权威性，行政权力客体对于制度性权力的服从是和这种正当性分不开的。

3.报酬性权力

此种权力起源于交换的不平等性，基础是行政权力主体对于资源的控制，而这些资源又是行政权力客体所希望得到的东西。比如行政权力主体在人力资源方面控制了工资报酬、职位和升迁的途径，就获得了人事权力。如果主客体双方实力相当，彼此存在相等的依赖或影响，那就说明主体缺乏权力基础。但在大多数情况下，资源匮乏是行政管理不可避免的问题，于是便产生了相互依赖关系，产生了权力与服从关系。行政权力主体一旦获得了资源本身或控制了资源取得的途径，它就拥有了相应的权力，创造了相应的权力格局。

4.强制性权力

此种权力的基础是行政组织所拥有的威胁和惩罚手段。行政权力主体可以依赖权力集中的势能，利用武力的力量进行制裁或强迫行政权力客体就范。这种权力最开始的形式就是体罚、鞭笞等手段。现代社会是以国家暴力为后盾、以科层制的强制势能为主、以法律为依据的。行政强制性权力在现代文明国家中的行使，离不开对客体权利的限制，如人身权利或财产权利，但这种限制必须在一定的限度之内，必须依法进行。行政权力客体对于强制性权力的服从是因为他们惧怕惩罚，惧怕失去自由与权利。

5.象征性权力

在行政管理过程中，象征性的符号资源可以成为行政权力的基础。构成这种基础的资源包括物质、精神、行动层面因素。在物质层面，主要表现在如徽标、建筑物、设施设备等物质象征性因素。在精神层面，主要表现在如风俗、伦理、宗教、舆论及意识形态等文化精神因素。在行动层面，主要表现在语言、仪式和氛围等行动方面的象征性因素。象征性权力是行政权力最原始而又常新的基础性资源，人们对于这种权力的服从主要是由于对象征性符号的精神敬畏。

6.知识性权力

知识性权力来源于专业、技术和信息等知识性资源，集中体现为专家所拥有的知识技能和信息处理能力，也称之为专家权力或信息权力。专家掌握着关于人、事件或有助于预测未来行为方向的信息资源，以及对这些资源进行处理的知识，这是行政权力的重要来源。这里的知识不仅仅包括有关工作程序本身的技术性知识，同时也包括对社会系统认知和理解的知识。现代社会对于信息的拥有与掌握程度往往造成了等级性的交易结构。因而现代行政管理的重要特征在于，知识就是力量，信息就是权力。人们的服从来自对专家知识水平的认可和对信息资源的依赖。

7.关系性权力

此种权力的基础是与行政权力主体有关的各种关系的总和，包括人际关系、社会网络、非正式组织等。这种资源是行政权力运行的重要社会资本。有人认为，权力是由在交流与社会网络中所处的地位决定的。关系可以创造机会增加施展权力的余地。现代思想家米歇尔·福柯（Michel Foucault）干脆把权力视作复杂的、不断变化的关系域，每个人都是其中一个元素。在这里，人际关系处理技巧和行政权力客体的情感支持是关系性权力的基础。行政权力客体对于关系性权力的服从是基于一种非正式的约束。

8.人格性权力

行政活动归根结底是通过人的行为体现出来的。人格性的行政权力取决于具有担任行政权力主体资格的个人。个人的才能、处事风格、行为作风、品德，甚至体格特征等，都可以构成一种影响力使客体服从。人格性权力集中体现为个人魅力，但人格性权力又不局限于个人魅力，它同时也包括与个人特质相契合的情势。人们对于人格性权力的服从来自特定情势下对作为行政权力主体的人的尊敬与爱戴。

（二）行政权力行使的手段

构成行政权力基础的各个方面是权力运行的重要资源。有了这些资源，行政权力的行使就有了相应的保障。但是，仅有这些资源还不足以使行政权力自动运行起来，还需要将这些资源要素进行一定的组合，在行政权力主体意志的推动下，行政权力手段才能活动起来。

1.权力压力

在行政权力行使过程中，行政权力主体以强制性权力为基础，通过物理学、生物学和心理学等方面的力量，以威胁、限制和恫吓等方式，让行政权力客体不可或缺的需要遭到破坏，或处于危险境地，而行政权力客体要保证其自愿选择和行为的能力，又离不开这些需要。这样，当行政权力客体不得不被满足的需要到了被剥夺的危险境地时，权力的压力就开始起作用。但值得注意的是，有压力就会有反作用力，在行政管理中使用这种权力手段时需要谨慎行事，又因为这种手段会伤及公民权利，故使用时必须严格限定在法律允许的范围之内。

2.权力控制

权力控制是指行政权力主体通过结构权力和制度权力资源，以行政法规、命令、指示、规定、章程、要求等形式，按照行政组织的层级结构明示，要求行政权力客体依行政权力主体的愿望行事。行政权力主体在使用这种权力手段时的假定是，人的行为程序原则上是可以编制的，可以通过外部影响保证行为的方向。当行政权力主体的愿望引起客体的行为和倾向改变时，就说明行政权力主体控制了行政权力客体。权力控制是行政权力行使过程中所普遍采取的方式，这种手段较适合程序性的事务管理。

3.权力操纵

权力操纵是指行政权力主体通过限制信息供应、进行信息误导或蒙蔽性宣传等手段，隐瞒或部分隐瞒事实真相及行动目的，从而影响行政权力客体，并使行政权力客体采取行动以满足行政权力主体的意愿。权力操纵的重要特征就是在于其"隐蔽性"。它主要是通过心理活动施加影响，使受影响的人自愿地做别人想叫他做的事情。由于权力操纵在伦理上的问题，这种方式不可避免会引起怀疑和不信任，即使是善意的操纵，而且即便是综合运用权力行使的其他手段，就其广延性、综合性及强度而言，操纵的效果都是有限的。滥用操纵手段必然带来行政权力的危机。

4.权力诱导

权力诱导是指行政权力主体发出呼吁或劝告，并提供相应的理由和诱因，使行政权力客体根据自己的价值观和目标，经过自主思考或独立估量之后，接受行政权力主体的意见并将其作为自己行动的依据的行政执行手段。权力诱导和权力操纵一样都会运用知识性权力，但前者是在理性说服的基础上，通过循循善诱和谆谆教导的方式实现的，因而在伦理上被认为是一种良好手段，其应用范围比其他权力手段要广泛得多。和其他权力手段相比，权力压力带来的服从是被迫的，权力控制带来的服从尽管自动，权力操控带来的服从虽然自愿，但都不像权力诱导方式那样，其带来的服从是自觉的。

第二节　行政执行

行政管理目标的实现需要行政执行，行政执行是行政权力的集中表现，是贯穿于全部行政管理活动的重要环节，是实现行政决策及管理目标的最直接、最重要的行政活动。

一、行政执行概述

（一）行政执行的含义

行政管理事务有其客观规律性，所以现代行政管理特别强调科学管理的必要性、可能性。同时，现代行政管理是法治的管理，整个行政管理体系及活动是受法律调整和支配的。据此，行政执行有科学管理和法制管理两方面的意义。

1.行政管理科学化的行政执行

从这个意义上理解，行政执行是指按照行政管理的客观规律，为实现行政决策目标而进行的行政活动。广义是指，为实现已做出或最后批准的行政决策而进行的全部活动。狭义则指，为实现某种决策所做的具体工作。行政执行是复杂的活动，内容广、范围大、环节多，只有把握其基本特点，才能顺利有效、如期圆满地实现决策目标。

2.行政管理法制化的行政执行

行政执行从公共行政的法制管理的意义上理解，是指行政机关依法对国家事务的直接具体的组织、指挥和控制的过程，即通过执行、规范行政管理活动的法律、法规，实现行政决策目标，完成行政管理任务的全部行政活动和过程。简言之，行政执行即为行政执法活动。行政执行的法律特征是：

（1）它是具有相应职权的行政机关，或经合法授权的公民、其他组织，就一定行政管理事项实施的行政执法活动。

（2）就其内容而言，它是针对特定相对人和特定事件而采取的具体行政行为，是通过直接或间接影响相对人的权利义务来调整和制约社会行为，达到管治社会的目的。

综上，我们可以将行政执行的定义概括为国家行政机关和经法律授权的公民、其他社会组织以及执政党遵循行政管理的客观规律，为贯彻落实国家的法律、法规、政策和决策机关发出的决策指令等所进行的行政管理活动。它是行政管理过程中的一项经常性活动，是行政管理的基本环节之一。

（二）行政执行的主要特点

1.目的性

行政执行是一项具有实施性质的行政管理活动，它必须按照行政决策目标的要求，依据落实国家法律、法规、政策和决策机关发出的决策指令等的需要采取一系列具体的活动。在整个执行的过程中，行政机关采取的一切行政措施和行为，都是为了按期或提前实现这些目标。这就要求行政机关及其工作人员必须兢兢业业、踏踏实实地工作，以期达到行政执行的理想目的。

2.综合性

行政执行涉及面广泛，牵涉的人力、物力、财力的因素较多，这就决定了在行政执行过程中各机关要紧密配合，以形成合力来保证行政执行活动的顺利进行。行政执行是一项具有明确的时限要求的活动，要求行政机关及其工作人员必须做到迅速、果断，在规定的时间内完成规定的动作与任务，以确保决策目标的实现。因此，必须综合使用包括行政手段、法律手段、经济手段等在内的各种手段，才能有效地完成行政执行的任务。

3.经常性

作为行政管理的基本任务和基本职能之一，行政执行是一项大量的和日常性的工作。在行政执行中，不仅要贯彻执行某些特定的决策，同时还要执行大量的常规性和程序性的决策，而这些工作具有明显的经常性和反复性的特征。另一方面，在行政管理中，行政决策的执行不是单纯的决策实施，而是一个"决策—实施—反馈—再决策—再实施—再反馈"的不断循环往复的过程，没有终点，不会完结。所以，行政执行也会连续不断地存在和进行下去。对于行政机关及其工作人员来说，在行政执行过程中不可能存在一劳永逸的事情。

4.灵活性

做出行政决策的依据是决策机构、人员所掌握的现有资料和运用专业知识所做的预测，但是在实际执行的过程中，很可能会出现一些原来不可预测的潜在的和偶然性的因素，这就需要行政执行活动具有灵活性，留有一定的余地来应对这些突发性现象。行政执行的这种灵活性可以从两个方面理解：一是指在坚持决策原则的前提下，执行人员要因地制宜、因势制宜、因时制宜，具体情况具体分析，灵活地而不是机械地执行；二是指在落实决策的过程中，执行人员要灵活地采用各种方法、手段和技术，以提高行政执行效率，按期或提前实现行政目标。那种不顾客观实际情况，在任何时候都"一刀切"的做法，只能导致行政执行的失败。

5.强制性

行政执行是对行政决策的实施与推行，而行政决策往往又是以政策法规的形式提出，并以国家强制力为后盾。为了保证顺利完成决策任务，行政执行必须具有相应的权威性，必须以下级服从上级、地方服从中央、局部服从整体为前提。没有这种权威性和这一前提，在行政执行过程中就会出现无组织、无纪律现象，甚至出现"上有政策，下有对策"和"有令不行，有禁不止"的无政府行为。强制性决定了行政机关及其工作人员在行政执行过程中，必须无条件地、不折不扣地按决策指令行事，不得讨价还价，更不能口是心非、阳奉阴违。当然，灵活性是在确认决策的强制性和权威性的基础上进行的；而强制性主要体现在决策方向、目标和原则上，并不意味着在行政决策的具体措施上，强制采取统一的做法和手段。

（三）行政执行的分类

根据不同的标准和不同的角度，可以将行政执行划分为多个类型，这也是行政执行综合性、多样性的体现。

1.按行政执行任务的性质划分

根据行政执行任务的性质，可以将行政执行划分为例行性行政执行和特定性行政执行。例行性行政执行也称常规性行政执行，是行政权力主体对日常的、常规的、相对定型的任务的执行。例行性行政执行比较简单，往往有一定的标准和模式，通过行政管理的习惯和常识就能解决。特定性行政执行也称非常规性的行政执行，是指行政权力主体对新的特定的任务或突发事件、非常态时间等危机状态下的任务的执行。其特点是不能单纯地依靠常规知识和习惯解决，而需要运用新的方式进行执行的决策分析，创设新的机构，启用新的人员，改变常规执行方式等，才能完成任务。

2.按行政执行任务的来源划分

依据行政执行任务的来源，可以将行政执行划分为执行法律的行政执行和执行公共政策的行政执行。

（1）执行法律的行政执行，又称行政执法，就是行政权力主体落实法律和适用法律的过程，即行政机关采用具体的、直接影响行政相对人权利和义务的行为。依据对行政相对人的权利和义务所引起的直接后果的不同，行政执法行为还可以划分为多种类型：

①行政决定，是指行政权力主体经法定程序依法对行政相对人的权利和义务所做的单方面处分行为，具体形式包括行政许可、行政奖励、行政命令和行政处分等。

②行政检查，是指行政权力主体对行政相对人是否遵守法律、法规和具体行政决策所进行的能够直接影响行政相对人权利义务的检查了解行为。

③行政处置，又称即时强制，是指行政权力主体在国家安全受到威胁、社会公共利益受到危害的紧急状态出现或将要发生的情况下，而采取特别行政命令、特别强制措施的行为。它是在紧急状态下行政管理的一种特殊的、必要的手段，具有紧迫性、即时性和直接强制性等特征。

④行政强制执行，是指行政权力主体依法自己或申请人民法院对不履行发生法律效力的行政决定的行政相对人采取强制方式，以迫使相对人履行该义务，或者达到与履行义务相同之状态的行为或制度要求。

（2）执行公共政策的行政执行，又称政策执行，是行政机关对于公共政策的贯彻和落实，政策执行在行政执行研究中占有重要的比重。因为行政执法有相对固定的程序和方式，通常要求行政权力主体依法办事即可，而公共政策的执行是一个复杂、灵活的过程，需要运用多学科的知识，同时也要求较高的执行能力，所以对于政策执行的研究是行政执行的主要内容。

3.按行政执行的主体不同划分

依据行政执行的主体不同，可以将行政执行划分为行政机关作为单一主体的行政执行和多主体的行政执行。行政机关作为单一主体的行政执行是指由国家行政机关直接完成行政任务的执行。多主体的行政执行是指国家行政机关作为主导性的主体，通过法律、政治、管理、市场等途径使得社会组织、政党和公民参与到行政执行中，共同完成行政任务的执行。随着社会政治、经济的发展，建立一个公私合作的行政执行制度，有利于推动公共管理的发展。

4.按行政执行的效果划分

依据行政执行的效果，可分为成功的行政执行和失败的行政执行。成功的行政执行指的是很好地贯彻和落实国家意志、国家目标以及法律、法规、公共政策的执行。失败的行政执行是指那些扭曲、改变、不能有效地贯彻和落实国家意志、国家目标以及法律、法规、公共政策的执行。行政执行的失败是政策失败的重要因素之一。

（四）行政执行的地位和作用

行政管理的目标和任务的完成归根结底是通过行政执行活动实现的，因此行政执行效果的好坏直接影响着行政管理的效能。行政执行的地位和作用主要表现在以下几个方面：

1.行政执行是检验行政决策是否科学的唯一标准

行政决策目标是否符合客观要求，行政决策是否科学，只有将行政决策付诸实践，通过实践来验证。马克思主义认为，实践是检验真理的唯一标准。行政决策作为人们主观认识客观的过程，能否准确地、科学地反映客观现实，能否代表公民利益和体现国家意志，最终都只能通过并且必须通过实践的检验，而行政执行恰是行政决策的实践活动。只有在执行的过程中能发现行政决策的不完善和不合理部分，并且通过逐步的验证和修补，使行政决策趋于完善合理。

2.行政执行是实现行政决策的唯一途径

行政执行的依据是行政决策，依照行政决策的范围、内容、目标等要求，行政权力主体综合利用各种资源将行政决策付诸实践。一般来说，行政决策只是一种原则性的规定，不能包括人们行动规范的具体细节，也不能代替具体的行动计划。只有在行政决策下达之后，行政权力主体结合行政决策要求制订出具体的行动计划并实施，行政决策才能由一纸空文转化为现实的工作。否则，行政决策就会变得毫无价值和意义。要想把行政决策目标和方案变成现实，除了行政执行之外，别无选择。因此，行政执行是实现行政决策的唯一途径。

3.行政执行的效果是衡量行政机关及其工作人员工作优劣的最好尺度

一个行政机关及其工作人员能否胜任本职工作，能否圆满地完成工作任务，主要是看其行政执行的效果。行政机关设置是否合理，行政人员的素质是否优良，各项工作制度是否健全，运用的技术是否得当，行政监督系统是否有力，都可以从行政执行的效果中反映出来。成功的行政执行的产生是多方面共同努力的结果。因此，通过对行政执行效果的评估、测定，有利于促进行政机关及其工作人员提高工作积极性，以保证政策目标能够按时、按质、按量地完成。

二、行政执行的前提、手段与过程

（一）行政执行的前提

行政执行的前提是指保证行政决策的实施所必须具备的主客观条件。

1.行政决策合法合理

这是行政执行的首要前提和基本根据。这是因为行政执行是依照行政决策目标规定的各项工作要求采取有效措施的行政行为，这就要求行政决策必须是合法合理的，否则，执行错误的行政决策会造成巨大的损失。行政决策的合法性表现在：第一，行政决策的制定要符合国家法律、法规、政策的要求，必须符合国家经济和社会发展的整体规划。第二，行政决策的制定要符合法定的程序。行政决策从论证到起草到审议直至公布的过程都要严格按照法定的程序进行，既不越权也不滥用职权。在行政决策的制定环节还要保证民意的表达，保证行政决策的合法性。

2.物质条件充分具备

具备了合法合理的行政决策，接下来的问题就是如何实施决策。行政执行进入到实际操作阶段后，最基本的前提和条件就是物质资料的充分，否则，所有行政执行都无从谈起。行政执行的物质条件主要包括人力、物力、财力三大项。人力主要是指执行的领导者以及实际的操作人员。这要求：第一，需要对领导的指挥才能进行培训，使其具备良好的指挥、协调的能力。第二，还要建立享有指挥职能的统一而有权威的机构体系，彼此进行明确分工，做到反应敏捷迅速、指挥灵活高效。第三，需要具有工作技能的适量人员，特别是有较充足的技术专家的力量等。物力主要是指行政执行过程中所需的各种物质资料，如各种设备和办公用品等。财力则是指落实行政执行所需的资金。

3.行政执行组织完备

行政执行的组织条件是指保证行政执行有效进行的各种组织措施，包括组织结构、人员配备、职位和权责的划分、工作程序和办事制度、通信联络系统等。组织功能就是这一系列组织机制所发挥的整体作用和综合效应。建立精简、统一、高效的组织结构，避免组织臃肿、推诿扯皮现象的发生，配备精干、优秀的行政人员，合理划分行政权限，使职、责、权相统一，从而保证行政执行快速、高效开展。

4.思想政治教育工作有效

行政执行的顺利开展归根结底是需要人来完成的，有效地调动工作人员的主观能动性，进行统一行动，是实现行政决策目标的先决条件。因此，必须对工作人员进行管理，这包括对两类人的管理：一类是对管理者的管理；另一类是对被管理者的管理。对管理者的管理，要求管理者能够正确理解和接受行政决策，自觉主动地去努力实现行政决策，履行行政执行职责；对于被管理者的管理，就是要充分发动、宣传、组织群众，使实现行政决策目标成为广大群众自觉的行动。没有这种通力合作，行政决策目标的制定、物质条件的创造、组织措施的落实就无从谈起。所以，加强对行政工作人员的思想政治教育工作至关重要。教育内容包括行政决策目标教育，树立公仆精神服务大众教育，社会责任感教育，主人翁的自觉性、主动性、创造性教育等。这种教育应贯穿于执行过程的始终。

（二）行政执行的手段

行政执行手段是行政管理手段在执行过程中的实际运用。行政管理手段是指行政管理主体为实现行政管理目标、达成行政管理任务而采取的行政措施，排除行政执行过程中的障碍，保证行政执行的顺利进行。行政执行的手段既有强制性的手段，也有非强制性的手段，主要包括以下几种：

1.行政手段

这是在行政执行过程中普遍使用的一种手段，是指政府凭借政权力量，依靠从上到下的行政组织制定、颁布、运用政策、指令、计划的方法，来实现国家对行政工作的领导、组织和管理的目的，具有控制、制约、调整、协调社会各地区、各部门行政管理工作方向，保证行政执行的集中统一，实现国家、社会所期望达到的管理目标的功能。

行政手段的特点是以国家权力为基础，强调上下级间的垂直领导关系，下级服从上级的权威性，以中央为领导核心，全国统一指令、统一领导、统一指挥、统一部署、统一目标、统一行动。另外，行政手段是国家行政权力的体现，对于维护国家行政机关的权威、保证国家的统一领导、建立稳定的社会秩序具有十分必要的作用。

但是行政手段也是存在局限性的，统一领导、下级的绝对服从，往往会挫伤下属和群众的积极性，缺乏平等、协商的民主精神。在实际运用的过程中，不能简单化地使用行政手段，不能滥用行政干预手段，不能不适当地扩大其适用范围。要特别注意：把行政干预与武断专行、强迫命令、主观主义及瞎指挥区别开来；把行政干预的权威与滥用职权区别开来；把行政干预的强制性与有效性结合起来；把行政干预实现的目标与维护行政对象的利益结合起来，使行政干预手段建立在科学的基础上，以客观规律为依据，反映人民的愿望和要求。

2.法律手段

法律手段是指国家行政机关在行政管理领域内，以法律为武器，依照法律活动的规律、程序和特点，把国家的各种法律、法规和法令贯彻到行政管理活动中以达到有效而合理的管理目的。法律手段的实施是通过法律、法规和法令的执行实施，把统治阶级的意志变为社会公众的普遍行动，用法律、法规和法令去调整各种社会关系，使其朝着有利于国家社会经济进步、有利于行政目标实现的方向发展，使社会公众的行为对社会进步与稳定起着积极的作用。法律手段的特点体现为权威性、强制性、规范性、稳定性。但是，需要说明的是，法律手段也是有其局限性的，如对某些行政管理问题的处理缺乏弹性，对一些带有特殊性的具体问题难以做出灵活的处理决定。法律手段往往只规范人们可以做什么、不能做什么，而无法提供充分的为什么可以做或不可以做的理由和根据。因此，它所强调的是必须遵守强制性、权威性，而不重视为什么要遵守的主动性和自觉性。

3.经济手段

这是政府经济行政部门按照经济运行规律的要求，来管理下属经济组织及其活动的一种方法。它是通过利益诱导的方式来间接管理其他经济组织，依据客观经济规律，运用经济杠杆来调节政策执行中各种不同的经济利益之间的关系，以促进行政执行顺利实施的方法。所谓的经济杠杆，是指以价格、利润、税收、信贷、工资、奖金等经济范畴为支点，把某个单位或个人的物质利益与其劳动成果联系起来而形成的调节工具。其特点是利益性、有偿性、平等性和间接性。当然，经济手段同样具有优缺点。经济手段主要表现为制订经济计划以及制定各种经济政策，如财政政策、货币政策、产业政策、区域政策等。由于经济手段是以经济杠杆为工具、以物质利益为核心的管理，这就决定了经济手段具有收效快和充分发挥被管理者的自主性，使其产生内在推动力的优点。经济手段作用的范围仅仅集中在行政管理经济方面或与经济有关的其他方面，所以对行政管理其他方面的作用存在局限。

4.奖励与惩罚手段

奖励与惩罚手段的对象应该既包括行政机关工作人员即公务员，也包括行政管理相对人。行政执行的顺利进行既需要行政机关及其工作人员主动、积极履行职责，同时需要行政管理相对人的配合与支持。只有将两方面的积极性都调动起来，才能将行政决策落到实处，发挥执行的功效，实现决策目标。奖励与惩罚都是一种激励手段，但是两者的方向不同，前者是正激励，后者是负激励。奖励的目的在于激发人们的荣誉感和进取心，调动人们的积极性，最大限度地挖掘潜在能力。惩罚的目的在于惩治过错，警戒将来，制止和预防行政人员和行政管理相对人违法乱纪行为的发生。

公务员的奖惩制度是指国家及有关部门按法律、法规和政策的规定，对国家公务员实行的奖励和惩处的规程及准则。建立、健全国家公务员奖惩制度有助于激励下级，鞭策后进，提高公务员的政治思想素质，推动行政执行快速、高效、合理、公正进行，有利于推进市县国家公务员管理民主化、科学化、法制化。我国公务员的奖励种类分为嘉奖、记三等功、记二等功、记一等功、授予荣誉称号等几种。我国公务员的处分种类包括警告、记过、记大过、降级、撤职、开除等。对于公务员的奖惩要做到：功过分明、赏罚得当、罚当其过、奖不虚设。

5.行政诱导手段

这是行政学界定的除经济手段以外的其他诱导手段。它用非强制性的手段使行政人员和行政管理相对人自觉自愿地去从事政府所鼓励的工作或活动。其方式包括思想教育、说服劝告、建议协商、榜样示范乃至舆论抑扬等。其中思想教育手段是比较常用的方式。通过开展思想教育工作，来弥补行政手段、经济手段、法律手段等的局限，并与之相互配合、相互促进，共同推动行政工作的顺利开展。思想教育手段是以辩证唯物主义的基本原理为根据，在承认真理的可知性、人的可塑性和主观能动性的前提下，把行为科学、管理心理学等有关知识结合起来，通过思想教育改变人的思想、观念，达到启发和提高被管理者的觉悟，促进其奋发向上的目的。行政诱导手段的特点主要有渗透性、应变性、多样性、潜缓性。

同样的，行政诱导手段的运用也不是万能的，也存在着一定的局限性。它对行政管理的作用也是间接的、缓慢的，仅仅限于解决人们的观念和认识问题，属于软管理的范畴。因此，必须要有严格的纪律和规章制度与之相配合。

（三）行政执行的过程

行政执行是一个复杂的过程，它由一系列的阶段组成，具体包括准备阶段、实施阶段和总结阶段等。

1.准备阶段

行政执行的准备阶段是行政执行的基础，只有将行政执行需要的各项条件准备完备，行政执行才能进入实施阶段。如果说行政执行的前提是侧重于解决行政执行所必需的主客观条件，那么行政执行的准备阶段则是要解决如何具体地为行政执行提供前提条件的问题。其具体内容包括思想准备、物质准备、组织准备、计划准备等。

（1）思想准备，是指行政执行的思想基础，是指通过宣传、动员等多种方式使行政执行者和行政执行对象能够比较全面和深刻地了解行政决策的内容、意义，从而以正确的方法、积极的态度、旺盛的精神投入到行政执行中去的过程。

思想准备的具体要求包括：首先，要有明确的目的。要从全局的高度阐明行政决策所要达到的目的及其重要意义，统一全体行政人员的思想认识，并努力转化为行政人员的自觉行动。其次，了解计划内容，从思想上对行政执行计划中的任务、要求、方式、方法、进度、程序、期限等做到心中有数，使行政人员都能够对自己所承担的执行任务有明确的认识，从而调动他们完成任务的积极性和创造性。最后，广为宣传。行政执行的顺利开展还需要行政管理相对人的配合与支持，因此可以通过报刊、广播、电视、新型媒体等宣传媒体广泛地宣传行政决策，还可以通过召开座谈会、咨询会等形式把行政决策的目的、意图等告诉群众，同时要虚心听取和接受群众的意见与建议，以形成一个有利于行政执行的社会舆论环境。

（2）物质准备，是指行政执行过程中所需各种办公设备及物资、资金的筹备、购置或取得和分配。任何行政执行都离不开一定的物质条件。物质准备的主要内容是：第一，经费准备。要根据完成行政任务的实际需要编制经费预算，报送有关部门进行审批。经费预算获得批准后，按预算迅速将经费下拨到各个执行部门，为行政执行活动提供充足的经费保证。第二，办公设备及物资的准备。办公用品、通信设备、交通工具、档案资料等都是行政执行活动的基本物质手段。在进行物质准备的过程中，要坚持以最小的投入、获得最大产出的原则，做到既要经济又要适用、既要反对浪费又要保证最基本的物质需求。

（3）组织准备，是指建立与配备从事行政执行活动的机构和人员，通过这些机构和人员使行政决策与计划变成现实。组织准备的内容包括：首先，建立或确定执行机构。一般来说，应尽可能地依靠原有的职能机构，在必要的情况下，也可根据需要依法增加新的常设执行机构或临时执行机构，并明确执行机构的职责权力、隶属关系、编制规模等。其次，配备合适的行政人员。行政人员包括行政领导和一帮工作人员，行政人员配备得好坏将直接关系到行政执行工作的成败。配备行政人员的关键在于坚持德才兼备的原则，讲究人才的合理搭配，充分发挥人才的整体效应。最后，制定严格的规章制度，使组织和个人能够清楚地明了自己该干什么、如何干、干到何种程度，如何获得奖励，反之为何要受到惩罚，从而避免职责不清、相互推诿扯皮现象的发生。

（4）计划准备，是指编制具体的实施决策的行动计划。通过编制具体的行动步骤和程序使行政执行活动得以固定下来，成为规范和衡量行政执行活动的依据。有人把计划的内容概括为"5W1H"，即 what——行动的目标是什么？why——为什么要采取这些行动？when——何时开始这些行动？who——由何人来负责实施这些行动？where——在什么地方实施这些行动？how——如何实施这些行动？

具体而言，行政执行计划的内容要求：一是对行政决策目标和任务进行科学的分解，做到既有统一协调的规划，又有各部门的具体分工负责，从而形成一个相互关联的任务体系。二是要对各项工作任务的轻重缓急、先后次序及完成期限有明确的认识，分清主次，抓住主要矛盾，使之成为一个排列有序的行动体系。三是确定完成各项任务的主要方式、手段和要求，根据不同的行政执行活动，采取多种多样的方式和手段，使之成为一个合理、合法的工作标准体系。四是对实现行政执行活动所需的各种物质条件进行精密计算和筹划，既精打细算又要准备充足，使之成为一个统筹兼顾、各方面因素科学组合的完整体系。在制订计划时一定要留有余地，以便根据变化了的情况进行及时的调整。

2.实施阶段

行政执行准备完备后，接下来的任务就是执行决策、贯彻法律和法规，也就是进入到了实施阶段。因此，实施阶段是整个执行活动的关键。行政执行的实施阶段主要由指挥、协调、监督、控制几个环节组成。

（1）指挥活动，是指行政领导者在行政执行过程中，按照既定的行政决策目标和实施计划，通过命令和引导等方式对其部属进行领导、指导和调度的活动。

有效的指挥活动要做到以下几点：第一，必须建立统一的指挥系统，避免政出多门、多头指挥、各自为政的现象。第二，要明确各级各类指挥人员的权责关系，让指挥机构和人员在其职能范围内拥有自主指挥权。第三，指挥有力的同时也要合理分解指挥权。这就要求行政领导依法拥有的指挥权不能随意被剥夺，受到法律的保护，同时，也不能将这种指挥权看作上级对下级的过分干预，可以在一定的限度内对指挥权进行分解，把一部分指挥权授予下级。这样做既有利于减轻上级的工作负担，使他们集中精力解决涉及全局指挥的重大问题，又有利于调动下级的积极性，增强他们的责任心，让下级在具体的指挥实践活动中得到锻炼。当然，授权也是有限度的，授权职能在行政领导的职权范围内进行，授权还要充分考虑下级的承受能力。第四，要善于利用指挥活动的手段；将命令、指导、教育、激励与口头形式、书面形式、会议形式等结合起来，同时也要加强对现代化的科学指挥手段的运用。

（2）协调活动，是指调整行政系统内部以及与外部环境之间的关系，以提高行政效能，实现行政目标的活动。行政活动的复杂性决定了矛盾与冲突的不可避免性，而协调的任务就是以一种温和的方式解决矛盾和冲突，使行政组织内部和外部形成一种互相支持、互相配合的人际关系。通过协调活动，使行政组织之间、行政组织与社会组织之间、组织与个人之间、个人与个人之间进行信息沟通与交流，使矛盾得到及时化解，问题得到有效解决。

（3）监督活动，是指监督主体依据行政执行计划，对计划的执行情况进行及时的跟踪和检查，及时发现问题的活动。

监督活动的具体要求：首先，对行政执行计划了如指掌，建立其评价计划执行情况的客观标准；其次，经常深入实际开展调查，以便及时发现和察觉执行中存在的问题和偏差；最后，执行监督者要根据存在的问题确定其性质，找出产生问题的原因，并提出相应的对策性措施。

（4）控制活动，是指根据监督的情况，对行政执行行为进行积极而有效的控制，以防止行政行为偏离目标和计划的活动。

控制活动一般有三种类型：一是预先控制，这主要是对行政执行准备阶段控制，确保思想统一、计划周密、组织健全、物质充足。二是事中控制，这主要是对行政执行实施阶段的控制，对偏离行政执行目标和计划的实施行为应坚决地加以制止。三是事后控制，即通过信息反馈系统了解行政执行的效果，对在实施控制中未能发现的问题，继续采取补救措施，使失误降到最低。

3.总结阶段

行政执行的总结阶段是指在行政执行工作结束后，对整个行政执行工作进行全面而又认真的总结。总结的目标是肯定成绩以获得经验、检讨缺点以明确教训，通过总结经验教训，为下一轮新的行政决策提供实践材料。行政执行总结阶段的内容主要是：

（1）对行政执行活动进行全面的回顾和检查，即将既定指标或标准与执行结果进行对比，检查行政执行活动是否如期地实现了预定的目标，完成的进度与达到的效果如何，在完成行政任务的过程中有哪些成绩与创新、存在哪些问题，对存在问题的纠正采取哪些措施等。在检查中一定要坚持实事求是，客观公正。

（2）对行政执行活动进行科学的评价，即在回顾和检查的基础上，建立完善科学的绩效考评体系，依规定的要求和标准对行政执行的情况做出评判，并予以一定的奖惩。例如，在完成的过程中存在创新，应评价创新点在哪里、有多大的影响力和作用力、产生的效果如何；在纠正问题时所采取的措施是否得力和及时，对问题的纠正程度有多大；哪些组织和人员在执行活动中表现突出、哪些表现不良，并给予适当的赏罚。

（3）认真总结经验教训。对经验的总结，一定要上升到理论的高度去分析和研究，切忌就事论事，使之实现从感性认识到理论认识的飞跃，从而更具有现实的指导意义。对于失败的教训，同样要进行理论上的概括，从理论上寻找失败的原因和根源，从而为新的决策提供前车之鉴。

第三节　行政执行权力

一、行政执行权力的性质

1.行政执行本质上是国家行政机关行使国家行政权的过程

行政权，即行政组织管理权，是指国家行政机关执行法律、管理国家行政事务的权力，是国家政权的一个组成部分。它是一种管理公共事务的权力，具有国家强制力，故又称为"公共权力"。行政执行就是国家行政机关依法运用行政权对国家和社会公共事务进行管理，以保证行政管理正常运转，实现整个行政目标。由于行政事务的广泛性和复杂性，需要对不同类型的国家行政机关予以不同的行政职权，对其进行分别组织和管理。由此可见，行政权在具体不同的行政机关行使过程中表现为不同的行政职权，行政职权是行政权的转化形式。行政权具有法律意义上的职权和职责的统一。其内容主要包括：

（1）行政命令权，是指国家行政机关发布行政法规、规章，采取行政措施依法要求特定人或不特定人为一定行为或不为一定行为的资格或权能。

（2）行政许可和确认权。行政许可权是指国家行政机关根据公民或法人的请求，经审查依法赋予其从事某种法律所禁止的活动的资格或权能。行政确认权是指国家行政机关对相对人的法律地位或权利义务的确定、认可和证明的资格或权能。

（3）行政强制执行权，是指国家行政机关依法强制行政管理相对人履行法定义务的特殊资格或权能。

（4）行政处罚权，是指国家行政机关对违反法律或行政管理规定，但尚不够追究刑事责任的行为，依法实施制裁的资格或权能。

（5）行政处分权，是指国家行政机关对所属公务员的违法失职行为依法给予惩处的资格或权能。

（6）行政奖励权，是指国家行政机关依法对有重要贡献的公务员和相对人给予物质和精神鼓励的资格或权能。这是与行政处分权和行政处罚权相对应的一项权力。

（7）行政监督权，是指国家行政机关对自身的执法活动或相对人的守法活动进行了解、监管、督促的资格或权能。

（8）行政监察权，是指国家行政机关（主要指国家监察机关）对于自身的执法活动进行检查、调查、建议、决定的资格或权能。

这些职权都是应公共行政事务的组织与管理的需要而以宪法和法律的形式设定的，是国家行政权的体现，其本质功能在于保证宪法和法律的贯彻执行，实现行政管理目标。当然，国家行政机关的全部行政活动还应当包括其立法性活动和司法性活动。但是，行政机关作为国家权力机关的执行机关，其基本职能是执法，核心任务是组织、管理行政事务。即使制定行政法规或进行复议、裁决活动，其宗旨也是为了实施宪法和法律。所以，我们这里说的行政执行，是从行政机关的核心任务、基本职能出发，实际是行政执法权的行使。

2.行政执行的权力内容的非制裁性

行政机关行政执行活动贯穿于大量日常行政活动之中，同时也体现在对突发事件的解决和应对上。它是通过上述行政执法权的各项行政职能的支配力和强制力来发挥作用的。行政执行的权力内容的一般性特点是主动管理性，除行政处罚和处分权之外，大部分行政权都没有制裁性。如行政命令权、行政许可和确认权、行政奖励权、行政监督权和行政监察权都没有行政制裁性。而制裁是一种惩罚，是因为相对人不服从管理、拒不履行法定义务而引起的法律责任后果。行政执行具有约束力、强制力，是迫使相对人服从管理、履行义务，保证执行的落实，实现预期管理状态。约束、强制本身不是制裁，只有在不接受约束、抗拒强制时才会发生制裁结果。即使是行政强制执行或即时强制，也不属于法律制裁行为。前者是督促的性质，后者是预防、制止的性质。例如，同是强制扣款，如果是纳税人预期不缴纳税款，经税务机关多次催促无效，税务机关可依法通知开户银行扣缴税款入库，以强制其履行应负义务，属行政强制执行。行政即时强制也是出于预防和制止危害社会或国家的事实发生或恶化、扩展的迫切需要而采取的紧急应变措施，以维护和恢复正常的行政管理秩序。如为了预防疫情的发生，政府强制群众服食预防药物或注射预防针；或者为了防止疫情蔓延而对个别地区进行强制封锁隔离，禁止群众进入疫区。所有这些都是在紧急情况下而为之的强制性约束行为，同法律制裁无关。

二、行政执行权力的保障

行政执行以行政权力为后盾，是国家行政机关履行职能所必需的基础。行政机关享有权力是基于捍卫国家意志、谋取公共利益、维护公共秩序、增进公共福利的需要。在我们社会主义国家，国家同各团体、组织和个人并没有根本利害冲突，但也不能保证国家、组织和个人的利益在任何时候、任何方面都是一致的。因此，为了有效地行使行政管理权，保障法律和法规的贯彻执行，国家又必须通过宪法和法律为特定行政机关设定采取行政强制措施（包括行政即时强制和行政强制执行）和行政处罚与行政监察，用以：使行政机关抑制行政相对人的意志，排除其抵抗或妨碍，以适应现实的迫切需要，确保行政调查和执行的进行；迫使行政相对人履行义务；追究既往，予以惩戒，制止将来重新违法；实现维系行政管理的必要状态，达到行政管理预期的决策目标。

（一）行政即时强制

行政即时强制亦称行政处置，是行政执行的强制性措施之一，指的是国家行政机关及其工作人员为了阻止正在阻碍或者排除将要阻碍国家行政管理活动顺利进行的危害国家和社会利益等突发事件的发生和蔓延而采取的紧急执法行为，是确保行政调查顺利进行和行政处理迅速有效执行的一种强制措施。它具有紧迫性、即时性和直接强制性三个特点。紧迫性主要表现在对已经发生的危害国家和社会的紧急事件，如不立即处理、果断制止，则会造成国家和社会利益遭受更大的损失。即时性换言之就是一种先行处置。按照依法行政原则，行政机关行使职权必须按照法定的程序，程序合法是行为合法的基本前提。但遇到紧急突发事件，诸如抢劫、纵火、杀人等严重违法行为时，公安机关则可以不受程序制约，根据实际情况的要求，采取紧急措施当即捉拿犯罪嫌疑者，先行拘留。需要注意的是，这不是对当事人的权利、义务的最终处分，仍属于一种临时性的约束或限制，对于触犯刑法的犯罪，最终的裁决要依照程序，由检察机关提起公诉，司法机关最终判决。直接强制性主要表现在对于突发性紧急事件的应急处理是行政机关单方面的实际强制，对管理相对人的约束紧随行政机关的意志而即时执行，不得怠慢、延误。

行政即时强制按照不同的视角分析，可有不同的分类。按所要制止的危害事实的性质，可分为对违法事实的强制和对非违法危害事实的强制。前者如对醉酒驾车、超速驾车的拦截；后者如某流行病在全球蔓延，我国政府要求对入境公民的强制身体检查。按行政即时强制的对象，可分为对人（组织）的强制和对物的强制。前者包括对人的身体或行为的强制干预，如醉酒之人在醉酒状态中，对本人有危险或对社会公共安全构成威胁，公安人员应当将其约束到酒醒；后者主要指对财产或物品的强制处置，如公安机关为了查清违法行为的需要，对某人或单位的货物、财产暂时查封、扣押，对银行存款予以冻结等。按行政即时强制的直接目的，可分为预防性制止和制止性强制。前者的目的在于预防危害事件的发生，行政机关及公务员做出的对人或物采取强制措施，紧急执行。这是一种预先处置的行为。后者的目的在于遏制已发生的危害性事件，行政机关及公务员为尽快消除危害国家和社会利益的事件继续蔓延而果断采取的对人或物的强制措施。这是一种事后的处置行为，是一种制止或补救性的措施。

（二）行政强制执行

行政强制执行是指在公民、法人或其他组织不履行法律、法规等规定的义务，由行政机关依法采取强制手段迫使其履行义务的行政执法行为。某些法律、法规等规定需要行政机关申请人民法院强制执行，这实际上是行政机关强制执行的延伸和继续。原因在于，强制执行请求权是由行政机关提起和确定的，执行的依据、内容是行政机关的处理决定。

行政强制执行可分为两类：

1.间接强制

间接强制主要指代执行和执行罚。

（1）代执行，又叫代履行，是指义务人不履行法律、法规等规定的或者行政行为所确定的可代替作为义务，由行政强制执行机关或第三人代为履行，并向义务人征收必要费用的行政强制执行方法。代履行必须同时具备四个要件：首先，存在相对人逾期不履行行政法上义务的事实，且此种不履行因故意或过失引起；其次，该行政法上的义务是他人可以代为履行的作为义务；再次，代履行的义务必须是代履行后能达到与相对人亲自履行义务同一目的的义务；最后，由义务人承担必要的费用。

（2）执行罚，是指行政强制执行机关对拒不履行的不作为义务或不可替代的作为义务的义务主体，可以金钱给付义务，以促使其履行法定义务的行政强制执行措施。执行罚是多数国家均采用的一种强制执行手段。

2.直接强制

直接强制是指在采用代执行、执行罚等间接手段不能达到执行目的，或无法采用间接手段时，执行主体可依法对义务人的人身或财产直接实施强制，迫使其履行义务或实现与履行义务相同状态的强制执行方法。

由于直接强制执行直接施加于人身或财物，造成对公民人身自由或财产权侵害的可能性较大，因此其运用在不违背现行立法规定之外，还必须坚持一定的合理度，必须十分慎重，严格遵守法律、法规的规定。

（三）行政处罚

行政处罚是指享有行政处罚权的行政机关依法对违反法律或行政管理规定，但尚未构成犯罪而应当承担行政责任的行为实施制裁的行政执法行为。行政处罚不是所有行政机关都可以实施，也并非对所有领域和事项都能实施，而仅限于法律、行政法规特别授权的特定行政机关、管理公共事务的组织或行政机关依法委托的组织，在其法定的或授权、委托的职权范围内适用。处罚的对象是尚未构成犯罪的破坏行政管理秩序的违法行为，具有法律制裁的性质，这是行政处罚的基本特征。其功能在于，惩罚违法、排除妨碍、警戒未来、引导守法、趋善避恶，创造良好、安全、文明、有序的社会环境，维护公共利益，确保公民利益。

当前，《中华人民共和国行政处罚法》是行政机关对违法者给予必要的行政处罚的法律依据，是行政机关依法行使行政权力、进行行政管理、履行行政执行职责的法律保障。

（四）行政监察

行政监察是指国家行政机构内拥有监督职权的机关依法对国家行政机关及其公务员行使行政权力的行为进行的监视和督察。监察机关依法履行职责，在监察活动中，向行政机关提出改进工作的建议，堵塞行政管理中的漏洞，避免和减少工作失误；对违反行政纪律的行政机关、国家公务员和国家行政机关任命的其他人员进行查处，依法进行纪律制裁；依照法律支持和鼓励行政机关、国家公务员忠于职守，清正廉洁，保障他们的合法权益，为他们创造一个良好的行政环境，进而提高其依法行政的水平，廉洁高效地工作，达到改善行政管理、提高行政效能的目的。

三、行政执行权力的控制

行政强制执行措施是行政执行的权力保障，是运用国家行政权力排除对行政执行的抵抗或妨碍。行政执行有了权力的保障，行政机关才能够顺利地实施行政管理活动，但是权力一旦没有了约束与限制，就会出现滥用的情形，就会产生以权谋私、践踏公民权利等严重后果。所以，在给予行政执行特定权力保障的同时，还要对权力进行控制。

行政执行权力的控制就是指通过法律手段对行政执行权力的行使实行有效的制约和监督。制约，是以宪法所确认的公民的基本权利为界限约束行政执行权力的行使；监督，是国家机关依照法定职权对行政活动，包括行政执行进行督促、察看和审查，或依据被管理者的检举、揭发、控诉、申请，由有权的国家机关对违法或不当的行政行为实施纠正并追究行政责任。其目的在于阻止和抑制对于行政执行权力的专断，以维护被管理者的合法权益不受非法和不当的行政行为的侵害。

（一）对行政执行权力控制的必要性

对行政执行权力控制的必要性，是由行政执行权力的性质决定的。

1.行政执行权力是一种支配他人的力量

国家行政管理机关凭借其所拥有的支配力对国家社会公共事务进行管理，确保行政活动的有序进行。在现代社会里，国家行政管理的对象复杂多样，管理的范围也相当广泛。基于有效管理的需要，行政执行权力也会随着扩大和强化，几乎覆盖社会生活的方方面面。如果行政执行权力的行使不受到限制，就极有可能给被管理者的合法权益造成损害，引发社会动荡和不安，违背公共行政活动的目的。

2.行政执行权力是一种强制他人服从的力量

行政执行权力的强制性可以使行政机关按照自己单方面的意思表示而做出具有约束力的行政决定，而无须考虑被管理者同意与否，被管理者必须服从；否则，行政机关就要运用权力的制裁性和强制性，或者通过行政处罚或行政强制执行措施来保证意志的执行。这种凭借单方面的意志强制他人服从的力量，如果不受任何约束，就会导致行政执行上的个人专横和专断，滥用行政执行权力，为所欲为，使政活动偏离公众所期望的方向。

3.行政权的支配力和强制力孕育着权力的任意性和腐化性

权力不受管制，就会使权力行使置法律于不顾、无所顾忌、任意妄为。领导干部常出入豪华饭店、娱乐场所，超标准修建豪华办公大楼，政府官员住豪宅等现象都是权力不受控制导致的腐败。历史上有不少思想家早就深刻地揭示：权力导致腐化，绝对不受控制的权力导致绝对腐化。所以，当今行政发达的国家都高度重视对行政执行权力行使的控制，通过行政法治的手段，从各个方面建立、健全执法监督机制，保证行政权合法行使。

（二）对行政执行权力控制的措施

1.强化行政执行权力的法律约束

行政执行权力的存在与行使必须有宪法和法律根据，这是政府和法律关系的根本准则。强化行政执行权力的法律约束，包括以下三方面的要求：

（1）权力法定。权力没有法律依据不得存在。行政组织与职权必须由法律设定，行政机关不得自身设立行政组织和职权。任何没有宪法和法律的依据而成立的行政机关和配备的行政工作人员，都是不合法的、无效的。行政机关职权的使用范围和界限，其运用的基本原则和要求，遵循的基本程序都必须受到具体的授权法加以具体确定。在英国，行政机关的权力来源有法律规定的，也有王室传统特权，但权力法定是最主要来源。在我国，《中华人民共和国宪法》《国务院组织法》《中华人民共和国地方各级人民代表大会和地方各级人民政府组织法》是我国行政组织的成立和职权确定的主要依据。

（2）任何行政活动都必须以宪法和法律为根据，不能违反、超越宪法和法律，或与宪法和法律相抵触。《中华人民共和国宪法》第五条明确规定："一切国家机关和武装力量、各政党和各社会团体、各企业事业组织都必须遵守宪法和法律。一切违反宪法和法律的行为，必须予以追究。任何组织和个人都不得有超越宪法和法律的特权。"我国大多数行政法律、法规都对行政机关的职责和权限、活动方式和手段做了较明确的规定，行政机关处理行政事务时，必须严格依照执行；否则，便属违法行政，其行政活动无效。英国授权法中有"越权无效"的原则，规定超越管辖权、不履行法定义务、滥用权力等都属于行政违法活动。美国也严格规定行政权行使不能超越立法的授权和法律的要求。

（3）行政执行权力的行使不得侵犯和损害公民或组织的合法权益。没有宪法和法律的授权，行政机关不得限制、剥夺公民的权利，不得增加公民的特定义务，也不得为任何特定的人设定特定的权利或免除特定的义务。我国宪法和法律确定了行政机关的权力和管理相对人的权利的界限，行政执行权力的行使必须根据宪法和法律所确认的被管理者的权利为基本界限。英国行政行为合法性原则规定，政府采取行动侵犯公民的自由和权利时，必须指出这个行为所遵守的法律根据。在美国，法律给予的利益（普通法所保护的利益或政府所提供的利益）在被剥夺时都要受到正当法律程序的保护，法律剥夺个人利益的程序，也必须符合宪法的要求。

2.严格行政执行权力运用的合理要求，确定行政执行权力行使的合理性原则

行政活动关系纷繁复杂、范围十分广阔、内容多种多样、专业技术性强、讲求行政效率。要把所有的行政活动全都纳入法律、法规所规范、调整的范围内是不可能的。即使是已经规范了的，也未必会尽善尽美。面对复杂多变的社会环境，为了实现行政管理者和被管理者的协调统一、实现对国家和社会公共事务的有效管理，对那些法律所未能规范和调整的行政活动，行政机关不得不运用法律所赋予的较大的自由裁量权，在法定的范围内，凭自己的判断进行权衡和处理（特别是遇到某些紧急情况或突发事件时）。这样一来，公民的权利与自由来自行政权力行使的侵犯和损害的威胁就大大增加了。

所有的行政自由裁量权都有可能被滥用，行政法的核心作用也就在于控制行政自由裁量权。英国是最早提出以行政合理性原则来控制行政权行使的国家。行政机关做出对当事人不利影响的决定时，必须听取当事人的意见，任何人都有为自己辩护和防卫的权利，行政机关不能作为自己案件的法官。这一原则的地位如美国宪法上的正当法律程序一样广泛适用。美国《宪法》第五条修正案规定："非经正当的法律程序，不得剥夺任何人的生命、自由或财产。"我国大量的行政性法律、法规和规章都在一定程度上体现了合理性精神。如我国行政处罚法对行政处罚权的设定和处罚程序做出了统一明确的规定，确立了行政执法公开、公正原则，并相应建立了听证（听取意见）制度、调查制度、回避制度、合议制度、审裁分离制度以及表明身份制度、告知制度、说明理由制度、咨询制度等，表明我国行政权力行使的合法性原则已经确立并逐步得到完善，对行政自由裁量权的控制意识进一步加强。

3.加强行政法制监督，这是控制、制裁行政违法和行政不当的特殊手段

法治社会就是责任社会，任何人都必须对自己的行为负责，行政机关也不例外。有权力就必须有责任，行政机关执行权力就必须承担相应责任。西方的"三权分立"制度通过立法机关的控制和司法机关的审查使行政机关承担责任，限制行政机关独揽大权，预防和制止不当行使职权，保障公民权利与自由。英国议会对行政机关的监督内容、范围相当广泛。西方发达国家的法治传统历史久远，其法制监督机制健全严密，是一个以权力制约权利、权利制约权力的控制系统，成为法治社会的根基和支柱，对行政机关合法、合理行使行政权，维护人权、公民权利与自由，发挥着积极有效的保证作用。

我国实行以人民代表大会为组织形式的人民民主专政，坚持中国共产党领导的多党合作的政治协商制度。人民当家做主是我国社会主义民主政治的精义所在。我国"依法治国""行政法治"的实质是人民依靠法律治理国家机关、管理国家和公共事务。人民通过自己的代表机关行使立法权，制定宪法和法律，设定和规范国家行政机关、审判机关和检察机关，分别独立行使行政权、审判权和检察权。行政机关置于权力机关和司法机关的监督之下。我国宪法赋予公民享有广泛的权利，包括政治权利与自由、人身权、财产权、经济权、文化教育权和对国家机关批评建议、申诉、控告、检举及取得损害赔偿等监督权。我国人民的民主权利有充分的法律保障，任何权力的行使均不得侵犯，体现了一个民主的法治国家所具有的人民主权至上、法律至上的基本特征。经过改革开放40年的民主法制建设，行政法制不断健全，已建立起以执政党共产党、权力机关、司法机关、监察机关、政协、人民群众、新闻媒体为主体的以权力和公民权利制衡国家权力的执法监督机制，使各种监督活动逐步纳入法制轨道。

另外，行政机关及其工作人员要增强对自己的行为承担责任的法制观念，行政机关及其工作人员从事行政管理活动要合法行使权力，履行职责，超越法律的界限（违法或不当）就要承担相应的法律后果。我国的许多行政法律和法规都规定有对行政机关及其工作人员违反法律的责任条款。我国行政责任法律制度正趋向完备和明确，对促进行政机关及其工作人员依法行政，防止滥用职权，维护被管理者的合法权益将起着积极的作用。

关键术语

行政权力（administrative power）   地方自治（local autonomy）   行政执行（administrative implementation）

基本训练

★ 简答题

1. 简述行政权力的含义和特性。
2. 简述行政权力的结构。
3. 简述行政权力的分配方式和途径。
4. 简述行政授权的方式。
5. 简述行政权力行使的手段。
6. 从行政管理科学化和行政管理法制化两方面解释行政权力执行的含义。
7. 简述行政执行的类型。
8. 简述行政执行的前提和手段。
9. 简述行政执行的权力性质和权力保障。

★**案例分析题**

在阳光下"晾晒"行政权力

江西省南昌市全面推行行政执法公示制度改革，市直40个试点单位和全市9个县区按照"谁履职、谁公开"的原则，结合"双随机一公开"监管工作（在监管过程中随机抽取检查对象，随机选派执法检查人员，抽查情况及查处结果及时向社会公开），依法及时主动向社会公开有关行政执法信息，全力打造阳光政府，自觉接受群众监督。

2017年8月，南昌召开全市行政执法公示制度、执法全过程记录制度、重大执法决定法制审核制度试点工作动员部署会，提出在行政处罚、行政许可、行政检查、行政收费中开展行政执法公示制度试点，全市40个行政执法部门均被列入试点单位。同时，该市9个县区也各自制订了相关工作方案。

行政执法公示主要包括事前、事中、事后3个阶段，即加强事前公开，公开行政许可事项、随机抽查事项清单、行政事业性收费清单、执法人员信息、执法权限、执法依据及程序等；规范事中公示，行政执法人员执法时应佩带或出示执法证件，出示执法文书，服务窗口应明示工作人员岗位信息；推动事后公开，如行政处罚应公开被处罚人名称、主要违法事实、行政处罚的种类和依据、履行方式和期限等，对行政许可则公开行政许可决定的文号、设定依据、项目名称等。

据了解，作为行政执法公示的"先行军"，南昌市直40个试点单位和辖区9个县区全部建立了"一单二库一细则"，即随机抽查事项清单、检查对象名录库和执法检查人员名录库、制定随机抽查工作实施细则。同时，按照"谁办案、谁录入、谁负责"的原则，及时将行政处罚案件录入全省"双随机一公开"行政执法监管平台，并将行政处罚信息制作成信息摘要在本单位官方网站上公示。

2017年度下半年，南昌市直40个试点单位运用"双随机一公开"行政执法监管平台共执行检查计划113次，公开检查结果822次，办理执法案件1 071件；全市9个县（区）共执行检查计划144次，公开检查结果718次，办理执法案件3 584件。

南昌市政府法制办主任涂仕华认为，行政执法公示制度把行政权力置于阳光下"晾晒"，使行政执法各个环节实现阳光操作，有效防止了行政不作为、慢作为和乱作为。同时通过公示，让公众特别是被执法对象清楚明白其执法依据，既保障了群众的知情权，畅通了投诉举报渠道，又能有效防范行政执法人员"权力寻租"。

资料来源　黄辉. 在阳光下"晾晒"行政权力［EB/OL］.（2018-05-11）［2018-08-07］. http：//legal.people.com.cn/n1/2018/0511/c42510-29979572.html.

讨论：

1. 应如何看待南昌市公示制度的出台？

2. 为什么要在阳光下"晾晒"行政权力？

3. 南昌模式有哪些可借鉴之处？

资料阅读8-1　　资料阅读8-2　　资料阅读8-3　　资料阅读8-4　　资料阅读8-5

第九章

行政伦理

本章提要

（1）行政伦理概述；（2）行政组织伦理；（3）行政人员伦理；（4）行政伦理建设。

导读

光明网评"警务人员盗卖个人信息获刑"：内部人必须严防

据媒体报道，四川省雅安市雨城区刑警大队法医庞某使用民警数字身份证书、德阳市中江县交警大队辅警黄某某用其他民警的数字身份证书，非法获取个人信息并出售。

达州市中级人民法院公开审理后，依法做出二审判决：将庞某改判为有期徒刑4年；将黄某某改判为有期徒刑3年6个月。

我们从审理的相关细节可以看出内部人获取信息的便利程度。相较于各行各业零星掌握的个人信息，公职人员所能接触到的个人信息无疑更为全面，也更为敏感，更加关切一个公民的核心权益，可见管理之松懈及可能延展出的风险程度。

此类事件绝非个例。2018年3月，江苏省泰州市海陵区人民法院开庭审理了一起侵犯公民个人信息罪的案件，涉案人员系两名辅警。被告人通过内部系统查询，获取公民个人汽车信息5 000多条，非法获利2.5万余元。2018年3月，南京市中级人民法院判处机关干部刘某有期徒刑4年，并处罚金9万元。刘某利用职权非法获得公民个人信息，转手出售，总数超过82万余条……

从现实看，对个人信息泄露的防范，仅盯企业是远远不够的，已曝光的案例表明，公职人员等内部人泄露个人信息的情况多发。同时，从案件过程看，几乎没有制度阻力，不少案例甚至呈现了同一群体、同一手法等类型化状态。在司法审判的梳理中，可以看到公职人员泄露的信息经常是信息泄露系列链条的上游。

考虑到内部人接触个人信息的便利程度、可能产生危害的风险程度，以及内部人违法对公职机关的行政伦理及公信力的伤害，法院应当对相关案件严罚重判，产生足够的震慑力。

行政伦理中必然包含行政职业道德：同公共行政职业相联系的、用以调整行政领域中人与人之间关系的道德原则和道德规范，其核心在于处理公共利益和个人利益之间的关系。遵纪守法是公务员履行义务的保证。作为普通公民，公务员必须像其他人一样遵守宪法和法律；作为国家工作人员，公务员更应当成为遵守法律的模范，努力做到在法律面前人人平等。如何用制度规范公权力是行政伦理必然要考虑的问题。

资料来源　佚名. 警务人员盗卖个人信息获刑，内部人必须严防［EB/OL］.（2018-11-15）［2018-11-19］. http://guancha.gmw.cn/2018/11/15/content_31976228.htm.

第一节　行政伦理概述

行政伦理（administrative ethics）又称公共行政伦理，是关于调整行政主体（包括行政人员与行政组织）之间以及行政主体与行政相对人之间相互关系的行政行为规范的总和，也是关于政府及各行政组织和个人在公共行政活动中的行为道德规范、行政伦理制度、价值观念模式的总概括。行政伦理是行政权力的重要制约机制之一，也是公共行政学的一个重要内容。

一、行政伦理的兴起

行政伦理的研究在西方国家特别是美国有着悠久的历史。行政伦理是行政学与伦理学跨学科发展的成果。共识最多的观点认为其形成于20世纪70年代的美国，是源于美国社会内部的各种利益冲突、觉醒的大众民主意识、政府行政改革的需要和伦理价值观念的嬗变。

正如从行政学到公共行政学，再到公共管理学的发展一样，行政伦理学得到人们的重视并成为一门学科，也经历了一个发展过程。

（一）行政伦理研究的萌芽阶段（19世纪80年代末—20世纪20年代末）

在行政学的早期阶段，行政学主要关注行政的科学与效率，即行政的工具理性和技术问题，而以价值理性和价值问题为宗旨的行政伦理问题被忽视。最早意识到行政伦理的是英国学者伊顿。1880年他在《英国公务员考试》一文中明确提出把公务员改革作为一项基本道德行为。他主张不仅把公务员作为公共事务的指导者，而且应作为国家政治公正和道德风尚的检验和标志。与此同时，美国著名的行政学家、政治家伍德罗·威尔逊于1887年发表了《政治学之研究》，提出"政治行政二分法"，其重点是论述美国建立行政学的重要性，意义在于追求效能、效率及经济利益的最大化。但也能从中看到美国当时文官制对行政伦理的影响，他认为："文官制度将通过替公共机关树立起神圣尊严，使公共机关这个机构作为一种途径更加被公众所依赖，从而使官场生涯中的气氛得到澄清；还通过使机关变得公正不阿的办法，来开辟一条机关公事公办的道路。"[①]后来，古德诺在《政治与行政》中进一步阐述了政治与行政的区分，主张政治是国家意志的表达，而行政是国家意志的执行。虽没直接论述行政伦理，但为了防止在文官官职中的"政党分肥

---

① 方赔岩. 西方行政思想史［M］. 厦门：厦门大学出版社，1993：102.

制"，他主张对文官制度进行改革，对文官的考试实行公开竞争。"公开竞争"具有公正、透明性等道德的含义。

从以上论述中可以看出，在这一时期，早期的行政学开拓者所关注的热点和难点是公共行政的制度建设和政府效率问题，而非行政伦理问题。他们在论述公务员制度改革问题中涉及行政伦理问题，并认为行政伦理对提高政府效能发挥重要作用，却没把行政伦理作为研究的重点，只是暗含在其中。伦理、道德等价值因素在公共行政中的作用遭到忽视，此阶段是行政伦理研究的萌芽阶段。

（二）行政伦理研究的初步发展阶段（20世纪30年代初—20世纪60年代末）

随着西方行政学的进一步发展，专家、学者们对行政伦理问题进一步关注，他们从多视角对行政伦理进行讨论。20世纪30年代，他们首先从公共行政责任的论述来阐述行政伦理问题。1936年，高斯、怀特、狄莫克合著《公共行政新领域》一书。高斯主张行政官员拥有相当大的自由决定权，提出行政官员向谁负有自由决定权的责任和自由决定权的裁决责任等；狄莫克看到行政官员的自由决定权相对于法院和立法机关的权力而言已经增长，并预言将保持增长趋势。他们都主张允许行政官员拥有更大的自由决定权，但不能放任其任意膨胀，主张要对其加以控制，但控制方式有所不同，有的主张"外部控制"，有的主张"内部控制"。高斯认为"内部检查"是由义务构成，判定公共官员义务的标准是"他们的职业标准和理念"。这个标准就是道德因素。他们对行政伦理研究的萌芽阶段的公共行政核心价值——效率的合法性进行了抨击。狄莫克认为应该重视以原则和价值为内容的行政哲学的研究，并指出拓宽行政哲学的必要性。由此可以看出，行政伦理已经受到重视并将受到更多的关注。后来，许多学者从多方面对行政伦理所涉及的内容和范围进行讨论，包括从内涵、方法和政治制度价值方面等。

（三）行政伦理研究的成熟发展阶段（20世纪70年代初至今）

从20世纪70年代开始，行政人员自由裁量权的存在和行政职业角色的重新定位，使以价值中立的眼光审视行政执行的思维定式开始动摇，行政伦理的研究到了成熟发展的阶段，尤其是行政伦理学会组织的出现更是进一步推动了行政伦理研究的发展。

20世纪70年代，人们对行政伦理进行了进一步研究。斯科特（Scott）和哈特（Hart）认为在对行政组织的调查过程中，过分注重对事实的调查研究，这种"忽视形而上的推论"必然导致行政危机。因此他们主张抛弃实证主义，注重对行政官员和行政组织进行价值研究。由约翰·罗尔斯（John Rawls）倡导的社会平等已变成新公共行政运动的核心道德概念。哈特认为公平理论赋予现代公共行政伦理的内容将有效地指导行政官员的行为，不仅明确了官员及组织的行为应保障公民基本平等自由权的实现，更明确了他们有责任和义务为最少受惠者获得服务而进行各种努力。由此可见，社会平等成为行政伦理的重要价值之一。罗赫尔（Rohr）通过把行政自决权作为研究行政伦理的起点，将美国历史作为他讨论行政伦理标准的理论基础，倡导行政伦理以美国政治传统的"制度价值"为中心，因为这些都可以在公共官员的誓言中遵守，都可以在由美国最高法院解释的美国宪法中找到。

从政治实践的角度看，"水门事件"成为行政伦理学产生和发展的关键推动力。1974

年，美国国会启动了对尼克松总统进行弹劾的程序，参议院总统竞选活动特别委员会委托美国公共行政学会专门小组研究"水门事件"。研究小组在权威研究报告的结束语"伦理和公职"中指出，报告的大部分内容已间接或直接涉及公共服务中的伦理主题，"水门事件"直接推动人们对政府作用和责任的重新认识。报告还建议美国政府采取有效措施，切实加强行政伦理建设。研究小组从行政伦理角度研究"水门事件"的报告，对美国行政伦理建设发挥了重要作用，直接推动了卡特政府于1978年提交并通过《美国政府伦理法》。根据《美国政府》伦理法，联邦政府设立伦理办公室，并颁布了《美国行政官员伦理指导准则》。

20世纪后期，新公共行政运动以及后来的新公共管理运动全面发展，极大地开拓了行政伦理学的研究思路，对行政伦理研究走向成熟具有越来越重要的意义。

二、行政伦理的含义

行政伦理的内涵非常丰富。西方学者对行政伦理内涵的界定众说纷纭，从不同视角进行解说，主要体现在公共利益、公共管理、公共权力、公共责任、公共价值等方面，把握这些内涵，是深入理解行政伦理的基本。

1.行政伦理是对公私利益的权衡

从本质上讲，行政伦理体现为一种特定的公共利益观念，这种观念的出现是公共权力产生和发展的结果。社会分工带来了国家公共权力的出现，原始社会无公私之分的伦理崩溃，社会的利益结构和权力结构发生改变，个人利益和公共利益的矛盾出现，在此基础上的权力分化又导致了人们行为规范和社会伦理观念发生了深刻变革。

西方学者把行政伦理看作公共道德的一部分。沃尔多认为公共道德是为"范围更广泛的'全体居民'而不是自我、家庭、小集体或一帮人的利益服务"[①]。国家作为公共权力主体，就必须遵守这种公共道德并维护这种公共伦理规范，国家机关和行政人员应当是公共利益的信托者。但是由于社会分工和国家自主性的作用，行政主体可获得相对公共利益的自主性利益，于是，国家机关和行政人员在面临公共利益和特殊利益时会产生冲突，所以伦理道德的选择成为一个难题。维护公共利益是行政管理的最根本的伦理要求。马克思在论述行政责任时也指出，行政责任就是一些行政人员决心牺牲私人利益以便执行立法政策，行政伦理包含职业道德因素的责任，个人利益要服从全体公民利益和社会利益，为公民和社会谋取福利是行政人员义不容辞的责任。因此，行政人员如何权衡处理公共利益和私人利益的问题，是行政伦理的一项重要内容。

2.行政伦理是对权利和义务的规范

行政伦理作为公私利益的权衡的道德标准，是由众多因素组成的，其中最基本的因素便是权利和义务关系。伦理道德意义上的权利和义务关系是相互分离的，履行这种道德义务是无偿的。"义务是一种行为方式，它要求最妥善地使用个人的地位以谋求集体的利益。"[②]由于公共利益至上性，在各种道德义务发生冲突时，行政主体往往需要牺牲其他道德义务而保全行政道德义务，从而保证社会公众享有其权利。因此，行政主体必须以义务为本位，履行其公共责任，这是由公民的权利本位反向决定的。虽然对于行政主体而言可能要做出一些牺牲，但是作为补偿，行政主体也会得到某些特殊的权利，如公务人员的

①　TERRY L. Cooper handbook of administrative ethics［M］．New York：Marcel Decker Inc.，1994：64，111，199.
②　葛德文．政治正义论［M］．何慕李，译．北京：商务印书馆，1980：12.

身份、地位和工作条件保障等，这样看也体现了权利和义务的一致性。因此，行政主体必须对这种特殊的权利和义务有着清醒的认识，这是行政伦理的基本要求。

3.行政伦理是对行政权力的约束

行政权力作为一种公共权力，在其分配和行使的过程中很容易被人们用来谋取私利，而为了避免行政管理过程中这种权力滥用、以权谋私的行为，必须制定一套行之有效的行政权力约束机制。完善的行政权力约束机制包括自律和他律两种基本类型，即一方面要依赖行政主体自身的约束，另一方面也需要行政客体及其他权力主体的监督和制约。行政伦理属于行政权力的自律机制，即行政权力的内在约束机制。当今社会强调法治行政，作为行政权力的外在约束机制虽然必不可少，但同样需要行政伦理这种内在约束机制的配合。

行政伦理作为一种内在约束机制，不仅可以加强行政权力的制约，还可以作为一种观念力量提高行政权力的合法性。行政伦理对行政管理的公正公平、廉洁高效起着至关重要的作用，这在很大程度上影响了公众对行政权力的认同与支持，使政府在人们心中树立起良好的形象，获得社会的支持与服从。

4.行政伦理是对公共价值的衡量

在现实生活中，不同的利益主体都会从自己的利益角度出发做出价值判断，但行政的公共性决定了行政主体必须树立公共价值观，把公共利益放在首位。从主体上看，行政伦理包括两个层次的含义，即行政人员伦理和行政组织伦理。从完整意义上讲，行政伦理是对整个公共行政的价值观念体系的衡量，它包括行政人员的个人品德和行政职业道德，以及行政组织中制度、程序及制定公共政策的价值导向。

5.行政伦理是对行政文化的体现

行政主体持续的道德积累可以形成一种伦理风尚，也可以造就一种行政文化。行政文化包括人们对行政体系特定的态度、情感、信仰、价值观念，以及人们所遵循的行政习惯、传统和规范等。作为一种特定的文化现象，行政伦理是在行政环境、行政体制及其运作背景下，通过特定的心理定式、文化积淀和潜移默化所形成的道德意识、道德习惯和伦理传统。因此，行政伦理是对特定行政文化的体现，会随文化的变化而变化，必须以发展的眼光看待。

三、行政伦理关系

从总体上看，行政伦理关系是指行政主体之间以及行政主体与外部环境之间相互作用而形成的具有善恶意义的社会关系，它与行政管理活动密切相关。行政伦理关系是以行政组织及其成员为核心向外辐射的一个复杂的社会伦理关系网络，从理论上把这个复杂的关系网络理清楚具有重要意义。

1.行政人员之间的伦理关系

行政人员之间的伦理关系是以个体为审视视角提出的一种行政伦理关系，包括同级别行政人员之间的关系和上下级行政人员之间的关系。同级别行政人员之间是一种平等合作的关系，而上下级行政人员之间表现为等级递进关系，每一层级的行政人员都有明确界定的权限，并在履行职责时对上级负责。不论何种关系，都离不开行政伦理的调节，需要正确的价值观念予以支持。在日常的行政管理活动中，应该强化行政人员之间的人格平等，这也是现代行政管理理念的需要。

2.行政组织与行政人员之间的伦理关系

行政组织与行政人员之间的伦理关系也是行政伦理中非常重要的一种关系，包括两者之间的诚实与忠诚关系、自主与服从关系、权力与责任关系、权利与义务关系、贡献与地位关系等。这种关系的实质是行政人员的价值判断，行政组织的价值观会取代个人价值观，行政人员把实现组织目标和公共利益作为根本宗旨。在实际生活中，行政组织与行政人员之间也时有冲突和矛盾，行政组织和行政人员在信念上认同"公共性"，但行为上也会表现出"自立性"，既有不道德的行政组织，也有不道德的行政人员。最理想的行政伦理关系是培育良好道德的行政组织和行政人员，使"公共治理"的目标与任务顺利实现，因此树立正确的组织价值观并积极引导、教育其成员是关键。

3.行政组织之间的伦理关系

在行政管理活动中，不同层面的行政组织之间也存在伦理关系问题。行政组织之间分纵向关系和横向关系两种：纵向关系指以隶属关系为基础的中央与地方之间的关系、上下级之间的关系；横向关系是指无隶属关系的部门之间关系和地区之间关系。行政组织之间首先表现为分工协作关系，因此角色定位及各级行政组织的责任、义务与道德的规定性是一个特别需要关注的内容。

4.行政主体与政治主体之间的伦理关系

政治和行政，一个作为国家意志的表达，一个作为国家意志的执行，两者之间存在不可避免的联系。行政部门与政党、立法部门、司法部门之间，公务人员与党派之间等关系必然受到特定伦理的支配。

5.行政人员与社会公众之间的伦理关系

行政人员既从属于他们所任职的行政组织，又从属于一定的家庭、社区、宗教、民族等，他们既是公民的雇员又是公民的一员，必然会存在角色冲突问题。只有通过转换激励公共行政人员维持这两种角色之间联系的方法和机制，政府才能更好地解决这种角色冲突和行政决策困难的问题，而这些离不开伦理的规范。这种伦理关系实质是行政人员的角色定位问题。

6.行政组织与社会之间的伦理关系

行政组织与社会之间的关系研究主要集中于两者外在的权力配置上。在这种伦理关系中，行政组织要担当起更多的社会责任，政府的德行体现在它所担当的社会责任的程度上。只有在这种内在伦理关系的构建中，政府才能找到其准确的价值定位，处理好政府权力与个人权利、政府意志和公众利益、公共政策与社会团体的关系，以实现社会的和谐与公正。

四、行政伦理的理论发展

20世纪后期，新公共行政运动成为行政管理发展史上一个重要的转折点。新公共行政实践中伴随着行政职能的转变，出现新的价值目标和追求，从控制导向转为服务导向，从效率导向转为公正导向，从工具理性转为价值理性，确立了合作与信任相结合的整合机制和德治与法治相结合的约束机制。在新公共行政实践中，旧的行政职能观得以纠正，行政伦理学也得到系统发展，此时的伦理精神主要体现在以下四点：

1.公共服务原则

"权力只有在其（公共服务）功能被充分实现的前提下才是合法的。"[①]公共服务既是现代行政的出发点，也是其归宿点。在以服务为宗旨的行政理念中，行政权力的正当化、合法化的根本途径是满足社会公众的需求。公共行政在公共服务和产品的提供和调配能满足人民和社会的需要时才是有效的行政。公共行政由控制导向转向服务导向，首先要摒弃"主权行政"的观念，以职权与义务取代主权，以满足社会需求为宗旨的"服务行政"，使行政行为的合理性与合法性由此走向民主，以职责和义务取代权力成为公共行政的基础。

2.公平正义原则

公平正义"表现为人们参与某类社会事务的权利、起点、过程与结果分配等诸方面的相对平等。同时，有一套具有强制力与公信力的、明确的法规与政策保障这种平等的实现"。这从某种意义上说就是"平等"，包括社会成员基本权利平等、机会平等，按贡献分配及从社会整体利益出发进行社会调剂。[②]对行政组织而言，公平正义是指其执法活动中要客观公正、在法律规定的范围内。为了能对社会进行更有效的组织管理，立法赋予行政机关极大的自由裁量权，然而一切权力都可能被滥用，这将侵害公民的合法权益。因此，行政组织要做到依法行政，并在其行使权力的过程中做到公平正义。对行政人员而言，公平正义意味着平等待人、公道处事。行政人员在执法和管理的过程中，应平等对待每一位社会成员，不应因身份、地位的不同而有所不同，不应偏袒任何人。同时，行政人员在执法时，要公正处事、依法办事，要出于无私动机和正当考虑，排除私念和特殊利益。这样才能维护大多数人的利益，使广大群众受到公平待遇，实现社会和谐。

3.公共利益原则

卢梭在《社会契约论》中明确指出，"公意"不等于"众意"，社会的公共利益不等于局部某组织或团体的"共同利益"。因此，政府合法性的最根本的依据是是否以公共利益为统治的目的和出发点，是否以促成公共利益的实现和发展为宗旨。公共利益在政府服务中的重要地位是公共服务的核心原则之一，作为行政人员的一种精神追求和信仰，进入其主观责任意识和实践理性，从而成为指导其行政行为的内在和根本的精神动力。公共利益信仰指导行政人员的道德感、正义感和责任感，为行政人员提供一种优先原则，使其在执行政策时优先考虑公共利益，而不是个人利益。

4.依法行政原则

长期以来，我国推行的是以"绝对权力、绝对服从"为伦理的"金字塔"行政模式。"绝对的权力导致绝对的腐败。"作为现代行政的一个基本特征，依法行政是建立合理的政府与社会、政府与市场、政府与公民关系的前提，只有依法行政，才能使权力在阳光下运行。

"依法行政"具有多重含义。首先，从直观意义上看，依法行政是行政人员依据国家法律制度而不是个人的主观意志或偏好进行公共管理；其次，从宪政角度上看，依法行政的着眼点是对行政权力的来源和行使进行限制，实施"有限行政"；最后，从伦理角度上看，依法行政要求行政人员发挥工作积极性、创造性，将依法行政作为一种精神理念予以奉行。依法行政作为现代行政伦理精神，既主张公共行政必须遵守、维护和贯彻宪法和法

①　竺乾威. 公共行政学［M］. 3 版. 上海：复旦大学出版社，2008：299.
②　石国亮. 新公共行政伦理与政府软实力建设［J］. 社会科学研究，2009（2）：70-75.

律，还要求行政人员发挥主观能动性，信奉宪政民主精神，这对维护宪法和法律权威、为全社会做守法表率具有重要意义。

从20世纪90年代至今，行政伦理发展迅速，研究主题几乎涵盖了行政伦理学的各个层面。新公共行政运动更多的是在理论上进行批判，并未发展出真正属于自己的实践方案，缺少可操作性；新公共管理运动的"企业家精神"为我们提供了市场路径。90年代以来，学者们呼唤"公共行政精神"，批判把政府放在与社会的互动中解决公共服务问题，登哈特由此提出"新公共服务"。但无论新公共管理还是新公共服务，服务意识都是行政伦理的核心观点，因此，强化行政组织及其工作人员的服务意识，积极倡导和实践服务精神，正确判断有冲突性的行政主客观责任，合理行使行政自由裁量权，在利益冲突和角色冲突中把握好方向，制度约束和德行激励的构建成为今后行政伦理发展的重点。

第二节　行政组织伦理

从柏拉图到威尔逊，从韦伯到新公共行政学派，人们对行政伦理的研究虽然各有侧重，但主要集中于两大方面——行政组织伦理和行政人员伦理。这两大层面组成了行政伦理的完整结构体系，其意义不容忽视。社会分工使每一个职业都具有特定的行为规范，这种规范通过个人的行为表现出来，但要依靠特定的组织加以维系，组织层面的伦理是无法回避的。

一、行政组织伦理的含义

行政组织伦理是指行政体制、行政领导集团以及党政机关在从事各种行政领导、管理、协调、服务等事务中所遵循的政治道德和行政道德的综合。20世纪80年代以后，组织层面的行政伦理日益受到关注，新公共行政学派关注行政组织的四个基本过程：分配过程（与公共政策相关）、整合过程（主要是人力资源开发）、边际交换过程和情感过程。约克·威尔本（York Willbern）将行政伦理从微观到宏观分成六大伦理层面：对法律的最基本的遵守与忠诚、利益冲突问题的伦理、服务取向和程序方面的伦理、有关民主责任的伦理、政策制定的伦理、妥协与社会整合的伦理，其中，前三项偏重行政人员伦理，后三项偏重行政组织伦理。

行政组织和个人是高度相关的，不能割裂开来。行政组织作为一种集体性的文化、一种精神现象，影响着个体行政人员的道德心理和行为；反之，行政人员个体的伦理观念和行为也直接影响着组织的技术结构和社会结构。人们在行政组织内部经历的责任、利益冲突不应该以个人独有的方式解决，行政人员对公共利益负责的一般行为过程一定是受制度化的政策指导，而且这些政策也应该是实施和强化对公共服务价值的规定，做出这些政策指导和制度规定的便是组织。

特里·L.库珀在《行政伦理学：实现行政责任的途径》中指出，在公共组织中保持负责任的行为一般有两种方法：内部控制和外部控制。一旦发现伦理越轨行为，一种方法是采取新的立法、制定新的规则或者颁布新的制度、重新安排组织构成、建立新的组织，以更加严格地监管下属组织。这属于外部控制，即试图通过外在因素强行对行政人员个人进行控制。另外的方法是通过训练和职业性社会化过程来培养和强化行政人员的职业价值观和职业水平，这属于内部控制，因为其是由一系列行政人员自身的价值观和伦理准则组成，并且想要在缺乏规则和监督机制的情况下鼓励从事合乎道德规范的行为。

二、行政组织伦理的内容

行政组织伦理主要包括两大层面，即制度层面的伦理和政策层面的伦理。制度层面的伦理和个人伦理之间的桥梁是职业规范。职业规范既是一种个人道德，又意味着规范体系、程序和奖励结构。政策层面的伦理和个人伦理之间的桥梁是价值观。人类价值活动主要表现为判断、预测、选择和导向功能，判断和预测体现在个体层面，选择和导向通过组织政策而实现。由此，我们对行政组织伦理的两方面内容分别加以论述。

（一）组织制度伦理

作为行政组织伦理的一个重要层面，组织的程序与制度伦理内容非常复杂，主要概括为以下内容：

1.程序公正

程序公正是行政伦理的基本原则。在行政管理过程中，政府的活动是提供公共产品和服务，这就需要赋予其足够的权力和权威，那么，权力的价值就有可能超越服务的价值，导致目标置换现象的发生。因此，为了避免行政目的的扭曲、行政人员的腐败，程序公正成为行政道德的基石和行政伦理的核心之一。

2.民主责任

现代政府是责任政府，更是民主政府。行政责任既体现在政治方面，又体现在道义方面。科学民主地确立责任是政府能否对社会进行良好治理的关键。民主责任不仅体现在政府治理的合法性、透明性、回应度、有效性上，还体现在不同社会价值之间的协调与整合以及社会可持续发展上。行政组织如果不落实民主责任，就缺乏伦理资源和道义支持。

3.组织信任

信任是合作的前提，是组织有效活动的基础。组织信任包括组织内部信任（组织内部的人、群体、组织机构之间的义务关系）和组织外部信任（行政组织与公民的义务和期望关系）两大方面。组织内部信任是行政管理成功的保障，也是政府赢得公民信赖的前提。组织外部的信任表明政府的合法程度，反过来影响行政权力运行的成功。

4.制度激励

行政组织伦理还体现在制度激励上。作为伦理问题的制度激励，主要体现在人本主义的价值观上。这需要解决两方面问题：一是如何实现组织需要与个人需要之间的平衡；二是怎样处理效率与公平之间的关系。这就需要组织建立一套制度激励机制和约束机制，以达到个人利益与公共利益的和谐、个人理性与集体理性的一致。

（二）公共政策伦理

公共政策伦理既包括政策目标之中的伦理，也包括政策手段上的伦理。政策选择包括利益的选择和价值的选择，在利益资源匮乏的情况下，价值就显得尤为重要，它是资源分配指导原则的核心。从价值意义上讲，公共政策伦理就是公共利益和个人偏好之间关系的伦理。因此，在公共政策的选择中，人们在相当程度上受到各种伦理观念的影响，由此产生不同的个人偏好。涉及公共政策选择的伦理观主要有以下几种[①]：

1.功利主义

从哲学上讲，功利主义是一种目的论，根据行为后果的效益来评价行为，强调人们行为的结果而非动机。功利主义的其原则是利益至上，认为只有为最大多数人谋取最大利益的政策才是正确的。

2.普遍主义

普遍主义是一种义务论，强调动机的意义，认为道德评价的标准主要在于决策或行动的意愿。其原则是每个人的行动应保证其他人在同样条件下做出同样的选择，认为只有保证人们义务一致性的政策才是正确的。

3.公平正义论

这是一种修正了的义务论，强调普遍化的单一价值，认为伦理标准以公平的第一性为基础。公平正义论提出，公共政策就是要使利益的分配更加公平，尤其注意保护弱者，只有能够保证公平分配的政策才是正确的。

4.个人自由论

个人自由论反对公平正义论，认为第一性的价值是自由。个人自由论提出，公共政策要保证个人行动有更大的自由，只有保证社会上所有成员获得充分自由行动权利的政策才是正确的。

对于公共政策究竟选择何种伦理观为基础，罗尔斯提出"公共理性"的观念。在自由民主的社会中，公共政策制定并非完全遵循某种单一的伦理观，而是各种政治价值和政策伦理观在民主制度下共同协商的结果，公共政策的伦理价值体现了一种民主精神。

三、行政组织伦理建设的模式

美国学者何吉卡·艾肯斯（Hejka Ekins）概括出四种行政伦理建设模式，并从五个方面将它们进行对比（见表9-1）。在理论分析焦点上，分为个体、个体与组织；在伦理建设方法的特点上，分为法律性、规范性、二者兼有、二者兼有但更具规范性；在教育培训预期结果上，分为行为合法性、行为合伦理性、二者兼有、二者兼有但更具行为合伦理性；在培训内容上，分为伦理性法律规章和制度、伦理标准和合伦理的决策、二者兼有、二者兼有但更重伦理标准和合伦理的决策；在教育模式上，分为单边教育、综合教育、二者兼有、二者兼有但更重综合教育。

表9-1　　　　　　　　　　　　　**四种行政伦理建设模式的对比**

模　式	服从模式	诚信模式	融合模式	整合模式
理论分析焦点	个体	个体	个体	个体与组织
伦理建设方法的特点	法律性	规范性	二者兼有	二者兼有但更具规范性
教育培训预期结果	行为合法性	行为合伦理性	二者兼有	二者兼有但更具行为合伦理性
培训内容	伦理性法律规章和制度	伦理标准和合伦理的决策	二者兼有	二者兼有但更重伦理标准和合伦理的决策
教育模式	单边教育	综合教育	二者兼有	二者兼有但更重综合教育

资料来源　竺乾威. 公共行政学［M］. 3版. 上海：复旦大学出版社，2008：313.

---

① 张国庆. 公共行政学［M］. 3版. 北京：北京大学出版社，2007：478.

哈特卫格曾于1980年提出两个假设：盛行权威管理风格的"X理论"组织倾向采用法律主义的方法解决伦理问题；以参与管理为主导的"Y理论"组织更倾向于采用"诚信伦理学"（哈特卫格称之为"人际伦理学"）解决伦理问题。何吉卡·艾肯斯认为要根据行政组织封闭或开放、官僚或民主，选择不同的组织伦理建设模式：（1）服从模式——行政组织封闭、官僚化；（2）诚信模式——行政组织开放、民主、灵活；（3）融合模式——行政组织兼有官僚制和民主制两方面特性；（4）整合模式——韦伯所说的"理想类型"。

第三节　行政人员伦理

一、行政人员伦理的含义

行政人员伦理就是公务员的行为规范伦理，是指国家公务员在行政管理工作中的行政道德意识、行政道德活动以及行政道德规范现象的总和。行政人员伦理是行政伦理的关键组成部分，具有主观与客观、美德与公德、自律与他律相统一的基本特征。

行政人员的伦理道德分为行政人员的个人品德和职业道德两个方面。

对于行政人员个人品德而言，保罗·阿普尔将其分为思想态度和思想品德两方面。思想态度就是行政人员在从事行政管理活动中的职业理想和职业态度问题，它反映了行政人员的个人偏好、情感、价值观，以及在工作中的敬业精神、公仆观念和对服务对象的敬重程度。思想品德是指行政人员较为稳定的道德意识和一贯的心理性格特点，主要指乐观的态度、舍己利人敢于牺牲的勇气，以及乐善好施、仁慈公正的美德等。行政人员的个人品德与行政管理体制结合起来，培育、决定并促进了公共道德。

对于行政职业道德而言，其主体则是相当数量的个人所组成的群体。所谓职业道德，就是从事一定职业的人们在特定的工作中或劳动中行为规范的总和，它的产生是社会分工的结果。从20世纪开始，行政管理的职业化倾向越来越明显，人们对行政职业道德的认识也不断深化，主要包括奉公、守法、忠诚、负责等。行政职业道德是行政人员的伦理道德迈向行政组织伦理道德的过渡，其连接点便是责任。

二、行政人员的行政责任

行政人员既有责任又有义务，责任是行政伦理的关键性原则之一。1999年7月12—15日，英国文官学院召开国际行政学会第一次专门国际会议，其主题是"公共行政责任：协调民主、效率和道德"。大会分4个主题详细讨论了责任在政治组织和行政人员中的重要意义：一是责任与民主——满足政治权威和公民的需求；二是责任与效率——正规控制和绩效管理；三是责任与道德——伦理价值和法律程序在提高道德标准上的作用；四是政府各层面的交叉责任——全球化与非集权化。[1]这4个主题的内容可分为两个方面——主观责任和客观责任。库珀在《负责任的行政人员：行政角色伦理探索》一书中，分别从这两个角度阐释了行政人员责任的内容。

---

① 夏书章. 行政管理学 [M]. 4版. 北京：高等教育出版社，中山大学出版社，2008：308.

（一）主观责任

主观责任是植根于行政人员对忠诚、良知和身份的认同而产生的伦理信念，是行政人员对责任的情感与信念，与自认为应为之负责的事务有关。履行行政管理角色过程中的主观责任是职业道德的反映，这是通过个人的经历而建立起来的，源于行政人员在社会中的多种角色规范的整合。主观责任可以概括为三个层次：

1.政治意识形态层次

政治意识形态的抉择居于主观责任的核心地位，制约行政人员对国家政治生活的基本看法和价值界定。对于掌握国家权力的行政人员来讲，"公共"观念是最重要的意识形态理念，只有在公共观念的基础上，才能保证对公共权力的合理公正的使用，从而保证公民对国家权力公信力的信任。

2.政治价值观层次

政治价值观是指行政人员对政治问题的基本看法，包括他们看待、评价某种政治体系及其活动的标准，以及由此形成的政治主体的价值观念和行为模式的选择标准。一方面，行政人员总体上存在基本一致的政治价值观，直接影响其政治信念、信仰和态度；另一方面，这些价值观影响着行政人员的政治行为。

3.行政心理层次

行政心理是行政伦理的深层因素，主要指行政人员在日常工作中对具体的行政组织、行政人员以及行政事务的具体看法和态度。这些看法和态度不仅受意识形态和价值观的制约，还受民族历史、文化、风俗、习惯和信仰的影响，不同的行政个体的心理状态不同，因此对其履行行政责任产生的影响不同。

（二）客观责任

客观责任是指那些由外在于责任主体的社会、组织或他人，通过法律和道德舆论的形式所施加的、要求责任主体务必承担的义务和责任。客观责任几乎完全源自行政人员的行政管理者身份这一角色，从内容上也可划分为三个层次：

（1）行政人员最为直接的责任是对所在组织的上级负责。行政人员必须贯彻上级的指示，汇报任务的执行情况或工作目标的达成情况，同时为下属的工作情况承担领导责任。

（2）行政人员要对法律、公共政策负责。行政人员必须保证其行为以及资金使用情况与法律和公共政策的意图相一致，行政人员对政策的义务要超过对组织上级的义务。

（3）行政人员的最终责任是对公民负责。行政人员要洞察、理解、权衡并实现公民的意愿、利益、偏好、要求等，有义务向公民报告工作并接受其监督和质询，其行为要符合公民的意志和广大公众的利益。这是最为抽象也是最根本性的责任。

（三）责任冲突

在行政管理的实践中，行政人员通常面临冲突性的责任，会有意、无意地为价值观和原则排列顺序，因此责任冲突既是实践问题也是伦理问题，主要包括以下三种：

1.权力冲突

所谓权力冲突,是指两种或两种以上的权力(如法律、组织上级、人民代表和公众等)所强加于公务员的责任冲突。这种冲突形式大概有两类:

(1)遵守组织决策与公众的期待之冲突。比如SARS爆发时期,某地政府公共卫生部门严密封锁消息,这可能会导致SARS在全国的蔓延。作为该卫生部门一名知情并负责执行的行政人员,是应听之任之还是消极抵抗,或者以公众期待为价值取向而公布于众?

(2)来自两个或两个以上上级的指令且相互抵触时的职责冲突。比如,一位人事干部受命为某处室聘用一位能干的秘书,该处室处长以及厅长极力推荐了一位与他们两个都有亲近关系的女士来。这位女士能力一般,而且按照工作章程并不符合当秘书的条件。这时这位人事干部就会处于两难境地,他到底是按照工作章程的要求去做还是按照上级领导的要求去做?于是他就面临工作章程与上级领导这两种权力所强加给他的责任冲突。假如这位女士被聘用,过了一段时间后,这位女士与处长关系闹僵了,处长要求辞掉她,而她仍与厅长关系很好,厅长却要求继续让她干下去,这时这位人事干部又陷入困境,他到底是按照处长的要求去做还是按照厅长的要求去做?这样他就面临处长和厅长这两种权力所强加给他的责任冲突。

2.角色冲突

所谓角色冲突,是行政人员在行政组织中因扮演的角色不同而涉及的责任冲突。在现实生活中,行政人员承担着许多角色:某部门的主管、某些人的上级、某些人的下级、父母、儿女、配偶、朋友等。不同的角色赋予不同的义务,从而形成角色冲突。最典型的角色冲突形式有:

(1)上级角色与下级角色的冲突。例如,有一位科长,他认为自己科室的下属工作卖力绩效高,应发奖金,但是局长认为工作卖力是下属应该的,不应该给他们发奖金。这样他就处于对下服务与对上负责的两难境地,从而形成角色冲突。

(2)行政人角色与社会人角色的冲突。所谓行政人角色是指行政人员在行政组织中,充当由其职位所决定的应当承担的责任和义务的角色。所谓社会人角色是指一个人无论从事何种职业,是否是行政人员,都要充当作为一般社会成员应当承担的责任和义务的角色。按理来讲,这两种角色不会发生冲突,但是由于局部效益与整体效益、长期效益与短期效益、经济效益与社会效益等有时会存在矛盾,再加上人们认知上的差异,在实际情况中这两种角色往往会发生冲突。

3.利益冲突

所谓利益冲突,是指行政人员公职上所代表的公共利益与其自身所具有的私人利益两者之间的冲突。行政人员作为社会公共利益、社会公共秩序的维护者,需要运用手中的行政权力去履行行政职责,应该具有公共利益至上的精神,在必要时候要做出自我牺牲。但是行政人员作为个人又具有私人权利,也具有追求个人利益最大化的倾向。当公共利益和个人利益相冲突时,行政人员若道德、责任意识淡薄,就会成为追求个人利益的"经济人"而偏离"行政人"的要求,违背自己应该履行的职责。

三、行政人员伦理建设的途径

对于行政人员的控制方式,存在两种争论,即外部控制和内部控制。弗里德里奇认为，现代政府的事务日益繁杂，许多问题的处理无先例可循，上级指示又未必切合实际，因此行政人员在执行公务时要有新意、富有创见，要更多地依靠自己的专业知识和对"公众感受"的个人理解。在各种新环境下，传统的制约机制很难奏效，所以行政人员的专业精神和专业标准应当是监督行政人员行政行为的主要途径，即注重"主观责任感"（subjective responsibility）和"内在制约"（inner check）。与此相反，芬纳主张通过外部的监督来保证行政人员的操守，认为只有通过民选官员对行政部门的监督和控制，才能确保他们对选民即社会大众负责。他着重强调"客观责任感"（objective responsibility）和"外部制约"（external check）。主观责任感就是对自己负责，客观责任感则是向自己的上级或上级部门负责。

（一）外部控制——他律

1.外部控制的内容

外部控制是探讨行政伦理原则、精神和规范如何转化为相应的行政制度形式的问题，实质是行政伦理规范的文献化、法律化和常规化过程。行政伦理制度化的指向是从行政体制本身基本构成方面解决公共行政领域伦理道德价值的实现问题。库珀把外部控制的形式归为两种：法律（行政伦理法）和道德规范，这也是行政人员赖以行动的标准或动机，即他律。

从具体措施上看，外部控制通常包括以下几方面：针对行政人员普遍的伦理立法；对行政人员的道德规范要求；对伦理立法和道德规范实施情况的监督；对伦理立法和道德规范运行环境的建设等。行政人员的责任就是服从外部控制，没有外部控制、外部约束，只依赖行政人员的良知或主观道德责任感，行政人员难免会出现渎职或越权等行为，导致权力滥用。

2.外部控制的利弊

外部控制的优点在于：

第一，为行政人员的行为确立刚性标准。当行政人员对上级的意见持不同看法时，可以对自己的看法做出坚持还是放弃的合理决定；在发生利益冲突时，也可以比较利益的等级做出选择，避免自己的自由裁量成为个人的任意行为。

第二，伦理立法为义务性道德责任的实现奠定基础，它确立道德责任的底线，有制度明确什么是应该做的、什么是不应该做的。外部控制凸显的是行政伦理的底线原则，它是一切公职人员绝不能突破的伦理界限。

外部控制的缺点是：法制的普遍性必然不能解决特殊问题，只能解决一般问题。库珀转引福里茨·莫尔斯坦·马克斯的论述说："即使行政责任在立法决策中获得指导，但法律条文和预算案仍不能概括出具体的行政行为途径。法律从来不能处理具体问题。"因为法律解释本身取决于先前大量判例和解释者自己的知识水平。本意不坏的行政人员容易误解法律，想把政府组织行政人员的明显违法行为举报出来的人也可能会对"法律是否适用某一具体情形"不太有把握。[①]伦理立法是对理想性道德责任的放弃，只是道德规范演化来的规章制度所涵盖的范围，最终必须依赖人的活动才能使其发挥作用。

---

① 库珀. 行政伦理学：实现行政责任的途径［M］. 张秀琴，译. 北京：中国人民大学出版社，2001：138.

（二）内部控制——自律

1.内部控制的内容

在强调法治基础作用的同时，也必须重视伦理道德的作用，加强行政人员的道德教育、约束和考核，使外在约束转变成内在的自我意识，即形成行政伦理的道德自律。只有外部力量的法律约束和内部道德支持的双重作用，才能支撑起良好的行政伦理状况。

新公共行政学派强调内部控制的重要性，他们认为勇气、正直、尊重人类价值等是行政人员最重要的品质。没有基本的对价值的尊重，外部审查或其他制约因素不可能使现代政体中的官僚制权威向人性化方向发展，现代政体的官僚制必须以获得人类尊严为导向，其中起导向作用的不是制度性控制系统的制约，而是内心道德的敏感性。内部控制引导的伦理需要自控者极强的道德自觉和行为自控力。

2.内部控制的利弊

内部控制的优点在于：

第一，在法律制度缺位的情况下，行政人员的内部控制可以发挥作用，行政人员可以求助于内心的伦理规则。

第二，在法律制度存在的情况下，内部控制"有助于产生一个更为负责任的和更具有创新性的官僚制度"。一般来讲，法律制度所确立的责任是最低限度的责任，即使是由依道德规范上升而来的法律制度，也只是就特定的组织的道德规范而言。积极的道德责任要求行政人员超越法律制度对岗位责任的限制和规定，使他们的岗位责任得到充分履行，并在履行过程中，使法律制度得到充分运用和纠正。

内部控制的弊端可用库珀的结论简单描述。在多元的社会中，公共行政人员的价值观也是多元的，很难达成共识，内部控制也不完全可靠。如果行政人员将他的价值观运用到具体问题的决策上，很难保证其不会以自我利益最大化的方式行事，因为价值观是隐秘的；在多元对抗的价值观之间，也存在冲突的可能。

第四节　行政伦理建设

我国行政伦理规范既有行政伦理的一般特性，同时体现出我国的民族性、时代性特征。当代我国行政伦理规范是指执政的中国共产党、国家行政机关及其工作人员在公共行政领域，在实践立党为公、执政为民，在坚持科学执政、民主执政、依法执政，在履行经济调节、市场监管、社会管理、公共服务等职能的过程中所形成的一种应然关系。调节这种应然关系的伦理规范，以及执政党、国家行政机关及其工作人员由于伦理规范的内化而形成的伦理品格与规范行为，显示出我国行政机关及其工作人员的伦理状态。

一、我国行政伦理的理论基础

1.传统思想基础

中国传统社会是一个伦理型社会，伦理思想深厚而广博。当代中国的行政伦理就继承和弘扬了中国传统伦理思想和道德规范，尤其儒家伦理道德观念对国家意识形态、社会制度的影响更是深远。古代伦理准则主要有奉法循礼、仁民爱物、正己修身、忠言直谏、任人唯贤、居以廉平、为官清正等，这些成为古代社会评价官德的普遍标准，并与仁、义、礼、智、信等儒家思想体系相结合，成为统治阶级治理国家的思想工具。优秀的行政道德传统不论在道德评价还是在影响上，对以后的行政道德伦理的发展都具有一定的积极意义。时代在前进，社会在发展，伦理思想作为一种社会意识，也需要发展和创新，更需要批判地继承古代优秀的行政伦理思想，经过"扬弃"为我们所用。

2.当代政治基础

中国执政党——中国共产党及其领导下的中国社会实践总结概括出来的行政伦理规范是当代中国行政伦理的主要来源，包括新民主主义革命以来，每一重大历史时期中国社会和政治领域的实践。第二次国内革命战争时期，以毛泽东同志为代表的中国共产党在革命根据地建设中形成了"三大纪律八项注意""军队内的民主主义"，以及反对个人主义和绝对平均主义的思想。抗日战争时期和解放战争时期，以毛泽东、刘少奇、周恩来为代表的中国共产党人又结合中国革命的实践，对共产主义道德的实质和内容、革命功利主义和人道主义、道德阶级性和全民性、道德教育和道德修养以及道德遗产的批判继承方面展开论述。在社会主义建设时期，我国广泛开展向雷锋、焦裕禄等模范人物学习活动，掀起学习热潮。在改革开放时期，我国提出了以邓小平为代表的解放思想、勇于开拓、反腐保廉、讲政治重法治的理论主张。在全面建设小康社会时期，以江泽民为核心的党中央又提出"三个代表"的重要思想。当前中国社会已经发展到全面决胜小康社会的关键时期，以习近平总书记为核心的习近平新时代中国特色社会主义新思想对中国共产党及社会发展又提出了更高的要求。这些都是当代行政伦理的政治基础。

3.现实动力基础

自改革开放到现在，是近代中国发展最好的时期，也是新型伦理局面予以提升的时期。在这一时期，从执政党到政府机构，再到整个社会，都处于从传统到现代的转型期。既以经济的急速发展为中国"现代"行政伦理奠定了坚实的物质基础，也以民族精神状况的改善为官员和民众的德行提供氛围条件，更以国家—社会—市场的积极互动为转型提供了宽松的道德转型环境，由此带来了一个从信念伦理到责任伦理、从理想主义到现实主义、从单一伦理到多元规范的全新状态。这就决定国家行政机关及其工作人员应积极运用手中的权力谋取公共福利，并逐渐意识到限制权力、保证公权公用的重要性。反腐保廉双向展开的行政伦理建设，为基于内部控制的传统道德教育转为法德共治的现代行政伦理提供了现实动力。

二、我国行政伦理失范及其原因

公正、廉洁、高效是行政管理所追求的目标，然而在现实的行政管理活动中，往往出现目标的偏离，其中行政伦理失范是重大难题。行政伦理失范也是行政管理中腐败滋生的重要原因之一，弄清失范的原因并有效地预防和克服是实现行政管理目标的必要前提。

（一）行政伦理失范的表现

从本质上讲，行政伦理失范是行政权力的一种异化现象。行政权力本来是一种公共权力，其所追求的目标是一种公共利益。然而，在公共权力的实际运行中，由于行政主体具有双重人格，当公共利益与私人利益发生冲突时，行政主体往往会置行政伦理的规范和原则于不顾，导致损害公共利益的现象时常发生，公共权力成为满足私利的工具，这种情况就叫行政伦理失范。

如果根据实际表现进行归纳，当代中国行政伦理失范的具体表现形式可以归结为七大类：（1）经济类失范，如贪污挪用、行贿受贿、违规经商、隐匿财产等；（2）政治类失范，如官僚主义、权力寻租等；（3）组织人事类失范；（4）失职类失范；（5）侵犯公民权利类失范；（6）违反社会公德类失范；（7）违反社会管理秩序类失范。

（二）行政伦理失范的原因

行政伦理失范的原因很复杂。从行政权力体系内部来看，有作为行政主体的行政人员方面的原因，也有行政组织方面的原因，还有行政制度与体制方面的原因。从行政权力体系外部环境来看，有现实的原因，也有历史的原因，涉及社会、经济、文化的各个方面。然而在这些原因的背后，还蕴藏着更深层次的原因，那就是行政伦理自身所固有的困境。

1.行政人员的角色冲突

行政伦理的根本问题在于对公私关系的处理上。自从行政管理的职能从社会中脱离出来，就产生了角色冲突问题，担任公职的行政人员在公私利益面前时刻面临着道德选择。行政人员具有双重人格，即个人人格和行政人格。行政人员具有个人人格，也就是具有"经济人"的属性，具有通过行政职位追求自身利益最大化的要求。同时，作为社会中的个人，行政人员也扮演着不同的社会角色，这些角色要求使他们面临着伦理抉择。行政人员的行政人格又特别要求行政人员具有合乎行政行为准则的行为能力，同时必须具有为自己的行为承担后果的责任能力，要求最大化地代表公众意志、维护公共利益、扮演好人民公仆的角色。"现代社会的多元性特征以及由后现代状况的煽动所引起的对差异性的武断论述则立即暗示了个人利益和组织利益之间的冲突将会出现。"[1]行政人员在不同的角色转换中，由于权力带来了不寻常的机会，导致为个人利益而滥用政府资源的现象。

2.集体行为与个人选择的冲突

命令结构要求指挥统一、下级要服从上级、遵守组织纪律、忠于职守、保守秘密等，这是行政组织集体行为的逻辑。按照这个逻辑，个体成员必须服从命令。然而，组织所做的决定并非总是正确的，可能会背离普遍伦理，也可能出现决策失误，还可能出现命令相互冲突的现象。如果行政人员从个体的道德责任出发反对错误的集体行为，就会出现集体行为和个人选择的冲突。此时，当个体服从于集体，只是简单按照上级命令行事，就会造成集体的、合理的行政伦理失范，也是一种对公共权力可怕的侵蚀。

3.行政权力的代表性与自主性的冲突

由行政人员的角色冲突我们可以发现，行政主体如果在社会结构中没有相对独立性，就很难克服角色冲突带来的困境；从集体行为与个人选择的冲突可得知，行政主体个人的独立意志和服从行为本身存在二律背反。这些问题就在于行政权力自主性与社会利益代表

---

① 库珀. 行政伦理学：实现行政责任的途径 [M]. 张秀琴，译. 北京：中国人民大学出版社，2001.

性之间的关系处理。如果行政主体与社会之间的联系是在自主性的基础上由第三者来实现的，那就有可能实现自主性与代表性的统一，也就是所谓"公正"的含义。但问题是行政权力避免不了与社会的直接接触。如果行政主体与社会中的集团或个人发生关系的过程中不能实现公平，那么这种冲突就不可避免。

但是，按照传统的行政学，自主性还意味着政治与行政的二分状态，也就是政治中立，这是一种"官僚制伦理观"。公众把权力赋予行政主体，让他们代表公众，按照公众的意愿独立行事。但是，按照理性选择的逻辑，因为存在行政主体福利最大化问题，行政主体可以独立行事，但未必总是按照公众意愿，于是又造成行政权力自主性与代表性的冲突。可见，问题关键是如何控制行政权力，保证行政主体具有民主精神的伦理道德，并贯彻到行政管理活动中，而不是让行政权力远离民主政治。这是一种"民主制伦理观"。

行政权力的代表性与自主性的冲突隐含着政治与伦理之间的冲突。"政治是一个权力王国，充满了实在的方案；伦理是一个纯粹原则的王国，由道德责任所支配。"[①]政治与伦理的冲突意味着伦理对政治的双重要求：既需要实在的方案，又需要普遍的原则。这就需要进一步从目的和手段上分析。

4.行政管理目的与手段的冲突

实现行政管理的目的是行政管理的根本任务，但是在行政管理活动中存在许多不道德的手段，并且被冠以追求公共目的的美名，这种不道德的手段被人们形象地称为"肮脏的手"（dirty hands）。行政人员利用"肮脏的手"追求私人利益显然是一种不道德、有悖伦理的行为。然而更困难的问题是，行政管理活动中人们常常为了非私人目的而使用"肮脏的手"。"肮脏的手"的出现是支配性的善和公职的傲慢在起作用，是政治理性以合理方式推翻最严肃的道德思考所致，即政治目的远远高于道德考量。"肮脏的手"的存在是由行政主体内部、行政客体内部以及行政主客体之间的矛盾所决定的，而行政主客体之间的矛盾在于行政主体的自由裁量权和行政客体的自由权利之间的冲突。此时，作为行政目的的行政客体的自由权利变得微乎其微，而作为行政手段的行政主体的自由裁量权却变得无限扩大。我们要深入思考和解决关于自由裁量权的行政伦理问题。

三、国外行政伦理建设的经验

当今一些发达国家随着民主意识和责任行政意识的增强，比较注重通过行政伦理的合理构建，增强对行政人员的激励和制约，以求建立公正、高效、廉洁的行政管理体制。这对我国的行政伦理建设具有重要的启迪和借鉴意义。

1.确立行政伦理核心价值观

行政伦理的价值理念是指导行政机关及其工作人员进行公共政策决策、行使公共权力、调节利益冲突所依据的基本价值尺度和行为准则，在行政伦理的实践中具有决定性的意义，也是行政伦理建设首先要确立的核心问题。表9-2反映的是西方国家公共行政伦理的核心价值观。

---

① DENNIS F. Thompson，political ethics and public office ［M］. Cambridge：Harvard University Press，1987：1.

表 9-2　　　　　　　　　　　　　　西方国家公共行政伦理的核心价值观

澳大利亚	1993年题为"建设更好公共行政"的政府报告列出了官员行为的几项原则,体现了主要的行政价值观: 1.积极响应政府 2.密切关注结果 3.功绩为人事配备之本 4.廉洁、清正、坚持高标准 5.严格责任制 6.严于律己并与他人合作、精益求精
荷兰	虽未见于正式文件,学者马斯的"关键词语"描述了对"公职人员的特定要求": 1.公正 2.敬业、专业化 3.可信赖 4.忠诚 5.公开
葡萄牙	《公务员行为准则》将"公务员基本价值观"概括如下: 1.合法 2.中立 3.负责 4.胜任 5.廉政
英国	公共生活标准委员会的首份报告提出了"公共生活七原则": 1.无私 2.廉政 3.客观 4.责任制 5.公开 6.诚实 7.表率
美国	根据"政府官员和职员伦理行为原则",可将美国的行政伦理概括如下: 1.忠于宪法、法律和伦理规则 2.个人利益的获取不能有害公共利益 3.不得利用信息谋私利 4.不得索贿、受贿或行贿 5.忠于职守 6.秉公办事 7.不得以权谋私 8.保护联邦财产 9.不得违背承诺 10.不得从事与政府职责相冲突的职业或活动 11.应向有关部门检举揭发腐败 12.率先垂范履行公民义务 13.公正、公平执法 14.力避违法犯罪行为

资料来源　竺乾威. 公共行政学〔M〕. 3版. 上海:复旦大学出版社,2008:302-303.

2.设立专业的行政伦理管理机构

美国联邦政府于1979年7月成立了"政府伦理办公室"，最初隶属于人事管理局，于1989年10月升级为一个具有独立性的政府机构，直接向总统、国会和国务院负责。国会和联邦政府设有道德委员会和伦理办公室等专门机构，许多州、市的议会和政府也设有伦理办公室或伦理委员会。除此之外，一些非营利民间组织对政府的监督调查机构，在反映民众意志、加强对公务员行政伦理行为的监督方面发挥了重要作用。随着国际互联网的迅速发展和网络用户的普及，美国政府有关部门专门开设了"政府伦理网"，直接通过快捷而便利的网络方式，为政府人员提供行政伦理准则、行政道德情况通报和道德咨询，为加强道德民主监督提供了良好的互动平台。

从20世纪90年代以来，加拿大从联邦政府到省政府，基本上都建立了行政伦理管理机构，如利益冲突和伦理协调委员会办公室（其部分组织结构图如图9-1所示）和省级伦理事务委员办公室。日本也设立了日本国家公务员伦理审查委员会，直接隶属于日本人事院，下设秘书处。日本首相是国家公务员伦理审查会的成员，所以国家公务员伦理审查会级别较高，而且独立性较强。

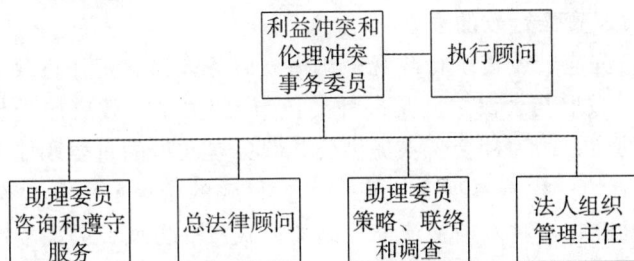

图9-1　利益冲突和伦理协调委员会办公室的部分组织结构图

资料来源　张成福，杨兴坤.加拿大行政伦理建设及其对我国的启示［J］.行政论坛，2009（4）：88-91.

3.重视行政伦理法治化

将行政伦理相关规范以法律或行政规则、命令的方式予以法治化，是各国行政伦理法治化的共同趋势。美国于1978年通过了《美国政府伦理法》，1993年又颁布了《美国行政部门雇员道德行为规则》。加拿大于1994年颁布了《加拿大公务员利益冲突与离职后行为法》，2007年施行了《利益冲突法案》，并且制定了统一的政府伦理法典——《加拿大政府伦理法》。法国、德国、英国、荷兰、挪威、芬兰、澳大利亚、新西兰等国家也纷纷颁布了类似的道德法典。在亚洲，韩国于1981年颁布了《韩国公职人员道德法》并做了多次修改补充，日本于1999年制定了《日本国家公务员伦理法》，我国于2007年颁布了《行政机关公务员处分条例》。

根据各国的行政伦理立法情况，我们可以看出，行政伦理法规的形式包括专门的行政道德法典，宪法、行政法和刑法典中的有关规定，职业守则，以及法律实施细则这几种形式。

四、我国行政伦理建设的途径

（一）建立良性的行政伦理利益观

1.正确看待公私利益

行政伦理问题的关键不是否定个人利益，也不是否定公共利益，而是在于实现两者之间的和谐。我们可以发现，无论是传统公共行政还是新公共管理，在"经济人"理论的前提下，公共利益的出发点都是从个人主义来定义的，公共利益是个人利益的集合或总和。由于人性的弱点，人们往往关注的是个人利益，行政人员也不例外，但关键是如何处理个人利益与公共利益的关系，所以作为行政人员应该遵循维护公共利益、合法追求个人利益的原则，保证其追求个人利益最大化是在促进公共利益的最大化的过程中实现的。

2.建立有效的激励机制和竞争机制

"经济人"在"看不见的手"的指引下，通过彼此行为的相互协调，可以实现个人利益和公共利益的和谐，从而达到个体理性与集体理性的一致。这就提醒我们，倡导行政伦理激励机制，其关键在于在公共部门引入"看不见的手"——市场机制。通过为行政行为提供正确的导向，并通过完善绩效考核制度、引入公平竞争的晋升机制、推进民主管理等手段，培养"经济人"的理性利益动机，从而增强其"公共利益"意识，使个人利益与社会利益达成一致，形成和谐高效的行政主体。

（二）强化行政伦理内部教育机制

1.树立服务人民、责任行政的理念

建立行政伦理首先应转变传统行政观念，树立服务人民、责任行政的理念，以树立正确的价值观。第一，政府与公民之间是一种委托-代理关系，政府接受公民的委托，行使管理社会公共事务的权力，为社会公众提供公共服务是政府的重要职能之一。第二，责任行政是现代民主政治的一种基本理念，现代民主行政的价值取向从政府本位转向社会本位。政府与公民之间存在一种双向交流与控制的模式：一方面，公民要服从政府的统治与管理；另一方面，政府要向公民负责。因此我们必须转变潜意识里残存的"官本位""官贵民轻"的思想，提高行政人员的责任意识。

2.广泛开展、强化行政伦理教育

行政伦理建设是一项系统工程，加强行政伦理教育，使其内化为行政人员的行政道德素质和良好的行政人格是根本。要将传统伦理道德与现代思想教育结合起来，树立榜样，选取政府需要的价值观，加强行政人员的岗前培训、心理素质教育和职业道德教育，培养行政人员乐观、勇敢和仁慈公正的品德，以及奉公、守法、忠诚和负责的职业精神。

（三）完善行政伦理外部监督机制

1.加快行政伦理立法

行政伦理立法是行政伦理建设的外在保障，法律和制度在本质上与道德是一致的。因为伦理道德作为一种社会的内在控制，主要是靠个人的自觉和自律，但是人本身所固有的自利动机和缺陷，必须通过法律的手段得以控制。"经济人"假设告诉我们，"制度化的规范力量"是抑制贪污腐败、道德缺失所不可或缺的力量。我们要借鉴国外经验，对现有的行政伦理规范进行修改、补充、完善，使其体系化。借助行政伦理法，对公务员的以权谋私、决策失误等各方面进行严格的规定，保证行政活动的合法性、公正性。同时，建立行政伦理委员会，对公务员的道德操守予以经常性的伦理评议和鉴定，并以此作为公务员工作状态评价的主要依据，直接与公务员的利益，如工资、奖励及职位升迁等挂钩。

2.完善行政伦理监督

除了教育与法律手段之外，我国还应建立完善行政伦理监督机制，以及时纠正"经济人"的失范行为。我国现行的行政监督的方式主要包括两种：一是内部监督，包括行政系统内的一般监督、监察监督和审计监督等；二是外部监督，包括政党监督、立法监督、司法监督、社会监督等。缺乏行政伦理监督机制，就无法约束行政人员的道德行为。因此，政府必须重视建立行政伦理体系中相对独立的行政伦理监督机制。第一，应在行政部门内部建立相对独立的伦理监督机构，设立行政伦理监察官；第二，在行政部门外部加强社会监督机制，完善公民举报机制和政务公开机制，以充分发挥新闻媒体与群众的监督力。

社会主义市场经济的发展对行政伦理建设提出了更高的要求，目前我国存在的大量行政伦理困境是加强行政伦理建设的直接动因。所以我们要全方位加强我国的行政伦理建设，从内部、外部机制两方面建立起合理的行政伦理体系，提高行政人员的综合素质以及政府的行政效能。当然，许多深层次的问题还需要进一步的调查研究，在行政伦理建设的实际操作性上还需进一步探讨。

关键术语

行政伦理（administrative ethics） 行政组织伦理（ethics of administrative organization） 行政人员伦理（ethics of administrator） 官僚制伦理观（bureaucratic ethics） 民主制伦理观（democratic ethics）

基本训练

★简答题

1.简述行政伦理的含义。

2.简述行政伦理关系包含的内容。

3.简述行政伦理的基本原则。

4.简述行政组织伦理的内容。

5.简述行政人员的责任及冲突。

6.简述行政人员伦理建设的途径。

7.简述行政伦理失范的表现及原因。

8.试对我国行政伦理建设进行思考分析。

★案例分析题

"执法费用政府买单"符合行政伦理

2018 年 5 月 1 日，公安部修订发布的《道路交通事故处理程序规定》开始施行。两个过去备受质疑的收费项目，不再向民众收取费用。

项目一：对因扣留事故车辆产生的停车费用，明确由做出扣留决定的公安交管部门承担，不得向当事人收取；但公安交管部门通知当事人领取，当事人逾期未领取产生的费用除外。

项目二：对需要进行事故检验、鉴定的，规定检验、鉴定费用由公安机关交通管理部门承担，不得向群众收取。

此次公安部出台统一规定明确由交警负担，让长久以来这一费用不同主体负担的混乱局面得到了统一，不管是对促进交警部门更加公平、公正执法，树立交警部门权威，还是减轻民众负担，无疑都是个利好消息，值得肯定与期待。

出台这一规定的逻辑也在于，执法部门的行政行为所产生的费用，应由公共财政或执法者部门来负责。这是现代行政伦理的要求，也符合公众认知和期许。

就现实而言，这样的"执法费用政府买单"，或许也可以从顶层设计和规定上再进一步扩大范围。比如与交警执法扣车产生的停车费极度类似的政府竞拍车牌产生的手续费，也属于执法管理而产生的费用，也应考虑对民众减免。

众所周知，在上海等特大城市，实施非营业性客车额度管理和车牌拍卖制度，这一制度是由于地方政府行政管理而出现的，是一种典型的行政行为。但长期以来，地方政府却规定由参与拍卖的市民负担，每次缴纳参拍手续费。这一做法引发了多场针对性的诉讼。比如在上海，因车牌拍卖收取100元手续费问题，当地有关部门曾作为被告，至少在2015年、2017年接受过不少于两次的诉讼，要求取消对市民的收费，而改为由公共财政负担。

近些年，在我国进一步简政放权、减免不合理收费的背景下，以前很多向民众收取的因行政行为而产生的收费项目，如行政许可证书费、作业费等，都得到了及时的清理和取消。这大大减轻了民众和企业的负担，也进一步维护了相关行政执法管理和社会公平。但不可否认，尤其是在地方层面，还有不少收费项目仍是"政府出政策，民众掏腰包"。除了前面所说的车牌参拍手续费，还有像各有关报名、考务类收费等，都具有可以探讨取消或减免的必要。期待有关行政事业性收费主管部门或行业主管部门，以民众权益为导向，继续清费减负。

资料来源　余明辉. "执法费用政府买单"符合行政伦理［EB/OL］.（2018-05-03）［2018-09-16］. http://www.bjnews.com.cn/opinion/2018/05/03/485492.html.

讨论：运用行政伦理相关知识，分析本案例中行政执法产生的费用是否应该由政府承担。

第十章

行政法治

本章提要

（1）行政法治概述；（2）行政立法的基本内容；（3）行政立法的程序与制度发展；（4）我国行政法治化的建设。

导读

依宪施政彰显法治政府新高度

2018年《政府工作报告》强调"依宪施政"是宪法实施的必然要求。各级人民政府作为国家权力机关的执行机关，首先要依照宪法规定的"职权法定"和"职责法定"要求，坚持"法无授权不可为"和"法定职责必须为"，依宪依法行使好政府权力、履行好政府职责。

从法理上说，依法行政中的"法"包括了宪法，在依法行政中就有依宪法行政的内涵，《政府工作报告》突出强调"依宪施政"，就是要求各级政府履行好宪定职责、全面贯彻实施宪法。

一方面，强调依宪施政是强化宪法权威、推进宪法实施的必然要求。宪法与政府工作息息相关，宪法能否有效实施在一定程度上取决于行政机关是否能够遵守宪法、执行宪法、适用宪法。强调各级政府依法行政的同时要依宪施政，有利于各级政府在行政管理领域贯彻实施宪法，维护宪法的权威。

另一方面，依宪施政是行政法治发展到一定阶段的必然要求。强调依宪施政就是要求行政机关在行政执法过程中提高宪法实施水平，运用宪法思维推动依法行政的深化与升级，最终建成职能科学、权责法定、执法严明、公开公正、廉洁高效、守法诚信的法治政府。

法治政府建设必须坚持从宪法出发，发挥宪法对法治政府建设的引领和统帅作用。

首先，在行政权力配置层面，发挥宪法对行政权力的规范和指引作用。在宪法确定的权力结构下，优化不同层级政府间的职权配置，合理划分权力界限，努力形成科学有效的权力配置、运行、制约和监督体系。

其次，在行政立法层面，加强合宪性审查工作。在我国的法律体系中，各级政府制定的规章和其他规范性文件占到了相当大的比例，依宪施政就要求政府制定的行政法律规范要严格以宪法为依据，不能超越宪法对行政机关的赋权，不能随意克减和限制宪法规定的公民基本权利，不能随意增加公民的义务。

资料来源　倪弋. 依宪施政彰显法治政府新高度［N］. 人民日报, 2018-04-04（17）.

第一节　行政法治概述

一、相关概念辨析

1.法制的含义

法制的含义有两层：

（1）从静态的角度上，法制是指统治阶级按照本阶级的意志，由国家政权机关建立的并用国家机器推行的、用以维护其阶级统治利益的法律制度。法制是随着国家的产生而产生、随着国家的发展而发展，性质不同的国家，其法律制度的性质、表现形式和内容也不同。在人类社会发展史中，任何国家都有法制，但法制在实施的过程中却产生了两种截然不同的结果，即人治和法治。

（2）从动态的角度上，法制是指管理国家事务的法制化、法律化，表现为制定法律、执行法律、遵守法律以及对法律实施的监督，即"有法可依、有法必依、执法必严、违法必究"。

2.法治的含义

人治是一种以人为主体的社会控制方式。它强调统治者个人的意志高于一切，以统治者个人的意志代替统治阶级的整体意志，统治者个人的权力和言论不仅可以成为法律的依据，而且能左右法律的遵守和实施。在人治条件下，统治者个人的素质和人格魅力就显得尤为重要。

法治是相对于人治而言的，是一种以法律为主体的社会控制方式。它强调法律的地位是至高无上的，要求包括统治者在内的所有人必须遵守和服从法律，不允许任何人超越法律，任何行为都必须受法律的约束。由此可见，法制是法治的前提和基础，法治是法制的实施；法制的主要目的在于解决有法可依的部分，法治的主要目的在于解决有法必依、执法必严、违法必究的部分。党的十八大提出"科学立法、严格执法、公正司法、全民守法"的"新十六字方针"，这也是新时期法治中国建设的衡量标准。党的十九大继续提出："必须把党的领导贯彻落实到依法治国全过程和各方面，坚定不移走中国特色社会主义法治道路，完善以宪法为核心的中国特色社会主义法律体系。"

3.行政法制

行政法制是指国家行政机关为实现政府职能按照法定程序而制定的行政管理法规和制度的总和，其基本内容包括行政立法、行政执法和行政司法。

（1）行政立法是行政法制的基础性部分，是指国家行政机关根据国家立法机关的授权，在其职权范围内制定行政管理法律制度的行为。

（2）行政执法是行政法制的主体性部分，是指行政机关及其工作人员按照法定程序，执行和实施国家法律和法规的行为。

（3）行政司法是行政法制的辅助性部分，是指行政机关以第三人的身份，对在行政执法过程中出现的行政纠纷进行处理的活动。

4.行政法治

所谓行政法治，简言之就是政府行为受到正义之法的约束。它表现为政府行政存在和运行的一种特定状态，在这种情况下，法律不仅是政府行政权力的来源，还是其运行的界限和评价标准；政府行政权力受到法律的严格控制和支配，主要目的在于确保行政权力的正确行使，进而保护相对人的合法权利。行政法治包括行政组织结构法治、行政职权法治和行政行为法治三方面，从内涵上看可从以下三方面理解：

（1）行政权力来源于法律。行政权力是行政机关在管理国家和社会公共事务过程中享有的一种合法资格和相应的强制力量，政府行政机构的设置、职能和职权配置要按照法律的规定进行。

（2）行政权力行使依据法律。行政机关在行使行政权力时必须严格按照法律规定的原则、权限和程序进行，即依法行政。首先，行政权力行使不得与法律相抵触；其次，行政权力没有法律依据，就不得使人民负担义务或分割权利；再次，行政权力没有法律依据，就不得免除特定人在法律上应负的义务，或为特定的人设定权利；最后，行政机关自由裁量时，其权限必须受到法律限制。

（3）违法行政要承担法律责任，即在行政法治状态下，政府行政应当是责任行政，对于行政机关或行政人员的违法行政必须追究其相应的法律责任。一是权力机关可通过法律程序弹劾、罢免实施违法行为的行政人员，撤销行政机关的错误决定；二是司法机关通过行政诉讼，确定行政机关的法律责任；三是行政机关经过内部行政复议，对其违法行为予以纠正，并由有关责任人员承担一定的法律责任。

二、行政管理法律途径

1.行政管理的研究途径

行政管理存在三种主要的研究途径，即管理途径、政治途径和法律途径。管理途径又称B途径或商业途径（business approach），秉承了管理学和经济学的传统，从组织结构、程序、技术方法以及效率和产出的角度理解行政管理，强调工具理性。政治途径又称P途径或政策途径（policy approach），秉承了政治学和法学的传统，关注民主、社会公平等价值，强调公共权力的制约和限制。法律途径主要是将行政管理视为在特定情境中应用法律和实行法律的活动，强调法治和裁决。

2.行政管理法律途径的兴起

行政管理法律途径的兴起主要分三个方面：

（1）宪法、行政法对行政管理调节和规范的力度不断加大。宪法和行政法确立了政府行政权力的边界，把政府行为的合法性建立在保护公民权利和公共利益的基础上。

（2）行政"司法化"（jurisdiction）的发展。行政管理的司法化趋势将行政运作程序视为与司法程序一样，其目的在于确保个人合法权益不受侵犯。

（3）民营化在公共部门的运用。"政府从权威的源泉和法律权威的享有者变为市场合同的缔结者"，公共部门中民营化、公司化、合同制等司法调节范畴的工具逐渐发挥了日渐重要的作用，加深了人们对行政管理和法律之间关系的探索。

3.行政管理法律途径的基本理念

行政管理的法律途径强调法治，其目的是"控制政府的权力不超出它们的法律规范，以此来保护公民不因权力滥用而受伤害"。行政管理法律途径的基本理念包括以下几点：

（1）建立正当的法律程序，意味着保证基本的公平性，保护个人免受政府恶意的、武断的、错误的或反复无常的违宪行为而剥夺生命、财产与自由权利。[①]

（2）维护公民的基本权利，个人享有实质权利和受法律平等保护的权利。

（3）建立畅通有效的救济渠道，授权法官对那些宪法或法律权利受到行政人员侵害的公民进行救济，如司法审查和撤销、违宪审查、权力制约与监督、律师制度等。

行政管理法律途径的一个重要特征是不注重管理途径所主张的成本效能观，关注个人权利的实现，防止行政行为对个人的非法、违宪侵害，并且把服务顾客变成一种法律程序，运用法律保护公共秩序和公共利益。

4.行政管理法律途径的主要内容

（1）强调宪法规定的诚实和公正、正当法律程序、实质权利、平等保护和公平等价值。

（2）公共部门被视为采用公正的抗辩程序来进行行政裁决的结构形式。

（3）把行政管理对象看作具有独立人格的个体，关心个人权利的保护。

（4）主张司法审判采取归纳性案例分析、演绎式的法律分析以及反复辩论的程序。

（5）明确行政管理行为准则和监督机制，注重管理过程和结果的合理性。

三、法治行政的历史演进

法治行政是资产阶级宪政运动的产物，源自资本主义经济的兴起和发展，是以资本主义的生产力和商品交换的发展程度为转移的经济生活状况在政治和法律上的表现。从历史演进上看，法治行政大致经历了三个阶段：

1.法治行政的提出

法治行政的理念起源于英国，目的是满足新兴资产阶级反对封建君主专制的需要。1688年，英国经过"光荣革命"建立了君主立宪制，1689年通过议会颁布了人类法制史上具有重要意义的《权利法案》，后又制定了《王位继承法》，从而极大限制了王权，开始了法治行政的实践。1688年革命刚过，英国唯物主义经验论哲学家和古典自然法学派的思想家、资产阶级杰出代表约翰·洛克（John Locke），以《政府论》为标志设计了满足资产阶级需要的政治制度。他提出，每个国家都有立法权、行政权和联盟权，其中立法权就是如何运用国家力量保障每个社会成员的权利以及国家公布立法的权力，由以国王为代表的执行机关掌握。立法权是国家最高权力，行政权和联盟权处于隶属和辅助的地位，立法权经由公众的选举、受公众的委托，因而享有至高无上的地位。[②]

这一时期对于法治行政的解释为：一切政府公共行政行为都必须依照法律规定。其基本思想是，对以国王为主导的政府及其行为实施严格限制，以防止专制重来、自由受限、财产受损。从整体来看，这是法治行政的提出阶段。

2.法治行政的形成

法治行政形成于资本主义国家体系建立后的自由资本主义发展的时期。此时，为了保

---

① 罗森布鲁姆，克拉夫丘克. 公共行政学：管理、政治和法律的途径 [M]. 张成福，等，校译. 5版. 北京：中国人民大学出版社，2002：36.
② 洛克. 政府论：下篇 [M]. 叶启芳，瞿菊农，译. 北京：商务印书馆，1964：86.

障资产阶级经济和政治利益，国家政权机关必须法治原则明确统一，具有公正的社会形象，并且实行分权以达到权力制衡。此时的法治行政表现为：

（1）行政权的作用不得与法律相抵触。

（2）行政机关限制人民的权利或使人民承担义务时，必须有法律依据。

（3）行政机关免除特定人在法律上应负的义务或为特定人设定权利时，必须有法律依据。

（4）行政机关自由裁量时，权限受法律限制。

这一时期的法治行政反映了自由资本主义时期"管事最少的政府就是最好的政府"的观念，使政府的一切活动都被严格置于法律之下，行政机关及其工作人员在组织、职权及活动的原则、制度、程序、方式等各方面都由宪法和法律加以规定，是"无法律则无行政""政府法治主义"的充分体现。

3.法治行政的发展

从自由资本主义向垄断资本主义过渡至今，是法治行政的发展时期。19世纪末、20世纪初，随着资本主义自由经济的发展，资本主义固有的矛盾日益激化，资本主义开始向垄断阶段过渡。为了维护资本主义生产关系的需要，垄断资产阶级对社会经济事务进行积极干预，开始突出政府地位，扩大行政权力，政府的政治统治、经济和社会服务职能均扩大和加强。随着政府活动范围的扩宽，法治行政的含义也随之宽泛化：

（1）凡规定人民自由、财产权的法规，都应受法律支配。

（2）以法律为指导，行政行为与法律相抵触时，不产生效力。

（3）行政活动虽非必须全部从属于法律，但其基本权力的限制必须依据法律制定。

这一时期，政府被授予广泛的委任立法权和自由裁量权，法治行政的含义也在扩大。法治行政所依之法由议会制定的成文法律扩展到行政机关依据议会或法律授权而制定的规章，"无法律则无行政"变为"合法及适法行政"，"最好政府最少管理"发展到"最好政府最多服务"的"服务行政"。这在有效行使行政职权和提供社会服务的同时，也导致了政府垄断和官僚主义，出现行政低效率、财政赤字等现象。因此，法治行政在强调行政权威、授予政府必要的行政权力的同时，又要强调控制政府，防止政府的权力滥用。①

20世纪70年代以来，西方掀起政府改革运动，民主宪政对公共权力的制约不再局限于法律条文对公共权力的限制，而是将市场竞争机制寓于行政管理之中，强化公共责任和服务意识，变过程、规则控制为绩效、结果控制，充分调动公共部门的积极性、主动性，又加强了对公共权力的制约。

第二节 行政立法

一、行政立法的含义及特征

（一）行政立法的含义

从广义上讲，行政立法是泛指行政性质的立法，凡是国家机关，包括国家权力机关和

---

① 夏书章. 行政管理学［M］. 4版. 北京：高等教育出版社，中山大学出版社，2008：325.

行政机关制定并发布行政法律规范的活动（或称制定行政法的活动）都叫行政立法。从狭义上讲，行政立法是指国家行政机关依法定权限和程序制定、颁布具有法律效力的规范性文件的活动，简言之为行政机关立法。前者是从立法的内容和性质上界定的，而后者是从立法活动的主体上界定的。我们采用后一种观点，其包括以下几层含义：

（1）行政立法的主体是特定的，是国家行政机关。国家权力机关、司法机关和其他社会组织均不能成为我国行政立法的主体。

（2）行政立法是国家行政机关的抽象行政行为，即国家行政机关制定具有普遍约束力的行为规则。这些规则不是针对某个具体的人或事项的，而是针对所有人和所有事项的。

（3）行政立法是国家行政机关在法定权限内的行为，包括两层含义：第一，行政立法必须根据宪法、法律或有权机关的授权；第二，行政立法必须在行政机关的职权范围内。

（4）行政立法必须严格按照法定的行政立法程序进行。国家行政机关必须严格按照法定立法程序立法，否则不具备法律效力。

（二）行政立法的特征

我国行政立法居于权力机关所制定的法律之下，属于从属性立法，这就决定了行政立法的双重特点——立法性和行政性。

1.行政立法的立法性

行政立法的立法性主要体现在：

第一，行政立法是有权的国家行政机关以国家的名义制定规范性文件的行为；

第二，行政立法制定的行为规范属于法的范畴，对行政管理主体、客体都具有规范性、强制性等法的特征；

第三，行政立法必须遵循相应的立法程序。

虽然行政立法具有立法性，但行政立法不同于权力机关的立法。两者的区别主要表现在：

（1）立法主体不同。行政立法的主体是享有一定立法权的国家行政机关；权力机关的立法是具有一定级别的国家权力机关。

（2）立法范围不同。行政机关立法的范围通常是有关国家政治、经济、文化事务的行政管理问题；权力机关立法的范围则是有关国家政治、经济、文化生活的基本制度和重大问题。

（3）立法效力不同。行政机关立法制定的是行政法规规章，效力低于法律且不能与法律相抵触，地方政府的规章则不得与地方法规相抵触；权力机关立法效力仅低于宪法，高于行政机关立法。

（4）立法程序不同。权力机关立法要严格遵循宪法所规定的立法程序，比较正规、严格，注重民主；行政机关立法必须遵循特别的制定行政规范的程序，一般比较简便、灵活，注重效率。

行政立法是一种准立法行为，是一种以国家名义创制法律和法规的行为；行政立法所创制的法律和法规具有约束力，要求在其管辖范围内的人们必须普遍遵守；行政立法所创制的法律和法规由国家强制力保证实施；行政立法必须按照立法程序进行。

2.行政立法的行政性

行政立法的行政性主要体现在：

第一，行政立法的主体是国家行政机关；

第二，行政立法所调整的对象是行政管理事务或与行政管理相关的事务；

第三，行政立法的目的是执行权力机关制定的法律，实现行政管理职能。

行政立法具有行政性，但与具体的行政行为又有不同，区别在于：

（1）行政主体不同。行政立法的主体是特定的国家行政机关或经授权的授权性组织；具体行政行为的主体相对宽泛，几乎所有国家行政机关都具有一定的具体行政行为的权力。

（2）法定程序不同。行政立法行为遵循的是一定的行政立法程序；具体行政行为则遵循一般的行政程序，相对简单灵活。

（3）时间效力不同。行政立法行为具有更长的时间效力，行政立法行为的效力具有延续性和无溯及力；具体行政行为的时间效力通常是一次性的。

（4）作用对象不同。行政立法的对象具有普遍性；具体行政行为所针对的对象具有特定性。

（5）救济途径不同。行政立法行为既不可复议，也不可提起诉讼；具体行政行为引起的行政纠纷，既可申请复议，也可提起诉讼。

行政立法是一种行政行为。行政行为是行政机关行使行政权力所实施的能产生法律效果的行为。行政立法是行政机关做出的行为；行政立法是行使行政权力的行为；行政立法能使行政相对人的权利和义务发生变更，因此是能产生法律效果的行为。可见，行政立法行为是抽象行政行为。

二、我国行政立法的类型

行政立法从不同的角度可以划分为不同的类型。

（一）根据行政立法权力来源划分

1.职权立法

职权立法是指国家行政机关按照宪法和有关组织法的规定，在职权管辖范围内进行的立法。职权立法是国家宪法、法律的具体化，它本身不能创设实体上的权利和义务。重大的程序，包括行政程序和行政诉讼程序，都必须由宪法、法律规定，政府行政机关职能根据宪法、法律所创设的程序规范做出补充和具体化规定。

我国宪法规定，国务院可以"根据宪法和法律，规定行政措施，制定行政法规，发布决定和命令"。国务院各部委可以"根据法律和国务院的行政法规、决议、命令，在本部门的权限内，发布命令、指示和规章"。《中华人民共和国地方各级人民代表大会和地方各级人民政府组织法》规定，省、自治区、直辖市的人民政府以及省、自治区的人民政府所在地的市和经国务院批准的较大的市的人民政府，可以根据法律和国务院的行政法规制定规章。上述的立法活动都是职权立法，它是根据宪法和法律制定的，是一种执行性的立法活动。

2.授权立法

授权立法又叫委任立法，是国家行政机关根据法律的授权或根据国家权力机关专门决议的授权，就自己职权范围以外的事项制定的规范性文件，包括国务院的授权立法、国务院各部委的授权立法以及地方人民政府的授权立法。例如，《中华人民共和国标准化法》第二十五条规定，国家标准化法的实施条例由国务院制定，据此国务院制定了《中华人民共和国标准化法实施条例》，这就是一种授权立法。

3.特别授权立法

特别授权立法是指国家最高权力机关将本应由它制定某一方面法律的立法权，特别授予国家行政机关行使的立法。与职权立法和授权立法不同的是，特别授权立法的立法权限不是来源于某项法律的规定，而是通过国家最高权力机关做出专门"规定"形式授权。在我国，可特别授权立法的主体包括国务院和经济特别行政区政府。比如全国人民代表大会常务委员会对深圳、厦门、珠海和汕头经济特别行政区人民政府授权制定地方人民政府规章。

（二）根据行政立法内容和目的划分

1.执行性立法

执行性立法是指国家行政机关为执行国家法律、上级行政机关的行政法规和同级权力机关的地方性法规而制定、发布的法律规范性文件的立法行为。执行性立法通常以"实施细则""实施办法"等形式出现。执行性立法是以执行国家法律、行政法规和地方性法规为目的的。因此，它必须尊重和符合国家法律、行政法规和地方性法规的原意，不得创设任何新的内容。如为了执行《中华人民共和国商标法》，国务院批准颁发了《中华人民共和国商标法实施细则》。

2.补充性立法

补充性立法是指国家行政机关根据法律授权，为更好地执行国家法律、上级行政机关的行政法规和同级权力机关的地方性法规而制定发布的补充性法律规范文件的立法行为。补充性立法通常以"补充规定""补充通知""补充规则"等形式出现。补充性立法的目的是，对需要执行的法律规范因无法事先预知的情况或不宜详细规定的具体事项而加以切合实际的补充。

3.自主性立法

自主性立法是指国家行政机关在法律授权范围内，独立自主地制定法律规范性文件的立法行为。自主性立法的目的是，以国家法律、上级行政机关的行政法规和同级权力机关的地方性法规为依据，根据本部门或本单位实际情况，及时、独立自主地制定有关的法律规范性文件，处理和解决本部门或本单位的各种事项和问题。

三、行政立法体制

行政立法体制是指国家行政立法主体的设置及权限的划分，是一个国家立法体制的组成部分。我国行政立法体制是一个多层次的、分等有序的、严密统一的系统（见表10-1）。

（一）行政立法主体

根据我国宪法和组织法的有关规定，我国拥有立法权的行政立法主体包括国务院、国务院各部委、地方行政机关等。

表 10-1　　　　　　　　　　　　　　　**行政立法体制**

法规名称	制定机关	立法依据
行政法规	国务院	宪法、法律
部门规章	国务院所属各部、委	法律、行政法规
地方行政规章	省、自治区、直辖市和设区的市、自治州的人民政府	法律，行政法规，本省、自治区、直辖市的地方性法规

备注：深圳市、厦门市、汕头市、珠海市人民政府根据全国人民代表大会及其常务委员会特别授权所制定的行政规章，应属地方政府规章之列

资料来源　夏书章. 行政管理学［M］. 4 版. 北京：高等教育出版社，中山大学出版社，2008：338.

1.国务院立法

国务院是我国最高的行政立法机关，其行政立法权的主要内容是，根据法定职权和委任职权制定行政法规、向全国人民代表大会及其常务委员会提出拟订的法律草案和其他议案、批准或撤销其所属部门或机构及地方政府制定的规章。国务院制定的是行政法规，其形式为"条例""规定""办法"等。国务院行政立法的具体方法有三个：国务院制定、发布的行政法规；国务院批准发布的行政法规；国务院办公厅发布的行政法规。

2.国务院各部委立法

国务院各部委立法是指国务院所属的各职能部门根据法律和行政法规在其业务主管的职权范围内制定规范性文件的活动。这类规范性文件成为部门规章或中央行政规章，其形式多采取"决定""命令""指示"等。法律和行政法规是国务院各部委的立法依据，国务院各组成部门享有职权立法和一般授权立法的权力。

3.地方行政机关立法

根据我国现行法律规定，有权制定地方行政规章的地方行政机关仅限于省、自治区、直辖市和设区的市、自治州的人民政府。这种形式的立法叫作地方行政规章，其立法依据是法律、行政法规，本省、自治区、直辖市的地方性法规。地方行政规章有两类：一是以政府名义发布的规范性文件；二是政府转发其所属职能部门的规范性文件。有立法权的地方人民政府享有职权立法和一般授权立法的权力。

（二）行政立法权限

行政立法权限的划分包括国家权力机关与国家行政机关（国务院）之间的立法权限划分、享有行政立法权的国家行政机关之间（包括国务院与国务院各部委之间、国务院与地方人民政府之间）的立法权限划分。

1.国家权力机关的行政立法权限

从广义上讲，行政立法的制定机关包括国家权力机关和国家行政机关。在我国，涉及国家和地方的政治、经济和文化等基本制度和行政管理活动的重大方针政策的问题，分别由国家最高权力机关和地方国家权力机关以法律、法规的形式来规定。

关于国家最高权力机关的立法权限：一是修改宪法。在中国，宪法的修改要由全国人大常委会或者 1/5 以上的全国人大代表提议，并由全国人大以全体代表人数的 2/3 以上的

多数代表通过才能进行。二是制定和修改刑事和民事方面的法律。三是制定和修改国家机构方面的法律。国家机构方面的法律一般是指各种组织法。四是制定和修改其他的基本法律，如选举法、国籍法和婚姻法等一些重要法律。

同时赋予全国人大常委会以立法权，这是中国改革开放和现代化建设的客观需要。其立法权限可具体分为：制定和修改除应由全国人大制定的法律以外的其他法律；在全国人大闭会期间，对全国人大制定的基本法律进行部分的修改和补充，但不得同该法律的基本原则相抵触；解释宪法和法律；撤销国务院制定的同宪法、法律相抵触的行政法规、决议和命令，撤销省、自治区、直辖市国家权力机关制定的同宪法、法律和行政法规相抵触的地方性法规和决议。

关于地方国家权力机关的立法权限：一是为执行法律、行政法规的规定，需要根据本行政区域的实际情况做具体规定的事项；二是属于地方性事务需要制定地方性法规的事项；三是除省会市、经济特区所在地的市以及国务院批准的"较大的市"①外，其他设区的市均享有较大的市地方立法权。草案对地方立法权的范围限制做出规定：较大的市制定地方性法规限于城市建设、市容卫生、环境保护等城市管理方面的事项。除《中华人民共和国立法法》第八条规定的事项外，其他事项国家尚未制定法律或者行政法规的，省、自治区、直辖市和较大的市根据本地方的具体情况和实际需要，可以先制定地方性法规。在国家制定的法律或者行政法规生效后，地方性法规同法律或者行政法规相抵触的规定无效，制定机关应当及时予以修改或者废止。

2.国务院各部委的行政立法权限

国务院各部委是国务院行使国家最高行政权的职能机构或工作机构。《中华人民共和国立法法》第八十条规定，其行政立法权限为：国务院各部、委员会、中国人民银行、审计署和具有行政管理职能的直属机构，可以根据法律和国务院的行政法规、决定、命令，在本部门的权限范围内，制定规章。

部门规章规定的事项应当属于执行法律或者国务院的行政法规、决定、命令的事项。没有法律或者国务院的行政法规、决定、命令的依据，部门规章不得设定减损公民、法人和其他组织权利或者增加其义务的规范，不得增加本部门的权力或者减少本部门的法定职责。涉及两个以上国务院部门职权范围的事项，应当提请国务院制定行政法规或者由国务院有关部门联合制定规章。

3.地方人民政府的行政立法权限

根据《中华人民共和国宪法》第一百零七条和《中华人民共和国地方各级人民代表大会和地方各级人民政府组织法》第五十一条及《中华人民共和国立法法》第八十二条规定，地方人民政府可以根据地方性法规制定地方性规章，但不能超越法律赋予的行政管理权限，其权限范围是：为执行法律、行政法规、地方性法规的规定需要制定规章的事项；属于本行政区的具体行政管理事项；依委任职权制定行政法规实施细则或办法；依照国务院授权，就应由行政法规规定而条件不成熟尚未规定的事项，先行制定行政规章。

---

① "较大的市"是一个法律概念，是为了解决地级市立法权而创设的。"较大的市"拥有地方性法规和地方政府规章的立法权。国务院共4次审批了共19个"较大的市"。其中，重庆因升格为直辖市而不再是"较大的市"，所以目前国内实际存在的经批准的"较大的市"只有以下18个：吉林、唐山、大同、包头、大连、鞍山、邯郸、本溪、抚顺、齐齐哈尔、青岛、无锡、淮南、洛阳、宁波、淄博、苏州、徐州。

四、行政立法的程序

行政立法程序是指国家行政机关依照法律的规定，制定、修改和废止行政法规或规章的活动程序，是行政立法行为合法成立的必要程序条件。与国家最高权力机关的立法程序相比，行政立法程序比较简便、灵活、讲究效率，这是因为行政机关与权力机关的组织形式和议事规则有别，是行政活动自身特性所要求的。与一般行政行为程序相比，行政立法程序则具有规范性和严格性。现代国家行政程序追求的目标是民主、高效、合理。

长期以来，我国比较重视实体法，而忽视程序法，近些年来程序法也逐渐得到重视。2001年11月16日，国务院颁布了《行政法规制定程序条例》《规章制定程序条例》，是专门规定制定行政法规和规章程序的法律性文件。根据国务院第694号令与第695号令，国务院对以上两个条例进行修改，自2018年5月1日起施行。

（一）行政法规的制定程序

中华人民共和国国务院令第694号公布《国务院关于修改〈行政法规制定程序条例〉的决定》，自2018年5月1日起施行。《行政法规制定程序条例》共40条，包括总则、立项、起草、审查、决定与公布、行政法规解释和附则。

1.立项

立项是行政法规制定的首要程序，包括3个小环节：

（1）申请。国务院有关部门认为需要制定行政法规的，应当于国务院编制年度立法工作计划前，向国务院报请立项；申请时应说明立法项目所要解决的主要问题、依据的方针政策和拟确立的主要制度。

（2）编制年度立法工作计划。国务院法制机构应当根据国家总体工作部署，对行政法规立项申请和公开征集的行政法规制定项目建议进行评估论证，突出重点，统筹兼顾，拟订国务院年度立法工作计划，报党中央、国务院批准后向社会公布。

（3）审批。国务院法制机构编制的国务院年度立法工作计划要报国务院审批。国务院法制机构应当及时跟踪了解国务院各部门落实国务院年度立法工作计划的情况，加强组织协调和督促指导。审批通过的工作计划进入下一程序。

2.起草

《行政法规制定程序条例》第十一条规定："行政法规由国务院组织起草。国务院年度立法工作计划确定行政法规由国务院的一个部门或者几个部门具体负责起草工作，也可以确定由国务院法制机构起草或者组织起草。"起草行政法规应注意以下问题：

（1）遵循立法法确定的立法原则，并符合宪法和法律的规定。

（2）深入调查研究，总结实践经验，广泛听取有关机关、组织和公民的意见。涉及社会公众普遍关注的热点与难点问题和经济社会发展遇到的突出矛盾，减损公民、法人和其他组织权利或者增加其义务，对社会公众有重要影响等重大利益调整事项的，应当进行论证咨询。听取意见可以采取召开座谈会、论证会、听证会等多种形式。

（3）起草部门应当将行政法规草案及其说明等向社会公布，征求意见，但是经国务院决定不公布的除外。向社会公布征求意见的期限一般不少于30日。

（4）起草专业性较强的行政法规，起草部门可以吸收相关领域的专家参与起草工作，或者委托有关专家、教学科研单位、社会组织起草。

（5）起草部门应当就涉及其他部门的职责或者与其他部门关系紧密的规定，与有关部门充分协商，涉及部门职责分工、行政许可、财政支持、税收优惠政策的，应当征得机构编制、财政、税务等相关部门同意。

（6）起草部门应当对涉及有关管理体制、方针政策等需要国务院决策的重大问题提出解决方案，报国务院决定。

（7）起草部门向国务院报送的行政法规送审稿，应当由起草部门主要负责人签署；涉及几个部门共同职责需要共同起草的，应当共同起草，达成一致意见后联合报送行政法规送审稿。几个部门共同起草的行政法规送审稿，应当由该几个部门主要负责人共同签署。

（8）起草部门将行政法规送审稿报送国务院审查时，应当一并报送行政法规送审稿的说明和有关材料。

3.审查

报送国务院的行政法规送审稿，由国务院法制机构负责审查。

（1）审查内容。国务院法制机构主要从以下方面对行政法规送审稿进行审查：是否严格贯彻落实党的路线方针政策和决策部署，是否符合宪法和法律的规定，是否遵循立法法确定的立法原则；是否符合《行政法规制定程序条例》第十一条的规定；是否与有关行政法规协调、衔接；是否正确处理有关机关、组织和公民对送审稿主要问题的意见；其他需要审查的内容。

（2）审查结果。国务院法制机构应当将行政法规送审稿或者行政法规送审稿涉及的主要问题发送国务院有关部门、地方人民政府、有关组织和专家征求意见；行政法规送审稿涉及重大、疑难问题的，国务院法制机构应当召开由有关单位、专家参加的座谈会、论证会，听取意见，研究论证。审稿有下列情形之一的，国务院法制机构可以缓办或者退回起草部门：制定行政法规的基本条件尚不成熟或者发生重大变化的；有关部门对行政法规送审稿规定的主要制度存在较大争议，起草部门未征得机构编制、财政、税务等相关部门同意的；未按照《行政法规制定程序条例》有关规定公开征求意见的；上报行政法规送审稿未经起草部门主要负责人签署，或送审稿的说明和有关材料不符合要求的。

审查符合要求的，国务院法制机构应当认真研究各方面的意见，与起草部门协商后，对行政法规送审稿进行修改，形成行政法规草案和对草案的说明。

4.决定与公布

（1）决定。决定指行政法规草案由国务院常务会议审议，或者由国务院审批。

（2）公布。国务院法制机构应当根据国务院对行政法规草案的审议意见，对行政法规草案进行修改，形成草案修改稿，报请总理签署国务院令公布施行。签署公布行政法规的国务院令载明该行政法规的施行日期。除涉及国家安全、外汇汇率、货币政策的确定以及公布后不立即施行将有碍行政法规施行的，行政法规应当自公布之日起30日后施行；公布后，及时在国务院公报和中国政府法制信息网以及在全国范围内发行的报纸上刊载。

行政法规在公布后的30日内由国务院办公厅报全国人民代表大会常务委员会备案。

5.行政法规解释

行政法规解释指由国务院对行政法规条文本身进一步明确具体含义，或者行政法规制定后出现新的情况，需要明确适用行政法规依据的国务院解释，行政法规的解释与行政法规具有同等效力。其具体规定是：国务院法制机构研究拟订行政法规解释草案，报国务院同意后，由国务院公布或者由国务院授权国务院有关部门公布。国务院各部门和省、自治区、直辖市人民政府可以向国务院提出行政法规解释要求。对属于行政工作中具体应用行政法规的问题，省、自治区、直辖市人民政府法制机构以及国务院有关部门法制机构请求国务院法制机构解释的，国务院法制机构可以研究答复；其中涉及重大问题的，由国务院法制机构提出意见，报国务院同意后答复。

（二）行政规章的制定程序

中华人民共和国国务院令第695号公布《国务院关于修改〈规章制定程序条例〉的决定》，自2018年5月1日起施行。《规章制定程序条例》共41条，包括总则、立项、起草、审查、决定和公布、解释与备案以及附则。

1.立项

立项包括3个环节：

（1）报请立项。中央行政规章应当由国务院部门内设机构或者其他机构向该部门报请立项；地方政府规章应当由省、自治区、直辖市和设区的市、自治州的人民政府所属工作部门或者下级人民政府向该省、自治区、直辖市或者设区的市、自治州的人民政府报请立项。

（2）拟订年度规章，制订工作计划。国务院部门法制机构，省、自治区、直辖市和设区的市、自治州的人民政府法制机构，对制定规章的立项申请和公开征集的规章制定项目建议进行评估论证，拟订本部门、本级人民政府年度规章制订工作计划，应当明确规章的名称、起草单位、完成时间等。

（3）批准。规章制定部门对拟订的年度规章制订计划进行审批，批准后方可起草。

2.起草

部门规章由国务院部门组织起草，地方政府规章由省、自治区、直辖市和设区的市、自治州的人民政府组织起草。起草专业性较强的规章，可以吸收相关领域的专家参与起草工作，或者委托有关专家、教学科研单位、社会组织起草。起草规章应当注意以下问题：

（1）遵循立法法确定的原则；

（2）体现保障公民、法人和其他社会组织合法权益原则及行政机关职责统一原则；

（3）体现改革精神，符合精简、统一、效能原则；

（4）符合立法技术要求；

（5）遵循协商原则；

（6）深入调查研究、广泛听取意见；

（7）起草部门将规章送审稿报制定机关的法制机构审查。

起草的规章涉及重大利益调整或者存在重大意见分歧，对公民、法人或者其他组织的权利和义务有较大影响，人民群众普遍关注，需要进行听证的，起草单位应当举行听证会听取意见。听证会依照下列程序组织：

（1）听证会公开举行，起草单位应当在举行听证会的30日前公布听证会的时间、地点和内容；

（2）参加听证会的有关机关、组织和公民对起草的规章有权提问和发表意见；

（3）听证会应当制作笔录，如实记录发言人的主要观点和理由；

（4）起草单位应当认真研究听证会反映的各种意见，起草的规章在报送审查时，应当说明对听证会意见的处理情况及其理由。

3.审查

规章送审稿由法制机构负责统一审查。

（1）审查内容。是否符合立法法确定的立法原则，符合宪法、法律、行政法规和其他上位法的规定；制定政治方面法律的配套规章，是否符合应当按照有关规定及时报告党中央或者同级党委（党组）的原则；是否体现全面深化改革精神和精简、统一、效能的原则；是否符合社会主义核心价值观的要求；是否与有关规章协调、衔接；是否正确处理有关机关、组织和公民对规章送审稿主要问题的意见；是否符合立法技术要求等。

（2）审查。法制机构应当将规章送审稿或者规章送审稿涉及的主要问题发送有关机关、组织和专家征求意见；法制机构可以将规章送审稿或者修改稿及其说明等向社会公布，征求意见；就规章送审稿涉及的主要问题，深入基层进行实地调查研究，听取基层有关机关、组织和公民的意见；涉及重大利益调整的，法制机构应当进行论证咨询，广泛听取有关方面的意见，论证咨询可以采取座谈会、论证会、听证会、委托研究等多种形式。

（3）审查结果。规章送审稿有下列情形之一的，法制机构可以缓办或者退回起草单位：制定规章的基本条件尚不成熟或者发生重大变化的；有关机构或者部门对规章送审稿规定的主要制度存在较大争议，起草单位未与有关机构或者部门充分协商的；未按照《规章制定程序条例》条例有关规定公开征求意见的；上报规章送审稿未经起草单位主要负责人签署，或规章送审稿说明和有关材料不符合要求的。

审查符合要求的规章送审稿由法制机构主要负责人签署，提出提请本部门或者本级人民政府有关会议审议的建议。

4.决定和公布

（1）决定。部门规章应当经部务会议或者委员会会议决定；地方政府规章应当经政府常务会议或者全体会议决定。审议规章草案时，由法制机构做说明，也可以由起草单位做说明。

（2）公布。法制机构应当根据有关会议审议意见对规章草案进行修改，形成草案修改稿，报请本部门首长或者省长、自治区主席、市长、自治州州长签署命令予以公布。公布规章的命令应当载明该规章的制定机关、序号、规章名称、通过日期、施行日期、部门首长或者省长、自治区主席、市长、自治州州长署名以及公布日期；部门联合规章由联合制定的部门首长共同署名公布，使用主办机关的命令序号。除涉及国家安全、外汇汇率、货币政策的确定以及公布后不立即施行将有碍规章施行的，规章应当自公布之日起30日后施行。

5.解释与备案

（1）解释。规章有下列情况之一的，由制定机关解释：规章的规定需要进一步明确具体含义的；规章制定后出现新的情况，需要明确适用规章依据的。规章解释由规章制定机关的法制机构参照规章送审稿审查程序提出意见，报请制定机关批准后公布。规章的解释同规章具有同等效力。

（2）备案。规章应当自公布之日起30日内，由法制机构依照立法法和《法规规章备案条例》的规定向有关机关备案。

五、行政立法的效力

行政立法的效力是指行政法规、行政规章的法律效力，包括两方面含义：一是指行政法规、行政规章的约束力和强制执行力，即必须遵守，若有违反都应追究相应的法律责任；二是指行政法规、行政规章的适用力，即适用范围，也称效力范围。

（一）行政立法的效力等级

《中华人民共和国宪法》第一百条规定："设区的市的人民代表大会和它们的常务委员会，在不同宪法、法律、行政法规和本省、自治区的地方性法规相抵触的前提下，可以依照法律规定制定地方性法规，报本省、自治区人民代表大会常务委员会批准后施行。"在我国的法律体系中，各类规范性文件分别处于不同的地位：

（1）宪法，作为国家的根本大法，处于最高的法律地位。

（2）基本法律，如《中华人民共和国刑法》《中华人民共和国民法》《中华人民共和国香港特别行政区基本法》等，由全国人大通过。

（3）一般法律，由全国人民代表大会常务委员会制定通过。

基本法律和一般法律都是根据宪法制定的，区别在于制定机关不同，效力等级不同，前者要高于后者。

（4）行政法规，由国务院制定发布或经国务院批准发布，其法律地位低于宪法和法律，高于行政规章。

（5）地方性法规、民族自治地区的自治条例和单行条例。

（6）行政规章。部门规章之间、部门规章与地方规章之间具有同等效力。

可见，一切法律、法规都是从一个法律体系中产生、派生出来的，都具有一定的法律效力。每项法规的合法性都必须以某项法律或行政法规为依据。行政法规和规章的效力是基于宪法和法律的效力而派生的，并划分为不同的等级（见表10-2）。

表10-2　　　　　　　　　　　　　　**法律体系的效力等级**

名　称	制定机关	效力等级
宪法	全国人民代表大会	具有最高效力
法律	全国人民代表大会及其常务委员会	比宪法低，比其他高
行政法规	国务院	比宪法、法律低，比其他高
地方性法规	省、自治区、直辖市、设区的市人民代表大会及其常务委员会	比宪法、法律、行政法规低，比其他高
自治条例、单行条例	民族自治地区的人民代表大会及人民政府	依特别规定实施
行政规章	国务院各部委、省级政府、省会所在地市政府、较大的市的政府	部门规章之间、部门规章与地方规章之间具有同等效力，在各自的权限范围内实施
其他规范性文件	各级地方人民政府及职能部门	在层级效力中，效力处于最低位

国务院是最高的国家权力的执行机关，又是国家最高的行政机关，其所制定的行政法规效力高于地方性行政法规、行政规章，低于宪法和法律；部门行政规章之间、部门行政规章与地方行政规章之间具有同等效力，在各自的权限范围内施行；地方性行政法规的效力高于本级和下级地方性行政规章；省级人民政府制定的行政规章，其效力高于省、自治区人民政府所在地的市政府和经国务院批准的较大的市的人民政府制定的行政规章。

（二）行政立法的效力等级范围

1.行政立法的时间效力

行政法规、行政规章在时间上的效力，是指行政法规、行政规章的有效期限，自什么时候生效，到什么时候失效。

行政立法的生效时间通常有两种情形：一是自发布之日起生效；二是发布后另定生效时间。

行政立法的失效时间有三种方式：一是专条规定，新法实施之日就是旧法的失效之时；二是没做出明文规定，一般适用新法废止旧法原则，但新、旧之法必须是同一机关对同类事项或行动做出的调整；三是通过法规清理，以专门行政文件撤销或废止旧法。

2.行政立法的空间效力

行政法规、行政规章在哪些地域范围发生效力，与其行政立法机关的层级性有关。总的来说，国务院制定的行政法规和国务院各部委制定的行政规章的地域效力遍及全国所有领域，包括我国领土、领海、领空，以及根据国际法和国际惯例规定的其他应视为我国领域的一切领域。地方性行政法规和行政规章的地域效力一般只涉及其行政立法机关所管辖的行政区域范围，但行政法规、行政规章对其效力的地域范围有明确特指规定的，应依其规定具体适用。

3.行政立法对人的效力

在我国，中央行政立法对所有中国公民、法人和其他组织（不论其在国内还是国外）以及在我国境内的外国公民、法人和无国籍人及外国组织，都发生效力，但特别规定的除外。地方行政规章一般只对其辖区内所指向的人有效，而对其他行政辖区的人不发生效力。同样，行政法规和行政规章对行政机关本身也有约束力，无论是上级行政机关还是下级行政机关都要知照执行；对其他国家机关，无论是权力机关还是人民法院、人民检察院，都有遵守的义务。

六、行政立法的发展

（一）程序发展

1.实质正义与程序正义

实质正义（substantive justice）意味着正义的终极状态必须实现，也就是善人（或善行）应该得到善报，恶人（或恶行）必须得到恶报。如果司法制度或公共政策无法体现实质正义，就会被视为欠缺正当性。

程序正义（procedural justice）意味着我们无法断言什么状态才是符合正义的终极状态，但是大家都必须遵守某些公正的程序，凡是按照公正程序所产生的结果，就应该被视为正义的结果。

人们通常比较期待实质正义，相对而言，程序正义通常被视为仅具有形式上的意义。可是民主法治社会在坚持实质正义的同时，也必须尊重程序正义；否则，人权无法获得保障，"正义不仅应得到实现，而且要以人们看得见的方式加以实现"。行政程序作为规范行政权力、体现法治形式合理性的行为过程，是实现行政法治的重要前提，而行政程序发达与否，则是衡量一国行政法治程度的重要标志。在我国历史上，法律规范存在重实体、轻程序的弊病，尤其是维护相对人权利、制约行政权力的程序法规基本是一片空白。但随着我国法治建设的推进，我们借鉴国外有益经验并结合中国国情，开始积极探索行政程序法典的制定，以实现实质公正与程序公正的统一，确保行政法治的合法、合理、公开、公正。

2.内部程序与外部程序

内部程序一般是指行政程序中不直接与相对人发生关联的程序，外部程序是指行政程序中直接关系到相对人权利的程序。法治的实现一方面在于行为人内心的认同和自觉地遵从，另一方面在于违法行为和某种不利益联系在一起，这种不利益就是责任，因而行政法治也要求强调行政人员对行政相对人的法律责任。

内部程序强调行政立法内部流程各个环节的程序制度，其目的在于强化行政立法过程的流程管理责任，是一个封闭式的过程。但政府本来是为民众而存在的，其一切行政行为都是为了实现公共利益，因而行政立法活动就应该具有民主性和公益性，要广泛吸取民众的意见和建议，使封闭式的过程变为开放式的，使内部程序外部化。发展行政立法外部程序就要求我们在其过程中注重采用信息公开、行政参与以及听证制度等形式，广泛听取公民与社会团体的利益诉求，并吸纳其意见建议，让公民与社会团体参与到立法过程中来，从而制约行政权力的滥用，保证行政立法行为的合理性、公正性。

（二）制度发展

1.告知制度

告知制度是指行政机关及其工作人员，在实施行政行为时，应当按照法律、法规的规定，及时将有关事项通过适当途径告诉相对人的有关制度。根据法律、法规的规定，行政人员应告知行政相对人以下的权利：陈述权、申辩权；依法要求举行听证；依法申请行政复议或者提起行政诉讼以及复议或者诉讼的时效和地点；因违法给予行政处罚或者行政强制而受到损害可以依法要求赔偿。告知制度是行政民主化的表现，也是行政法治的基本要求，从立法、执法、司法各个环节都要首先做到对公民的告知。

2.申辩与听证制度

申辩制度是指在任何行政决定做出前，都应给行政相对人以陈述、申辩的程序权利，以促使行政主体在尽可能全面了解和掌握相关情况的前提下做出公正的决定，维护相对人的合法权益。

听证制度是指行政主体在做出影响相对人合法权益的行政决定前，根据当事人的申请或依职权决定组织听证，给有关各方提供发表意见、提供证据、提供相互质证和辩论的机会，以论证即将做出的行政决定的必要性、可行性、适法性的一项制度。

申辩与听证制度体现了公平、民主理念，采用公民参与的方式，一方面确保了行政相对人实现行政程序的权益，另一方面使行政行为更加符合社会公共利益，因而在今后行政立法中应广泛推行采纳。

3.分离与回避制度

分离制度指不同的行政主体对同一事项或同一行政决定，在各程序阶段的分工负责、相互制约的制度。回避制度指行政工作人员在具有法定情形时应主动回避或依当事人的申请予以回避的制度。

行政立法的主体是国家行政机关，而行政立法活动的许多内容是关于行政管理活动的，因此行政立法主体在立法时往往囿于自身的利益。通过立法分离和回避制度将法律文件交由无利害关系的社会组织、专家起草，这样可以避免立法中的地方保护主义和部门保护主义以及强势力量的不适当干涉。另外，采取委托立法、招标立法等立法分离与回避方式可以解决行政立法中行政机关难以应对的许多专业性、技术性问题。行政立法分离、回避制度也是公正立法、民主立法的必然需要。

4.救济制度

救济制度指在行政相对人不服行政决定时，行政程序法应当为其提供补救的途径和机会的制度。目前，我国已建立了行政复议、行政诉讼和国家赔偿三大行政救济制度，其在追究行政主体法律责任的同时，也更好地保护了行政相对人的私人权利。行政复议是行政系统内部的纠错机制，由上级行政机关来负责追究下级机关的法律责任。行政诉讼则是由司法机关通过诉讼程序来追究行政主体的法律责任，只能审查具体行政行为侵犯合法权益的问题。国家赔偿则侧重于追究行政主体的违法行政行为的侵权赔偿责任，以补偿受害行政相对人的财产损失和精神伤害损失。这三种救济制度相互补充配合，构成了保护私人权利、监督行政权力的有效机制。

第三节　我国行政法治化建设

一、我国行政法治化建设的必要性

1.是建设法治国家的要求

党的十五大向全党提出了"依法治国，建设社会主义法治国家"的战略目标，为了实现这一目标，还提出了"一切政府机关都必须依法行政，切实保障公民权利，实行执法责任制和评议考核制"的具体要求。党的十八大提出"科学立法、严格执法、公正司法、全民守法"，党的十八届四中全会首度以"依法治国"作为全会主题。十八大以来，中央高度重视立法工作，尤其强调"形势在发展，时代在前进，法律体系必须随时代和实践发展而不断发展"。党的十九大成立了中央全面推进依法治国领导小组，加强对法治中国建设的统一领导；建设法治政府，推进依法行政，严格规范公正文明执法。行政机关作为国家权力的行使机关，负担着大量的管理国家政治、经济、文化和社会发展的任务，与社会民众的利益息息相关。是否依法行政，直接关系到行政管理体制能否正常运转，关系到一个国家能否实现法治。

2.是发展市场经济的基石

社会主义市场经济本质上是法制经济，它客观上要求行政法治化，以建立良好的市场秩序，规范市场行为，保证市场经济正常运行。因此，公共行政必须为市场经济的健康发展提供公平合理的法律规则，并通过有效地执行与市场规则有关的公共政策来维护合理的市场交易规则。如果公共行政缺乏法律约束或不按法律和法规行事，就意味着维系市场经济基础的契约失衡，共同投入、共担风险并共享收益的制度安排将遭到破坏，市场经济就无法正常运行或者要付出高昂的成本。①可见，法治行政是市场经济运行的基石和必然选择。

3.是实现公共利益的保障

从公共性的角度分析，公共行政存在的目的就是提供公共服务、促进公共利益的实现。没有法治行政的保障，由于"经济人"的自利性，公共利益往往会被私人利益所侵蚀，公共目标也会被扭曲，最终降低公共行政的合法性。如果公共行政缺乏法律的约束，表面上会丧失行政权威，实质上会严重损害公共利益。法治行政是公共治理的要求，是实现公共利益的重要保证。

二、我国行政法治化建设的原则

1.依法行政原则

行政机关的行为必须有法律依据，即制定规范的抽象行政行为和做出处理决定的具体行政行为都必须受到法律约束，不得与法律相违背。依法行政首先要求政府执法行为要合法，要依法行政、依法办事；同时要求立法行为要合法，行政法规、地方性法规及其他规范性文件都不得与法律相抵触或相冲突。

2.职权法定原则

行政机关的职权是指中央政府及其所属部门和地方各级政府的职权，必须由法律规定。行政机关必须在法律规定的职权范围内活动；非经法律授权，不可能具有并行使某项职权；凡法律没有授予的或者禁止的，行政机关就不得为之，否则就是超越职权。职权法定、越权无效，是法治行政的主要原则之一。

3.权责一致原则

职权与职责是统一的，是一件事情的两面。放弃职权，不依法行使职权，就是不履行义务，就是失职，应该追究法律责任。作为一个法治政府，应该带头守法，切实保障公民的合法权益不受侵犯，应对人民负责，并自觉接受人民监督，权为民所用，利为民所谋。因此，行政法治化建设必须做到：有权必有责，用权受监督，违法要追究，侵权要赔偿，切实负起责任。

4.权力监督原则

行政权力是宪法和法律赋予国家行政机关管理政治、经济、文化和社会事务的最重要的国家权力。孟德斯鸠曾经说过："一切有权力的人都容易滥用权力，这是亘古不变的一条经验。有权力的人们使用权力一直遇到有界限的地方才休止。"因此，对行政权力要进行依法监督，以制约权力，防止权力的滥用。

5.程序公开原则

用以规范行政权力的行政程序，除涉及国家机密、商业秘密或个人隐私外，应一律向行政相对人和社会公开，这一原则是民主政治的要求，为公众对行政决策的参与和对行政

① 夏书章. 行政管理学 [M]. 4版. 北京：高等教育出版社，中山大学出版社，2008：348.

的监督提供条件，并使行政活动具有可预见性和确定性，防止行政权力的滥用。

6.法律救济原则

公民、法人权利受到损害时必须要有公正的救济机制，政府行政机关必须保证公民、法人和其他组织对行政主体对其实施的行政行为有向法院提起司法审查的权利。通过法律救济，追究行政主体的法律责任，避免或挽回行政相对人的损失，从而更好地保护神圣的私人权利。

三、我国行政法治化建设的目标

行政法治化建设是当代中国法治建设所面临的重大课题。党的十六大报告将法治建设目标列为全面建设小康社会的四大目标之一，对其定位是："社会主义民主更加完善，社会主义法制更加完备，依法治国基本方略得到全面落实，人民的政治、经济和文化权益得到切实尊重和保障。基层民主更加健全，社会秩序良好，人民安居乐业。"党的十九大指出，全民依法治国是中国特色社会主义的本质要求和重要保障，建设中国特色社会主义法治体系，建设社会主义法治国家，发展中国特色社会主义法治理论，坚持依法治国、依法执政、依法行政共同推进等。2004年3月22日国务院发布了《全面推进依法行政实施纲要》，提出了我国法治行政建设的目标。2015年12月27日，中共中央、国务院印发的《法治政府建设实施纲要（2015—2020年）》中的总体目标是：经过坚持不懈的努力，到2020年基本建成职能科学、权责法定、执法严明、公开公正、廉洁高效、守法诚信的法治政府。我国法治行政建设的目标如下：

1.改革行政管理体制

政府要依法界定和规范经济调节、市场监管、社会管理和公共服务的职能；要合理划分和依法规范各级行政机关的职能和权限，实现政府职责、机构和编制的法定化；要完善依法行政的财政保障机制，改革行政管理方式，推行政务信息公开，实现政府与市场、政府与社会、政府与公民个人的关系基本理顺；政府经济调节、市场监管、社会管理和公共服务职能基本到位；中央政府与地方政府、政府各部门之间的权限比较明确；行为规范、运转协调、公正透明、廉洁高效的行政管理体制基本形成；权责明确、行为规范、监督有效、保障有力的行政执法体制基本建立。

2.完善行政法律制度

政府要根据广大人民的根本利益制定行政法规和规范性文件，使行政活动有法可依，制度建设反映客观规律并为大多数人所认同；使法律、法规明确具体、科学规范、切合实际；使法律、法规得到全面、正确实施，法制统一、政令畅通；使老百姓的合法权益得到切实保护，违法行为得到及时纠正、制裁，经济社会秩序得到有效维护。

3.健全科学决策机制

政府要健全科学化、民主化、规范化的行政决策机制，建立、健全公众参与、专家论证和政府决定相结合的行政决策机制；完善行政决策程序，实行决策公开，使人民的意愿得到反映；建立、健全决策跟踪反馈和责任追究制度，进而促使行政管理做到公开、公平、公正、便民、高效、诚信。

4.强化行政监督机制

行政机关要自觉接受人民代表大会监督和政协的民主监督；接受人民法院依照行政诉

讼法的规定对行政机关实施的监督；加强对规章和规范性文件的监督；认真贯彻行政复议法，加强行政复议工作；完善并严格执行行政赔偿和补偿制度；创新层级监督新机制，加强审计、监察等专门监督；强化社会监督，进而形成高效、便捷、成本低廉的防范、化解社会矛盾的机制，提高政府应对突发事件和风险的能力。

5.加强行政主体建设

行政机关工作人员特别是各级领导干部依法行政的观念和意识明显提高，对法律信仰和忠诚，形成尊重、崇尚、遵守法律的氛围，主要内容包括：实行领导干部的学法制度，加强培训，提高领导干部依法行政的能力和水平；建立行政机关工作人员学法制度，强化依法行政知识培训；建立和完善行政机关工作人员依法行政情况的考核制度；积极营造全社会遵法守法、依法维权的良好环境。

四、我国行政法治化的内容

"依法治国，建设社会主义法治国家"已确立为我国的治国方略与目标，"依法治国必先依法行政"已在行政管理领域达成共识。行政法治作为法治国家建设系统工程的重要组成部分，主要包括以下几方面内容：

1.法治意识培养

美国法学家伯尔曼说过："法律必须被信仰，否则形同虚设。"在我国行政法治化建设中，一个重要的方面就是对行政人员法治意识和精神的培养，使作为外部控制的法律上升为发自内心认识的信仰，以实现内外约束的有机统一。法治意识培养包含三方面内容：

（1）法律至上意识。任何行政行为都不能逾越法律所设定的界限，必须接受法律的审查和裁量，承担法律责任；法律面前人人平等，任何人都不能凌驾于法律之上。作为行政主体首先要树立法律至上的意识，依法规范和制约行政权力，以保障行政行为的正确执行，从而使法治行政得到落实。

（2）服务意识。服务意识是现代行政管理的生命根基和灵魂，行政人员应该明确自己是广大人民群众根本利益的忠实代表和维护者，在行政立法、执法的工作中，应体现人民群众的意志，对人民群众负责，牢固树立公共服务的价值理念，这样才能真正实现国家和社会的和谐和长治久安。

（3）责任意识。随着社会的发展，政府职能不断扩张，担负起更多的调节社会经济发展使命，因此责任行政成为现代政府发展的方向。这就要求行政人员应树立良好的责任意识，在法律的指导下积极行政，并且积极承担相应的法律责任。

2.行政组织法治

行政组织是行政管理的主体，是行政行为的载体和基本构架，因此行政组织法治是保证行政权力及其行使合法性的重要因素。行政组织法治就是要严格按照"编制法""行政组织法""中央和地方关系法"等法律规范管理行政机构的设立、职能和职权配置、行政编制、管理幅度、管理方式，处理中央与地方的权力分配及相互关系，处理各级政府间、各政府部门间的关系。

3.行政职权法治

行政职权是行政组织实施管理的基础，是实现行政管理任务的依据。行政职权法治是规范行政管理行为、促进行为公正、实现行政管理目标的保障。行政职权法治就是坚持行政职权来源于法，行政组织的各项职权由法律明文规定，政府自身不能为自己设置任何权限。坚持行政职权法治从根本上杜绝国家公共权力部门化、部门权力个人化。因此，行政职权法治，必须从立法、执法和监督三个方面进行规范，做到有法可依、有法必依、执法必严、违法必究。

4.行政程序法治

行政程序是指行政主体在行政活动中由行政行为的方式、步骤、时间、顺序等要素所构成的行为过程，包括行政行为程序、行政组织程序和行政诉讼程序。

行政程序法治是指行政行为在实体上必须符合法律权限、目的，在其程序上必须具有正当性。它主要要求每一个程序步骤都具有法律的意义，即不经过程序步骤的行为是违法的；每一个步骤都要和实体结论有必然的、实质的联系，不能抛开程序得出结论或者把程序当形式、实体的结论与程序相脱离。行政程序法治是行政活动民主化、法制化的体现，涉及规范行政权力和保障公民权利的核心问题。因此，国家必须制定全国统一的行政程序法典，确保行政组织的日常活动和突发事件有章可循，遵循法定程序。

关键术语

法制（legal system）　法治（rule by law）　行政法制（administrative legal system）行政立法（administrative legislation）

基本训练

★简答题

1.简要对行政法制、行政法治进行辨析。

2.简述行政管理法律途径的基本理念和主要内容。

3.简述行政立法的立法性和行政性。

4.简述行政立法的类型。

5.论述行政立法体制体系。

6.简述行政立法的效力。

7.结合实际谈谈我国行政立法的程序与制度发展。

8.论述我国行政法治化建设。

★案例分析题

广东省2018年立法计划安排45项法规，化妆品安全条例等纳入

广东省立法规划从2018年到2022年共安排107个立法项目，而2018年的立法工作计划安排了45个法规项目。

2018年的立法计划除了对继续及初次审议的法规项目列出了具体的审议时间表外，还特别明确了牵头负责部门，大大增强了立法工作的计划性和统筹力度。

一、初次审议法规案13件，农村公路条例备受关注

2018年的立法工作计划中新制定29件，修改16件，包括：继续审议的法规案7件；初次审议的法规案13件，其中由省政府提请省人大常委会初次审议的法规案有9项；预备

审议项目25件。

2018年安排的法规项目有11部法规意在深化供给侧结构性改革、推动创新驱动发展，特别是农村公路条例的制定备受关注。群众对加快村道建设，特别是提升道路建设等级质量的呼声比较强烈，最近这几年与此相关的建议也比较多。

另一立法关注重点则是保障和改善民生、加强社会治理，涉及11部法规，其中化妆品安全条例与民生关切尤其紧密，"一方面我省是化妆品生产大省、消费大省，另一方面随着化妆品安全事故接连被曝光，越来越多的群众也更加关心'脸颊上的安全'，出台法律规范的必要性日益加强"。

11部法规与推进绿色发展、加强生态系统保护有关。这些法规全面涵盖广东省土壤、大气、水体、湿地、固体废物、建筑废弃物、河道航道管理、海岛海域使用以及建筑节能等生态保护的各个领域，反映出广东省加快推进绿色发展法制体系建设的趋势。

二、修订爱国卫生条例，落实"厕所革命"有关要求

据广东省人大常委会法工委有关负责人介绍，法规项目是否纳入2018年计划，主要围绕党的十九大报告在经济、政治、文化、社会、生态文明等方面重大部署和习近平总书记重要讲话精神来选择。比如人才发展促进条例主要为了落实十九大报告提出的人才强国战略；制定农村公路条例的出发点是加快农村基层基础设施建设，推动乡村振兴战略在广东落到实处；爱国卫生工作条例则主要根据习近平总书记关于"厕所革命"的重要指示做出修订。

一些法条的修改则根据上位法的改变做出调整。比如招标投标法修改后，2018年广东省也相应对实施办法做出一些改动。此外，《中华人民共和国红十字会法》已于2017年做出修改，广东省红十字会条例也要据此做出修改。还有个别广东省根据实际在全国率先制定的法规，则要对照国家修改的相关上位法做出调整，比如《广东省固体废物污染环境防治条例》早在10多年前便已制定出台，如今国家对固体废物污染环境防治法做了修改，因此需要进行比照修订。

另有部分法规制定或修改主要根据广东省省情变化以及发展中新出现的一些问题来实施。比如河道采砂管理条例的修改主要由于近几年广东省违规采砂现象有所抬头，相关监管措施需要进一步加强；修改无线电管理条例一方面是适应国家无线电管理审批制度改革及有关权限下放的形势变化，另一方面随着无线电发烧友越来越多，广东省重要无线电设备频受干扰问题也随之产生，如何更好引导管理，需要在法条中进一步明确规范。

三、5年废止9件法规，两年清理232项省政府规章

广东省十二届人大一次会议召开以来，广东省十二届人大常委会审议通过77件地方性法规案和决定案，共制定法规44件，修改法规68件次，通过有关法规问题的决定12项。特别是2014年以来，广东省人大常委会对不适应深化改革要求的法规进行了全面清理，先后通过4件修改、废止决定，共打包修改37件、废止9件地方性法规。省政府也自2015年起开展规章全面清理工作，于2017年完成对232项省政府规章的全面清理，并开展了涉及"放管服"方面规章的专项清理，共废止省政府规章63项，分两批打包修改省政府规章27项。

一些立法环节上的探索尝试则为今后的立法工作积累了宝贵经验。在起草阶段，省人大常委会探索法规草案多元起草，由人大有关委员会组织起草综合性、全局性、基础性的重要法规，委托高校、社会组织等第三方起草专业性较强的法规草案，2014年以来共组

织起草法规草案15件，委托第三方起草法规草案39件。在立法过程中，广东省根据需要开展立法听证，对食品生产加工小作坊和食品摊贩管理条例、禁毒条例中的焦点问题组织网络听证；在立法后，则适时开展评估，委托第三方对行政许可监督管理条例等9件已经施行一段时间的法规进行"回头看"。

资料来源　骆骁骅. 广东省今年立法计划安排45件法规，化妆品安全条例等纳入［N］. 南方日报，2018-04-20.

讨论：

1. 文中所提及的农村公路条例、人才发展促进条例、爱国卫生工作条例属于什么性质的法律文件？请说出你的判断依据。

2. 文末提及广东省人大常委会探索法规草案多元起草，以及开展立法听证、网络听证，反映了我国行政法治化建设的哪些目标？

资料阅读 10-1

资料阅读 10-2

第十一章

行政监督

本章提要

（1）行政监督概述；（2）行政监督体系；（3）行政监督实践；（4）我国行政监督体制的完善。

导读

中央巡视组打虎：贵州两个副省长接连落马

2018年5月4日22：30，中央纪委国家监委网站公布了一条消息：贵州省副省长蒲波涉嫌严重违纪违法，接受中央纪委国家监委纪律审查和监察调查。一个月前，同样是深夜，另一名贵州原副省长王晓光被通报落马。随着蒲波被查，十八大之后贵州被打掉的"老虎"已有4人，此前两人是2013年落马的贵州省委原常委、遵义市委原书记廖少华和2016年被通报降级的贵州省政协原副主席孔令中。落马前，蒲波在贵州省政府的分工是：负责环境保护、国土资源、住房和城乡建设、工商、质量技术监督方面工作，负责分管领域安全生产工作。据公开报道，蒲波2018年1月22日刚被任命为贵州省副省长，跻身副省级官员，然而3个多月后便落马，画出一条过山车式的仕途轨迹。更有意味的一条消息则是，5月2日，蒲波参加了第十三届贵州省政府第一次廉政工作会议，仅仅两天后，他就被查了。

贵州省是十九届中央第一轮巡视点之一。王、蒲二人前后脚落马，再次显示了中央巡视的威力。

2018年2月21日，大年初六，当大多数人还沉浸在春节阖家团圆的欢乐气氛里，中央第一巡视组就已赶赴福建省开展工作。从2月22至24日，短短3天时间里，15个中央巡视组全部完成对30个地方和单位党组织的进驻，十九届中央第一轮巡视全面展开。

无论是贵州还是四川，均在十九届中央第一轮巡视的覆盖范围之内，且均属中央第四巡视组巡视。中央第四巡视组组长由赵凤桐担任，副组长为李炎溪、王利华、杨正超。赵凤桐曾任中纪委驻国土资源部纪委书记，巡视经历丰富。

巡视利剑的威力巨大，中央第四巡视组进驻贵州38天后，贵州省委原常委、副省长王晓光于4月1日被宣布调查。

资料来源　佚名. 贵州两个副省长接连落马　中央巡视组打虎有何绝招［EB/OL］.（2018-05-06）［2018-09-19］. https://news.sina.com.cn/c/2018-05-06/doc-ihacuuvt8108040.shtml.

第一节　行政监督概述

一、行政监督的含义

行政监督是行政管理活动重要的组成部分，其核心是确保行政权力的正确运行，对保证行政管理的公正、稳定、高效的施行具有重要意义。

（一）行政监督的概念

监督（supervision），原意为监视、督促，引申为监察与督导。行政监督（administrative supervision）从狭义上讲是指行政机关内部，上级对下级的行政活动所进行的督促和监察，以保证决策目标的实现；从广义上讲是指各类监督主体（包括党（中国共产党及各民主党派）、国家机关、社会组织和公民个人）根据法律规定，对政府行政机关及其工作人员行使行政权力的行为是否合法、合理所实施的监察与督导活动。本章所阐述的是广义上的行政监督。

（二）行政监督的特点

通过行政管理的性质和特征以及行政监督的含义，我们可以归纳出以下几方面特点：

1.监督主体的全民性

行政监督的主体是具有监督权限的国家行政机关以及国家权力机关、司法机关、政党、社会团体、新闻媒体和人民群众等，包括了一国范围内的所有政治、经济、文化及社会各方面的法人、团体、组织、单位和个人，涵盖了社会各阶层。可以说，行政监督的主体是全体公民，行政监督可谓是全民监督。在我国，人民是国家权力的主体，掌握国家主权，行政管理是国家行政机关通过人民的授权而行使管理的活动，因此，行政监督实际是授权者对受权者的监督，以实现对行政权力的制约。

2.监督内容的广泛性

行政监督的内容是行政机关的行政行为和行政人员的职务行为，涉及内容十分广泛，大到行政决策，小到行政机关日常事务的处理，不仅对各级行政机关和各个职能部门进行监督，还对行政人员执行公务的各个环节实施监督。行政监督内容的广泛性是由行政管理的性质和特点决定的。

3.监督手段的多样性

行政监督主体的全民性和监督内容的广泛性，决定了监督形式的多样性；监督形式的多样性决定了监督手段的多样性。每一个监督主体都有各自的监督形式，不同的监督内容也要采取不同的监督形式，每种监督形式又包含着多种监督手段。这些监督手段包括政治监督、社会监督、组织监督、个人监督、舆论监督等。只有各种监督手段相互配合，才能对行政管理进行全面、系统的监督。

4.监督过程的及时性

行政监督伴随着行政管理的全部过程，只要有运用行政权力的公共行为，就要有行政监督活动。行政监督与行政管理活动几乎是同步的，只有通过有效的监督形式和手段，才能及时发现行政管理过程中已经发生或将要发生的问题，使之得以妥善处理或有效防范；才能及时发现行政机关及其工作人员执行公务的偏差，使之得以有效纠正，防止权力滥用，从而保证行政管理的合法性、合理性和公正性。

5.监督性质的法制性

行政监督实质上是监督主体对行政机关及其工作人员的一种法制监督。这是因为监督主体享有的监督权是法律赋予的，其监督的范围、内容和途径均由法律予以设定，监督方式和手段也由法律加以固定，要严格依法定程序进行。同时，监督的重点是执法监督，即对行政机关及其工作人员在行政管理活动中的执法、守法情况进行监督，保证其合法性与合理性。

二、行政监督的功能

行政监督在行政管理过程中具有非常重要的地位和作用，其主要的功能是监督各级行政机关及其工作人员执行各项行政法规、行政政策的情况，保证行政权力运用得合理、合法、公正、有效。具体而言，行政监督的功能有以下方面：

1.行政预防功能

行政监督具有预防性的功能，一方面，能够及时发现行政行为的不当或过失，并通过监督的实施对行政机关及其工作人员及时提醒，这样可以将行政管理过程中的问题、偏差和失误消除在发生之前，防止违反行政法规、破坏行政纪律的行为发生；另一方面，当行政管理某一方面或某一环节已经出现问题、偏差和失误时，可以提请相关部门注意及时做出处理，将损失降到最小，并且起到警示作用，防止类似的事件问题发生，促使行政活动健康有序运行。

2.行政控制功能

行政监督的控制功能体现在，可以通过监督鞭策行政机关及其工作人员在行政管理过程中认清行政目标，明确行政职能，牢记岗位责任，按照法律规定的权限范围和操作程序实施管理，促使行政管理活动不偏离目标和法制轨道。广泛的行政监督主体和多样的行政监督方式将行政主体置于多角度、多层次的监督制约之中，也弥补了行政机关内部控制的不足，保证行政权力的运行控制在合理范围之内。

3.行政补救功能

行政监督具有补救功能，能够对行政管理过程中出现的偏差和失误及时加以纠正，对行政机关及其工作人员的不当行政行为予以制止并责令改正，促使行政机关就行政监督发现和披露的问题进行总结，汲取教训，制定相应的调整改革措施，并尽量挽回和弥补所造成的损失。同时，通过对行政机关及其工作人员的违法乱纪和腐败问题的披露和惩罚，可以遏制类似事情的发生，对以后的行政管理活动起到预警补救的作用。

4.行政评价功能

行政监督能够对行政机关工作和行政人员的德、能、勤、绩做出合理的评价，考量行政行为是否合乎规范，行政机关是否勤政爱民，行政人员是否奉公守法。通过行政监督和评价，促使他们不断总结经验教训，发扬优点、克服缺点，改进工作、纠正错误，不断提高行政管理水平和能力。

三、行政监督的基本原则

要保证行政监督在行政管理过程中发挥有效的功能作用，必须遵循以下基本原则：

1.合法性原则

合法性原则是行政监督的必要条件，可以从以下三个方面进行理解：

（1）从事行政监督的主体必须合法。行政行为是一种法律行为，作为行政监督主体的行政机关、权力机关、司法机关或其他团体组织等，其每一项监督行为都必须符合有关法律、法规的规定，如果行政主体的行为超出了规定的范围，其行为就是违法的。

（2）行政监督活动必须符合法定程序。行政监督的每一项具体的活动都必须严格按照法律规定的程序进行，行政监督活动的程序化是行政法规的内在要求，也是衡量行政监督行为是否合法的一个重要因素。

（3）行政监督活动必须符合法定方式。行政监督主体从事的监督活动要符合法律所规定的方式，监督机关必须按照法律规定的监督方式，这样，其监督行为才能合法、有效。

2.经常性原则

行政监督作为一种经常性活动，伴随行政管理活动的全过程，贯穿于行政决策、执行、协调的各个环节。行政监督不是临时性的行为，必须经常性地进行，才能及时发现行政机关及其工作人员在处理公务时的不当行为，并及时纠正和处理。

3.公正性原则

行政监督应当充分体现公正性原则。公正性监督首先表现为监督主客体的平等性，不论领导机关还是被领导机关、不论专门机关还是一般机构、不论公务人员还是一般公民，都有进行监督的权利和接受监督的义务，这样才能使监督公正；其次表现为监督标准的统一性，针对相同的行政行为和职能行为，必须具备一个统一的监督标准，这样才能做到公正合理、赏罚分明。

4.民主性原则

政府通过人民的委托管理国家事务和社会事务，其权力是人民通过法律授予的，因此行政管理活动应置于人民的监督之下。行政监督作为一种全民监督，就应该紧密依靠人民，采取民主的方式进行。不论是政党监督、国家监督，还是社会监督、公民个人监督，都应该遵循人民的意志，代表人民的利益，站在人民的立场，听取人民的意见，只有这样才能有效监督行政管理。

5.有效性原则

行政监督的有效性体现在实施后的效果如何。行政监督的目的就是促进行政机关及其工作人员依法行政，改进工作，提高效率。要达到目标，我们就必须准确抓住行政管理中存在的问题，及时察觉和纠正行政机关及其工作人员的违法违纪、侵权、不当行为，对违法违纪和失职行为等给予行政处分和法律制裁，督促被监督人改正，做到实事求是、一视同仁，执法必严、违法必究，使行政监督真正落实，才能使监督收到效果，实现监督目的。

四、行政监督的理论基础

行政监督的理论来源于对行政权力的制约，行政权力作为凌驾于各种社会力量之上的强制力量，来自人民的授权，其目的是实现公共利益，然而"绝对的权力导致绝对的腐败"，为避免行政权力的扩张和滥用，必须对其进行有效的监督和制衡。

（一）分权制衡论：以权力制约权力

分权制衡理论也称权力制约论，是西方国家的立法、行政、司法三种权力各自独立又相互制约和均衡的理论。它强调为了防止政府权力的腐败或滥用，必须对它进行合理分割，并建立相互制约和监督的关系。分权制衡理论对权力的制约最为直接有效，被西方国际普遍运用在政治体系和其他国家管理活动中。

分权制衡论源于分权思想，可追溯到古希腊的柏拉图和亚里士多德，亚里士多德、波里比阿提出了国家权力分为三权的混合政体和权力要制衡的思想。

亚里士多德认为，一切政体都有三个要素——议事机能、行政机能和审判机能，"倘使三个要素（部门）都有良好的组织，整个政体也将是一个健全的机构"[1]。虽然这里的议事机能、行政机能、审判机能不等于现代的立法权、行政权、司法权，但其是现代三权的萌芽状态，其理论孕育了以分权进行监督、以监督达到制约的基本精神，开创了分权理论的先河。

在分权思想基础上发展起来的制衡学说，形成于资产阶级革命时期，创立这一学说的是17—18世纪的资产阶级启蒙思想家以及后来的政治家、理论家，主要有英国的洛克、法国的孟德斯鸠、美国的杰斐逊和汉密尔顿等。

洛克在《政府论》中主张，为了防止政府滥用权力形成专制，将国家权力分为三个部分：立法权、行政权和外交权（联盟权），每一种国家权力都由一个相应的特殊机构掌握。洛克认为，三权虽分立，承担相应的职责，但地位并非均等，只能有一个最高权力，即立法权，其余一切权力都应该处于从属地位，因而确立了立法权至上的原则，并明确主张立法权作为议会的权力，来自人民的委托，必须受到人民的监督和制约。

孟德斯鸠的分权制衡学说标志着真正意义上的三权分立的确立，其学说最重要的部分是关于权力制衡的必要性和设置。孟德斯鸠从权力本身的腐蚀性和扩张性出发，构建了权力制衡的思想。他强调权力的分立与制衡，是通过特定的力量平衡来达到权力控制权力的目的。在孟德斯鸠看来，一个自由的、健全的国家，必然是一个权力受到合理、合法限制的国家，所以国家必须实行分权，其具体设计如下：

（1）立法权由人民选举的代表来行使。他强调各个城市和地区的人民都应各自选出代表参加议会。为数不多的代表能讨论大众聚集在一起不适宜讨论的问题，这是代议制最大的好处。他认为立法机关内部也必须分权制衡，立法机关由"贵族团体"和"平民团体"两部分构成，二者同时拥有立法权，有各自的议会，前者为上议院，后者为下议院，两院之间相互制约，各自拥有否决对方的权力。他还指出，立法机关集会应由行政机关召集，行政机关可以制止立法机关的越权行为，对它通过的某些法律行使否决权，以实现行政权对立法权的制约。

（2）行政权和军队应交由国王掌握。行政权力的使用需要当机立断、快速行动，因而行政权力和军队应交由一人掌握。行政机关不参加立法事项的讨论，且无须提出法案，对

---

[1]　亚里士多德. 政治学［M］. 吴寿彭，译. 北京：商务印书馆，1996.

于立法机关决定的税收法案，只能表示同意。立法机关对行政机关的执行情况进行监督，对行政首脑的违法行为拥有弹劾权。立法机关拥有随时解散军队的权力，以防止军队成为行政权力压迫人民的工具。此外，司法机关对于立法机关的活动是否违宪及行政机关的执法活动是否合法行使监督权。

（3）司法独立原则。司法独立就是司法权独立于立法权和行政权。由选自人民阶层的法官依法行使审判权，不受立法权和行政权干涉。这一原则的提出是他对洛克分权理论的一大突破，只有"司法独立"才能保障司法权对立法权、行政权的制约，这是"以权力制约权力"的关键。

分权制衡理论是近代西方国家政治制度和监督制度的重要理论基础。它既为西方国家的权力架构提供依据，又为各种监督方式的拓展奠定基础，从而成为西方国家重要的行政监督理论基石，并得到推崇、继承和发展，对近代西方政治民主化进程产生深远的历史影响。但是，分权制衡理论主导下的以权力制约权力的权力制约模式不可能解决所有权力滥用问题，在三权分立的体制中，司法权是最弱的，而行政权又是其中最具扩张性的，因此很难达到理想的制衡效果。

（二）人民主权论：以权利制约权力

人民主权理论是西方思想家基于社会契约论和主权论提出的民主理论，按照社会契约的政治理论，个人权利先于任何形式的国家而存在，人民拥有主权，国家的主权源于人民权利的让渡，因此，人民对国家有天然监督权。人民主权论是人类在政治发展历史经验的基础上获得并经检验为真理的认识，是对"家天下"和野蛮政治的否定，这种观点显然是对客观世界的正确反映，是较好的理解权力来源的观点。

孟德斯鸠将主权在民学说及其监督理论推向高潮，而法国启蒙思想家卢梭则系统地提出了人民主权论。他认为，以社会契约方式建立的国家，完全是出于人类自身的理性要求，是"要寻找出一种结合的形式，使它能以全部共同的力量来卫护和保障每个结合者的人身和财富，并且由于这一结合而使每一个与全体相联合的个人又只不过是在服从自己本人，并且仍然像以往一样地自由"①。这种结合的形式是通过每个人把自己的一切权利全部转让给整个集体，集体掌握管理社会的主权。可见，权力源于并服务于人民，权力的运行必须以保障公民的权利与自由为指向，权利优于权力，并且制约权力，人民可以通过建立行之有效的监督机制监督政府的各种行为。

马克思主义在建设社会主义理论时，充分肯定人民主权的历史进步意义，并将它作为社会主义革命和建设中的共同信仰和追求。人民主权理论的强劲生命力就在于其有力的解释力。在现实中，政府作为代理人在实际上很难做到按其委托人——人民意志行事，其原因是：在人民主权的委托代理关系中，代理人的目标函数并不总是与委托人相一致；在委托代理中，人民或代议机构与政府始终存在信息不对称；在承接公共权力的代理中，不存在代理权的竞争，政府独家垄断，即享有垄断代理权。可见，人民主权理论虽然很好地解释了权力的真正来源——人民的权利，但很难有效制约公共权力。

---

① 卢梭. 社会契约论 [M]. 何兆武，译. 北京：商务印书馆，1994：23.

（三）社会契约论：以道德制约权力

在西方，契约一开始就被人们作为一个社会的最高制度伦理看待，制约一切具体的行为规范。虽然这种社会契约论的政治形式常被人们指责为一种虚构的形式，但由于这一理论较多地涉及人与人之间的关系，因此，人们普遍认为它为责任提供了一种必要不充分条件。在西方思想史上，霍布斯、康德和罗尔斯等都从不同角度探讨了社会契约论。

霍布斯是十七八世纪流行的自然法和契约论的创始人之一。他认为，人的本性是趋利避害，在自然状态中，人的本性表现为求利、求安、求荣。人类为求利便运用暴力争夺财产，为求安便相互猜忌用暴力保护自己，为求荣则不惜为小事而动用武力。人类和平合作关系只能通过契约形成，因为这是订约者彼此自由协商的结果。在制定契约的过程中，每个人在承诺自己的权利和义务的同时，也要考虑对方的权利和义务，契约在一定意义上是权利的互相转让。

康德则认为，契约的公正和权威、人们对契约的虔诚，是由契约内在的道德规定使然。最高意义上的契约是以自身作为约束根据的具有普遍必然性的道德自律，其能促使政府有效地履行行政责任。

罗尔斯则对契约理论进行一种理性的提升，致力于用契约理论来构造其公平的正义，贯穿《正义论》全篇的中心思想，就是他对契约的道德规定。他强调："要理解它就必须把它暗示着某种水平的抽象这一点牢记在心。特别是我的正义论中的契约并不是进入一个特定的社会，或采取一种特定的政治形式，而只是要接受某些道德原则。"总之，道德本体构成契约的关键内容。

不难看出，各种契约论形式有差异，但从契约价值上讲，至少包含以下两个共同点：

第一，契约签订的直接动力是在契约双方当事人间要达到某种目的。在社会契约论中，政府权力的产生是公民与政府订立契约的结果，其直接动力和目的是维护全体公民的公共利益，政府的行为必须符合这个目的，为公共利益负责。因此，维护社会公共利益是社会契约论对行政道德的内在规定。

第二，契约意味着双方当事人间权利和义务的对称，政府掌握管理社会的公共权力，同时必须负起维护公共利益的义务，公民有服从政府公共权力管理的义务，同时有被保护公共利益的权利，有监督和制约政府公共权力的权利。因此，政府公共权力的执行者必须对自己的行政行为负责。

布坎南认为，在公共权力机构担任公职的是既有理性又很自私的人。如何保障公共权力的使用有节制和理性，避免公共权力滥用，除了通过政治契约的监督外，还必须通过价值的洗礼、道德的升华。

以社会契约论为基础的以道德制约权力的权力制约模式主要通过两种方式来实现，即权力主体的自律和他律。自律是在权力主体行使行政权力时以内在的道德力量来进行自我约束，促进权力的正确使用。其约束范围很广，在法律无法干预的领域也能发挥约束作用。他律是公民、社会团体等对权力主体做出肯定、批评和建议，迫使其遵守道德规范。但是由于权力主体的道德水平无法衡量，且道德的约束是软约束，缺乏刚性，因此道德虽然是对权力制约必不可少的因素，但其效果并不十分理想。

第二节 行政监督体系

一、行政监督的类型

行政监督的范围、内容、方式非常广泛，其种类也很多，按照不同的标准和不同的角度，可以划分为不同的类型。

1.按照监督主体的不同

按监督主体的不同，行政监督可分为政党监督、国家监督、社会监督和公民监督。

政党监督是党对行政机关的领导和监督，是通过制定路线、方针和政策来实现的。

国家监督是国家运用国家权力对行政机关的监督，包括立法机关、司法机关和行政机关内部的监督。

社会监督和公民监督是指社会团体、新闻媒体和全体公民对行政机关及其工作人员行为的监督。不同的监督主体，其法律地位不同，监督的任务和权限、监督的途径和方式以及产生的法律效果都不一样。只有彼此配合、相互作用，才能构成完整的监督机制，对行政权力进行有效的监督。

2.按照监督体系的不同

按照监督体系的不同，行政监督可分为外部监督和内部监督。

外部监督是指行政组织外部力量对行政组织的监督，包括政党监督、国家权力机关监督、司法机关监督、社会监督和公民监督等。

内部监督指行政系统内部各机关、各部门之间的监督，包括上级机关对下级机关的监督、行政机关内部专业监督部门对内部各工作部门的监督、某些职能部门在自己的职能范围内就某一方面事项对其他部门的监督等。

3.按照监督内容的不同

按照监督内容的不同，行政监督可分为一般监督和专业监督。

一般监督是指各监督主体对行政机关全部行政管理活动实施的全面综合性监督，包括对行政机关管理国家事务、社会事务以及自身内部事务的全过程实施的监督。

专业监督是对行政机关某一项具体的工作实行的业务监督，包括对国家权力机关的某一专门机构（如全国人民代表大会常务委员会的专门委员会）或行政机关中某一专业主管部门（财务、审计、人事等）的监督。

4.按照监督时间的不同

按照监督时间的不同，行政监督可分为事前监督、事中监督和事后监督。

事前监督是防患于未然，对行政机关及其工作人员在实施行政行为之前进行的监督，以预防、避免违法或不当的行为发生，多以审议、审查批准等方式进行。

事中监督是对行政机关及其工作人员在行政行为实施过程中进行的监督，为了及时发现问题、纠正偏差，主要是通过审查执行的方法和手段的合法性与合理性、检查行政行为实施的阶段性成果等方式进行。

事后监督是对行政机关及其工作人员行政行为实施完毕后进行的监督，对其后果的正确性、有效性进行评价、审定，并做出相应处理，以总结经验教训。

二、行政管理内部监督体系

行政管理内部监督是指上级行政机关对下级行政机关、专门行政监督机关对一般行政管理机关以及行政管理机关对其自身和工作人员进行的监督。它是行政管理系统内部建立的检查、督促等自我约束、制衡的自体监督体系，包括一般监督、职能监督、专门监督、行政复议等形式。内部监督既包括对具体行政行为和抽象行政行为的监督，也包括对行政行为合法性与合理性的监督，还包括对行政人员的监督，其内容具有广泛性。另外，行政内部监督还具有方式的多样性、程序的时效性、监督的经常性等特点。

（一）一般监督

一般监督又称层级监督，是指基于组织层级隶属关系，上下级行政管理机关间、同级行政管理机关间以及行政管理机关对其自身和工作人员进行的监督活动，包括自上而下的监督、自下而上的监督和平级之间的监督。

自上而下的监督是上级行政机关对下级行政机关实施的监督，在我国，包括国务院对全国所有地方层级行政机关的监督、国务院对下属各职能部门的监督、地方各级人民政府对下级政府和本身下属职能部门的监督，以及地方政府所属各职能部门对下级政府所属对应的职能部门的监督等。这种监督主要通过对下级发布指示、命令，到基层调查、考察以及听取下级意见等方式，对下级实施督促和管理，以规范和约束下级机关、部门的行政行为。

自下而上的监督是下级行政机关对上级行政机关实施的监督，包括下级政府对上级政府的监督、政府职能部门对所属政府及上级对应职能部门的监督等。这种监督属于参与式的民主管理方式，主要通过报告、请示、申请等方式向上级提意见、建议和要求，以民主评议方式对行政领导工作做出肯定或否定，以越级报告的方式检举、控告行政领导者的违法行为，以申诉方式表达对上级行政机关、部门或领导处理某些问题不当的不满等。

行政管理系统具有金字塔式的层级机构，各层级间界限分明，下级必须服从上级，接受上级的领导和监督，向上级反映情况，同时有权向上级申诉，提出批评、建议。

（二）职能监督

职能监督是指行政机关某些具有特殊职能的部门，就其主管业务，在职权范围内对无隶属关系的行政部门进行的监督，包括对平行关系和上下级关系的政府职能部门的监督，如人事、财政、税收等部门对其他同级或下级部门的监督。不同的国家，职能监督的权限和范围因业务性质和法律传统而存在差别，一般集权型政治体制的职能监督较强，分权型政治体制的职能监督则较弱。

（三）专门监督（审计监督）

专门监督是行政管理主体内部设立的专门机关，独立行使监督权，对国家所有行政部门的行政管理工作以及行政人员的行政行为所进行的专门性分工的监督。专门监督主要指审计监督。

审计监督是指国家审计机关根据国家法律、法规，依照一定的程序和方法，对政府机关、国家金融机构和企事业单位的财务行为、经济活动进行检查、审核等监督活动。其目的是督促和帮助财务行政部门等的财经活动纳入国家法制的轨道，维持经济秩序，为打击经济违法犯罪活动提供事实依据。

审计监督是一种经济监督，其法律性质主要体现在：我国审计制度由宪法确定，并通过法律、法规和审计署发布的一系列指示和规章加以具体化；审计的指导原则贯穿于审计法的各种规范中；审计必须按照国家法律、法规和政策规定进行，具有独立性、权威性。

（四）行政复议

行政复议是指行政相对人认为行政机关的具体行政行为侵害其合法权益，依法向行政复议机关提出复查该行政行为的申请，受理申请的复议机关依照法定程序对引起争议的具体行政行为的合法性、适当性进行审查并做出裁决的一种行政监督法律制度。行政复议是行政机关救济监督，也是行政机关内部的自身监督，其目的是纠正行政主体做出的违法或不当的具体行政行为。

行政复议有以下特点：

（1）行政复议是行政机关的活动，是行政机关内部基于隶属关系的层级监督的规范性行为，其主体是做出行政行为的上一级行政机关；

（2）提出行政复议申请的必须是与行政机关做出的具体行政行为有利害关系的行政相对人；

（3）行政复议的审查对象为外部行政争议的具体行政行为及其所依据的部分抽象行政行为（主要指国务院部门的具体行政行为及其地方各级人民政府及其工作部门的规定、乡镇人民政府的规定，不含规章）；

（4）行政复议以书面审查的方式为原则，不适用于调解，行政复议的结论一旦做出，即具有法律效力；

（5）行政复议依法定程序进行，较行政诉讼程序灵活、简便，更具效率、经济。

三、行政管理外部监督体系

行政管理外部监督是指行政管理组织以外的各种监督主体对行政机关及其工作人员的行政管理活动所进行的监督。它是一种多渠道、多形式的异体监督体系，主要包括权力机关监督、司法机关监督、监察机关监督、政党监督和社会监督等形式。

（一）权力机关监督

权力机关监督是指国家立法机关对行政机关及其工作人员实施的行政行为的监督，在我国是指各级人民代表大会及其常务委员会对行政机关及其工作人员的监督。《中华人民共和国宪法》第二条规定："中华人民共和国的一切权力属于人民，人民行使国家权力的机关是全国人民代表大会和地方各级人民代表大会。人民依照法律规定，通过各种途径和形式，管理国家事务，管理经济和文化事业，管理社会事务。""国家行政机关、监察机关、审判机关、检察机关都由人民代表大会产生，对它负责，受它监督。"可见，权力机关的监督是层次最高、范围最广、效力最大的监督。

由于各国政体和国体的不同，国家权力机关的监督效力、监督模式和监督内容存在差异。内阁制国家其立法机关的法律地位高于行政机关，如英国；总统制国家则国会是唯一立法机关，如美国；还有一些国家的立法机关只能制定一般的法律，制定和修改宪法需要另行召开制宪会议，如法国。一般来讲，西方国家权力机关监督的方式主要有质询、提出不信任案或不信任表决、任命、弹劾、罢免、审批、国政调查、行使司法职能等。

我国由人民代表大会及其常务委员会对政府进行监督的主要工作方式有：

（1）对宪法和法律实施情况的监督，具体包括三方面：一是通过制定法律、决议，规定政府机构设置、职能、权力责任、活动原则与程序等途径，将国家行政管理活动控制在法律允许范围内进行；二是对各级行政机关贯彻执行宪法、法律的情况进行监督；三是依法改变或撤销本级政府和下级政府制定的与宪法和法律相抵触的法规、决定、命令等规范性文件。

（2）听取和审议同级人民政府的工作报告，包括年度报告、财政预算报告、各项重大措施和政策报告、政府各部门负责人工作活动报告等。

（3）审查并撤销本级行政机关发布的不适当的法规、规章、命令和决议。

（4）向政府及所属部门提出质询和询问，发表意见，同级政府组织的有关人员必须负责答复。

（5）视察和检查政府工作，并向政府机关提出意见、批评或建议。

（6）处理公民对政府的申诉、控告，检举和罢免政府组成人员。

专栏 11-1

（二）司法机关监督

司法机关监督是指国家司法机关通过司法程序和司法手段对国家行政机关及其工作人员的行政行为所实施的监督。司法监督是兼具公正性与合法性的监督形式，其监督重点是监督行政机关具体行政行为的合法性，监督的主体主要是国家检察机关和国家审判机关，即国家法院。

目前，各国司法监督实践主要包括两方面内容：

（1）由专门的宪法法院或普通法院系统对政府颁布的行政管理法规和行政措施进行审查，以判断其是否违反宪法，即违宪审查。

（2）由司法机关对与行政管理有关的行政纠纷进行审理或裁判，以维护当事人的合法权益，即行政诉讼和行政裁判。

在中国，司法监督是人民法院和人民检察院对公共行政的监督，主要是针对国家行政机关及其工作人员的违法行为所进行的侦查、审判等活动。人民法院的监督方式主要是通过对刑事案件、民事案件和行政案件进行审理和判决，依法追究行政管理主体及其工作人员所应负的违法、侵权的相应责任。另外，通过司法建议通知书、司法建议书等形式，向有关机构及其主管部门提出改正工作的意见和建议。人民检察院的监督主要是通过对行政管理组织机构人员触犯法律的罪行和利用职权犯罪的事件进行侦查、批捕和提起公诉来实施监督。

（三）监察机关监督

2018年3月11日，第十三届全国人民代表大会第一次会议通过《中华人民共和国宪法修正案》，将《中华人民共和国宪法》第三条第三款"国家行政机关、审判机关、检察机关都由人民代表大会产生，对它负责，受它监督。"修改为："国家行政机关、监察机关、审判机关、检察机关都由人民代表大会产生，对它负责，受它监督。"将《中华人民共和国宪法》第三章"国家机构"中增加一节，作为第七节"监察委员会"；增加五条，分别作为第一百二十三条至第一百二十七条。中华人民共和国国家监察委员会成立，不再保留监察部，并入国家监察委员会。国家监察委员会是实现党和国家自我监督的政治机关，不是行政机关、司法机关，监察监督由原来从属于行政内部监督体系的监督方式转变成为独立的行政外部监督体系的构成之一。

（四）政党监督

政党对国家行政机关的监督是由国家的政治制度决定的。在西方实行两党制和多党制的国家，主要是在野党对执政党组织的政府的监督，其基本途径：一是通过议会等机构对政府进行调查、质询、弹劾，以约束政府的行政行为；二是通过舆论工具批评政府的政策，揭露行政机关及其工作人员的违法乱纪活动。

我国实行的是中国共产党领导的多党合作和政治协商制度，政党监督主要表现在两个方面：

1.中国共产党的监督

中国共产党作为执政党，是整个国家的领导力量，它的监督处于核心地位，其监督方式主要有：

（1）通过制定正确的路线、方针、政策来保证和指导国家行政机关各项工作沿着正确的方向发展，并经常了解和掌握各级国家行政机关执行党的路线、方针、政策的情况，发现问题，及时提出改进意见和建议；

（2）通过各级党委总揽全局，协调各方，把握方向；

（3）通过党的基层组织对党员进行教育监督；

（4）通过各级党的纪律检查委员会对国家行政机关中的党员进行党纪监督，检查处理违纪案件和受理党员的控告、申诉以及接受人民群众对党员违法违纪行为的控告和检举；

（5）通过党的信访部门接待人民群众来访，对所反映的有关政府中党员的问题经核实后由党内做出决定或转交有关行政部门处理。

专栏11-2

2.民主党派的监督

民主党派的监督是中国行政监督体系中的一个重要组成部分，民主党派在一定程度上代表了一定阶层、一定范围的民众的利益要求，加强民主党派的监督，能在坚持国家利益和整体性利益的前提下，兼顾社会各集团、各阶层利益的特殊性。政治协商、民主监督、参政议政是人民政协的三大主要职能。民主党派的监督方式有：

（1）通过政治协商会议或通过该党在人民代表大会中的代表，协商国家大事，参与制定国家的大政方针和对国家事务的管理，参加政府工作并对政府机关的活动提出批评和建议；

（2）通过该党党员以及主办的各种刊物对各级政府的行为提出建议和批评。

（五）社会监督

社会监督是指独立于国家政权机关以外的社会团体、公民个人和新闻舆论对行政机关实行的一种广泛的、群众性的监督。这种监督不具有强制性和权威性，但它往往能引起国家监督机构的注意，从而导致带强制性的监督手段的运用。社会监督一般分为社会团体监督、公民监督、舆论监督三个方面。

1.社会团体监督

社会团体监督是指社会团体作为监督主体对行政管理实行的监督活动。在西方国家，有许多所谓的"利益集团""压力集团"。他们与政党不同，参与政治的目的并不是取得政权，而是实现特定的利益和主张。他们往往通过院外活动或利用公众压力、新闻舆论压力来影响政府的政策、监督政府的行为。在中国，社会团体分为三大类：

（1）群众性组织，主要包括全国共青团、工会、妇联、居委会等其他群众性自治组织；

（2）行业性组织，主要指全国性和地方性的工商联合会、文学艺术界联合会、科学技术协会、记者协会、个体劳动者协会等；

（3）公益性组织，主要指消费者权益保护协会、红十字会、环境保护协会、慈善组织等。

社会团体具有自愿性、非营利性、非政府性、自治性、开放性等特点，是政府联系人民群众的桥梁和纽带，他们最了解群众的要求和愿望，能更好地表达和维护各自所代表的群众的具体利益。社会团体的监督有以下特点：

（1）监督权是根据宪法的总原则来实现的，不是根据哪一部专门法律的规定来实现的；

（2）监督权是以社会组织的名义，依据自己的主动性或团体的规定来行使的；

（3）在监督方式上，主要是通过召开会议、以口头或文字等形式向政府有关部门提出意见、要求、建议和批评，对违法的政府部门和行政人员提出申诉、控告和检举；

（4）在监督效能上，不具备法律的强制性和惩处性，因而要有效实现其监督，应借助其他监督主体的力量。

2.公民监督

公民监督是指公民作为监督主体，按照宪法和法律规定的公民权利，对行政管理实行监督的行为，具有广泛性、全面性和多样性等特点。其基本方式有：

（1）信访。公民通过向国家权力机关、党政机关信访部门写信或直接走访等形式，检举和揭发行政机关及其工作人员的违法违纪行为，或者提出自己对政府工作的要求和建议等。

（2）传播媒介。公民可以通过报纸、电台、电视等新闻传播媒介表达自己的看法和意见，对行政机关及其工作人员实施广泛的社会监督。

（3）选举人民代表。公民可通过选举的人民代表向行政管理机构提出批评、建议，对行政管理活动进行监督。

（4）行政复议和行政诉讼。公民有权就他认为是不公正、不合法的行政行为，向做出该行政行为的政府机关的上级机关或司法机关提出申诉和控告，要求审查并重新做出处理和裁决。

3.舆论监督

舆论监督是指通过大众传播工具如刊物、电视、广播等对行政机关及其工作人员的违法违纪行为进行揭露的一种监督。由于大众传媒具有信息量大、传播速度快、反应迅速、覆盖面广等特点，因而舆论监督具有迅速、有效、广泛等特点。

新闻媒体监督作为我国行政监督体系的重要一环，其监督途径是：

（1）新闻报道，即对国家行政机关的重要工作和重大活动进行及时的宣传和报道，使广大人民群众能及时了解行政机关的工作情况，通过报道使行政机关置于整个社会的监督之下。

（2）公开曝光。新闻媒体及时对行政机关及其工作人员的违法违纪行为进行曝光和谴责，从而引起社会多方面的关注与重视，造成巨大的舆论压力，促使有关部门对违法违纪行为及时纠正，并对有关人员进行惩处。

（3）表达民意。新闻媒体播出或刊登群众对行政机关工作的意见或建议，督促行政机关更好地履行职责，改进工作，为社会提供优质高效的服务。

第三节　行政监督实践

一、西方国家行政监督实践

早在1787年，美国宪法就对三权相互制约做了明确的规定，其中就有对行政权力的监督制约。监察员制度最早由瑞典于19世纪创立，20世纪以来，西方许多国家制定了监察长（监察专员）制度，但监督的范围和监督权力有所不同。西方国家为了有效地监督行政权力的行使，还先后制定了专门规范行政官员行为、保证行政官员廉政的法律，有的还设立了专门的司法监督机构。在英国，除了由议会委派监察员，设立专门委员会，还专门设立了行政裁判所。北欧国家为了防止政府公务员规避行政责任和官僚主义泛滥，首先设立了议会监察专员制度。总结西方国家行政监督的实践历程，主要存在以下三种行政监督模式：

1.议会监察模式

这种模式的特点是，行政监察机构设在议会内部，机构领导由议会选举产生。瑞典、英国的议会行政专员制度就属于此类。在这些国家，行政监察机关或人员具有独立的地位，行政监察的权威性比较高；但是这种模式的缺陷是无法适应任务繁重的监督工作。

2.政府监察模式

行政监察机关作为政府的一个部门，对政府负责。这种模式在世界上被多数国家普遍采用。中国实行的也是这种监察制度。该模式的特点是：监察机关设在政府内部，所以比较容易掌握政府官员内部的情况，监督工作具有针对性和有效性；中央监察机关对全国监察机关实行统一领导，因此行政监察活动能够做到协调统一。该模式的不足之处在于，监察机关缺乏独立性，权威性不足。

3.检察院模式

行政监察机关独立于行政机关，由代表机构产生，对法律负责。这种模式的特点是，监察机关的独立性和权威性较高，行政监察权有较好的保障，而且监察机关的队伍比较庞大。

二、我国行政监督实践

（一）古代监察制度

秦代以前的监督制度由两部分组成：一是舆论监督，指设有以采诗官为中介的舆论监督和询问官的言谏监督。二是专门监察官吏的监督，如夏、商、周分别设道人、小臣、小宰等官职行使监察职能。到春秋战国时，一些诸侯国设御史、郎官为监督官。

秦代以后，随着中央集权制的形成，以君王为中心的行政监督制度初步确立。中国古代的监察制度主要由以下三部分组成：

1.御史纠察制度

御史府是秦王朝时期的中央监察机关。长官为御史大夫，再设御史中丞、侍御史、监御史，以纠察百官。汉代专设御史台为中央监察机构，专门从法令制度方面，对以宰相为首的百官在施政中有无违法行为进行考察。唐代御史台设置御史大夫，下设"三院"：（1）台院，负责纠察、弹劾中央百官，参与大理寺的审判和审理皇帝交付的重大案件；（2）殿院，负责纠察殿庭仪节，巡察京城内外；（3）察院，负责监察百官、巡按州县。明代改御史台为都察院，在都察院外又设有独立监察权的六科给事中组织，分别纠劾百司，辨明冤枉，提督各道。清代沿袭明制，强调监察的独立方面。

2.言官谏诤制度

言官谏诤制度是我国古代监察制度中的一大创造。自秦汉以后就设置掌言谏之类的官职。尤其唐代初期，重视谏官的作用，建立了谏官可以随宰相入阁议事的制度，设置的门下省，执掌谏诤辅弼。

3.地方监察制度

历代王朝对地方监察十分重视。秦代在全国各郡设常驻监御史。汉把全国分成十三部监察区。唐代分十道监察区。明代增置监察御史百余人，分十二道巡按全国，权力极大。清代，总督与巡抚由监察大员变成了地方最高行政长官。

总的看来，我国古代监察制度对维护中央集权和国家统一、维持国家机器有效运行、维护君主专制、调整统治阶级利益、督促官员廉洁从政方面起过一定作用。然而，监察制度不论怎样变换形式，最终结果取决于皇帝的个人意志。谏官、监官也难免会自身腐败。

（二）近代行政监督

1840年鸦片战争后，封闭的封建国家之门被敲开，随着各种外来因素影响，西方资产阶级民主政治的主张对我国传统的监督体制产生强烈冲击，不断渗透，使之发生深刻变化。近代，民主革命的先行者孙中山先生在《五权宪法》中指出"五权"，即立法权、司法权、行政权、考试权、监察权，意在建立独立于行政系统之外的监督机构。

（三）中华人民共和国成立以来的行政监督体制

中华人民共和国成立以来，我国行政监督体制大体上经历了创立、发展、停滞、恢复与发展等时期。

1.创立时期（1949—1953年）

中华人民共和国一成立，行政监督就是国家行政体制的重要组成部分，人民监察委员会是并列于政务院之下的四大委员会之一。在此期间，全国各县市以上各级地方人民政府都设立了人民监察委员会，中央政府部门和各级地方政府人民监察委员会还设置了人民监察通讯员。

人民监察委员会在中华人民共和国成立初期对于保证国家政令法令的贯彻执行，严明党纪政纪，反腐肃贪，维护党和政府的清正廉明，从而保证广大人民群众对党和政务的信任和支持，发挥了积极有效的作用。

2.发展时期（1954—1958年）

1954年我国通过的《中华人民共和国宪法》是第一部社会主义宪法，政务院改为国务院，人民监察委员会亦改为监察部。地方人民政府相应改设为监察厅、局、处，某些职能部门也设立了相应的监察派出机构。这个时期政府的专门监督机构逐步健全，职能也增加了，规定监察机关有权监察行政机关，对国家的资财收支、核算情况进行监督。

这一时期的监察监督在社会生活中发挥了重要作用，并且为行政监督系统化、规范化、法制化提供了有益的经验。

3.停滞时期（1959—1977年）

1958年4月我国在第二届全国人民代表大会会议上撤销了监察部，自此以后近30年里，事实上我国没有独立行使行政监督权力的监察机构。取消专业性的、统一领导的行政监督机关实际削弱了对行政机关及其工作人员的监督，造成了我国行政体制功能的缺陷，名义上由各级行政机关负责行政监督，实际上是无人负责。因为它既无统一领导、统一部署，又无统一的监督执法标准，使行政监督活动停滞不前。

4.恢复与发展时期（1978年至今）

1978年党的十一届三中全会重新确立了党和国家的思想政治路线，国家行政监督机构、制度也得以恢复发展。我国重建了人民检察院，恢复了党的纪检机构，并成立国家审计署；同时，在县级以上各级政府设立了审计机构；1986年12月，设立中华人民共和国监察部。2018年3月，第十三届全国人民代表大会第一次会议审议通过了《中华人民共和国宪法修正案》，设立中华人民共和国国家监察委员会，不再保留监察部，并入国家监察委员会。

在我国，行政监督经历了不平凡的发展时期，已形成了较全面的监督体系，取得了显著成效，行政监督法制和效能水平不断提高。

第四节　我国行政监督体制的完善

随着社会的发展，行政管理的范围不断拓展，行政权力也就不断扩大，健全和完善对行政权力的监督与制约，显得更为必要，特别是我国正处于经济和社会的转型时期，传统的监督形式相对来说力度不够，这就要求我们对行政监督体制进行改革和完善。

一、我国行政监督体制存在的问题

目前我国已经形成一套具有自己特色的监督体制，但仍然存在许多问题，致使在改革开放以来的经济建设中取得巨大成就的同时，也出现了严重的腐败问题，不利于政府机关的廉政建设与行政监督的民主化和法制化。目前我国行政监督体制主要存在以下问题：

1.监督体系不合理

当前我国行政监督体系已形成了一个主体多元、内容广泛的多层次行政监督系统。在这个复杂的监督系统中，各种多元的、互动的监督主体共同发挥着行政监督的职能。然而，从我国行政监督的现状而言，多元监督主体之间的相互权责关系并没有完全厘清，监督体系还存在明显的缺陷和不足，主要表现在两方面：

（1）监督主体各自为政。监督主体的多元化本来有利于对行政管理活动的全面监督，但是各种不同的行政监督主体缺乏统一的协调和相互配合，未能形成合力；在权责细分上缺乏更明确的规定，或者虽然有明确的规定，但在实践中无法整合，要么交叉重复，要么监督缺位，以至于越权行事、滥用权力、互相争管辖权或互相推诿的现象屡屡发生，这都严重影响了我国行政监督应有的效率和功能的正常发挥。

（2）行政内部监督体系中，上行监督与下行监督之间、一般监督与专业监督之间还不协调，尤其是上行监督软弱，下级机关对上级机关的监督在许多地方呈萎缩状态。

2.监督法制不完善

行政监督是一种法制监督，即行政监督应依法进行，有关监督的法律和法规既是对行政监督权力及其行使的规范，又是这种权力及其行使的保障。近些年来，我国在建立、健全行政法制监督方面做了大量工作，但缺乏明确的监督标准和具体的实施细则，难以准确判断和及时纠正监督对象的违法行为，使具体的行政监督无法可依、无章可循，缺乏可操作性。行政监督法律和法规建设的相对滞后，大大影响了监督工作的严肃性、权威性、公正性。

3.专业监督力量薄弱

就我国行政监督的内部监督体系来看，专业监督机构缺乏独立性，监督力量薄弱。行使监督权的专门机构，如监察部门、审计部门，实行双重领导体制，既受上级部门的领导，又受本级政府部门的领导，形成一种附属性的隶属关系，致使行政监督的主体有些时候受制于客体，难以对本级政府及其部门实施有效监督。另外，专业监督通常是由从各部门中抽调的人员组成的，专业培训不够，业务素质和思想素质都有待提高。这种体制上的矛盾造成了行政监督机构的独立性、权威性和技术性缺失。

4.权力机关监督缺少威力

我国实行的是"议行合一"的政治制度，人民代表大会是国家权力机关，享有至高无上的权力，各级政府对人民代表大会负责、汇报工作并接受其监督，人民代表大会的监督是最高层次、最具权威的监督。但在党政关系尚未理顺的情况下，其监督的实际效力比较小，主要有以下原因：

首先，人民代表大会监督缺乏具体的法律做保障，尽管有宪法和相关法律赋予的监督地位和权力，但在监督内容、范围和形式等实施细则上没有明确规定，使人民代表大会监督无章可循，难以落到实处。

其次，人民代表大会实行年会制，每年会期只有十几天，并要讨论决定国家政治、经济和社会生活诸多领域的重大问题，工作繁重，很难充分审议政府在各个方面的工作，而且人民代表大会常务委员会委员多身兼数职，在常务委员职务外还有正式职务，不能有效行使监督权。

最后，人民代表大会及其常务委员会没有建立长期性的专门监督部门，只是临时性地组织执法检查小组，无法进行长期、有效的监督。

5.新闻舆论和公民监督效力低

新闻舆论和公民监督都属于社会监督的范畴，是法律赋予民众的公共权利，其行使良好可以有效制约公共权力。但是由于我国社会民主政治建设尚不完善，新闻媒体受制因素较多，舆论自由的效力尚未得到充分发挥。另外，政府办事制度、程序、行政活动公开化机制不健全，透明性不高，致使社会监督渠道不畅，使公共权力凌驾于民众的公共权利之上，很难得到有效约束和监督。

6.监督滞后，监督人员素质不高

行政监督应该贯穿于行政活动的全过程，但目前我国的行政监督往往是在问题出现后直到事态严重了才能引起监督主体的注意，导致监督滞后，进而加大了不必要的损失。另外，行政监督人员是行政监督工作的具体承担者和实施者，行政监督效能的提高在很大程度上取决于行政监督人员的素质。目前我国行政监督人员还存在素质不高的问题：有的行政监督人员本身不具备专业知识，不能对有关工作进行监督；有些专职行政监督人员政治素质不高，不注意坚持原则，在实际工作中，不能作为正义的代表对恶势力进行查处，严重影响了监督的效能。

二、完善我国行政监督体制的重要意义

处于变革和转型期的社会主义中国，发展民主政治和市场经济是一种必然的趋势。建立严密有效的行政监督制度，对建立社会主义市场经济和建设廉洁高效的政府具有重要意义，主要表现在：

1.行政监督是迎接经济全球化挑战的需要

在经济全球化的浪潮面前，各国都要通过市场经济的正常运转，将本国的经济融入世界经济。这就要求政府以公开、透明、规范的行政行为，更好地发挥对经济的宏观调控和指导，保证公平合理的竞争，克服市场自发调节带来的负面效应。加强行政监督，一方面能促使政府自觉规范自己的行政行为，按照市场经济体制建立和运行的要求，转变、调整行政职能，建立有效的宏观调控机制，为市场经济的发展提供方向指导和政策引导；另一方面，能够促使政府及时优化规范市场行为的行政立法，加强维护市场秩序的行政执法，完善包括处理经济纠纷在内的行政司法，以促进我国社会主义市场经济的迅速发展。

2.行政监督是政府勤政廉政建设的重要保障

政府的勤政廉政建设，关系到国家各方面事业的发展、政府的形象和人心向背。在我国，政府的宗旨是为人民服务，但在行政管理活动中，由于种种原因，官僚主义和腐败现象屡屡发生。加强行政监督，一方面可以促使行政机关及其工作人员确立和增强公仆意识，改进工作作风，使其忠于职守，兢兢业业、勤勉谨慎地为人民工作，全心全意为公众服务；另一方面可以促进奖廉惩腐机制的建立，以此弘扬正气，形成清正廉洁的工作作风，防止和杜绝滥用职权、以权谋私等腐败现象的产生。

3.行政监督是维护人民根本利益的客观要求

政府作为掌握公共权力的机构，是为公众服务的。维护人民的根本利益，保护人民的合法权益，是人民政府的天职。加强行政监督，能够促使行政机关及其工作人员严格依法行政，保证行政权力的行使合理合法，防止和纠正行政偏差，对侵犯人民群众合法权益的单位和个人依法追究责任，对受侵害的集体和个人做出合理赔偿，从而维护社会的公平正义，维护人民的根本利益和合法权益。

4.行政监督是提高行政工作效率的有效途径

效率问题是行政管理的核心问题，行政管理的出发点和目标都是追求高效率。加强行政监督，可以把行政管理人员的工作效率和工作成绩置于公开的监督之下，促使行政机关及其工作人员端正工作态度，自觉依法办事。因此，从这个意义上讲，行政监督是提高行政工作效率的有效途径。

三、完善我国行政监督体制的措施

通过对我国行政监督体制存在问题的分析，可以看出，必须从监督体系的整体性、监督主体的独立性、监督人员的主动性等方面出发，进一步加强和完善行政监督体制，具体包括以下几方面内容：

（一）建立行政监督体系的协调机制

加强行政监督、促进政府机关廉政建设是一项宏大的社会系统工程。必须建立监督体系的协调机制，使隶属于各系统的监督主体互相配合，协调一致，形成合力，才能充分发挥行政监督的整体功能，取得良好的监督效果。具体来说应做好两方面工作：

（1）加强监督立法，从法律上具体规范和明确各监督主体的地位、职责、权限，以及监督活动的范围、方式和程序等，避免不同监督机制的重叠和冲突，建立监督主体之间以及监督主体与客体之间的责任、权利、义务相统一和相协调的关系，形成一个全方位、多层次、强有力的行政监督体系（网络）。

（2）为更好地加强各监督主体的整合，应建立一些相应的联系制度，或增设专司行政监督协调的委员会机构，赋予其独立的地位和监督权威，对各个监督主体进行综合指导和协调，使其在监督或办案过程中能互通情况、互相配合，形成有机整体，发挥整体效能。

（二）健全行政监督的法律机制

权力制约、惩治腐败，从根本上说是一个法律问题，需要在法制的轨道上加以解决。

健全行政监督法律机制，是行政监督前提和保障，需要从以下几方面入手：

首先，重视和加快行政监督立法。行政监督立法是依法实行行政监督的前提和基础，应尽快形成以"行政监督法"为核心，以规范行政监督主体权利、义务和法律地位的实体法与规范监督范围、方式和程序的程序法为主干的行政监督法律体系，尤其是舆论监督的法律保障。只有这样，才能确保监督的权威性与威慑力，保证行政监督权的公平、公开、公正行使。

其次，健全监督保障机制和行政诉讼制度。完善的法律体系需要建立一系列的制度保障其实施。无论是专业监督机构，还是社会团体和人民群众，其监督权利的行使都要依法进行并得到法律保障，如监督机构的工作制度、管理制度，监督人员的选拔、培训、考核、奖惩制度，以及公民个人的申诉制度等。另外，健全行政诉讼制度，使被侵害的行政相对人得到法律救济。

最后，加快"政务公开法"的出台。强制要求行政机关"把不涉及国家机密的行政信息，特别是直接涉及人民群众切身利益的行政信息公开"，以法的形式固定下来，从而克服政务公开的形式化，有利于政府信息公开的真正落实，将政府的行政管理活动置于公众的监督之下，做到政务公开的法制化、制度化、长期化。

2018年3月20日，第十三届全国人大一次会议表决通过了《中华人民共和国监察法》。作为国家反腐败立法，监察法意义重大，影响深远。《中华人民共和国监察法》规定，监察机关的主要职能是，对所有行使公权力的公职人员进行监察，调查职务违法和职务犯罪，开展廉政建设和反腐败工作，维护宪法和法律的尊严。过去，行政监察的对象主要是行政机关的工作人员，而检察院主要侦办国家工作人员职务犯罪，不管职务违法行为；改革后，将监察机关从政府系统中分离出来，专司国家监察职责。监察委员会依法行使的监察权，不是行政监察、反贪反渎、预防腐败职能的简单叠加，而是在党直接领导下，代表党和国家对所有行使公权力的公职人员进行监督，既调查职务违法行为，又调查职务犯罪行为，依托纪检、拓展监察、衔接司法。

根据《中华人民共和国监察法》的规定，监察委员会具有三项职能：（1）对所有行使公权力的公职人员进行监察；（2）调查职务违法和职务犯罪；（3）开展廉政建设和反腐败工作，维护宪法和法律的尊严。《中华人民共和国监察法》对监察委员会职能的规定，与党章关于纪委主要任务的规定相匹配。

（三）实行专业监督独立机制

根据"以权力制约权力"的要求，为了保证专业监督的有效性和权威性，应将监察、审计等专业监督部门从行政机关中独立出来，直接向本级人民代表大会常务委员会负责并报告工作，接受上级专业监督部门的业务指导，由双重领导向垂直领导过渡，建立专业监督的独立机制。这样不仅可以对本级政府所属的职能部门进行监督，还能对本级政府直接实施监督，各级行政机关要积极配合监察、审计等专业监督机关的监督，对拒不履行监督决定的，要依法追究有关机关和责任人员的法律责任。监察、审计等专门监督机关要切实履行职责，依法独立开展专业监督。同时，监察、审计等专业监督机关要与检察机关密切配合，及时通报情况，形成监督合力。

（四）强化权力机关监督机制

人民代表大会及其常务委员会作为国家权力机关行使对行政权力的监督职能，是以人民做后盾、以国家强制力为保证的，其监督层次最高，监督权威最大，监督范围最广，拥有最高法律效力，因此，强化权力机关的监督机制是制约行政权力的重要途径。

首先，应健全人民代表大会监督机构，设立人民代表大会监督委员会等专门监督机构，负责人民代表大会的日常监督工作，保证监督权的落实。

其次，应提高人民代表大会代表的素质和监督能力，通过培训等方式让人民代表大会代表及常务委员会成员熟悉有关的监督法律和法规、程序和方法，引入竞争机制，选举人民代表大会常务委员会成员和监督委员会成员。

最后，应改变监督方式，人民代表大会常务委员会和人民代表大会监督委员会成员改为专职制，以对国家日常事务进行长期、有效的监督。

（五）发挥舆论与公民监督的制约机制

1.完善公民监督体制

在我国的行政监督体系下，人民群众的监督是国家行政机关外部监督的一种主要形式，是行政监督体制的重要组成部分和基础力量源泉，因此，要进一步完善公民监督体制，使人民群众充分行使监督权。

首先，要强化公民监督的法律保障。通过制定专门的法律，确立公民监督的法律地位，明确公民监督的权限、形式和程序，以及监督的责任和奖惩。

其次，进一步提高政府政务的公开性和透明性。推行电子政务，利用网络技术将政府信息公开，依法建立立体的社会监督网络，使社会各界群众切实参与到监督活动中。

再次，强化信访制度的作用，建立私访制度。要完善群众信访举报体系，健全保密制度和奖励反馈机制，以保证言路畅通；通过私访制度便于深入基层，洞察实情，直接倾听民众心声。

最后，推行听证制度，使人民群众积极参与到行政决策中来，加强群众对政府行为的监督。

2.健全舆论监督体制

舆论监督是监督体系的先锋和桥梁，在西方国家，大众传媒被视为制约三权的第四权力，被誉为"无冕之王，布衣宰相"。健全我国的舆论监督体制的措施如下：

首先，要加强新闻立法。制定"新闻法""舆论监督法"等，以法律形式明确舆论监督权、审稿权、采访和报道程序以及侵权责任等，为舆论监督提供法律保障。

其次，要完善舆论监督的信息反馈和责任追究机制。完善舆论监督的信息反馈有利于监督机关及时了解信息，及时采取措施；完善的责任追究机制有利于提高舆论监督的效率。

最后，建立开展新闻舆论监督工作的保障机制，使新闻单位与新闻工作者进行合理工作时，监督权得以确立，人身权得到保障，充分发挥监督作用；同时能使群众广泛参与到舆论监督中来，对新闻监督的不健康因素加以监督、纠正。

（六）强化监督机构动力机制与人员教育机制

1.要提高行政监督人员的素质，加强道德自律

行政监督人员素质主要包括政治思想素质、道德作风素质、业务技术素质和文化素质等。目前要提高我国行政监督人员的整体素质应从三个方面着手：

一是选拔一批有较强的业务素质和较高文化素质的工作人员充实到各级监督队伍中来。

二是针对目前部分监督人员理论和业务水平不高的情况，注重通过教育培训来提高他们行政监督的政策水平、工作能力等。

三是加强行政监督人员的自我素质修养的提高。行政监督人员要养成努力学习、奋发进取的习惯，要勇于实践、刻苦锻炼，使自己的素质不断提高。

有了高素质的监督队伍，监督水平的提高就有了动力和基础。

2.要建立和完善责任追究机制，明确监督责任

明确责任确定机制和责任奖惩机制，并与晋升任用和绩效工资结合在一起，可以形成强大的压力和动力，驱使监督机构和人员提高监督效能。例如，如果监督主体没有尽到责任，其监督权力和利益将被剥夺；如果监督主体查办违法违纪案件的业绩和对监督对象的行政管理高效廉洁，则予以监督主体奖励和晋升等。

关键术语

行政监督（administrative supervision）　政党监督（party supervision）　社会监督（social supervision）　舆论监督（supervision by public opinion）

基本训练

★简答题

1.简述行政监督的含义。

2.简述行政监督的功能。

3.简述行政监督的基本原则。

4.简述行政监督的类型。

5.简述行政管理的内部监督体系。

6.简述行政管理的外部监督体系。

7.简述西方国家行政监督的三种模式。

8.简述我国行政监督体制存在的问题及完善方法。

★案例分析题

全媒体时代做好舆论监督的五个方面

一、确保舆论监督的真实性

2016年2月19日，习近平总书记在党的新闻舆论工作座谈会上指出：舆论监督和正面宣传是统一的。新闻媒体要直面工作中存在的问题，直面社会丑恶现象，激浊扬清、针砭时弊。同时，发表批评性报道要事实准确、分析客观。

从 2016 年"东北返乡日记""上海女孩逃离江西农村男友家"等几件新闻失实事件看，真实性仍是网络新媒体开展批评报道的一大症结。正是由于没有完全做到习近平总书记提出的"既准确报道个别事实，又从宏观上把握和反映事件或事物的全貌"，才会出现事件不断"反转"。

在确保舆论监督真实性方面，传统媒体尤其是主流媒体严格的审核机制与经验仍值得学习。例如，《人民日报》在报道山西假酒案时，记者冒着风险深入假酒产地调查，反复核实受害者提供的情况，最早写出稿件《沉重的代价换来什么——在山西文水制造销售假酒案发生地的思考》。无论新媒体还是传统媒体，通往真实之路都充满艰辛；但唯有如此，才能确保舆论监督的真实与力量。

二、提升舆论监督的时效

从 2008 年开始，网络新媒体在舆论监督方面发挥了越来越大的作用。如今，舆论监督类事件的发酵过程形成了一定的模式：新媒体最先"爆料"并将事件炒热，从"我爸是李刚"到"表哥"，从"××不雅照"到"突发和群休事件"，都是如此；之后，都市报等市场化媒体跟进；最后，党报等主流媒体发声。

由于网络新媒体平台往往是用户上传内容，这些舆论监督内容不需要审核或者审核流程简单，因而速度"快"，并且多数素材未经加工，显得"原汁原味"。与之相对，传统媒体在采访核实、议题设置、语言表达、舆论预期影响等方面考虑较多，因而在回应速度上周期较长，失去平息舆论事件的最佳时点。因此，为了避免客观上出现的"失语"现象，舆论监督的时效成为媒体应当加强的一个重要方面。

三、规范舆论监督的主体

过去，舆论监督主要通过读者来信或者媒体调查报道。如今，任何人在网络上发布一张照片、一个视频就可能将侵犯社会公平或个人正当利益的事件放大为舆情事件。也就是说，监督主体从媒体机构逐步转向普通个人。这种主体转移在畅通言路的同时，也产生一些隐患。

例如，2016 年发生的"北医三院产妇死亡"网络舆情事件，本来只是一起医患纠纷，上网之后越"炒"越热，不断出现虚假爆料、对当事人进行人身攻击等超出监督边界的不良现象，严重侵害了他人的合法权利。未来，如何在保障公民行使言论自由和监督权利的同时，规范舆论监督的主体，将成为舆论监督的重要课题。

四、重视舆论监督的深度、可持续性

新媒体舆论监督的显著特点是"来得猛，去得快"。在新媒体上炒热的舆论监督类话题，如果没有新的事实挖掘，很容易被其他热点取代而达不到监督效果。相对而言，传统媒体的舆论监督稿件经常以专题报道、深度解读、追踪报道等形式出现，不仅更具深度，也更可持续。

例如，《人民日报》"求证"栏目 2011 年 8 月 9 日刊登《"甬温线动车事故 29 人失踪"说法不准确》一文，经记者实地调查，对网传失踪名单中的 29 人逐一核实，平息网传信息；2014 年 12 月 21 日，网络曝出西安"医生手术室自拍"事件，该栏目再次刊发《"手术室自拍"引发风波后——来自病人、医生的声音》一文，寻访当事人还原真相，有力地扭转了网络舆论。

五、增强舆论监督的互动性

舆论监督的效果如何，很重要的衡量指标是能否引起舆论风暴、形成舆论热点。新媒体由于具有互动性、信息整合功能，在这方面具有优势。例如，轰动一时的"郭美美事件"，只是几张"炫富照"就引发几十万次的评论转发。在增强互动性方面，传统媒体并非没有作为的空间。笔者认为，传统媒体在进行舆论监督报道时，可以通过新媒体渠道收集广大受众的意见、建议，以线上舆情为线索，找到最有价值、受众最为关切的选题进行舆论监督；同时利用新媒体优势对舆情加以把控和引导，疏解受众情绪，倡导理性监督，构建健康舆论环境。

资料来源　刘烨. 全媒体时代做好舆论监督的五个方面［J］. 中国记者，2016（5）：69.

讨论：分析舆论监督的优势及弊端，以及应采取的对策。

资料阅读11-1

资料阅读11-2

资料阅读11-3

资料阅读11-4

[第十二章]
公共危机管理

本章提要

(1) 公共危机的含义；(2) 公共危机的特点及分类；(3) 公共危机管理的过程；(4) 公共危机管理机制。

导读

携程亲子园虐童事件

2017年11月初，携程亲子园教师打孩子的视频在网上流传。视频显示，教师除了殴打孩子，还强喂幼儿疑似芥末物。11月8日上午，上海携程商务有限公司向长宁警方反映称，发现在其办公楼内的携程亲子园存在工作人员疑似伤害在园幼儿身体的行为。长宁警方以涉嫌虐待被监护、看护人罪对携程亲子园的3名工作人员依法予以刑事拘留；13日以涉嫌虐待被监护、看护人罪，对携程亲子园实际负责人郑某依法予以刑事拘留。

2017年11月15日，上海市妇女儿童工作委员会认定这是一起严重伤害儿童的恶劣事件。11月16日晚，携程CEO孙洁做最终通报，两位人力资源部副总裁被免职。12月13日，长宁区人民检察院依法对携程亲子园工作人员郑某、吴某、周某某、唐某、沈某某以涉嫌虐待被看护人罪批准逮捕。

2018年3月26日，上海市长宁区人民检察院依法以涉嫌虐待被看护人罪对携程亲子园工作人员郑某等8名被告人提起公诉。

资料来源　整合新浪、腾讯、凤凰网新闻。

第一节　公共危机管理概述

一、公共危机

(一) 公共危机的含义

美国学者罗森塔尔指出，危机是指"对一个社会系统的基本价值和行为准则架构产生严重威胁，并且在时间压力和不确定性极高的情况下必须对其做出关键决策的事件"。从这个概念来看，危机具有三个基本的构成要件，即"威胁"（threat）、"不确定性"（uncertainty）和"紧急性"（urgency）。危机对人们的生命、健康与财产安全构成了严重的威胁，其演进路线与发展方向具有不确定性，需要管理者在紧迫的时间、巨大的心理压力下迅速地做出决策，并有效地加以应对。

我国学者张成福认为，公共危机是来自社会经济运行过程内部的不确定性及由此导致的各种危机；或者说它是这样一种紧急事件或者紧急状态，即它的出现和爆发严重影响社会的正常运作，对生命、财产、环境等造成威胁、损害，超出了政府和社会常态的管理能力，要求政府和社会采取特殊的措施加以应对。

（二）突发公共事件

在我国政府的文件中，"公共危机管理"也被表述为"突发事件应急管理"。2006年国务院颁布、实施的《国家突发公共事件总体应急预案》是这样界定突发公共事件的："突发公共事件是指突然发生，造成或者可能造成重大人员伤亡、财产损失、生态环境破坏和严重社会危害，危及公共安全的紧急事件。"

突发公共事件与公共危机的逻辑关系如图12-1所示。

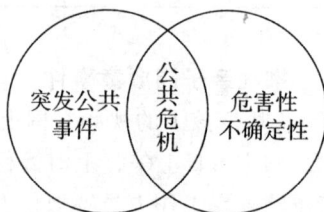

图12-1　突发公共事件与公共危机的逻辑关系

（三）公共危机的特点

（1）突发性。公共危机往往是在意想不到、没有准备的情况下突然爆发的。

（2）危害性。公共危机可能会使社会公众在健康、生命和财产方面遭受重大的损失，干扰、破坏社会正常运行的秩序，甚至使政府的合法性面临挑战。

（3）紧迫性。当公共危机出现时，政府对公共危机做出的反应和处理的时间十分紧迫，任何延迟都会带来更大的损失。

（4）公开性。信息传播渠道的多元化、速度的高速化，使公共危机迅速公开化，政府一点点的失误都会酿成轩然大波。

（5）不确定性。公共危机并不是一种静态的存在，而是动态发展的，其潜伏、爆发、发展、结束的规律与趋势不易为人所准确把握。

正是这些特点的存在，使得公共危机决策的影响局限在基层范围，知识敏感性和时间敏感性两大特性并存，加大了公共危机决策及管理的难度。

（四）公共危机的分类

按照公共危机发生的原因、机理、过程、性质和危害对象的不同，可以把公共危机分为四大类：

（1）自然灾害，主要包括气象灾害、地质灾害、海洋灾害、生物灾害等。

（2）事故灾难，主要包括工矿商贸等企业的生产安全事故、交通运输事故、公共设施和设备事故、环境污染和生态破坏事件等。

（3）公共卫生事件，主要包括传染病疫情、群体性不明原因疾病、食品安全和职业危害、动物疫情，以及其他严重影响公共健康和生命安全的事件。

（4）社会安全事件，主要包括恐怖袭击事件、经济安全事件和涉外突发事件等。

（五）公共危机的分级

公共危机可以依据性质、社会危害程度、影响范围等因素而划分为不同的等级。公共管理者要根据对公共危机级别的判定配置相应的资源，避免响应不足和响应过度。在我国，自然灾害、事故灾难、公共卫生事件根据威胁程度一般被分为Ⅰ级（特别重大）、Ⅱ级（重大）、Ⅲ级（较大）和Ⅳ级（一般）。公共危机具体划分标准见表12-1。

表12-1　　　　　　　　　　　　**公共危机具体划分标准**

颜色	威胁程度	确认与响应
红	Ⅰ级（特别重大）	规模极大，后果极其严重，影响超出本省范围，需要动用全省的力量甚至请求中央政府增援和协助方可控制，其应急处置工作由发生地省级政府统一领导和协调，必要时（超出地方政府处理能力范围或者影响全国的）由国务院统一领导和协调应急处置工作
橙	Ⅱ级（重大）	规模大，后果特别严重，发生在一市以内或是波及两个市以上，需要动用省级有关部门力量方可控制
黄	Ⅲ级（较大）	后果严重，影响范围大，发生在一个县以内或是波及两个县以上，超出县政府应对能力，需要动用市级有关部门力量方可控制
蓝	Ⅳ级（一般）	影响局限在基层范围，可被县级政府控制

由于公共危机处于不断演进的过程中，所以分级也是动态的。在实践中，当公共危机情势不够明朗时，分级一般遵循"就高不就低"的原则。另外，社会安全事件是不分级的，这是因为社会安全事件的演进呈现出非线性的特点，表现出明显的"蝴蝶效应"。

（六）公共危机的分期

1986年，斯蒂文·芬克最早提出危机的四阶段论同样适用于公共危机的分期。他将危机过程划分为如下阶段：

1.危机潜伏期

危机潜伏（prodromal）期是最容易处理危机的时期，但此时的危机通常难以被觉察。

2.危机突发期

在危机突发（breakout or acute）期，事件急速发展并出现严峻的态势，这是4个阶段中时间最短但让人感觉时间最长的阶段，因为它对人们的心理造成严重冲击，如2003年"非典"的爆发期，让社会人心惶惶。危机突发期有4个特征：事态逐渐升级，公众广泛注意；事态引起媒体的集中报道；事态严重干扰正常活动；事态影响组织的正面形象和团队声誉。

3.危机蔓延（chronic）期

危机爆发后，在这个阶段，危机应对主体应该采取措施，纠正危机突发期造成的损害。此时需要决策者勇于进行"自我怀疑"和自我分析，认真分析危机产生的深层次原因。

4.危机解决（resolution）期

此时，组织从危机影响中完全解脱出来，但仍要保持高度警惕，做好善后工作，彻底消弭危机的影响，并防止危机去而复来。

而中国学者薛澜、钟开斌根据突发公共事件可能造成威胁、实际危害已发生、危害逐步减弱和恢复将突发公共事件总体上分为如下4个阶段：

（1）预警期，指突发公共事件征兆已出现的时期，管理任务是防范和阻止突发公共事件的发生，或把其控制在特定的范围内。

（2）爆发期，指突发公共事件已发生，进入紧急阶段，管理的主要任务是快速反应，及时控制突发公共事件并防止其蔓延。

（3）缓解期，指突发公共事件进入相持阶段，仍有可能继续向坏的方向发展，管理的主要任务是保持应急措施的有效性并尽快恢复正常秩序。

（4）善后期，指突发公共事件得到有效解决，管理的主要任务是对整个事件处理过程进行回顾、审视、调查和评估，使之成为今后类似突发公共事件管理的基础。

二、公共危机管理

（一）公共危机管理的界定

公共危机是一种危害，也是一种"机遇"。对公共危机进行管理的目的在于减少公共危机产生的危害，获得解决公共危机的机会，从而创造组织管理的新局面。美国危机管理学者史蒂文·芬克（Steven Fink）指出，危机管理是指组织对所有危机发生因素的预测、分析、化解、防范等而采取的行动，包括组织对面临的政治的、经济的、法律的、技术的、自然的、人为的、管理的、文化的、环境的和不可确定的等所有相关的因素的管理。

我国学者朱荣春对公共危机管理的定义为：是一种有组织、有计划、持续动态的管理过程，针对潜在的或者当前的公共危机，在公共危机发展的不同阶段采取一系列的控制行动，以期有效地预防、处理和消除公共危机。

（二）公共危机管理的特征

公共危机管理与一般危机管理相比，具有明显的特征：

1.预防性

公共危机是一个突发性事件，政府不但要做好公共危机的救治工作，更重要的是在公共危机爆发前做好必要的准备、预测、控制工作，防止公共危机爆发或者最大限度地减少公共危机的发生概率。

2.应急性

即使公共危机在爆发前政府已经发现前兆，但是由于公共危机发展在速度、规模、危害性上的不可预测性，政府也只能根据公共危机的发展情况来应急性地采取相关措施。

3.综合性

公共危机本身是一个综合性的问题，所以公共危机管理是涉及多部门、全方位的管理。因此，我国应该建立一个专门的综合协调机构，由该机构来协调相关公共危机管理部门的关系，并统一指挥对公共危机事件的应急处理工作。

4.权变性

由于公共危机事件具有突发性、不确定性、多因性等，所以公共危机管理不同于一般情况下的管理，它具有更大的复杂性。公共危机管理需要根据不同的现实情况对公共危机事件采取不同的处理方法。

（三）公共危机管理的基本原则

与传统的公共危机管理模式不同，现代公共危机管理不仅要在公共危机状态下进行管理，同时在日常状态下需要具有公共危机意识，也应该进行公共危机管理。公共危机管理已经成为日常管理的一部分，在公共危机管理过程中应遵循以下原则：

1.依法行政原则

依法行政原则是行政法治的一项基本原则，是一切行政权力运行必须遵循的首要原则，行政应急行为也不例外。

2.应急效率原则

公共危机事件具有突发性、紧急性、破坏性等基本特点，因此要求行政主体必须积极作为，迅速行动，主动采取高效、迅捷的措施来排除危险；否则，难以达到应对公共危机的目的。

3.科学应急原则

预防灾害中应充分体现科学原则，处置公共危机中重视专家的直接参与，请专家参与评估，专家应第一时间到位，协同应急队伍。

4.应急公开原则

在行政应急行为中，由于行政机关享有更多的自由裁量权，应急公开对于保障公民的知情权、监督行政应急权依法行使，防止行政机关滥用其权力，具有更重要的作用。

5.公众利益至上原则

公共危机的不可抗性和一般公众在公共危机面前的脆弱性，迫切需要政府在公共危机管理中时刻将公众利益作为一切决策和措施的出发点和归宿。

第二节 公共危机管理过程

一般而言，公共危机管理的过程包括预防、准备、响应、恢复阶段，分别代表公共危机管理中的4种活动。

一、公共危机的预防

（一）公共危机的预防的界定

公共危机的预防（prevention）是指减少影响人类生命、财产的自然或人为风险，包括采取措施构建标准、推行灾害保险、管理土地的使用、颁布安全法规等措施，以减少公共危机发生的可能性或公共危机的影响范围和程度。

（二）公共危机的预防的主要内容

1.加强预测与预警

预测与预警是一种进行科学检测、数据加工和时间预报的活动，把科学的信息转化成公众可以理解的警报，通过最大限度地广泛传播警报，以求社会公众及时采取响应行动。

预测与预警是公共危机管理预防的两大关键性环节。预测在公共危机发生前预先进行有效检测，它包括3个步骤：

第一，危险源排查，就是对可能引发风险及公共危机的危险要素进行识别、筛选与甄别。从公共危机演进的过程来看，危险源排查是公共危机管理在事发前最为基础的一个环节。

第二，危险源监测，是指在公共危机发生前对各种可能引发公共危机的重点危险源及其表象进行实时、持续、动态的监视和测量，收集相关的数据和信息。

第三，风险评估，即根据对危险源监测的结果，结合脆弱性分析，确定风险的大小，并判别公共危机发生的可能性。

在公共危机管理中，预警主要是指在危险要素转变为公共危机之前，将有关风险的信息及时告知潜在的受影响者，使其采取必要的行动，做好相应的准备。

公共危机的预测与预警是相辅相成、相互统一的关系。一方面，科学的预测是精确预警的前提和基础；另一方面，只有通过有效的预警才能把预测得出的结论及时地传递给受众。所以预测与预警的目的是使受众采取响应行动，减少公共危机的危害与影响。

2.降低社会的脆弱性

为了确保社会公众的安全和减少社会公众所面临的各种风险，公共危机管理者既要尽可能地排查、消除危险要素，又要降低社会的脆弱性。如果能够降低脆弱性，就能够避免许多公共危机所带来的不必要的损失。比如，在城市化进程中，为了从源头上预防公共危机，就需要加强对在役建筑的风险排查，并采取相应的防灾、减灾措施，同时落实新建建筑物的安全规划。

3.提高社会的恢复力

在公共危机管理领域中，社会的恢复力主要是指一个社会"快速、有效地对灾害进行响应，从灾害中复原的能力"。我们在公共危机预防的过程中必须着眼于未来防灾减灾的需要，增强灾区的恢复能力。

二、公共危机管理中的准备

公共危机管理中的准备（preparedness）是指发展应对各种公共危机的能力，如制订应急预案、建立预警系统、成立公共危机管理指挥中心、进行灾害救援培训与演练等。充分的应急准备有利于我们在公共危机发生后保护公众的生命和财产，有利于社会快速地恢复到正常状态。公共危机的准备主要包括以下方面：

（一）应急救援队伍的建设

应急救援队伍是公共危机管理的基本要素。为了有效地应对公共危机，应急救援队伍建设需要体现这样的几项原则：

（1）综合应急的原则，具体措施是：建立综合性应急救援队伍；实现部门性专业救援队伍的一专多能；促进专业救援队伍与兼职救援队伍的有机结合。

（2）分工合作的原则，具体措施是：打造具有特色专长的专业救援队伍，突出各自在专业领域内的优势，同时锻炼其多种经济救援能力。

（3）军民结合的原则，具体措施是：发挥军队、武警、民兵预备役部队在救援抢险、处突维稳中的巨大作用，开展应急救援技能训练。

（4）社会参与的原则，具体措施是：政府扶植企业，特别是大型国有企业的专业救援队；鼓励以志愿者为主体的兼职应急救援队伍的发展。

（二）应急预案的编制

应急预案就是处置公共危机的应急计划。它是公共危机管理者和相关社会公众在应急管理活动中的行动方案。应急预案的基本内容包括：

（1）对紧急情况或事故灾害及其后果的预测、辨识、评价。

（2）应急各方面职责分配。

（3）应急救援行动的指挥与协调。

（4）应急救援中可用的人员、设备、设施、物资、经费保障和其他资源，包括内部和外部救援资源等。

（5）在发生紧急情况或事故灾害时保护生命、财产和环境安全的措施。

（6）现场恢复。

（7）其他，如应急培训和演习等。

（三）应急保障体系建设

依法治国理念是我国政府的一个基本理念。在塑造法治政府、责任政府的过程中，我们必须依法应急。因而，我们必须建立强有力的应急法律体系，使应急管理有法可依、有法必依、执法必严、违法必究。目前，我国已经站在国家安全与公共安全的高度，出台了一部公共危机管理的"基本法"——《中华人民共和国突发事件应对法》。这部法律的出台标志着我国公共危机管理法制化进程取得了巨大的进步。

目前，我国已经制定突发事件应对法以及应对自然灾害、事故灾难、公共卫生事件和社会安全事件的法律和法规60多部，基本建立了以宪法为依据、以突发事件应对法为核心、以相关单项法律和法规为配套的应急管理法律体系，突发事件应对工作进入了制度化、规范化、法制化轨道。

（四）加强公共安全教育

公共安全教育是公共危机管理的一项重要工作。社会公众能否采取及时、有效的逃生行动，能否做到临危不惧、临危不乱，在很大程度上取决于他们对于风险的认知程度，取决于他们是否有足够的自救、互救意识和技能。

三、公共危机的响应

公共危机的响应（response）是指采取行动以挽救生命、减少损失，如激活应急预案、启动应急系统、提供应急医疗援助、组织疏散与搜救等。

1.公共危机响应遵循的原则

（1）以人为本，减轻危害。在处理公共危机事件的时候，相关人员应把挽救生命与保障人们的基本生存条件放在首要位置，坚持"先救人，后救物"的原则。

（2）统一领导，分级负责。公共危机响应必须形成高度集中、统一领导与指挥的系统；同时，要坚持分级负责的原则，具体问题具体分析。

（3）社会动员，协调联动。公共危机往往因其涉及范围广、社会影响大，超出了某个政府部门甚至某级地方政府的控制能力，需要开展社会动员、实现协调联动。

（4）属地先期处置。不论发生哪一级别的公共危机，属地政府都要及时地展开先期处置，以防止公共危机事态进一步扩大、升级，尽可能地减少公共危机事件带来的损失。

（5）依靠科学，专业处置。

（6）鼓励创新，迅速高效。由于公共危机的演化瞬息万变，这就要求我们可根据实际需要，打破常规，大胆创新，务求公共危机响应的迅速和高效。

2.公共危机响应的环节

公共危机响应的环节包括接警与初步研判、先期处置、启动应急预案、现场指挥与协调、抢险救援、扩大应急、信息沟通、临时恢复、应急救援行动结束、调查评估。

四、公共危机的恢复

所谓公共危机的恢复（recovery），是指按照最低运行标准将重要生活支持系统复原的短期行为，也指推动社会生活恢复常态的长期活动，如清理废墟、控制污染、提供灾害失业救助、提供临时住房等。当公共危机事态得到有效控制后，公共危机管理也就从以抢险救灾为主的阶段转为以恢复为主的阶段。

1.公共危机恢复的主要内容

（1）最大限度地限制灾害结果的升级。

（2）弥合或弥补社会、情感、经济、自然和环境的需要。

（3）抓住机遇，进行调整，满足人们对社会、经济、自然和环境的需要。

（4）降低未来社会所面临的风险。

2.恢复的过程

（1）准备阶段。在该阶段，相关部门应建立公共危机恢复重建领导小组，主要负责对受灾地区的状况进行全面的评估，并做出损失报告。

（2）计划阶段。在该阶段，恢复重建领导小组根据第一阶段损失评估情况，制订具有针对性的恢复重建计划，并向执行部门和社会公众公布。

（3）实施阶段。在该阶段，相关部门为恢复重建动员、准备、整合各种资源，实施恢复重建计划。

（4）验收阶段。在该阶段，相关部门对恢复重建工作进行验收与评估。

（5）反思阶段。在该阶段，相关部门站在应急管理整体的高度，对恢复重建工作进行反思，并将经验及教训纳入未来防灾、减灾的规划中。

积极的恢复重建应当体现出未雨绸缪的思想。也就是说，恢复重建并不是开始于灾后，而是开始于公共危机应对的前期，在公共危机发生时，公共危机管理部门就要根据风险评估的情况，考虑制订灾后恢复重建计划。

第三节　公共危机管理机制

面对现代社会中日益复杂与频繁的公共危机，政府需要在分析公共危机的类型、分级、分期等基本特征的基础上，依托公共危机领导体制，建立一套科学、高效的公共危机管理机制，包括预警机制、决策机制、应对机制、新闻发布机制与善后机制。

一、公共危机的预警机制

公共危机前的潜伏期是处置公共危机的最佳时期，若应对得当可将公共危机扼杀在发生之初的萌芽状态，从而最大限度地避免或限制公共危机给公共利益、社会秩序、政府正常管理活动带来的威胁与损害。

公共危机的预警指公共危机管理的主体——主要是以政府为主的公共部门，根据本国或本地区有关公共危机过去和现在的数据、情报和资料，运用逻辑推理和科学预测的方法、技术，对某些公共危机出现的约束性条件、未来发展趋势和演变规律等做出科学的推断，并发出确切的警示信息，使政府和民众提前了解事件发展的状态，以便及时采取相应策略，防止或消除不利后果的活动。

公共危机预警机制的主要内容是：

（1）制定、健全相关的法律和法规。

（2）制定、健全危机预案体系。危机预案指面对突发事件如自然灾害、重特大事故、环境公害及人为破坏的应急管理、指挥、救援计划等。

（3）进行信息监测与分析。

（4）完善各项基本资源储备。

（5）加强公共危机应对的培训。

二、公共危机的决策机制

（一）公共危机决策的约束条件

公共危机管理要求在不确定性极高的情况下迅速做出准确决策，否则后果不堪设想。

公共危机决策的各种约束条件主要包括:

(1)时间紧迫。公共危机的发生、发展有突然性与急剧性的特征,要求在短时间内迅速做出决策。

(2)信息有限。公共危机一般都是突发性的,因此关于公共危机的信息掌握有限。

(3)资源有限。由于公共危机决策需要迅速做出,因而决策者往往没有充足的时间去调动各方面资源。

(4)不确定性极高。事态发展可能危及决策者或大多数公众的根本利益,而且后果很难预料。

由于以上种种约束条件的限制,相关部门在公共危机状态下进行决策,需要遵循一些不同于常态决策的原则,从而要求政府必须设立特定的公共危机决策机制。

(二)公共危机决策需要遵循的原则

(1)权力集中原则。在危机状态下,权力集中有利于全方位地调动人力资源与物质资源以应对公共危机,也有利于适当简化程序,提高决策效率。

(2)结果优先原则。在危机状态下,因形势严峻,难以全面考虑应对方式被公众接受的程度,决策应以结果优先,即把政策结果放在更加重要的位置。

(3)短期目标优先原则。在危机状态下,因时间紧迫、信息有限、资源有限、不确定性极高,很难迅速对问题做全面深入分析,因此在不违背长期目标的情况下,首要的任务是找到引发公共危机的直接原因以及可能导致局势恶化的因素,即优先实现短期目标。

(4)强制原则。为调动一切可利用的资源,最大限度地限制公共危机带来的损害,决策机关需要以相对强硬的姿态制定、推行相关决策。这一原则虽与民主价值观不相符合,但在危机状态下是需要的。强制原则实行的根据是决策机关享有调度的合法性和权威性。

(5)勇于承担风险原则。决策者在时间有限、信息有限、资源有限以及不确定性极高的情境下做出决策,必定带有一定的风险性。决策者在尽可能降低决策风险的同时,必须做好承担风险的思想和物质准备。

(三)公共危机决策机制的基本内容

公共危机决策的三要素是:

(1)问题确认:准确判断公共危机的性质、直接原因以及可能导致事态恶化的因素。

(2)目标排序:排出决策目标的优先顺序,缩短选择时间,根据公共危机事态确定最重要的目标,通常是短期目标。

(3)方案评估与选择:在危机状态下,由于决策时间短,公众与利益团体参与磋商的可能性不大,相对而言,为决策者提供咨询的专家的意见更为重要。

公共危机决策机制主要由公共危机决策主体和公共危机决策制度这两方面构成。

公共危机决策主体是为避免和应对公共危机而履行决策职责、参与决策过程的特定个人(如总统、总理)和组织机构。公共危机决策主体不限于几位行政首脑,还包括提供咨询意见的专家顾问和组织机构。

公共危机决策制度是指导和规范这些决策主体的公共危机决策行为的一系列法律制度。规范政府公共危机决策行为的法律制度一般涉及：谁是决策主体、决策主体的决策权有多大、决策的程序是怎样的、最终决策采用什么表决方式。在法治建设较完善的国家，这些都应以法律、法规的形式出现，但并非要求制定一部专门的法规，而是可包含在多个不同的法律、法规中。

三、公共危机的应对机制

（一）公共危机应对的工作流程

根据《国家突发公共事件总体应急预案》的规定，在突发公共事件爆发后，各级政府必须会同相关部门，整合各方面资源，建立快速反应系统以及分级分类处置的应急平台。无论哪一种类型的公共危机，其基本应对流程是类似的，主要包括：

（1）建立应急处理小组，作为突发公共事件处理的领导和协调机构。

（2）迅速调查情况和收集信息，作为应对决策的基础。

（3）综合分析、果断决策、有序应对、控制和隔离。

（二）公共危机应对机制的基本内容

应急运作机制的总体要求是形成统一指挥、反应灵敏、协调有序、运转高效的应急管理的组织体系。公共危机应对机制的基本内容如下：

1.信息报告

在公共危机发生后，各级政府及有关部门要按《国家突发公共事件总体应急预案》中的分级标准立即如实向国务院报告，最迟不得超过4个小时。一般是逐级上报，如有特殊情况，事发地政府及有关部门可直接向国务院报告，并同时报告上一级政府；在应急处置过程中，要及时续报有关情况。

报告内容主要包括时间、地点、信息来源、事件性质、影响范围、事件发展趋势和已采取措施等。同时，相关部门要依有关法律和规定，以及应急预案的内容，做好新闻发布工作，保障公众的知情权，将真相及时告诉公众，消除公众的恐慌心理，凝聚民心，让公众与政府同舟共济，化解公共危机。

2.先期处置

公共危机发生后，事发地人民政府和有关单位要迅速采取应急措施，控制事态的发展，组织应急救援工作，在向上级部门报告的同时，根据职责和规定的权限启动相关的应急预案，并及时有效地进行先期处置。

3.应急响应

当发生或可能发生公共危机时，应根据预案启动相关应急响应措施。应急响应一般以事发地的省级人民政府为主，成立应急指挥机构。

4.指挥与协调

在公共危机发生后，各级政府的应急指挥机构应协同防汛抗旱、抗震救灾等相关应急指挥机构，按相关预案开展处置工作，这就是公共危机的应急联动机制。在应急联动系统的规划和建设中，一般由政府出面组织，有关部门和社会各界积极参与，各行各业共同实施，整合多方力量，统一指挥协调应急资源应对公共危机。相关的部门应对公共危机信息进行分析，及时提出应急处置方案和建议，供应急指挥机构领导决策参考。

5.应急结束

当公共危机的应急救援解除或相关的公共危机因素消除后，应急指挥机构关闭，应急结束。由国务院负责处置的公共危机事件的应急状态的解除，应根据国务院领导指示或者实际需要提出，或由事发地省级人民政府或国务院有关部门提出，经国务院应急办审核后，再经国务院或国务院相关应急指挥机构批准后实施。

四、公共危机的新闻发布机制

（一）公共危机新闻发布机制的重要性

1.信息化社会的必然要求

互联网的飞速发展已经影响到人民生活的各个方面，微博、微信公众号、社区论坛等网络工具的运用可以使任何信息都能在最短的时间内快速地传播。在这种情况下，要求政府对公共危机事件进行及时的、正面的发布，以防止谣言及小道消息的传播。

2.妥善处理公共危机的必然要求

政府要正确利用各种手段向广大民众传递关于危机事件的敏感信息，以防止一部分别有用心的人利用危机事件制造事端。政府利用新闻发布机制向社会发布关于危机事件的最新信息和最新进展，可以防止民众因不明真相而陷入恐慌，从而更好地处理公共危机事件。

3.公众知情权的满足

我国有80%的社会信息资源掌握在政府手中，政府是最主要的信息生产者、使用者和发布者，而目前我国政府掌握的信息资源只有20%是公开的。

（二）公共危机新闻发布的原则

1.3T原则

首先，要主动沟通（Tell you own tale）。

其次，要充分沟通（Tell it all），提供关于此次事件的全部情况，即最大限度地扼杀谣言滋生的空间，避免在谣言四起的情况下被迫辟谣，陷入被动局面。

最后，要迅速沟通（Tell it fast），即在公共危机发生后的第一时间发布信息，为掌握主动权赢得时间。

2.信息梯度发布原则

信息梯度发布就是遵照公众心理需求，依照信息发布的"度"的原则，有计划、分步骤地发布信息。发布原则包括三方面内容：

第一，信息数量梯度发布。在公共危机过程中，关于公共危机的信息发布量的多少直接影响公众心理。如大众媒体在发布信息时能按公共危机的进程发展规律，按公众的心理承受能力采取分步骤的、分阶段的信息发布方式，就会达到良好的传播效果。

第二，发言人级别由高到低。信息数量梯度发布策略强调发言人的发言次序应根据级别按由高到低的顺序。这种安排可使公众明确感受到所公布的公共危机信息的重要程度和权威性。

第三，信息内容发布先主后次。在信息发布内容上采取先主后次的策略有利于减轻公众阅读疲劳和公众的逆反心理。

（三）公共危机新闻发布的方式

在传播方式日趋多元化的今天，政府可根据公共危机的类型及发展情况选择各种媒体组合模式来进行新闻发布，以获得传播效果和收益的最大化。常见的新闻发布方式有以下几种：

（1）新闻通稿。

（2）新闻发布会。政府新闻发布会一般有三种类型：日常定期发布、不定期专题发布、高频度的公共危机发布。

（3）网络、电视、电话连线采访。

（4）官方网站。政府还可利用既有的官方网站或新建的专门网站向媒体与公众发布公共危机信息。

（5）电话回复。

（四）公共危机新闻发布机制的基本内容

公共危机的新闻发布机制可分三个阶段，即危机预警期、危机爆发期与延缓期、危机善后期。

（1）在危机预警期，最重要的内容在于完善新闻发布制度，一方面设专业新闻发布机构，如新闻处、新闻发言人办公室等，并逐步加入公共关系职能；另一方面培养专业新闻发言人，较理想的是具有在政府与媒体长期工作的双重经验的人员。

（2）在危机爆发期与延缓期，启动公共危机传播预案，选择合适的媒体组合方式，争取第一时间向媒体与公众发布公共危机的相关信息。新闻发布的信息设计要注意以下几点：增加预期收益，即通过一些具体的、人性化的细节向受众阐述公共危机管理能给公众带来哪些实际收益；降低预期成本；增强社会舆论导向；为个人行动创造条件；减少各种替代性的方案。

（3）在危机善后期，邀请专家调查研究，多侧面、多层次分析事件的原因、过程与后果，发布公共危机管理调查与评估报告，向公众宣传此次公共危机管理的经验教训，并引导公众舆论，重塑政府良好形象。

五、公共危机的善后机制

公共危机的爆发期结束，并不意味着公共危机管理过程已完结，其善后管理是整个公共危机管理机制中的重要环节。公共危机的善后管理指公共危机的紧急情况被控制后，作为公共危机应对者，以政府为主体的公共部门致力于公共危机后的恢复工作，尽快消弭公共危机带来的损害，将社会财产、基础设施、社会秩序和社会心理恢复正常状态。公共危机会给社会秩序带来极大的冲击，导致社会出现高度不稳定的紧张、失衡状态，这种状态一般会持续一段时间才能完全消失。从应急状态中解脱出来的政府及其他组织，必须对公共危机的后续发展情况进行跟踪、反馈，以确保问题得到根本解决，即进行公共危机的善后工作。

公共危机的善后机制包括以下基本内容：恢复与重建；调查与评估；学习与改进。

关键术语

公共危机（public crisis）　突发公共事件（sudden public event）　公共危机管理（public crisis management）

基本训练

★ 简答题
1.简述公共危机的概念。
2.如何理解公共危机与突发公共事件的关系？
3.简述公共危机的特征。
4.简述公共危机管理的基本原则。
5.试述公共危机管理的四个阶段。
6.如何理解预测与预警的关系？
7.公共危机响应包括哪些重要环节？
8.简述公共危机新闻发布机制。

★ 案例分析题
榆林产妇跳楼事件

2017年8月31日20时，在陕西榆林市第一医院绥德院区妇产科，一名孕妇从5楼分娩中心坠下，医护人员及时予以抢救，但因伤势过重，抢救无效身亡。

2017年9月3日，榆林市第一医院绥德院区官方微博发布情况说明：三次建议剖宫产均被家属拒绝。

2017年9月5日，榆林市公安机关勘查认定系自杀。同一天，媒体采访到孕妇家属，所说情况与医院表述不符。

2017年9月6日凌晨，榆林市第一医院绥德院区针对产妇坠楼事件第二次发布声明，重申主管医生曾多次向产妇、家属说明情况，建议行剖宫产终止妊娠，产妇及家属均明确拒绝。在声明中，院方还公布监控录像截图，称产妇两次下跪请求家属同意剖宫产。对此，死者丈夫延某对院方声明内容并不认可。延某告诉记者："不是下跪，她是疼得受不了，人往下瘫软，我扶都扶不住。"

记者从榆林市第一医院绥德院区了解到，该院坠楼产妇的主治医生李某已停止工作，配合调查。6日上午，医院负责人表示，警方会同卫生部门、家属、院方做调查，将会尽快给出答复。

2017年9月7日，原国家卫生和计划生育委员会新闻发言人、国家卫生和计划生育委员会宣传司副司长对陕西产妇跳楼事件回应称："事件让人非常痛心，也是谁都不愿意看到的，我们向家属表示深切慰问，我委对此高度重视，已责成当地的相关部门认真调查核实，依法依规严肃处理。"

　　资料来源　整合网易、新浪、凤凰网新闻。

　　讨论：

　　1.如果你是医院的负责人，你将如何应对以避免事态升级恶化？

　　2.你认为该事件暂时平息后还应做哪些工作？

第十三章

政府绩效管理

本章提要

（1）政府绩效与政府绩效管理的含义；（2）政府绩效管理的原则、特点与作用；（3）政府绩效管理的程序与环节；（4）政府绩效评估的对象、指标体系与方法；（5）我国政府绩效管理的现状分析及完善机制。

导读

全面实施绩效管理的四个切入点

党的十九大报告明确提出："建立全面规范透明、标准科学、约束有力的预算制度，全面实施绩效管理。"这就将绩效管理提升到一个前所未有的高度，阐明了绩效管理的基本要求，为新时代深化财税体制改革指明了方向和途径。只有深入贯彻党的十九大精神，全面实施绩效管理，在政府绩效管理、绩效评价方面继续进行探索和创新，才能推动政府改革和国家治理能力的提升。

一、新时代国家治理的新要求

政府的重要职能是根据社会发展和公众需要提供公共产品和服务，同时承担一定的社会服务性职能。提高政府财政资金的使用绩效，强化财政资金的编制、执行、监督的全过程，注重成本收益分析，切实关注政府财政支出结果与目标之间的关联性，将绩效理念全面融入政府管理的全过程，是国家治理体系的重要目标。在国家治理过程中，不仅要关注于"钱花得怎么样"，而且还要关注"为什么花这笔钱？怎么花？花得怎么样"。财政制度、预算制度、税收制度是当前政府改革的主线。在国家治理过程中，从政府决策者到普通公务员，形成花钱必问效、低效必问责的理念，以最小的投入实现产出的最大化，确保纳税人的每一分钱不浪费，这些都需要强力推动绩效管理的切实执行。

全面实施绩效管理是深化行政体制改革、转变政府职能的重要手段，也是推进政府治理现代化的必然要求，对于提高政府的工作效能、实现资源的优化配置具有十分重要的意义。在以往历次中央全会决定中，有关绩效管理的提法先后经历了"绩效评价""绩效管理""全面绩效管理"等。十九大报告中提到全面实施绩效管理，首次确立绩效管理的系统架构，是党中央在整体管理层面上贯彻落实新《预算法》的重大决策，将之作为完善国家治理体系、提高财政资金使用效率的重要抓手，是新时代推进服务型、责任型和效能型政府的探索和创新。

二、全面实施绩效管理的具体目标

全面实施绩效管理是一种全新的政府运行形态，需要树立结果导向的政府绩效管理观，将经济、效率、效益、公平等绩效管理理念贯穿于国家治理的全过程，在不同政府层级、不同类型政府事务、不同政府管理环节，形成可测量、易考核、全评价的政府工作规范，确保政府的高质量产出符合"以人民为中心"的理念，强化和提升人民获得感。

一是政府层级和流程的全覆盖，从中央、省、市、县、乡五级政府层级做到绩效管理的实质性开展，包括政府内部的战略设定、组织运行、部门考核以及公务员的职务行为等。

二是管理对象和财政资金的全覆盖，包括一般公共预算、政府性基金预算、国有资本经营预算和社会保险基金预算等四本账，由一般公共预算逐步向政府性基金预算、社会保险基金预算和国有资本经营预算拓展，涵盖所有的政府财政资金项目，覆盖所有的财政资金预算单位和预算部门，确保"花钱"和"办事"的结合，将所有的政府财政资金纳入绩效管理的范畴。

三是政府管理目标的全覆盖，持续推进政府产出的数量、质量、时效以及成本，确保经济效益、社会效益、生态效益以及可持续发展目标之间的平衡，推进服务对象满意度以及获得感的评测，建立政策目标实施、财政资金投入以及绩效管理结果之间的关联，提高绩效评价的执行效率与科学性，推进政策评价的合理性评价。

四是管理流程的全覆盖，要求在绩效目标编制、绩效审核、监督评价、结果应用全过程，建立健全绩效评价指标体系，加速推进绩效评价项目库、指标体系等建设，同时更加关注政府产出和结果。

三、全面实施绩效管理的基本要求

全面实施绩效管理涵盖行政、立法、司法、监察等不同领域，蕴含目标导向、成本衡量、责任效率、结果产出等维度，涵盖绩效计划、绩效预算、绩效合同、绩效审计、绩效方法等内容，由绩效目标、绩效监控、绩效评价、绩效结果使用等不同环节组成，确保国家治理能够决策科学、执行有效、监督有力、结果可控，关键是要做到：

一是全面绩效管理贵在"规范透明"。在进行绩效评价的实践中，最为关键的是信息资源，绩效管理涉及面广、信息量大，资金是否有效使用，目标是否达成，需要进行大量信息处理。政府需要改进传统的绩效管理方式，通过绩效管理信息系统、数据交换平台建设和绩效管理数据库建设，完成绩效管理信息化系统建设，是实现工作规范化、提高工作效率的关键途径；将支出绩效评价结果向社会公开，实现评价结果的运用；进一步扩大重点支出和重大投资项目情况向社会开放，加强公众对重大事项、重点资金安排的审查监督力度，进一步规范财政资金的运行；让社会公众了解绩效、参与绩效，实现政府绩效的社会监督。

二是全面绩效管理贵在"标准科学"。全面绩效管理的关键是构建合规性绩效评价指标体系，这就要求遵循公平与效率的两大原则，对绩效目标通过系统而实际的分析来确定。绩效目标必须保证两点：基于公众实际需求和实现最佳公共产出结果。此外，指标权数确定是否科学合理及计算是否准确对评价结果的可信度及指导价值尤为重要。

全面绩效管理贵在"约束有力"。全面绩效管理的最终目的是强化治理绩效观念，提高资金的管理效能和使用效益，逐步提升项目的绩效管理水平，调整和优化财政支出的结构。要保证绩效管理目标的实现，必须建立强有力的约束体系，加强绩效管理的顶层设计，加快完善绩效管理的制度体系，形成内在的制度约束，确保绩效管理有序实施，健全绩效管理的沟通反馈体系，强化绩效结果运用。绩效管理的最终环节是将评价结果进行反馈和利用，只有重视结果运用，才能推动绩效管理良性运转。换句话说，结果的运用无形中给政府机构带来一定的外在压力，要求各级政府必须产生一定社会公众所需要的社会效益，这种外在压力是有力的约束力。

四、全面实施绩效管理的切入点

全面实施绩效管理的公共管理实践的全面改革，需要做好战略规划和顶层设计，根据党中央关于深化行政体制改革的总体方案，建立健全不同政府工作领域的指标体系，以"提高绩效管理工作绩效"为中心，提质增效，找准全面实施绩效管理的切入点。

一是制度化。为了彰显绩效管理工作的权威性，以"完善管理制度、规范管理流程"为主线，形成层级配套、互相衔接、各有侧重、覆盖到位的制度体系，促进绩效管理走上规范化、程序化轨道。政府应制定综合性的绩效管理制度，建立与之匹配的相关工作规程，确保绩效管理的各个环节的工作有章可循、有据可依，并在此基础上，结合各地实际，组织编印"绩效管理业务指南（指引）"，内容涵盖绩效管理基本知识、现行主要规定、主要工作流程、各类业务文本格式等，为各方实施绩效管理工作提供具体可操作的业务指导，促进工作效率、工作水平与工作质量的提高。

二是模块化。根据政府依法履行职能和事业发展的需要以及存量资产情况，相关部门编制本部门、本单位的绩效管理方案，设立具体的绩效目标，成为全过程绩效管理链条中的重要基础和依据，以进一步强化绩效目标管理工作的重要地位和权威性，确保绩效管理工作的常态化及可持续全面推进实施。相关部门设立绩效目标管理、绩效跟踪监控、绩效自评、绩效评价等具体模块，对现行绩效管理项目进行整理、归类，尽量细化项目类别，设置各类项目的具体绩效管理模板，整理和归纳每类绩效管理项目的共性与个性要求，明确各个单位的具体评价对象、评价时点、评价依据、评价程序、评价办法、评价要求等具体内容，供各单在位开展绩效目标申报和绩效自评工作时直接选用。

三是便利化。针对政府治理工作不同的特点和管理要求，相关部门研究制定专门的评价办法，逐步建立涵盖不同领域的指标数据库，细化相应指标的对应值，积累各类项目的各项指标值，逐步完善补充规划值、行业值、历史值等数据，强化项目指标数据值的参照水平，为绩效目标申报及审核工作提供强有力的数据支撑；以"有效管用、简便易行"为原则，以不宜过多增加各单位的负担（工作成本）为导向，高效匹配绩效管理工作的考核需要，减少"全覆盖"的工作阻力。突出反映申报的绩效目标完成情况，逐步推进以单位为主体的绩效自评，实现绩效评价"全面、全覆盖"，同时开展以第三方为主体的独立评价，为政府决策提供绩效参考依据，确立相应的评价标杆和规制示范，确保绩效评价的便利开展。

四是信息化。绩效管理工作本身更要讲"绩效"。全面绩效管理涉及不同政府管理部门以及不同的专业领域，相应绩效指标的设置及绩效分析等工作具有很强的专业性。为了确保绩效管理工作的客观性与公信力，必须根据当前绩效管理工作的实际情况，针对绩效业务开展和管理过程中面临的工作量大、涉及面广、数据统计难等问题，结合已有的信息化技术手段，实现绩效管理全过程信息化，横向覆盖绩效全业务，纵向覆盖不同政府层级，同时涵盖政府机构、第三方、专家、监督机构、公众等绩效业务关联方；统筹绩效信息化基础设施，减少重复建设成本；数据集中存储、统一规范标准，绩效一盘棋，快速掌控全局；指标智能匹配，实现对绩效目标申报过程的有效支撑，提升绩效工作效率；专业智库实现云端共享、动态积累，为全过程绩效业务提供专业支撑，提高绩效管理的信息化水平。

资料来源 文宏．全面实施绩效管理 提升国家治理能力［EB/OL］．（2018-03-23）［2018-09-19］. http://www.cssn.cn/index/index_focus/201803/t20180323_3886499.shtml.

第一节 政府绩效管理概述

政府绩效管理是公共管理的前沿领域，是各国政府普遍认同的管理方法之一。政府绩效管理贯穿于政府管理的全过程，对于推动行政组织计划的实施、目标的实现、信息的沟通、组织的持续发展起到至关重要的作用。政府绩效管理是在吸收和借鉴企业管理成功经验的基础上形成的一种新的管理理念和方法，现在已经演变成了西方各国实施政府再造、实施政府变革、落实政府责任以及改进和评价政府管理的一个行之有效的工具。

一、政府绩效与政府绩效管理的内涵

绩效管理不是传统意义上单一的业绩考核，也不是单纯的绩效评估。绩效评估是绩效管理的重要环节之一，在很大程度上，绩效管理是传统绩效评估的演进和延展。

（一）政府绩效的含义

绩效（performance）与效率（efficiency）、效能（effectiveness）相联系，但又有所区别。效率主要是指投入与产出的比值，也就是社会活动所取得的效果与所消耗的劳动量或社会资源之间的比值。效能是指实际取得的效果与预期效果之间、实际达成的程度与原定目标之间的比值。绩效则是组织实现各种职能、从事各种管理活动所取得的工作业绩和社会效能的总称。

政府绩效（government performance）在西方国家又被称为公共生产力或政府生产力，是指政府在提供公共产品与服务、实施公共管理、承担公共责任的过程中，向社会提供有效服务所耗费的社会资源与获得的组织效果和社会效果之间的比率。它包含了效率和效能这两个概念的所有变量，是数量与质量的统一、手段与目标的统一，是政府行政管理过程中的有效输出。政府绩效主要表现为政府能力及运用这种能力施政的综合成果，包括服务数量、服务质量、服务态度等。

（二）政府绩效的内容

1.经济绩效

这主要表现为：政府对国民经济实施宏观调控的成效；政府对经济持续和稳定发展方面的导向作用；良好的经济绩效体现为国民经济在实现量上扩张的前提下有质的提升；政府对市场运行及市场主体的规范；政府为经济发展提供的软、硬环境和服务。其中，生产力布局、产业结构是否合理，市场经济秩序是否良好，以及各种积极指标的增长率、通货膨胀率、失业率等，都是衡量政府经济绩效的重要参数。

2.政治绩效

这主要表现为政府政治产品的生产和供给，包括制度安排和创新以及政治动员力。政治绩效具体表现为：政府对行政法规、行政规章和公共政策的制定与贯彻；政府在国家管理各种体制建立、改革与完善过程中的组织和主导作用；政府对人民群众参政议政、参与国家管理和社会公共事务管理的组织和指导等。其中，行政立法和公共政策制定的准确度和可行性、人民群众对国家事务和社会公共事务管理的参与度、社会发育的程度、各种管理体制运行的适应度等都是衡量政府政治绩效的重要参数。

3.社会绩效

这主要表现为政府对社会的稳定和发展所起的作用。社会绩效具体表现为：政府对卫生、体育事业发展的推动；政府对社会秩序的维护和整顿；政府对社会治安的综合治理；政府在社会保障体系的建立和完善过程中的指导、组织和推进作用；政府对社会中介组织的引导和扶持；政府对民生问题的解决、对人口的控制、对自然生态环境的保护与治理等。这些都是社会全面进步的表现。其中，公民的健康状况、公民身体素质提高的程度、社会生活的安全系数与稳定系数、犯罪率、社会公平与正义的普及率、社会福利水平、贫困率、大气与水的质量、污染物的排放量等都是衡量政府社会绩效的重要参数。

4.文化绩效

这主要表现为：政府在科学、文化、教育等事业发展中的导向和推进作用；政府对精神文明建设的规划、指导和组织；政府在高雅文化与大众文化的互补和渗透过程中的引导与促进作用等。其中，政府对科学、文化、教育等事业的投入产出率，科学、文化以及教育的普及率、发展程度，公民的道德水平、文化素质提高的程度，文化繁荣与整合的程度等都是衡量政府文化绩效的重要参数。

（三）政府绩效管理的含义

绩效管理就是指管理者通过一定的方法和制度确保组织中子系统（包括部门、团队与个人）的工作表现和业务成果能够与组织的战略目标保持一致，并指导子系统增进绩效，从而提高整体组织绩效的管理过程。政府绩效管理（government performance management）可以定义为政府在积极管理公共事务、履行公共责任的过程中，通过制定绩效目标，并对绩效进行追踪、评估和反馈等一系列环节和过程，使行政人员了解自身绩效与政府绩效之间的关系，从而促使行政人员充分发挥自身潜能，达到提高政府管理绩效的过程。需要注意的是，政府绩效管理与政府绩效评估的含义并不一致。政府绩效评估是政府绩效管理的重要环节，并没有涵盖政府绩效管理的全部，但良好的政府绩效管理需要以科学的政府绩效评估为基础。

政府绩效管理可以说是政府部门改革的重要策略。在政府进行创建高绩效政府的改革实践中，政府绩效管理代表着对行政组织的全方位的管理。自20世纪70年代末以来，各国尤其是西方发达国家将多种在工商业管理中所运用的绩效管理技术与方法，引进到政府绩效管理中，并结合行政管理的特殊性加以改造运用，从而使政府绩效管理的理论和实践更加具有实务、科学的色彩。

二、政府绩效管理的特点

企业绩效管理的价值导向为利润的扩大化，而政府绩效管理的价值基础是实现公共管理的有效性，满足公民需求的多样性。不同的价值取向使政府的绩效管理有着独特的一面，主要体现在以下几个方面：

（1）政府绩效管理的目的在于，通过奖惩机制强调政府的责任意识和危机意识，根据评估结果进行奖惩，促进政府效能建设，不断提高政府在经济、效果和公平等方面的绩效，以塑造服务民众、使民众满意的高效政府。

（2）政府绩效管理强调外部评价，对公民负责，这是由其目标的公共性决定的。只有公众对政府提供的公共产品和服务满意，政府管理才产生真正的绩效。公众对政府的满意程度是衡量政府绩效的终极标准。政府绩效管理建立了对政府责任的评估机制，能对政府的各种活动进行综合测评，并可通过绩效反馈来判断公共行政的责任是否得到落实。我国珠海市推行的"万人评议政府"就是典型案例。

（3）政府绩效管理具有合理、精细的指标设计，能较好地满足不同民众的多方面需求。公共服务所面对的外部"顾客"的需求是多种多样的，他们对于政府提供的同一类型的服务的评价往往具有很大的差异。公共管理者经常面临的困境之一就是在满足一部分民众要求时，往往令另一部分民众感到不满。因此，要塑造一个现代的顾客导向型政府，相关部门就必须综合各方面要求设计一套符合大多数公民根本利益的指标体系，有效地促进公共服务品质的提升。

（4）政府绩效评估过程中要确保广泛的民众参与。公民是政府绩效评估的主体之一。因为从公共行政的角度来看，政府的支出必须获得公民的认可并按合法程序进行，公民有权评价政府是否为他们提供了优质服务。发达国家绩效评估中的公民参与既表现在以"顾客"为导向的绩效指标设计和多样化的公民满意度调查，又表现在民间组织对政府部门绩效的独立评价和审视。

（5）政府绩效管理要兼顾组织和个人绩效的双重要求。政府绩效不是公务员个人绩效的机械相加，这与政府的职能部门设置、岗位设置、相应的信息传递、机构运转机制等密切相关，其中任何因素不科学都会影响整体的绩效。过去政府经常进行的是公务员的个人绩效评估，但在个人与组织互动日益密切的情况下，仅进行个人绩效评估是不够的。个人绩效的提高并不必然导致组织绩效的同步提高，只有将二者有机结合才能促进政府整体绩效提高。

（6）政府绩效管理要确保全过程的有效性。企业绩效评估的一般原则是"目标导向""结果为本"，但由于政府管理活动往往是涉及全局性、宏观性的领域，如果过分关注结果而放松对过程的监控，将引发难以承担的后果。因此，政府绩效管理必须在事前、事中加强监督，在注重结果的同时更注重过程管理。

三、政府绩效管理的原则

1.明确政府绩效管理的法定地位，建立强有力的制度保障

推进政府绩效管理的制度化建设，明确其法定地位，是实现绩效长效管理的根本。通过确定政府绩效管理的相关制度和规范，对管理目标、管理体系、管理对象、管理内容等基本要素进行详细和具体的规定，将政府绩效管理融入日常性的行政管理活动中，实现政府绩效管理的规范化、正规化和法制化。

2.具有明确的行政发展战略和价值导向

行政发展战略目标是行政组织肩负的历史责任或公共行政要实现的最高目标。价值导向则是一切公共行政活动所遵循的行为准则。明确战略和价值导向主要指：一是公共行政组织应明确自己的任务和责任，否则不可能取得良好的工作业绩；二是公共行政组织通过有效沟通，使行政发展战略和价值导向成为每个公务员的共同信念。

3.建立和完善政府绩效管理的组织机构

结构合理、运转高效的政府绩效管理组织机构是政府绩效管理得以顺利开展的关键。政府绩效管理组织机构包括两种类型：一是组织内机构，如绩效评估机关、审计机关、监察机关，以及政府咨询机关。二是组织外机构，主要是指行政系统外的机构，如各种社会中介组织、非营利组织等。这样可以充分接受舆论监督，广纳社会力量，调动社会公众参与政府绩效管理。实践证明，内外两类机构的相互补充可以极大地提高绩效管理的公正性和客观性，还可以节约管理成本、提升管理效率。

4.完善激励措施，实现公共利益与个人利益的有机结合

政府绩效管理不仅应该依据绩效评估的结果，对行政组织及公务员实施必要的奖优罚劣，还应该成为有效的激励手段，在绩效管理过程中，使政府行政组织及公务员因行政效率的改进而获得个体利益的极大满足。正确的激励是保证政府绩效管理长期健康发展的根本途径。

5.以电子政务为契机，建设高效、统一的政府绩效管理信息系统

政府绩效管理是传统与现代管理方法的有机结合，应在充分发挥传统管理手段作用的基础上，利用现代信息技术设计和完善满足公共行政发展的独特要求的绩效管理软件系统；通过计算机网络将政府绩效管理同实时的信息收集和分析结合起来，建立电子化的政府绩效管理网络和自动监控系统。

四、政府绩效管理的作用

政府绩效管理通过对组织和个人绩效目标的制定与实施、绩效考核、绩效监督与信息反馈等一系列的管理活动推动组织实现预期的产出，从而形成一种开放式的、追求持续绩效改进的组织模式。从绩效管理在公共部门实践领域所做的大量工作中可以看出，绩效管理的运用为组织带来了开拓性的变革，是现代社会各国政府提高行政效率的重要手段，成为各国行政改革的趋势。作为一种政府管理的工具，政府绩效管理显示出它与其他管理工具相比的特殊之处。

1.政府绩效管理是政府进行公共管理的有效工具

在经济全球化的背景下，传统的官僚体制已经不能满足政府管理的新需要。公共服务

的市场化、社会化、权力非集中化以及以结果和顾客为导向等观点挑战传统的行政模式，一场新公共管理运动应运而生。作为组织绩效的系统测定和展示，绩效管理为上级提供了充分的信息和控制绩效的手段，从而为分权化改革提供了保障和基础。另外，在公共管理运动影响下，各国行政组织的首要目标都是追求"卓越"和"高绩效"，而政府绩效管理恰恰为行政组织提供了行动指南和衡量标准，也为管理者实现组织目标提供了新途径。

2.政府绩效管理促使政府部门形成竞争机制

绩效管理应用到政府部门所带来的最显著变化就是打破了传统政府部门对社会资源的垄断性地位，取而代之的是一种政府与社会互补互动的公共产品和服务提供模式。政府部门需要通过竞争来获取对公共资源的控制和支配权。这主要表现在两方面：

一是内部竞争，即在政府部门内部，受绩效考核的制约，各组织和个人都在不断改进自身的绩效，从而营造出了一种竞争的氛围，形成诱因机制，将绩效与奖惩联系，以激发人的工作热情和积极性。通过绩效评估，政府部门的激励机制有了依据，建立在绩效评估基础上的奖惩强化了政府部门的激励约束机制。

二是外部竞争，这主要表现在公民对公共服务机构的选择权上。通过测评政府部门绩效并公布结果，引导公众自主选择公共服务提供者，可以使政府部门面临压力，促使其提高公共服务的质量和效率。

3.政府绩效管理是衡量和评价政府行为的重要工具

随着政府成本意识的强化和公民监督意识的加强，政府绩效管理蓬勃兴起。政府绩效管理作为一种管理工具，其最重要的意义在于为政府运作和管理加入成本-效益的考虑，有助于政府科学地设定目标并根据效果来配置资源，减少政府的浪费。通过对政府进行绩效评估，可以客观地反映绩效目标实现的程度、政府行为的社会满意度等，而绩效管理在一定程度上可以视为对绩效评估的一种反映，比绩效评估范围更加广泛，体现一种"整合管理的组织框架"，并由这一框架决定计划、组织、监督和检查等相互联系的内在管理过程。表13-1是传统的绩效考评与绩效管理的区别。

表13-1　　　　　　　　　**传统的绩效考评与绩效管理的区别**

项　目	传统的绩效考评	绩效管理
过程的完整性	管理过程中的局部环节和手段	一个完整的绩效管理过程
出现的阶段	只出现在特定时期	贯穿于日常工作，循环往复进行
在绩效管理过程中的作用	回顾过去的一个阶段的成果	具有前瞻性，能有效规划组织和员工的未来发展
侧重点	事后的评价	注重双向的交流、沟通、监督、评价
工作的着眼点	注重进行绩效结果的评价	侧重日常绩效的提高
考核内容	注重员工的考评成绩	注重员工素质能力的全面提升
绩效管理人员与员工的关系	绩效管理人员与员工站到了对立的两面	绩效管理人员与员工之间的绩效合作伙伴的关系

第二节 政府绩效管理的程序

政府绩效管理是由多个要素组成的复杂的管理活动，要求政府绩效管理的各个程序之间相互配合、相互促进，从而实现政府绩效管理的完整性和协调性。一般而言，政府绩效管理包括绩效计划、绩效实施与过程管理、绩效评估、绩效反馈与改进四个方面。

一、绩效计划

绩效计划是将个人目标、部门目标或团队目标与组织战略目标相结合的目标确定的过程。绩效计划是政府绩效管理的第一个环节，计划的合理性和科学性直接关系着后续工作能否正常开展，影响整个绩效管理的效果。政府绩效计划围绕以下方面进行：

（一）确定绩效计划的目标来源

政府绩效计划过程首先在于确定政府的绩效目标，绩效目标的确定主要来源于以下方面：

1.政府战略

政府职责最明确的定位是以满足公众的需要为自己的最高价值追求，政府作为公共产品和服务的提供者，其一切行为都是以公共利益的实现为标准来考量。因此政府在制定战略目标前必须考虑公众的意愿、广泛建立接受公共利益表达的制度性渠道，并在对利益进行整合的时候更加倚重民众的意志。此外，政府在拟订计划、方案时也需注意征求专家和中立组织的意见，使绩效计划制订前信息输入的过程更加具有开放性和包容性。

2.战略目标分解后的公务员岗位职责

战略目标的实现要以具体的可测量的工作标准来衡量，只有明确了与战略目标相符合的工作标准才能够对将来的绩效进行考核。将战略目标进行分解的表现形式就是对各个岗位进行相应的职位分析、工作分析、人员资格条件分析，它反映了岗位的职责和特性。相关部门只有完成了对岗位的分析，才能够据此制定出具体的岗位目标并与战略目标相匹配。

3.上一期工作改善和政府绩效的要求

政府绩效管理是一个计划、实施与过程管理、评估、反馈与改进的循环过程，政府在完成上一期的工作任务后要总结经验，吸取教训，制定出优于既有绩效的改进要求，从而推动政府绩效的持续提高。这也就是要求政府对上一期工作中存在的问题进行系统的分析，探析问题产生的根源，从而根据政府所处的现实条件来制定出更高的绩效目标。

（二）绩效计划中的沟通与参与

绩效计划是一个确定组织对员工的绩效期望并得到员工认可的过程，因此它是一个双向沟通的过程，管理者和员工的共同投入和协作是绩效管理的基础，不同于管理者单方面委派任务、员工单纯接受要求的传统管理活动。

绩效计划必须说明期望员工达到的结果以及为达到该结果而期望员工表现出来的行为和技能。通常，各级政府的人事部门对制订绩效计划负有主要责任，各职能部门的领导也应积极参与。最重要的是让行政工作人员也参与绩效计划的制订，那样他们会更容易接受绩效计划并在深刻理解计划的基础上全力配合，有利于绩效管理工作的顺利开展。此外，只有在全面了解行政工作人员的知识、能力、素质和技能后，制订的工作计划才会与个人的胜任特征相匹配，从而使绩效计划既有一定的可行性，又有一定的挑战性。

因此，政府部门绩效计划的过程也应是行政工作人员全面参与政府管理、明确自己职责和任务的过程。只有当行政工作人员明确公众对政府的期望是什么、自己将通过什么行动才能最大限度地实现这种期望，他们才能努力达到期望的结果。

二、绩效实施与过程管理

在绩效管理过程中，绩效计划的实施与过程管理是决定绩效管理方法有效与否的重要环节。但是在通常情况下，政府部门总是将重点放在计划的制订和最后的绩效考核上，往往忽略了对绩效实施过程的监控，造成盲目追求数字绩效而破坏组织长远利益的后果，这也是政府绩效管理薄弱的地方。绩效目标和任务的达成，需要对绩效的实施过程和进展情况进行监控。绩效实施与过程管理主要包括两方面的内容：一是持续的绩效沟通；二是绩效信息的收集和分析。

（一）持续的绩效沟通

绩效计划的实施必须以组织内部工作人员的理解和支持为前提。要想取得各方的支持，保证绩效计划能够顺利实施，绩效沟通（performance communication）显得尤为重要。绩效计划阶段的绩效沟通的目的在于将个人、部门目标或团队目标与组织战略目标有机结合，形成统一和谐的目标体系，而实施阶段的绩效沟通则是一个管理者与员工双方追踪进展情况、找到影响绩效的障碍以及得到使双方成功所需要信息的过程。这些信息包括员工的工作进展情况、是否偏离既定方向等。在绩效实施的过程中进行持续的绩效沟通最主要的目的就是适应环境变化的需要，适时地对计划进行调整。

绩效沟通的方式分正式沟通与非正式沟通两种形式。

1.正式沟通

正式沟通是指在事先设定计划的前提下，双方就相关话题进行沟通和协商。其主要包括以下三种方式：

（1）书面报告。书面报告是绩效管理中比较常用的一种正式沟通的方式，指员工使用文字或图表的形式向管理者报告工作的进展情况。这种方法方便实用，可以在短时间内收集到大量的关于员工工作状况的信息，但也会因为大量的文字工作而使报告流于形式，而且员工会由于书面报告浪费时间而感到厌烦。

（2）会议沟通。会议沟通可以给管理者和员工提供一个面对面的交流机会。这种沟通方式较书面报告更加直接。会议沟通的优点还表现在，它可以满足团队交流的需要，管理者可以借助开会的机会向员工传递有关组织战略目标和工作进展等方面的信息；但由于会议的组织比较耗费时间和精力，而且对管理者的沟通技巧要求较高，因此必须确保会议目标明确，确有成效，才不会造成资源的浪费。

（3）绩效评价面谈。管理者与员工进行的一对一的绩效评价面谈是持续的绩效沟通中比较重要的一种沟通方式。绩效评价面谈是在现有绩效状况下进行的一种有针对性的面谈。绩效评价面谈有如表13-2所示的三种情形。

表 13-2   **绩效评价面谈的类型**

绩效评价面谈的类型	绩效评价面谈的目标
令人满意：可以提升	制订开发计划
令人满意：不能提升	维持现有绩效
不令人满意：可以改善	绩效改善计划

由于绩效评价面谈的目的性更强，而且面谈结果将作为日后工作的依据，因此必须对绩效评价面谈进行充足的准备。首先，相关人员要对绩效评价的资料进行整理和分析，对所要面谈的员工所从事工作的信息进行研究，比对所取得绩效与绩效标准，并审查员工原来的工作绩效评价档案。其次，相关人员要给予员工较充分的准备时间。最后，相关人员要选取合适的面谈时间和地点。面谈时间要相对方便，地点要相对安静，以免面谈被打扰。

2.非正式沟通

非正式沟通是建立在员工的社会关系的基础之上的沟通，其弹性空间比较大，传播的速度较快，而且能够达到正式沟通无法达到的效果。非正式沟通包括以下几种方式：

（1）走动式管理。这是指管理者在员工工作期间不时地到员工的工作地点附近走动，与员工交流，或者解决员工提出的问题。这是一种比较容易奏效的沟通方式。

（2）开放式办公。这是指管理者的办公室向员工开放，在大多数时候，只要员工存在疑问或是需要帮助，都可以进入管理者的办公室进行讨论。这种方式最大的特点就是将员工置于比较主动的位置上。

（3）其他方式。管理者还可以利用各种各样的工作间歇与员工进行沟通，如与员工共进午餐、在喝咖啡的时候聊天等；也可以通过组织内的各种社交活动来发现组织中存在的一些问题。当然，这些方式都不宜对严肃的工作问题进行沟通，只能对已获得的沟通信息进行补充性的了解。

（二）绩效信息的收集和分析

绩效信息的收集和分析指系统收集有关员工、工作和组织等方面的绩效信息并对此进行科学分析。行政管理活动的各个环节都需要信息的支持，绩效管理也不例外。没有充足有效的信息，就无法掌握员工的工作进度和遇到的问题，也无法对员工的工作结果进行评价并提供反馈；没有准确及时的信息，无法使整个绩效管理循环不断地进行下去并对组织产生良好影响。绩效信息的收集过程不像其他过程一样有时间上的顺承关系，而是贯穿于整个绩效管理期间，渗透于绩效管理过程的每个环节。

收集绩效信息的主要目的是为绩效考核、绩效改进和与员工交流提供事实依据，也为其他人力资源决策提供事实依据，在绩效考核出现法律纠纷时为组织的决策辩护。

与绩效有关的信息主要包括：目标和标准达到或未达到的情况、员工因工作或其他行为受表扬或批评的情况、证明工作绩效突出或低下所需要的具体依据、能帮助管理者或员工找出问题根源的数据、管理者同员工就绩效问题进行谈话的记录等。信息收集可以通过组织中的所有员工进行，如员工自己的报告和总结、同事的共事和观察、商机的检查和记录、下级的反映与评价。

三、绩效评估

绩效评估是对绩效计划实际执行情况的总结和复核。绩效评估依据绩效管理开始时双方达成一致意见的关键绩效指标，以及在绩效管理实施过程中所收集到的能够说明被评估者绩效表现的数据和事实，来判断被评估者是否达到关键绩效指标要求。

（一）绩效评估的意义

政府绩效评估无论是对政府行政管理本身还是对政治文明的发展都有着十分重要的意义，因而受到当代各国的重视。

（1）政府绩效评估有利于提高政府的绩效。绩效评估作为一种手段和技术，能够有效地提高政府的绩效。首先，绩效评估有助于实现和落实政府的责任。其次，绩效评估有助于提高公共服务的质量和效率。再次，绩效评估是一种诱因机制。将绩效评估结果与奖惩制度联系起来，通过各种激励机制，促使公务员不断追求更高的绩效，极大地调动公务员的积极性。最后，绩效评估有利于改进政府和社会公众间的关系。随着政府角色和职能的重新定位，以顾客为中心的管理理念决定了政府行使公共权力主要是为了实现公共利益和主动为社会公众谋求福利，从而增强了政府的号召力和社会公众的凝聚力。

（2）政府绩效评估有利于政府行政管理的优化和完善。对政府进行绩效评估能够直观清晰地了解当前政府的绩效水平，政府施政取得了何种成效、存在怎样的问题，同时能够掌握社会公众对政府服务的满意程度、存在的意见和建议。政府只有了解和掌握了这些情况才能够在肯定既有成绩的基础上，总结经验教训，明确政府未来工作的方向，坚定努力的信心，不断纠正政府管理与施政过程中存在的宗旨和行为方面的偏差，从而不断提高行政管理水平和政府施政的艺术水平。

（3）政府绩效管理有利于提高政府的信誉和形象，推进民主政治建设。政府保证绩效评估过程的透明性和信息的公开性，即把政府在各方面的表现情况做全面而科学的描述并公之于众，这有利于公众了解、监督和参与政府工作。一方面，这可以证明政府开支的合理性，向公众展示政府绩效和政府为提高绩效所做的努力，同时通过绩效评估可以向公众公开政府所面临的困难，有助于公众克服对政府的偏见，增强公众对政府的信任。另一方面，政府绩效评估过程需要接受公众的监督，使公众能够充分地行使监督权。政治民主化的程度越高，政府政务公开的程度也就越高，公众对政府行政管理的具体过程就越是了解，对政府绩效评估的参与就越是经常化和制度化，对行政管理活动和政府行为的约束就越是到位，民主政治就越能得到良性发展。

（二）绩效评估的过程

政府绩效评估活动涉及评估主体、评估对象、指标体系的设计、评估方法的运用等一系列的内容，这些内容我们将在本章第三节中详细介绍，这里我们需要阐述的是在绩效管理中绩效评估活动开展的步骤和程序。

（1）阐明组织目标要求和任务。上级将组织所要实现的目标和承担的任务清楚准确地向组织员工阐述，这是进行有效绩效评估的基础。相关部门只有在明确了组织目标后，才能把握组织活动的总体方向，保证各部门的活动都朝着共同的方向努力。

（2）确定评估的目的和可量化的目标。在明确组织目标之后接下来就需要使员工明确进行绩效评估的目的，并且需要保证将组织的宏观目标分解成各部门的可实现的、可量化的具体目标，这是建立绩效评估指标体系的基础。

（3）建立可测量的指标体系。这是绩效评估活动的关键环节。绩效评估指标体系的可测量性、科学性、合理性直接关系着绩效评估的成败，因此设计适合不同部门发展的指标体系是组织绩效管理的重点课题之一。

（4）根据测量标准跟踪与评估绩效。绩效评估指标体系确定后接下来就是对实施阶段的活动进行跟踪考查，比照既定的测量标准对组织活动进行评估。

（5）比较绩效结果与目标。将绩效结果与绩效目标进行比较，这样就可以对组织的工作有一个客观的认识，可以对组织工作的完成情况一目了然，明确优势和劣势。

（6）分析绩效结果。这是绩效评估的总结阶段。对绩效结果进行分析，掌握组织绩效的完成情况，清楚了解各部门、员工的绩效结果。绩效评估结果是员工获得薪酬、奖惩、晋升等的重要依据。

四、绩效反馈与改进

政府绩效管理的循环是从绩效计划开始，以绩效反馈与改进环节导入下一个绩效周期。绩效反馈与改进是政府绩效管理的总结和改善环节，是政府绩效持续提升的基础和保障。

（一）绩效反馈

绩效反馈是指管理者通过面谈、会议或者其他方式将员工的绩效完成情况传达给员工的过程。这是绩效评估结果更深的意义所在。传统的绩效评估结果的运用仅仅局限在作为员工获得奖惩的依据，而没有根据绩效的完成情况，更深入探讨绩效未合格的原因，也就是没有将绩效实施的真实情况全面地反馈给绩效的完成者，而现代政府绩效管理则关注到绩效反馈的重要作用。

1.绩效反馈的作用

（1）使员工了解自己在本绩效周期内的业绩情况，是否达到既定目标，是否与管理者达成对考核结果一致的看法。

（2）探讨绩效未合格的原因并制订绩效改进计划。在这个过程中，管理者和员工之间要进行充分的沟通，深入分析造成实际绩效与组织期望绩效存在差距的原因，探讨解决的方案，形成绩效改进计划。

（3）管理者可以在绩效反馈中向员工传达组织的期望。组织的战略目标是要层层分解到员工具体的工作岗位上的，在管理者与员工讨论工作目标的过程中，就可以将组织的战略目标贯穿其中，让员工把握具体的目标并将其落到实处。

（4）管理者和员工双方对下一个绩效周期的目标进行协商，形成个人绩效合约。绩效合约是一种正式的书面约定，它将管理者和员工双方探讨的结果列为具体的条目记录下来，既有助于员工清楚自己的工作目标，又有助于管理者在下一个绩效周期结束时来对员工绩效进行评估。

2.绩效反馈的阻力

对于大多数管理者来说，向员工提供绩效反馈往往是一件容易引起不快的事情。事实上，一个对绩效反馈存有戒心的管理者，除非为组织政策和控制所迫，多半会忽视这项责任。

管理者不愿意提供绩效反馈的原因主要有三个：

第一，与员工讨论他们在绩效水平上的缺陷和不足，会使管理人员觉得不舒服。

第二，当自己的缺点被指出来时，有些员工会自我辩护，指责管理者的评估结果有问题。

第三，员工对自己的绩效往往评价过高。从统计学的角度讲，有一半员工的绩效低于平均水平。但事实证明，一般员工对自己绩效水平的估计都在良好左右。因此，即使管理者所使用的尺度已经十分宽松，员工们往往还是认为它不够好。

对于绩效反馈阻力问题的解决方法不是忽略这些问题，而是训练管理者们学会进行建设性的反馈。卓有成效的绩效管理会使员工感到评估是公平的，这样才能使员工在接受反馈之后心情振奋，了解自己有待改进的绩效领域，并决心改正差错。另外，绩效管理工作应被设计成一种咨询活动，而不是简单的判断过程，要做到这一点，必须让员工参与到绩效管理的过程中去。

（二）绩效改进和导入

政府绩效管理改变了传统绩效评估只对员工业绩进行考核，简单关注考核结果与员工薪酬、晋升等方面的关系，从而忽略了对绩效结果的持续改进和不断提高的情况。因而，政府绩效管理的突破之一就是深层挖掘、充分利用绩效考核结果，促进组织的持续发展。政府绩效改进的一般过程如下：

第一步，分析绩效改进要素，确定期望绩效与实际绩效，找出两者间的差距，分析差距原因。

第二步，要针对存在的问题制订合理的绩效改进方案，并确保其能够有效地实施，如个性化的培训等。

第三步，通过对绩效改进过程和产生的结果进行评估，分析绩效改进的方案的试验效果；如果效果不好或达不到政府部门的期望，就要对绩效改进计划进行调整。绩效改进计划要有实际操作性，最好能具体到每一个步骤。

绩效导入就是进行绩效培训，为能够保证绩效的持续改进，必须通过培训使管理者和员工具备相应的能力。绩效导入一方面可以增进管理者和员工对绩效管理的了解，以使其尽可能减少在绩效管理过程中的错误行为和由此造成的不良绩效；另一方面可以让管理者和员工掌握绩效管理的操作技能。

第三节　政府绩效评估

政府绩效评估是政府绩效管理的重要环节，涉及多学科内容，综合运用多领域的管理方法，是一个衡量政府管理能力的有效手段。

一、政府绩效评估的内涵

（一）政府绩效评估的含义

政府持续追求更高绩效的过程，就是不断总结经验和教训、不断改善和优化行政管理的过程，也就是定期地对政府绩效进行评估的过程。

对政府绩效评估的定义国内外学者从不同的角度进行了阐述。中国行政管理学会课题组认为：政府绩效评估是为提高政府公共管理和公共服务能力而采取的以公共责任和顾客至上为理念的政府改革策略，是持续改进和提高政府部门绩效的管理理念和方法，是当今许多国家实施政府再造、落实政府责任、改进政府管理、提高政府效能、改善政府形象的一个行之有效的工具。政府绩效评估是对政府行政管理的业绩、政府行为的有效性及政府施政能力进行测量、评价，以提高政府运作绩效的活动。政府绩效评估具有计划辅助、预测判断、监控支持、激励约束和资源优化等多项功能。通过绩效评估，改进激励机制、竞争机制、监督机制、责任机制，属于政府运行机制优化的范畴。

（二）政府绩效评估与政府绩效管理的区别和联系

绩效评估的作用之一就是向管理者提供有关组织和个人绩效情况的真实信息，据此做出相关的决策。绩效评估与绩效管理的联系表现为绩效评估是以实现组织目标为目的的绩效管理过程的一个重要环节。除了单纯的评估目的外，这些组织通过绩效管理系统帮助下属管理他们的绩效，提高他们的工作能力，开发他们的潜能，从而实现组织的目标。

尽管政府绩效评估与政府绩效管理之间存在十分紧密的联系，但我们不能把政府绩效评估等同于政府绩效管理。两者之间的差异主要表现在：

（1）政府绩效管理是一个完整的管理过程，政府绩效评估只是管理过程中的局部环节和手段。成功的政府绩效评估不仅取决于评估本身，而且在很大程度上取决于与政府绩效评估相关联的整个政府绩效管理过程。政府绩效管理过程一般包括三个最基本的功能活动：绩效评估、绩效衡量和绩效追踪。政府绩效管理伴随着管理活动的全过程，政府绩效评估只出现在特定的时期；政府绩效管理不仅强调绩效的结果，而且注重达成绩效目标的过程。

（2）政府绩效管理侧重于信息沟通和过程控制，政府绩效评估侧重于对考核结果的单项判断。政府绩效管理的特点是管理者与被管理者通过双向沟通与交流，促进双方对绩效的认同并加以改进，因此政府绩效管理的效果取决于管理者与下属的双向沟通。有效的沟通在消除下属与管理者之间的隔阂、消除工作执行者的防卫心理、塑造政府工作人员的正确行为导向等方面都具有积极作用。政府绩效评估是政府绩效管理的重要组成部分，因此政府绩效评估应该与其他方面保持密切联系，这样才能对绩效进行有效的监控和管理，从而有效改进政府绩效管理，实现政府绩效管理的目标。

（三）政府绩效评估与官员政绩评价的区别和联系

政绩是指各级领导班子和领导干部正确行使人民赋予的权力，在其任期内履行职责所取得的扣除成本以后"纯"的成绩。政绩包括领导干部的个人政绩、领导班子的集体政绩和一届政府的组织政绩等。

政绩与绩效有明显区别：政绩是指掌握公共权力的人或组织在履行公共责任时取得的成绩，主要是对掌握着公共权力的人而言的；绩效则不一定是掌握公共权力的人才有的，任何人和任何组织在从事某项工作时，都存在工作绩效的问题。

中国行政管理学会课题组认为：政府绩效可分为组织绩效和个人绩效。组织绩效包括一级政府的整体绩效、政府职能部门绩效和单位团队绩效，所以广义的政府绩效评价包括对集体和对个人的评价。从这个意义上说，政府绩效评估应该包含对领导干部的政绩评价。

在对政府部门进行绩效考核评估时，我们经常要用到各类宏观统计数据，而对领导干部个人的政绩评价时则不同。实际上，个人总是集体的一分子，领导干部是所在集体或组织的负责人，他的行为与其所在的集体或组织的行为是分不开的。对领导干部的政绩评价虽然是对"个人"的评价，但是也能部分地反映领导干部所在"部门"（政府）的绩效情况。对领导干部个人的政绩评价应该与政府绩效评估结合起来，在政府绩效评估的基础上再进行领导干部个人的政绩评价。从这个意义上讲，对领导干部个人的政绩评价离不开对所在单位的绩效评估。

但是政府绩效评估与领导干部的政绩评价无论在方式、方法上还是在指标选择上都是有明显的区别的，这一点必须明确。政府绩效评估的一些方法和指标有的可以用于领导干部的政绩评价，有的不适用。在进行政府绩效评估和领导干部政绩评价时，相关人员既要考核评价集体政绩，看集体领导行为对个人取得政绩所创造的条件和产生的影响，又要考核评价个人政绩，看个人在集体领导行为中的作用。

二、政府绩效评估的主体与对象

政府绩效评估活动有两个重要的因素：一是评估主体，即由谁评估；二是评估对象，即对谁评估。这是政府进行绩效评估需要首先确定的问题，只有选择合理的评估主体，明确评估的对象，才能保证政府绩效评估科学全面、有的放矢。

1.绩效评估主体

在我国，政府绩效评估主体可粗略地分为两类：内部评估主体与外部评估主体。内部评估主体是指从评估对象的组织管理体系内部产生的评估主体，包括政府部门自身、政府各机构的上级主管部门，以及政府自身的工作人员等。外部评估主体是指从政府体系外部对政府绩效进行评估的主体。外部评估主体的情况比较复杂，包括立法机关、司法机关、政协、审计机关、人民群众、社会组织、中立的第三方评估机构、大众传媒等。政府内部的评估主体能够随时掌握政府的绩效完成情况，绩效评估和反馈能够迅速、直接。但是，过分依赖内部评估主体往往会造成不恰当的"自我批评"现象，无法保证评估的客观性，因此，应该积极发展外部评估主体，鼓励和培育第三方中立评估机构、调动广大人民群众的积极性和参与热情，从而保证绩效评估能够发挥实际效用，而非仅限于形式。

2.绩效评估对象

在各国绩效评估的实践中，分级分类评估的方法被广泛地使用，根据公务员的不同级别、管理权限的不同来确定评估对象。对不同等级公务员进行分级评估体现了行政管理中分层管理、分级负责的要求。把同一级公务员放到一起评估，一方面增加了考核的可比性，另一方面能强调主管领导在评估中的责任。我国公务员实行分类管理的方式，在录用公务员之初已经对公务员所聘任岗位的功能、资格条件等做了具体的要求。因此，政府人事行政机关实行分级分类评估标准体系，有利于增强公务员绩效评估的可操作性和准确性。

准确地把握政府绩效评估对象的一个重要前提和基础就是，在实行分级分类评估下，科学地界定政府及其各职能部门所承担的职责，特别是行政许可权的范围。此外，对各职能部门要按其提供公共服务性质的不同进行分类，设置不同的绩效评估指标。

三、政府绩效评估的指标体系

政府绩效评估最重要的环节就是设置科学合理的指标体系，这是绩效评估有效与否的关键，对政府绩效管理活动具有十分重要的意义。

（一）政府绩效评估指标设置的原则

当前，在政府绩效管理比较成熟的英美等发达国家，"SMART"原则是在设置政府绩效评估指标时被普遍采用的原则。

S（specific），要求绩效评估指标应该是"具体的""明确的""切中目标的"。

M（measurable），要求绩效评估指标最终是"可衡量的""可评价的"，能够形成数量指标或行为强度指标，验证这些绩效评估指标的数据或信息是可以获得的。

A（achievable），要求绩效评估指标在付出努力的情况下是"能够实现的"，避免设立过高或过低的目标。

R（realistic），要求绩效评估指标是"现实的"，可以被证明和观察。

T（time bound），要求绩效评估指标具有"时效性"，注重完成绩效评估指标的特定期限。

（二）政府绩效评估指标的内容

政府制定绩效评估指标主要有以下几个方面的内容：

1.政府业绩指标

（1）政府为社会经济活动提供服务的数量和质量。这主要是指由政府部门提供的公共产品和服务的数量和质量，如政府直接投资兴建的基础设施、颁布实施维护经济秩序的法令和法规等，在数量上要尽可能满足社会发展的需要，在质量上要尽量提供优质产品和服务，政府要有高效率的办事能力。

（2）政府管理目标的实现情况，如是否充分就业、物价是否稳定、经济是否持续增长、收支是否平衡、资源配置是否合理、国民财富是否增加等。

（3）政策制定水平与实施效果。政策包括财政政策、货币政策、产业政策等。例如，要考察一项财政政策的制定与实施是否科学有效，可以设置税收总收入、直接税、间接税、社会保险缴款占 GDP 的比重等指标进行评估。

（4）政府管理的效益。政府管理的效益的指标包括税收总额占 GDP 的比重、政府支出占税收总额的比重、政府支出增长率与经济增长率速度之比、吸引人才情况、外地企业和外资企业投资总额等。

（5）政府管理的社会效果。这主要是指公民对公共管理和服务的满意程度，如公民对公共行政过程中体现的公平和公正是否信任、对政府部门的服务态度和办事效率是否感到满意等。

2.政府行政效率指标

政府的行政效率是指行政管理者从事行政管理活动取得的成果同消耗的各类资源的比值关系。政府行政效率指标包括决策效率、管理效率、执行效率指标。这几方面的指标构成了政府行政效率的完整体系。可以说，这几方面的指标达到了标准，整个行政管理体系就达到了最大的效率。

3.政府工作效能指标

效率指标被用来衡量政府行政管理过程中能够被量化的公共产品或服务等内容，而行政管理活动的复杂性和广泛性使得政府管理工作的性质难以界定，结果更难以量化，这就为政府绩效管理带来了很大的阻碍。针对这些不能通过行政效率进行测量的内容，我们采取另一个指标，即效能指标。效能是指公共管理活动对目标团队的状态或行为改变的影响程度，如福利状况的改变程度、公共服务的顾客满意程度、政策目标的实现程度等。政府工作效能可以从两方面进行评估：

（1）社会效能。这属于宏观的决策范畴。社会效能考查行政行为的合理化水平，指标包括公共决策是否科学、民主监督是否有效、公共行政是否廉洁高效、政府能否有效执行政策、立法活动能否满足经济和社会发展的要求、政治体制能否依据经济与社会的需要及时变革等。

（2）政府机关效能。这属于微观的内部运行机制范畴，指标主要包括是否有合理而完善的制度，如岗位职责制、首长责任制、服务承诺制、限时办结制、联合办公制、效能考评制和失职追究制等。

4.政府行为成本指标

政府运行的成本包括两个方面的内容：一是维持政府机构运转所产生的费用，包括政府部门占用的人力、物力、财力，指标包括政府部门的职员人数、政府部门固定资产总额、政府部门支配资源的程度等。二是政府部门的支出，指标包括政府支出占 GDP 的比重、中央政府预算盈余（赤字）占 GDP 的比重、政府发展科教文卫等方面的专项支出、政府一般性支出占 GDP 的比重、政府消费占 GDP 的比重等。

（三）我国政府绩效评估指标体系

2004 年，国家人事部《中国政府绩效评估研究》课题组在总结国内外相关指标体系设计思想和方法技术的基础上，经过深入调查，并组织有关专家论证分析，提出了一套适用于我国地方政府绩效评估指标体系。该体系共分 3 层，由职能指标、影响指标和潜力指标 3 个一级指标、11 个二级指标以及 33 个三级指标构成，适用于全面系统地评估我国地方各级政府，特别是市县级政府的绩效和业绩状况（见表 13-3）。

表 13-3   中国地方政府绩效评估指标体系

一级指标	二级指标	三级指标
影响指标	经济	人均 GDP
		劳动生产率
		外来投资占 GDP 的比重
	社会	人均预期寿命
		恩格尔系数
		平均受教育程度
	人口与环境	环境与生态状况
		非农业人口比重
		人口自然增长率
职能指标	经济调节	GDP 增长率
		城镇登记失业率
		财政收支状况
	市场监管	法规的完善程度
		执法状况
		企业满意度
	社会管理	贫困人口占总人口的比重
		刑事案件发案率
		生产和交通事故死亡率
	公共服务	基础设施建设
		信息公开程度
		公民满意度
	国有资产管理	国有企业资产保值增长率
		其他国有资产占 GDP 的比重
		国有企业实现利润增长率
潜力指标	人力资源状况	行政人员中本科以上学历者所占比重
		领导班子的团队建设
		人力资源开发战略规划
	廉洁状况	腐败案件占财政支出的比重
		机关工作作风
		公民评议状况
	行政效率	行政经费占财政支出的比重
		行政人员占总人口的比重
		信息管理水平

1.影响指标——以体现效果为本

影响指标被用来测量政府管理活动对整个社会经济发展成效的影响和贡献，具有间接性和根本性。这一指标直接考察的是政府的所有作为，反映在人民生活中的实实在在的效果。

影响指标反映的是社会经济发展的最终成果，按照全面发展的思路，应包括经济、社会和人口与环境等内容。在经济方面，人均GDP的多少是人们物质生活水平高低的标志；劳动生产率用来衡量社会技术发达程度；外来投资是一个地区经济活力的表现，特别是在我国现阶段，各地都将外来投资列入政绩考核的重要方面，根据未来发展的具体情况可以考虑去除这一项。在社会方面，人均寿命延长是社会进步的综合反映，同时健康长寿是人类自身发展的目标追求；恩格尔系数通常用来测量社会发展的不同阶段；平均受教育程度是社会文明的尺度。在人口与环境方面，将环境与生态状况、非农人口比重和人口增长率并列，突出以人为本，人与自然协调发展，突出农业城镇化建设的要求。

2.职能指标——主体评价工具

针对职能绩效进行测量的指标就是职能指标。职能指标所检验的是政府管理的基本职能，它是绩效评估指标体系的主体。一般来说，一级政府基本完成了其职能指标的任务，应算合格。

所谓职能绩效，是政府在其职能范围内所表现出的绩效水平，它有直接性和主体性，如社会保障问题、社会稳定问题等都是政府应解决的基本问题，如果这方面出了问题，政府部门要负直接责任。

根据党的十五大以来，尤其是党的十六大和党的十六届三中全会对政府职能的定位，政府的职能指标可分解为经济调节、市场监管、社会管理、公共服务和国有资产管理五项内容。党的十九大报告重点指出要转变政府职能，深化简政放权，创新监管方式，增强政府公信力和执行力，建设人民满意的服务型政府；赋予省级及以下政府更多的自主权；履行好政府再分配调节职能，加快推进基本公共服务均等化，缩小收入分配差距。要深化商事制度改革，打破行政性垄断，防止市场垄断，加快要素价格市场化改革，放宽服务业准入限制，完善市场监管体制，使市场在资源配置中起决定性作用，更好发挥政府作用；推进建设法治政府进程，推进依法行政，严格规范公正文明执法；深化司法体制综合配套改革，全面落实司法责任制，努力让人民群众在每一个司法案件中感受到公平正义；深化机构和行政体制改革，统筹考虑各类机构设置，科学配置党政部门及内设机构权力、明确职责；统筹使用各类编制资源，形成科学合理的管理体制，完善国家机构组织法；不断加强社会治理制度建设，完善党委领导、政府负责、社会协同、公众参与、法治保障的社会治理体制，提高社会治理社会化、法治化、智能化、专业化水平，实现政府治理和社会调节、居民自治良性互动。

3.潜力指标——测量潜在发展动力

潜力指标反映的是政府内部的管理水平，是履行职能的基础，也是政府绩效持续发展的保证，因此潜力指标在整个体系中占有相当重要的地位。政府管理的绩效既体现在外部社会经济环境的变化上，又体现在其内部的管理和素质上。

潜力指标包括人力资源状况、廉洁状况和行政效率状况三个方面。

人力资源状况主要反映行政人员的素质、领导班子的团队建设和人力资源开发战略规划，这是一级政府高绩效的基础和关键。

廉洁状况是对政府管理的基本要求，同时是政府绩效的一个重要方面，特别是在我国现阶段，反腐倡廉是衡量一届政府工作好坏的重要标准。

行政高效一直是政府管理的理想，但测量难度较大，因此主要从经济性的角度进行成本和投入产出方面的评估，要求少花钱少用人，同时考评政府信息管理的水平。面对复杂的社会环境和信息社会的挑战，政府管理的信息化是建立高绩效政府的重要技术支撑。①

这一政府绩效评估指标体系并不是中国开展政府绩效评估的最佳模式，指标体系设定存在很多不足之处，如仍以经济指标为主要依据、对公民自身权利实现方面的考察仍十分淡薄、指标的内容过于笼统造成操作困难等问题。因此，政府绩效评估指标体系设计是一个系统、庞杂而又不断进行动态调整的过程。随着我国政府职能的不断转变、政府治理理念的日趋成熟，我们相信，政府绩效评估指标体系会更加完善。

四、政府绩效评估的方法

政府绩效评估的对象既包括各行政组织，也包括公务员个人，因而依据对象的不同采取不同的评估方法。

（一）针对行政组织绩效的评估方法

对组织整体绩效进行评估，各国在政府绩效管理实践中主要采用以下两种方法：一是关键绩效指标法；二是平衡计分卡。

1.关键绩效指标法

关键绩效指标（key performance indicator，KPI）法是指通过对组织内部某一流程的输入端、输出端的关键参数进行设置、取样、计算、分析，衡量流程绩效的一种目标式量化管理指标的方法，是把组织的战略目标分解为可运作的工作目标的工具。简言之，关键绩效指标体系能体现对组织战略目标有增值作用的绩效指标，是连接个体绩效与组织战略目标的一个桥梁。通过在关键绩效指标上达成的承诺，员工和管理人员就可以进行工作期望、工作表现和未来发展方向等方面的沟通。

关键绩效指标法是运用关键绩效指标体系进行绩效评估，这一方法的关键是建立合理的关键绩效指标体系。建立关键绩效指标体系时，应遵循以下几项原则：

（1）目标导向原则。关键绩效指标体系必须依工作目标确定，其中包括组织、部门、岗位目标，把这些目标同组织的整个战略目标联系起来，以全局的观点思考问题。

（2）注重工作质量原则。工作质量是任何想要在市场经济中拥有强大竞争力的组织的核心要素，而往往又难以衡量，因此对工作质量设立指标、进行控制尤为重要。

（3）可操作性原则。这是指从技术上保证指标体系的可操作性，对每一个指标都给予明确的定义，建立完善的信息收集渠道。

（4）强调输入和输出过程的控制。这是指在设立关键绩效指标体系时，要优先考虑流程的输入和输出状况，将两者之间的过程视为一个整体，进行端点控制。

（5）指标体系一般应当比较稳定，即如果工作历程基本不变，则关键指标体系的项目也不应有较大的变动。

（6）关键指标体系应当简单明了，容易被执行者理解和接受。

如表13-3所示的我国地方政府绩效评估指标体系就是关键绩效指标法在实践中的具体应用。

---

①　桑助，张平平. 政府绩效评估体系浮出水面［J］. 瞭望，2004（29）：24-25.

但是需要注意的是，在实践中，由于关键绩效指标法是以结果为导向，其关注绩效指标体系的设置必须与组织的战略目标挂钩，表现出了很强的针对性。但在政府部门的实际操作中仍存在一些问题：一是关键绩效指标法没有进一步将绩效目标分解到组织的基层管理及操作人员；二是关键绩效指标体系没能提供一套完整的对操作具有具体指导意义的指标框架体系；三是政府部门的产出通常难以量化，在进入市场的交易体系后难以形成一个反映其生产机会成本的货币价格，要精确算出投入产出比并不容易，这就带来对相关指标进行准确量化的技术上的难度。因此，在政府部门越来越重视工作的效率、质量以及成本的背景下，平衡计分卡考评指标体系的综合性优势更值得政府部门的借鉴。

2.平衡计分卡

平衡计分卡（balanced scorecard，BSC）是一种系统绩效评估技术，由哈佛大学商学院教授罗伯特·卡普兰创立，是具有绩效考核功能的管理系统。它一方面克服了传统绩效评估方法单纯利用财务指标来进行绩效评估的局限；另一方面又以传统的财务评价指标为基础，兼顾其他三个重要方面的绩效反映，即从财务、顾客、内部业务流程、员工学习与成长这4个相对独立的角度系统地对组织的经营绩效进行考核，从这4个角度出发设计的各项评估指标彼此在逻辑上紧密相承，具有一定的因果关系。政府平衡计分卡如图13-1所示。

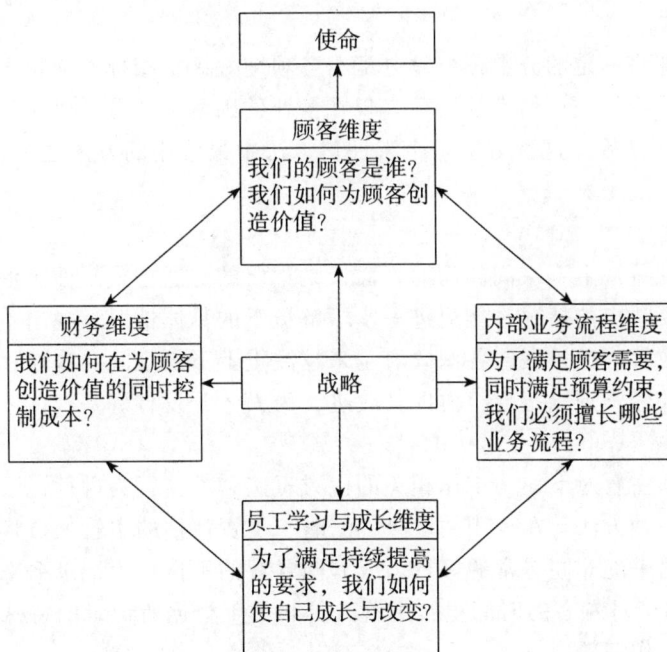

图13-1　政府平衡计分卡

资料来源　朱春奎，等. 公共部门绩效评估方法与应用 ［M］. 北京：中国财政经济出版社，2009：47.

平衡计分卡强调绩效管理与组织战略目标间的紧密关系，并提出一套具体的指标框架体系，具有很强的操作指导意义。同时，它还阐明了以上4个角度之间的内在联系：学习与成长解决组织长期生命力的问题，是提高组织内部战略管理的素质与能力的基础；组织通过管理能力的提高为顾客提供更大的价值；顾客的满意度给组织带来良好的效益。以此为基础，从这4个角度出发设计的各项考核指标在逻辑上紧密相承，保持了组织管理所需要的动态平衡。平衡的过程也就是通过对关键因素的理性整合，不断提升系统有效性的过程。

（二）针对公务员个人绩效的评估方法

针对公务员个人绩效的评估方法有定性方法，也有定量方法。各种方法对不同类别的公务员进行绩效评估，并且互相交叉。

1.自我报告法

自我报告法即利用书面形式对自己的工作进行总结及评估的一种方法。这种方法比较适用于管理人员或高层领导的自我评估，并且测评的人数不宜过多。自我报告法通常让被评估人对照岗位要求，回顾一定时期内的工作状况，列出将来打算，并列举出在这段时间内几件重大贡献事例及几件失败的事例，给出相应原因，并对不足之处提出改进的建议。

2.业绩评定表法

业绩评定表法即根据限定的因素对公务员进行评估，是被广泛采用的评估方法。其评估选择的因素有两种较为经典的类型：与工作相关的因素，如工作质量和数量；与个人特征相关的因素，如依赖性、积极性、适应能力和合作精神等。该方法会在等级表上对业绩的好坏进行记录。

3.因素考核法

因素考核法即将一定的分数按权重分配给各项绩效评估指标，使每项绩效评估指标都有评估尺度，然后根据被评估者的实际表现在各评估因素上评分，最后汇总得出的总分就是被评估者的评估结果。这种方法是个人评估方法中最常用的方法之一，不仅简单易行，也较为科学。

4.面谈考核法

现代绩效管理重视上下级间的沟通，面谈是重要的沟通方式。面谈考核是为了反映通过书面测验无法反映出的情况，能更进一步了解员工的具体情况，找出不足之处而对症下药。随着现代绩效管理的发展，各国政府越来越注重上下级之间的沟通，从而更加了解下级的工作情况，并经常加以指导，协助其改进，为人才开发打好基础。

5.关键事件法

关键事件法即主管对下属与工作相关的优秀事迹和不良行为进行记录，并在评估期内进行回顾评估的一种方法。在运用关键事件法时，负责评估的主管人员将每一位员工在工作活动中所表现出来的非同寻常的好行为或非同寻常的不良行为记录下来，形成一个书面报告，然后在每6个月左右的时间里，主管人员和员工根据所记录的特殊事件面对面地讨论、评价员工的工作绩效。

6.行为等级评定法

行为等级评定法即把行为考核与评级量表结合，用量表对绩效做出评级，并以关键行为事件为依据，对量表值做出定位。这种方法可对关键事件中的具体行为进行更客观的描述。熟悉这种特定工作的人，更加了解这种工作的主要内容，可对每项内容的特定行为进行排列和证实。这种方法需要大量的员工参与，因此比较容易被员工所接受。

7.360度考核法

360度考核法即由直接上级、下级、同级和服务对象对被评估者进行多层次、多维度的评估，可以综合不同评估者的意见，得出全面、公正的评估（见图13-2）。

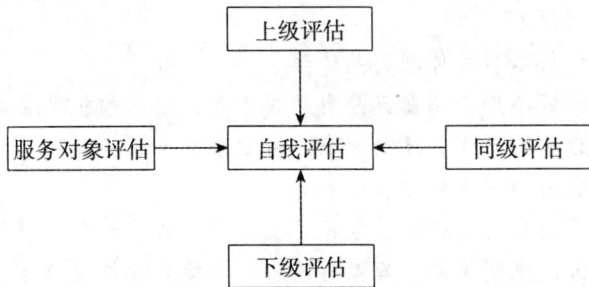

图13-2　360度考核法示意图

关键术语

政府绩效（government performance）　政府绩效管理（government performance management）　绩效评估（performance evaluation）

基本训练

★简答题

1.简述绩效、效率、效益和政府绩效。

2.什么是政府绩效管理？传统的绩效评估和现代的政府绩效管理有什么区别？

3.简述政府绩效管理的程序。

4.简述政府绩效评估与政府绩效管理的区别和联系。

5.简述政府绩效评估与官员政绩评价的区别和联系。

6.简述政府绩效评估指标设置的原则。

7.简述政府绩效评估的方法。

8.试析我国政府绩效评估33项指标体系的优缺点。

★案例分析

47个省政府部门绩效考核首次引入第三方评价机制

四川省政府高度重视社会公众对政府工作的评价，坚持以执政为民、公开公正、提高效率为工作目标，注意倾听群众的意见，努力做好社会基本公共服务，提高现代社会治理能力，并把这些内容作为政府绩效评价的重要内容，积极探索开展第三方评价。

四川省社情民意调查中心在数据库中抽样，以计算机辅助电话访问系统和信函方式开展对四川省政府部门的第三方评价，调查过程全程录音，47个省政府部门共计完成14 580个有效样本测评，平均每个被测评部门完成了310个有效样本的测评。

第三方评价中搜集的具体意见和建议经整理后，将点对点地被分送相关部门，作为其下一步改进工作的参考。2016年四川省政府部门绩效评价工作继续引入第三方评价机制。

涉及四川省政府47个部门、涵盖4类调查对象31个评价指标的2015年省政府部门绩效管理社会公众评价调查出炉，这是四川省首次将第三方评价机制引入省政府部门绩效评价的尝试，也是贯彻落实十八届三中全会提出的"完善发展成果考核评价体系"精神，推进"民考官"机制的新探索。

一、引入第三方评价本质是体现公共治理

政府部门工作做得好不好，不能只是自己说了算，还必须把监督权、评判权真正交给群众，以人民满意作为检验工作的最高标准。习近平总书记多次强调，群众满意是我们党做好一切工作的价值取向和根本标准。

四川省政府绩效委明确提出将第三方评价机制引入省政府部门绩效管理，不断完善省政府部门绩效管理评价的机制体制，确保省政府部门绩效评价更科学、更合理，进一步促进工作效率、工作水平、服务态度再上新台阶。

据了解，当前政府绩效评价的方式主要有两种：一种是政府部门组织的自我评价；另一种是指政府系统内上级对下级、部门之间做出的评价，这都属于内部评价。而独立于政府及其部门之外的第三方组织实施的评价被称为外部评价，通常包括独立第三方评价和委托第三方评价。"这次评价就是首次将对政府部门绩效评价的权力交到政府部门之外的第三方手中，使绩效评价主体不仅实现了内部与外部的结合，也实现了'面对面'和'背靠背'的结合。"四川省政府绩效办负责人说。"从目前来看，第三方评价还不能完全取代政府系统内部的评价。"省政府绩效办负责人认为，但从某种意义上说，第三方评价政府部门绩效的本质是体现公共治理，它不但是体现民意的一种方式，而且找到了民众参政议政、参与公共决策的有序渠道，更是政府部门了解群众诉求、意愿、满意度的途径。

二、知情人评知情事，绩效评价更科学

为确保四川省政府部门绩效管理第三方评价的科学性，四川省政府绩效办按照"知情人评知情事"的原则确定了参与第三方评价的对象："应当是对省政府部门情况较为熟悉的各方面人员，无论是到部门窗口办过事的还是部门内部的职工，都可以从自身角度提出意见。"为此，这次行动确定将各部门服务对象（包括到各部门办事的服务对象和窗口服务对象）、各部门下级对口单位（市级对口单位工作人员）、各部门内部职工（包括省直部门及直属事业单位工作人员），以及熟悉部门情况的省党代表、人大代表、政协委员、政风行风监督员作为抽样评价的对象。

四川省社情民意调查中心受到委托，根据抽样测评工作的需要，分别建立了服务对象样本数据库、下级对口单位样本数据库、部门职工样本数据库，以及省党代表、人大代表、政协委员、政风行风监督员样本数据库，并针对参与第三方评价对象的不同，设置了不同的评价指标。

测评工作中，四川省社情民意调查中心运用系统自动剔除受访者回答"不清楚"和"不了解"的样本，以及全打满分或者零分的样本，以进一步降低调查误差。"由于省政府部门绩效测评工作参与对象熟悉省政府部门工作情况，数据库准备充分，测评手段现代化，保证了本次省政府部门绩效管理第三方评价工作测评覆盖范围广、被抽查人员配合程度高、测评结果客观真实。"四川省社情民意调查中心副主任说。

三、结果作为改进参考，2016年继续引入

经过两个月的细致调查，一份汇集了各方意见、建议的省政府部门绩效管理社会公众评价调查报告出炉。通过统计分析，被测评的47个省政府部门都有了自己的综合评价结果、分项评价结果、具体排名以及公众的建议意见。

　　四川省政府各部门对测评结果都很重视。住房城乡建设厅办公室主任表示："评价不是目的，而是要最大化运用评价结果，从而推动政风行风及各项工作的有效改进。评价结果能让我们发现窗口单位存在的薄弱之处，也从另一方面给我们工作的改进和提高提供了新的思考角度，起到了促进作用。""第三方评价的考核结果，能有效地在我们心无旁骛地干好工作和老百姓客观真实回馈之间形成很好的互相促进。"民政厅办公室主任表示，"比如，社会治安不好，群众肯定不满意，环境治理不好，群众也不会给你打高分。'群众说了算'的社会评价机制将会强化部门的群众意识和服务意识，要想群众满意，就要推动每一项工作的改善，让群众在具体的身边事中感受政府工作的提升。"

　　2016年省政府部门绩效评价工作继续引入第三方评价机制。"当社会公众越来越习惯这种评价方式，其参与度将会越来越高，能使其成为部门头上的'紧箍咒'，排名靠前的要保位次，排名靠后的要升位次，谁也不敢懈怠，在这种比学赶超的氛围中不断促进省政府各部门自觉提高服务态度、服务能力和服务效率，其为社会、群众服务的能力将得到进一步强化。"省政府绩效办负责人说。

　　资料来源　高启龙. 四川推进"民考官"引入第三方评价政府部门绩效〔N〕. 四川日报，2016-05-10.

　　讨论：

　　1. 引入第三方评估对绩效评估有哪些积极影响？

　　2. 在实际操作中，第三方评估可能存在哪些弊端？

第十四章

行政改革

本章提要

（1）行政改革的含义；（2）行政改革的必然性；（3）行政改革的制约与推动因素；（4）当代西方国家行政改革的基本趋势与主要特点；（5）当代中国行政改革的历程；（6）当代中国行政改革的经验与展望。

导读

行政改革蓝皮书：简政放权　放管结合　优化服务

2017年11月，中国行政体制改革研究会和社会科学文献出版社共同发布《行政体制蓝皮书：中国行政体制改革报告（2017）No.6》。该报告以简政放权、放管结合、优化服务为主题，系统跟踪和总结了2016年以来中国各级政府在放管服改革方面的进程、成就和问题，并围绕这一主题进行系统总结和梳理，并对未来深化放管服改革提出了4个方面的具体建议，具有一定的权威性和前瞻性。

蓝皮书课题组从2016年9月至11月进行了广泛的问卷调查。问卷调查共设计了22个问题，大体可以分为如下几类：一是围绕对新一届政府组建以来推出的以放管服改革为重点的行政改革的总体评价；二是社会对政府放管服改革的期待与取得的成效；三是放管服改革中存在的突出问题及其与其他关联改革的内在关系；四是政务服务标准化及其未来的趋势。

一、社会对放管服改革的期待与实际取得的成效有相当大的差距

从问卷调查的结果看，社会对放管服改革的期待与实际取得的成效还是有相当大的差距的。对此项改革不够满意或不满意的总人数达到299人，占比高达69.9%。到2016年3月，中央政府已经取消、下放的行政审批和许可事项已经超过800项，但这些改革并没有得到社会公众甚至是一些基层党政人员的认可。报告认为，一是中央各部委取消下放部分行政审批、许可事项，不是很重要的事项；二是我们的各级地方政府没能紧跟中央政府的改革步伐；三是各级地方政府的公务人员，特别是基层公务人员没有完全履行职责、把改革精神贯彻落实到位。这三个方面的任何一个环节出了问题，都很难使改革的成效传导到企业和群众那里。

二、简政放权不到位是放管服改革中的"短板""不作为"，问题原因较复杂

关于放管服改革中的"短板"问题的调查中，选择最多的是"简政放权不到位"。按照调查结果，被调查者多数认为最大的难点是法律和法规滞后、政府部门既得利益作祟以及政府工作人员观念难以转变，但是执行力方面的问题只占3.7%。这说明，即使"不作为"也要具体分析，"不作为"在很大程度上可能不是真正的能力问题，而是观念等其他问题。另外，基层政府工作人员能否适应放管服改革的要求，也在很大程度上影响放管服改革。

三、简政放权仍是放管服改革的核心，要借助法制形式使改革成果最大化

从调查结果可以看出，大多数人认为下一步放管服改革的着力点仍然在简政放权方面。在下一步放管服改革推进策略的调查中，大多数被调查者对改革的推进策略是有比较高的共识的，即放管服改革是系统性改革，必须同步推进，上下衔接。对放管服改革与机构改革之间的内在联系及影响的调查再一次说明政府机构设置以及机构改革对放管服的深入是至关重要的。

四、推进市场监管体制改革势在必行

蓝皮书指出，推进市场监管体制改革是完善社会主义市场经济体制的迫切需要。我国社会主义市场经济体制已经初步建立，但仍存在市场秩序不规范、有些企业以不正当手段谋取经济利益、生产要素市场发展滞后、要素闲置、大量有效需求得不到满足、市场规则不统一、部门和地方保护主义大量存在、市场竞争不充分、阻碍优胜劣汰和结构调整等问题。解决这些问题，迫切需要加强和改善市场监管，破除制约体制的障碍。

五、"互联网+政务服务"为智慧政府建设提供新契机

中国有世界上最大的网络规模，中国消费互联网和产业互联网强势崛起，2025年要由制造大国走向制造强国，所有这些都为智慧政府建设、"互联网+政务服务"奠定重要基础。以简政放权、放管结合、优化服务为重点的行政改革，为实施"互联网+政务服务"扫清体制、机制障碍，同时构建"五张清单一张网"，也为"互联网+政务服务"的应用打造了条件。

六、网上信访存在的三个突出问题

一是信息系统建设应用还不够，影响网上信访整体优势的发挥。当前，信访工作制度改革处于关键时期，推动改革措施落地落实需要有强有力的信息技术支撑。二是基础业务规范还较薄弱，影响网上信访办理质量的提高。三是推动问题解决还不到位，影响网上信访公信力全面提升。

资料来源　佚名. 行政改革蓝皮书：中国行政体制改革报告（2017）No.6 ［EB/OL］. （2017-11-07）［2018-09-19］. http://www.ssap.com.cn/c/2017-11-07/1062993.shtml.

第一节　行政改革概述

一、行政改革的含义、类型与方式

1.基本含义

行政改革（administration reform）有广义与狭义之分。狭义的行政改革仅指政府机构

改革；广义的行政改革则是指行政主体为适应内外环境的变化，而对行政管理的诸方面进行调整、变革的过程。它包括行政责权的划分、行政职能、行政组织、人事制度、领导制度、行政方式和行政运行机制等方面的改革。由于各国国情不同，即使同一国家在不同发展阶段的具体情况也往往有别。因此，行政改革的具体内容和具体方式也不尽相同。

2.基本类型

行政改革的基本类型主要包括调试型、转轨型和发展型。调试型改革是指发达国家在原有政治、经济框架范围内的适应性改革；转轨型改革是指实行计划经济体制的国家向市场经济体制转变中的行政改革；发展型改革一般指欠发达的第三世界国家的改革。

3.基本方式

行政改革有突变式和渐变式两种。突变式改革指在较短的时期内，对行政体制进行大幅度调整和变革，能迅速改革旧体制，但阻力和风险较大。渐进式改革则指用较长时间对行政体制各方面进行逐步的阶段性调整和变革，较为稳妥，进程相对缓慢。两种方式各有利弊，也有各自的适用性，行政改革过程中应按实际情况权衡利弊，做出抉择。

二、行政改革的必然性

1.行政改革是适应时代发展和应对全球化挑战的客观要求

和平与发展是当今世界的两大主题。随着和平力量的增长，促进世界向和平方向发展已成为许多国家政府的重要职责。而世界经济的国际化、集团化发展倾向对各国政府综合协调与宏观调控功能提出更高的要求，也引起各国政府对本国竞争力的高度重视。为应对全球化挑战，行政改革已成为当代各国政府的必然选择。

2.行政改革有利于促进社会经济发展和民主政治建设

当代国际政治、经济瞬息万变，竞争也日趋激烈，无论是发达国家还是发展中国家，都面临发展经济、加强民主政治建设的中心任务。因此，各国纷纷进行行政改革，通过管理制度、管理政策、管理机制和管理方式的调整，促进经济和社会发展，建立适应经济发展的行政法规、行政监督和民主制度等，增强政府管理活动的公开性与民主性，扩大公民参政议政的渠道，促进政府与社会公众之间的互相沟通和理解，从而更好地调节经济基础和上层建筑、生产力和生产关系之间的矛盾。

3.行政改革是适应当代科技发展、实现行政管理科学化和现代化的需要

当代科技发展是各国政府行政改革的强大动力。信息技术的发展为建立灵活、高效、公开、透明的政府提供了技术保障。信息时代的来临及"数字化生存"方式要求政府对迅速变化的社会做出及时的反应，打破了长期以来政府对公共信息的垄断，使公民与社会团体更容易参与政府的管理活动。这要求对政府组织及其运作做出调整与变革，从而实现行政管理的科学化和现代化。

三、行政改革的制约与推动因素

（一）行政改革的阻力

行政改革在一定程度上是一种利益的分配与再分配的过程，因此会受到来自各方面的阻力的影响，这一阻力可分为行政系统的外部制约和内部制约。

1.外部制约因素

对于发展中国家而言，行政改革受到的外部制约因素主要包括：

（1）市场经济发展的不完善。一般而言，要建立适应市场经济的政府体制，必须正确处理政府与社会、政府与市场、政府与企业的关系，合理界定政府的职能范围。正确界定政府职能范围的前提条件则是自主的市民社会的成长和市场机制的完善。对于发展中国家而言，市场经济发展的不完善性普遍存在，制约了政府能力与行政发展的速度。

（2）改革配套程度不够。行政组织机构是上层建筑的一个小系统，又是经济基础和上层建筑结合的部分。行政改革必须与政治制度和经济制度的改革相配套并协同进行；否则，任何一方的改革滞后都会影响整个社会改革与发展的进程，其直接的表现是各种矛盾在不同系统之间或系统不同层级之间上下左右移动。

2.内部制约因素

政府和公务员是这一制约和阻力的主要来源。行政改革的一个悖论是：政府既是行政改革的设计者、组织者、实施者和推动者，又是改革的对象和客体，这形成了改革的主体和客体的二位一体。因而，行政改革在很大程度上是一种基于外部压力的、被动的"自我手术"，当改革涉及政府及其一些成员的既得利益时，行政改革的内在阻力就会产生并得以强化，具体而言是：

（1）既存制度。既存的体系与制度往往具有很大的惯性。一方面，这种惯性能使行政体系生存下去，并保持稳定生命力；另一方面，它是一种保守力量，其稳定性使得行政系统在接受动力刺激时保持一种半隔离状态，而不是直接承受发展力量的冲击。因此，行政体系在体制上自然具有一种阻挠行政发展的惰性力量，表现为传统体制、传统观念给行政体系带来各种内耗。

（2）政府雇员的阻力。改革是对权力与利益的重新分配与调整，这种分配与调整的任何举措均涉及现存权力格局和某些政府雇员的既得利益。某些政府雇员为维护自身的既得利益必然会滋生"经济人"行为，公务员属于社会权力与利益的既得者阶层，任何危及他们既得利益的改变都会遭到阻力，即对行政发展与改革的直接抵制与反抗。

（3）行政价值。行政价值作为政府对行政体系和行政行为存在的理想状态和稳定信念，是整个行政系统的灵魂。在一定意义上，行政价值体现了对行政行为的认同，决定了行政功能及其内在构造。在行政发展过程中往往会产生一些行政价值的偏颇，不可避免地损害行政价值的实现。当然，这种损害并非在主观上蓄意阻挡行政改革与发展，而是由于凭主观意志办事，不顾发展的客观规律盲目改革而把行政发展引入歧途。

总之，对行政改革的阻力与制约因素的分析有助于我们找到克服阻力的途径，进而消除这些因素。行政改革的任务就在于不断克服阻力，激活行政发展的动力，给行政体系注入新的活力以抵消或消除其惰性因素，形成新的行政结构来取代旧的行政结构。

（二）行政改革的动力

行政改革的动力意指推动决策者与行政领导采取措施，实现行政改革的力量。它来源于对行政系统现状进行改变的需求，也可以概括为一种客观需要或潜在利益。不同国家行政改革的动力因素因其国情不同而有别，但不可否认这其中也有共同的因素：

1.行政改革的外部动力

（1）政治因素。政治与行政有着最为紧密的联系，政治发展对行政发展的影响最为直接，如国际危机的发生要求行政体系做出紧急反应与应对，来确保社会稳定与人民生活不受或少受影响（如2008年由华尔街金融风暴蔓延至世界各国，导致全球经济危机，对美国进而对全球各国政府的考验）。政治制度的变更与发展必然导致行政制度的相应变化。不同政体下的行政体系显然是不同的，宪法的修改涉及行政体系时，行政体系必然随之变化。政治决策的变动也要求行政体系相应变化。

（2）经济因素。经济基础决定上层建筑，经济制度的变化必然导致行政制度的变革。经济政策的变化会对行政体系提出不同要求，一定的经济情况需要与之相适应的行政制度来维持并发展。经济的发展也必然伴随行政的发展。

（3）文化因素。任何一个行政体系的结构形式、运转程序、决策过程，以及行政人员的行为、态度、价值观等都直接或间接受到文化的影响与制约。当一种新的行政文化、行政价值取代旧的行政文化、行政价值时，行政改革与发展也有可能变为现实。

2.行政改革的内部动力

这主要来自行政体系本身的自主发展规律，即行政体系本身的一种自然生长的趋势。

（1）新技术的发展。目前，对行政改革与发展带来直接冲击的是信息技术，其在行政领域得到广泛应用，并越来越显示了它的辉煌前景。行政信息技术的普遍应用在精减组织人员、降低行政成本的同时，也带来了一系列新的行政管理模式与组织方法，极大地提高了行政效率，增加了行政管理的经济效益。

（2）政府内部人士的改革倾向。政府内部那些对其工作和社会有着使命感与责任心的人员往往是行政改革的中坚力量，对行政改革与发展起着推动作用。

（3）政府雇员的利益需求。每一位行政人员都是追求各自利益的"经济人"，这种利益需求既有较低层次的生理需求，也有较高层次的升迁、荣誉、自我实现的需求。因此，政府雇员自我实现的需求无疑是行政发展的巨大力量。

四、当代西方国家的行政改革

（一）当代西方国家行政改革的基本趋势

第二次世界大战以后，社会经济飞速发展，国家干预不断增强，使得各国政府的行政职能与管理范围不断扩大，行政机构与人员编制日益增加，政府机构臃肿、公共开支不堪重负、行政效率低下等负面问题也随之而来。为摆脱这一困境，促进经济高速发展，自20世纪70年代中期以来，西方各国政府都积极推进行政改革。

1.缩小行政管理范围，强化政府宏观调控和综合协调功能

为了减轻政府负担，当代西方国家行政改革的一个基本趋势就是分散转移政府专业管理职能，普遍采取如下措施：

（1）国有企业私营化。这是指将部分国有企业或资产卖给私人经营。英国在1979年撒切尔夫人执政后开始积极推进私营化运动，至1994年止有46%的国有企业私营化。而法国政府在第二次世界大战后为了恢复战争带来的严重破坏，曾由国家出面直接兴办并管理了较多企业。随着经济的恢复和发展，法国将一些国有企业逐步改为国家控股、参股或

直接转为私营企业。在 1986 年以后，法国政府通过法律规定，开始推行大规模民营化计划。美国也在一定程度上实行了民营化。

（2）公共事务管理民营化。这是指政府将公共事务或部分政府职能委托给民间团体或私人管理。据统计，美国有大约 35% 的地方政府允许私营企业负责收集城市垃圾，42% 的地方政府使用私人企业经营公共汽车系统。布什总统执政时期的行政改革（2001—2008年）在社会福利和医疗方面，提倡对社会福利机制进行逐步的撤销管制，并主张将社会福利民营化，以便给人们提供更多元化的选择。

（3）政府业务合同化。这是指政府把主管的部分业务工作推向市场，由政府与企业签订合同，以保证其业务目标的实现。法国政府自 20 世纪 60 年代末开始首先在政府和企业间实行合同制。政府与企业通过谈判签订合同，明确规定双方的义务，企业按合同履行义务，政府则据此对其进行监督并支付酬金。这种形式自 20 世纪 70 年代以来在西方各国被普遍推行，业务内容由过去的后勤事务扩大到环境保护、公共项目的论证与规划、公共组织的绩效评估等。在政府业务合同化过程中，英国的"下一步行动"方案和新西兰的公司化改革尤为激进。二者的共同点是把机构内部的中下层组织转变为具有独立性质的单位，实行经理负责制，经理被赋予机构、编制、人事管理和财务等方面的自主权。这一改革实现了上下级关系由直接隶属到合同关系的转变，上级对下级的控制由着眼于工作过程到着眼于工作结果的转变，体现了决策与执行分离的趋势。

2.重组政府机构

传统的科层组织制度是以政府垄断为基础，以严密的分工、明确的权责制度、健全的层级体系和规章制度为特征的。随着社会的发展和国家干预的加强，科层组织制度产生了机构庞大、效率低下等弊端。因此，改革传统科层组织制度、建立精干高效的政府机构成为当今各国政府改革的重要目标。各国在改革政府机构的过程中，一般都采取调整与合并政府部门、裁减雇员、政府部门私有化等措施，并在组织结构上采用扁平层机制，减少中间管理层次，简化内部规章制度，实行参与管理、参与决策；对解决非经常性问题，则多采用临时机构如特别委员会、项目小组等。

3.改革并完善公务员制度

西方各国的公务员制度改革普遍采取紧缩编制、精减冗员的做法。英国 1968 年的《富尔顿报告》详细分析了传统文官制度的弊端，指出公务员缺少专业知识、缺少有效的通才管理者、晋升制度不合理等问题，并建议打破原有职位分类法，建立统一的文官队伍的等级，强调文官队伍知识结构和业务能力专业化以及增加文官队伍的流动性等。报告的许多主张被英国政府采纳了，如成立文官部统一管理文官、改革文官选拔方法、取消过多的文官职责、更多地录用企事业单位和地方政府中有经验和专长的人员等。该报告也对其他国家的公务员制度产生了深远影响。美国里根总统以"新联邦主义"为施政思想，进行人事制度改革和解除管制运动。美国总统克林顿和副总统戈尔在共同执政期间废除了联邦人事管理手册，赋予用人单位更大的自主权，同时在工资绩效、福利待遇和职位分类等环节完善公务员激励机制。

4.改进行政管理的程序和方法

西方各国政府在简化行政程序方面普遍采取以下做法：缩小审批事项的管理范围；下放审批权限；废除失效的、过时的条例；合并重复的审批程序和审批制度等。如澳大利亚政府在1985年采取措施废除所有过时无用的条例，规定了新条例的时效，并明确各不同行政层级的条例审批权限；1987年1月又做出了新规定，要求所有有关企业管理的条例在提交部长会议之前，必须经政府企业管理条例检查小组对其可行性和实效性进行全面审议，使之简单易行。

当代西方各国政府管理方式和方法改革的另一个基本趋势，就是将市场导向思想应用于公共管理，注重引入私人企业的成功管理办法。这方面英国的做法尤为突出。英国1968年的《富尔顿报告》提出的行政改革思想直接吸取了大型企业管理的经验；1979年的"效率评审计划"则几乎是现代化大企业所普遍采用的效率评审技术在政府中的翻版；1988年的"下一步行动"方案也借鉴了企业管理的先进经验。1991年，英国保守党政府为了体现其行政的顾客取向和市场导向，颁发了《公民宪章》白皮书，明确规定提供公共产品和服务的公共部门必须接受市场检验，唯有赢得竞争并提供优质服务的单位才能生存和发展。

5.调整中央政府与地方政府的权责划分

中央与地方的关系是当代行政改革的重要内容之一。20世纪70年代以来，中央与地方关系的改革呈现集权与分权两种趋势，以地方分权为主流。美国在罗斯福政府时期为摆脱经济危机影响，提出"合作联邦主义"的口号，大大强化了联邦政府的权力，至20世纪60年代中央集权发展到顶峰，弊端也日益显现。因此，自70年代以来，美国政府对中央与地方的关系进行了调整，里根政府时期提出了"还政于州"的口号，给州政府更多自主权。克林顿政府也积极推行放权原则，将联邦政府的社会职能逐步转移给州政府。法国政府也是把权力下放和权力分散作为行政改革的突破口，1992年又颁布了关于地方议员行使职权的条件以及地方行政运作方式的法律文件，从而形成了法国政府权力下放和权力分散的基本格局。

需要特别注意的是，当代西方国家分权与放权的改革中，各国政府都坚持财权集中、事权分散的原则，即在国家整体利益得以维护的前提下，充分调动地方政府的积极性；同时，在不同程度上强化了中央政府对地方政府的有效监督，加强中央的宏观调控。

（二）主要特点

1.坚持有计划、渐进性的行政改革

西方各国的行政改革都深深植根于本国的社会、政治、经济、文化这一坚实基础，既有共性，又有个性。如美国历史较短，没有传统包袱，法制比较完备，其行政组织较为规范，加之经济发达，注重行政学的研究，因此形成了以节约政府开支、提高行政效率为基本出发点的行政管理原则。而英国历史悠久，传统的作用较强大，因此其行政改革的最显著特点是平稳过渡，随着形势变化与发展循序渐进地进行阶段性改革。此外，把行政改革与经济、社会的发展相联系，使改革为经济、社会的发展服务，这是西方国家行政改革的共同点，也是行政改革的基本规律。

同时，西方国家行政改革大都强调改革的阶段性与渐进性，坚持有计划、分阶段、分步骤地实施改革。美国调整改革联邦与州关系的方式也比较温和，如还权于州的"新联邦主义"改革，从20世纪60年代末尼克松总统开始，这种部分转移的权力缓解了中央政府的政治压力，同时调动了地方政府的工作积极性，增强了地方政府的社会责任感，其工作思路是正确的。但是，民主党的掣肘致使进展缓慢，再加上"水门事件"的影响，"新联邦主义"实施的效果并不十分理想。德国采取了非连续型渐进主义模式，即改革具有非连续性、渐进性和零散性的特点。

2.坚持依法改革

在西方国家，行政改革的每个步骤、措施，都要有议会通过的相应的法律作为依据才能实施。美国《宪法》明确规定，总统和政府行政机构的权力是宪法和法律赋予的，一切改革活动必须以法律为依据，未经授权不得擅自采取任何行动。如克林顿总统上台后，为推进以"绩效"为中心的行政改革，政府于1993年颁布实施《政府绩效与结果法》。该法案实施以来，大大减少来自政府内的抵触，使美国政府在绩效方面的改革举措相对于其他改革举措开展更为顺利。其后，克林顿政府又颁布了《联邦劳动力重构法》《政府改革管理法》《联邦采购改革法》等，为深入改革提供了法律保障。

3.追求政府管理效益

西方各国政府在改革过程中都很注重提高政府管理效能与服务质量，每次行政改革都强调用尽可能少的收入来换取尽可能多的产出，少花钱多办事。

英国作为老牌资本主义国家，第二次世界大战以后在世界上的领先地位逐步为其他国家所替代，国内经济发展也面临许多困难，这种情况迫使英国政府开始注重提高政府管理效能与服务质量。1968年的《富尔顿报告》虽涉及政府职能的调整和公务员制度改革，但其宗旨是便于采用企业管理的经济核算办法，引入"输出预算法"和应用新式管理会计学，所以，虽然机构增加了，服务质量提高了，但政府的财政压力减小了。1979年的"效率评审计划"则直接为政府节省了20亿英镑支出。1991年的"市民宪章"运动虽然未对政府体制做出实质性改变，但它力图克服公共服务行业中服务态度不好和服务质量不高等问题，对提高公共服务质量做了种种规定，得到了群众拥护。1992年的"市场检验"运动将政府部分公共服务项目推向市场，进行公开招标，引入了竞争机制，打破了原来的政府垄断格局，其目的也是提高政府公共服务质量，并充分利用社会财力、物力来办公共服务项目。

此外，美国、法国等政府也都奉行"顾客至上"的原则，采取各种措施提高服务质量。

4.组建精干高效的改革工作班子，重视发挥参谋咨询机构的作用

为推动行政改革并控制改革以达到预期目标，西方国家大都成立了精干高效的实施与监督行政改革的机构。如英国政府的主要行政改革措施都是由内阁办公厅属下的"效率小组""下一步行动小组""市民宪章小组"来组织实施的。这几个小组机构精干，人员素质很高，效率也较高。这些小组直接对首相的顾问负责，有关报告可以直接呈送最高层。这些机构在推进英国行政改革中发挥了重要作用。

此外，西方国家进行行政改革时都十分重视专家的咨询意见。为了保证专家意见的权威性，各国政府都成立了专门研究行政改革的临时性委员会或常设委员会，如美国的第一届和第二届"胡佛委员会"。此外，有些民间咨询机构也会承担政府交给的咨询任务，为政府行政改革出谋献策。它们具有相对的独立性，在促进政府行政管理科学化方面发挥了重要作用。

第二节　当代中国行政改革

一、当代中国行政改革的历程

中华人民共和国成立以来，伴随着国家政治、经济、社会的发展变化，国家行政组织先后进行了多次改革。从整体上看，这些改革基本是围绕调整中央与地方的关系、调整国民经济结构、调整社会管理重点而进行的，其基本形式是调整机构和精减人员，以及后来的转变政府职能。行政改革总体上可以分为两个阶段：

第一阶段是保持传统体制的行政改革阶段（1949—1978年）。这一阶段的改革本质是适应传统计划经济的需要来构建政府体制，是对传统行政体制进行修补式的改造。

第二阶段是重塑政府体制的行政改革阶段（从1978年至今）。这一阶段行政改革本质是适应发展社会主义新经济体制的需要，尤其是适应社会主义市场经济体制的需要而进行重塑政府体制的改革。

1.1954年改革

中华人民共和国创立初期，我国成立了被称为"政务院"的中央人民政府，下设政治法律、财政经济、文化教育、人民监察4个综合性委员会及其35个所属部、委、院、署、行、厅。同时，在中央政府以下，省、直辖市以上设立了华北、东北、西北、华东、中南、西南六大区域性地方人民政府，并将其作为中央政府领导地方的派出行政机关。1952—1953年，中央改六大区人民政府为行政委员会，并取消行政委员会领导地方政府的职能，同时将政务院的工作部门增加到42个。

1954年，首届全国人民代表大会召开，制定了我国第一部社会主义宪法，并在此基础上对政务院进行了较大调整：政务院改名为国务院，撤销了4个综合性委员会；设立了分别协助总理处理政务的8个办公室；对部委进行了较大调整，设立了24个主管部门。调整后的国务院共设置了64个工作机关。与此同时，各地方政府比照中央政府对口设置厅、局，形成了自上而下的以中央为主的、与计划经济相一致的部门管理体制。这是中央政府第一次较大的行政改革，奠定了我国行政管理体制的基本模式。

2.1958—1959年改革

随着1955—1956年城乡经济建设事业的发展，中央政府为加强对经济建设工作的指导，推动国民经济建设各部门有计划、按比例地均衡发展，对国务院所属财经部门机构进行了调整。调整的结果就是按行业、产品设置的经济管理部门分工越来越细，机构越来越多。至1956年年底，国务院所属部门达到81个，形成了中华人民共和国成立以来中央政府机构设置的第一个高峰。

根据毛泽东同志的意见，政府从1958年开始对行政管理体制进行改革，将中央直属大部分事业单位下放给地方管理，同时对国务院进行了精简调整。到1959年年底，国务院所属部门减少到60个，小于1954年的规模，形成了第二次较大的国家行政改革。这次改革是中华人民共和国成立后关于国家行政管理体制分权的第一次尝试。

3.1965年改革

"三年困难时期"之后，从1961年开始，中央政府开始对国民经济实行"调整、巩固、充实、提高"八字方针，认为对有限的资源实行统一领导和集中管理是恢复国民经济的唯一出路，因此，在总体指导方针上重新强调集中管理，将1958年以来下放的单位陆续收回中央管理。与此相适应，中央政府恢复和增设了机构。至1965年年底，国务院行政机构达到97个，中央各部门直属企业、事业单位由1959年的2 400多个增加到10 500多个，形成了中央政府机构设置的第二次高峰。实践证明，在当时情况下这样做是正确和有效的。在此期间，中央还提出了用经济方法管理经济的某些思想，并进行了某些探索。但这些成就不久就被"文化大革命"否定和破坏了。

"文革"十年期间，国务院受到严重破坏。至1970年，国务院工作部门只剩下32个，行政管理工作几乎瘫痪。这是一种极不正常的"变革"。

4.1982年改革

粉碎"四人帮"之后，从1977年开始国务院很快恢复了部门管理体制，至1981年国务院设部委机构52个、直属机构43个、办公机构5个，机构总数高达100个，达到了中华人民共和国成立以来机构设置的最高峰。此时，机构臃肿、层次繁多、互相扯皮、人浮于事等问题日益突出，过去遗留下的领导职务终身制、干部队伍老化等问题也日益严重。从1982年开始，中央开始了改革开放以来的第一次规模较大的行政改革。

1982年机构改革的主要成果是：提出了干部的"四化"方针，在解决干部队伍老化和领导职数过多方面取得了突破性进展；实行行政首长负责制，并将这一原则写入了《中华人民共和国宪法》。这一阶段的改革为经济体制的全面改革铺平了道路，为此后的行政改革积累了经验，对改革开放的顺利进行起到了重要的保障作用。但由于这次改革是在经济体制改革尚未全面展开的情况下进行的，因而未能从根本上解决机构林立、职能重叠、人浮于事、效率低下的弊端。

5.1988年改革

从1988年开始，国务院开始进行又一轮的行政改革。这次改革的重点是同经济体制改革关系极为密切的经济管理部门，特别是其中的专业管理部门和综合部门内的专业机构。通过这次机构改革，国务院部委一级机构由45个调整为41个；直属机构由22个调整为19个；办事机构由4个调整为5个；人员编制在原有5万余人的基础上，裁减了7 900余人。

1988年改革的主要成果有：第一次明确提出了以转变职能为重点的改革思路；提出政企分开、党政分开的原则，初步理顺了党政关系、政企关系、中央与地方的关系；对各部门实行定职能、定机构、定编制的"三定"原则。由于1988年机构改革开始不久，中国经济即转入治理整顿时期，因此政府职能转变进展缓慢，管理方式未发生根本转变。

6.1993年改革

1992年10月，党的十四大明确提出了我国要建立社会主义市场经济体制的目标，使市场在国家宏观调控下对资源配置起基础性作用。从1993年开始，我国进行了改革开放以来的第三次重要的行政改革。按照党的十四大的要求，这一阶段的行政改革以适应社会主义市场经济发展的要求为宗旨，改革的重点在于转变职能、理顺关系，改革的根本途径是实现政企分开。这次改革是在认真试点的基础上自上而下展开的，历时近3年。这次改革把行政管理的职能转向了统筹规划、掌握政策、信息引导、组织协调、提供服务和检查监督；各级政府普遍精简了机构和队伍，并把建立适应社会主义市场经济发展的行政管理体制作为重要目标。

这次改革的最大特点是：第一，把适应社会主义市场经济发展的要求作为改革的目标；第二，由侧重下放权力转向制度创新，明确提出了行政管理体制改革的目标，从而提高了机构改革的广度和深度；第三，注意改革的配套性。从1993年起，我国推行国家公务员制度。但由于历史条件的制约和宏观环境的限制，1993年行政改革还是在传统计划经济的客观背景和现实基础上展开的，改革思路没有摆脱计划经济的框架，这次改革仍没有很好地解决政府机构的诸多弊端，带有很强的过渡性。

7.1998年改革

虽然经多次行政改革，但政府机构问题未能得到根本性解决，仍存在严重弊端。为此，1998年3月，第九届全国人大通过了国务院机构改革方案，以此为标志，新一轮的改革拉开了帷幕。根据党的十五大精神，改革的目标是建立办事高效、运转协调、行为规范的行政管理体系，完善国家公务员制度，建设高素质的专业化国家行政管理干部队伍，逐步建立适应社会主义市场经济体制的有中国特色的行政管理体制。

这次改革的成果和特点是：

第一，明确定位政府职能范围。首先，将政府总体职能明确定为宏观调控、社会管理和公共服务；其次，进一步明确政府的经济管理职能。

第二，政府职能转变呈现新特点。首先，政企分开有了新的突破，撤销了一批专业经济管理部门和行政性公司、总会，组建由国家经贸委（2003年3月被撤销）管理的国家局，并明确规定这些国家局不再直接管理企业。最后，职能转变更合理，符合社会主义市场经济建设的客观要求。

第三，抓住了转变职能的新切入点，行政审批制度改革取得了实效。

第四，国务院组织机构职能配置更加合理。如将原来由劳动、人事、民政、卫生4个部门管理的以及由各行业部门统筹的社会保障工作统一由劳动与社会保障部（2008年3月被撤销）管理。

第五，国务院组织机构的设置更加合理。在改革思路上，我国把机构改革同政府职能转变紧密联系起来，体现了市场经济的要求，要把政府职能切实转变到宏观调控、社会管理和公共服务方面来。

8.2003年改革

为解决行政管理体制中的一些突出矛盾和问题，促进改革开放和为现代化建设提供组织保障，2003年3月，第十届全国人大一次会议审议通过了新一轮的国务院机构改革方案，启动了改革开放以来的第五次行政改革。

这次改革的特点是：

第一，着重优化组织结构，整合组织功能。本次改革明确界定和规范政府各部门的职能分工，着重调整归并业务相近的机构、联系密切的机构，以及因分工过细导致职责交叉、关系不和的机构。如将原来分散在几个部门中的对国有企业的指导和领导干部管理职能、国有资产管理职能等整合起来，设立国有资产监督管理委员会，为国务院直属正部级特设机构，代表国家履行出资人职责。2018年3月，根据第十三届全国人民代表大会第一次会议批准的国务院机构改革方案，将国务院国有资产监督管理委员会的国有企业领导干部经济责任审计和国有重点大型企业监事会的职责划入中华人民共和国审计署。

第二，优化政府人员结构。调整和改善机关人员结构，着力充实和加强市场监管部门和基层一线的执法力量。

第三，强调政府职能进一步转变和调整。这次改革进一步将政府职能定位为经济调节、市场监管、社会管理和公共服务4个方面。从机构改革的方案来看，政府职能的转变与调整体现在以下方面：加强宏观管理与监督、健全社会管理与监督、重新界定中央与地方政府职能、加强服务职能。

9. 2008年改革

根据党的十七大和十七届二中全会的部署，为了促进经济社会又好又快发展，统筹兼顾，在一些关键领域迈出重要步伐，我国施行了改革开放以来的第六次行政改革。这次改革突出了三个重点：一是加强和改善宏观调控，促进科学发展；二是着眼于保障和改善民生，加强社会管理和公共服务；三是积极探索职能有机统一的大部门体制。

10. 2013年改革

党的十八届二中全会和十二届全国人大一次会议审议通过了《国务院机构改革和职能转变方案》，要求各地区、各部门统一思想，精心组织，认真抓好改革实施。国务院机构改革和职能转变事关重大，任务艰巨，需要统一部署、突出重点、分批实施、逐步推进，通过坚持不懈的努力，用3至5年时间完成方案提出的各项任务，加快建设职能科学、结构优化、廉洁高效、人民满意的服务型政府。

通过这次改革，国务院正部级机构减少4个，其中组成部门减少2个，副部级机构增减相抵，数量不变。其具体内容是：实行铁路政企分开；组建国家卫生和计划生育委员会；组建国家食品药品监督管理总局；组建国家新闻出版广播电影电视总局；重新组建国家海洋局；重新组建国家能源局。

11. 2018年改革

2018年2月28日，党的十九届三中全会通过了《中共中央关于深化党和国家机构改革的决定》《深化党和国家机构改革方案》。3月17日，十三届全国人大一次会议审议和批准了《国务院机构改革方案》。

从调整机构数量上看，这次改革组建了7个组成部门，重新组建了2个组成部门，优化了2个组成部门职责，不再保留6个组成部门；组建了8个其他机构，重新组建了1个其他机构。改革后，国务院组成部门除国务院办公厅外有26个，正部级机构减少了8个，副部级机构减少了7个。从调整机构的性质上看，这次改革不仅大力调整了国务院组成部门，也对国务院直属机构、国务院办事机构、国务院直属事业单位、国务院部委管理的国家局进行了相应的改革。

二、中国行政改革的基本经验与展望

(一) 中国行政改革的基本经验

1. 立足中国国情，坚持因地制宜、区别对待

一个国家的行政体制由本国政治、经济、文化、历史等因素决定，只有从本国国情出发才能保证改革成功。我国人口众多、幅员辽阔；我国还是一个发展中国家，人均国民收入较低，仍处于社会主义初级阶段；我国实行社会主义公有制的经济制度，政府承担对公

有制财产的保值与增值责任等。同时，我国经济发展具有不平衡性，地区经济发展水平差异很大，这在客观上要求在把握行政改革的总目标与实行改革时必须注意各地特殊情况，使改革具有灵活性。

2.坚持以经济发展为中心，并与经济体制改革相配套

行政体制作为上层建筑，既反作用于经济体制，又受社会经济发展水平及经济体制的制约。行政体制要服从和服务于社会经济发展和经济体制改革。因此，我国的行政改革始终是以经济建设为中心，围绕经济建设事业进行的，无论是机构精简还是人员调整都服从发展经济运行的需要；同时，把政府转变职能、促进政企分开、使企业拥有真正的自主权等放在突出位置，并随着经济体制改革的进程不断深化。这些都是我国行政改革取得成功的重要经验。

3.树立科学发展观，正确处理改革、发展与稳定的关系

科学发展观揭示了发展的本质与内涵。中国处于向市场经济转型的关键时期，没有社会稳定就不可能发展经济和促进改革，而经济的持续和快速发展是社会稳定的基础，改革又是经济发展的基本动力，因此，发展是目的，改革是动力，稳定则是推进改革与发展的前提。

4.广泛吸收和借鉴国外发达国家的行政改革经验以及我国传统行政精华

对外开放是我国基本国策，是促进改革、加快改革的成功之路。世界各国在长期行政管理实践中积累了许多经验，是人类的共同财富，尤其某些发达国家在发展市场经济过程中积累的某些经验，值得我们参考借鉴。

与此同时，我国是一个历史悠久的文明古国，几千年的行政历史实践为当今行政改革提供了丰富的养料，因此，在行政改革中既要坚持对外开放，吸收借鉴世界各国行政改革的成功经验与做法，又要注意弘扬我国传统文化精华，做到古为今用，促进具有中国特色的行政体制的完善。

5.坚持逐步实施、逐步到位的渐进型改革策略

改革是对各种利益的大调整，必然引起利益格局与社会关系的变化，因此也必然会遇到许多问题与矛盾。这决定了中国行政改革的复杂性、艰巨性与长期性，因此，必须采取渐进性改革方式，采取从点到面、从局部到整体、由表及里的分步实施做法，并且要自上而下、上下结合地逐步推行，使改革取得明显效果。

（二）中国行政改革的展望

党的十七大报告指出："要抓紧制定行政管理体制改革总体方案，着力于转变职能、理顺关系、优化结构、提高效能，形成权责一致、分工合理、决策科学、执行顺畅、监督有力的行政管理体制。健全政府职责体系，完善公共服务体系，推行电子政务，强化社会管理和公共服务。"根据党的十七大报告精神，深化行政改革的目标是，建设服务型政府、责任制政府、效能型政府、法治型政府。

党的十九大报告提出"深化机构和行政体制改革"，十九届三中全会对深化党和国家机构改革做出部署，明确了改革的指导思想、原则、目标和任务，强调这是"推进国家治理体系和治理能力现代化的一场深刻变革"。深化政府机构改革是党和国家机构改革的重要任务，是国家治理变革的必然要求，要适应新时代发展的要求，以加强党的全面领导为统领，以国家治理体系和治理能力现代化为导向，以优化协同高效为着力点，转变政府职能，推进重点领域和关键环节的机构职能调整优化，着力构建职责明确、依法行政的政府治理体系，增强政府公信力和执行力，加快建设人民满意的服务型政府。

1.建设服务型政府

（1）强化社会管理和公共服务职能。建设服务型政府是以民为本、执政为民宗旨的职能化、制度化。建设服务型政府要求政府从管理型走向服务型。

我国要创新经济管理制度和方式，更多地运用经济和法律手段调节经济活动；强化市场监督，加强对涉及人民生命财产安全的领域监督，深入整顿与规范市场秩序，反对不正当竞争，严厉打击侵犯知识产权、制假售假等扰乱市场秩序的违法行为；要按建设服务型政府的要求，创新公共服务体制，改进公共服务方式；以发展社会事业和解决民生问题为重点，着力解决就业、就学、就医、社会保障等公民最关心的问题，优化资源配置，加强公共设施建设，完善社会管理制度，提高社会管理水平，为全体人民提供更多、更好的服务。

（2）树立以人为本的理念，培育公务员服务意识。建立服务型政府，首先应明确公务员对行政理念的正确认识。公务员是为人民服务的公仆，是服务型政府建立过程的主导性因素。因此，公务员明确自己的义务与职责，摆正自己的位置，在管理理念上由"管"向"服务"转变，强化管理就是服务的意识。

（3）深化行政审批制度改革。我国深入贯彻《中华人民共和国行政许可法》，减少和规范行政审批事项。政府对现有行政许可项目和非法行政许可项目继续清理，该取消的取消，能下放的尽量下放；对已取消项目，要切实加强后续监督工作，杜绝各种变相审批行为。

我国要完善审批方式，简化和规范程序，制定操作规程，向全社会公开；要创新管理制度和方式，建立健全有效的社会投资引导与调控体系，特别要规范政府与国有企业的投资行为。

2.建设责任制政府

（1）建立以行政首长为重点的行政问责制度。政府的权力是人民赋予的，必须对人民负责，受人民监督。各级政府不仅要在公民提出正当要求时及时做出回应，更要积极主动、有创造性地履行其法定职责，树立责任感，自觉承担责任。有职需有权，有权必有责，用权要受监督，违法要受追究，侵权要赔偿，这些是建设责任制政府的基本要求。

（2）建立绩效评估制度。我国要科学地确定政府绩效评估内容与指标体系，实行政府内考核与公众评议、专家评价相结合的评估方法，促进树立与科学发展观相适应的政绩观；要按奖优、治庸与罚劣的原则，充分发挥绩效评估的导向、激励与约束作用，反对浮夸、急功近利、劳民伤财的"形象工程""政绩工程"等。

3.建设效能型政府

（1）提高政府的行政效能。效能型政府是高效率、低成本、社会效益显著、民众真正受益的政府。建设效能型政府首先要求政府以及公务员牢固树立成本意识与节约意识，追求低成本；同时，借鉴企业管理经验改造政府内部管理，探索适应公共部门的高效率特殊机制。

（2）增强政府执行力与公信力。这是提高人民群众对政府满意度与信任度，进而深化行政管理体制改革的重要目标和基本任务。目前，一些地方政府与部门存在以下两个突出问题：一是政令不畅、执行不力；二是失信于民。解决这两个问题是提高政府执行力与公信力的关键。

4.建设法治型政府

（1）加强立法。建设法治型政府是加强政府自身建设的首要目标。国务院关于《全面推进依法行政实施纲要》明确了法治政府建设的七大目标，并提出经过10年左右努力基本完成这些目标的任务。党的十八大把法治政府基本建成确立为到2020年全面建成小康社会的重要目标之一，意义重大、影响深远、任务艰巨。为深入推进依法行政，加快建设法治政府，如期实现法治政府基本建成的奋斗目标，2016年1月10日，中共中央、国务院印发《法治政府建设实施纲要（2015—2020年）》。党的十九大提出建设法治政府，推进依法行政，严格规范公正文明执法。从2020年到2035年，在全面建成小康社会的基础上，再奋斗15年，实现法治国家、法治政府、法治社会基本建成，各方面制度更加完善，国家治理体系和治理能力现代化基本实现。

当前，我国要重视社会管理与公共服务的立法并应对各种突发事件，重视保障农民权益、劳动就业和社会保障以及公共事业发展方面的立法，逐步完备相关法律体系。

与此同时，我国应提高制度建设的质量，使之符合宪法和法律规定的权限与程序，充分反映客观规律和广大人民群众的根本利益。

（2）加强行政执法及检查。首先，我国应坚持严格、公正的执法原则，在执法过程中既要通过程序化保证行政机关迅速地打击违法现象，又要在此过程中不损害公民的合法性权益。其次，我国应加快建立权责分明、行为规范、监督有效的行政执法体制。政府应减少行政执法层次，对与人民群众的日常生活和生产直接相关的行政执法活动，应主要由市、县级行政执法机关执行。最后，加强行政执法的同时，我国有必要采取切实措施有效制约行政执法力，建立健全行政检察监督机制。政府应完善执法机关内部的检查监督制约机制，同时还要开展其他形式的外部监督机制，如人大监督、司法监督与新闻监督等。

关键术语

行政改革（administrative reform）　　行政审批（administrative approval）

基本训练

★简答题

1.行政改革的含义、类型与方式分别是什么？
2.简述行政改革的必然性。
3.简述西方国家行政改革的基本趋势。
4.简述西方国家行政改革的基本特点。
5.简述中国行政改革的历程。
6.试析中国行政改革的经验与前景。

★ 案例分析题

青海实施首批行政审批事项"证照分离"改革

青海省从 2018 年 11 月 20 日起对首批 107 项行政审批事项按照完全取消审批、审批改为备案、实行告知承诺、优化准入服务 4 种方式，实施"证照分离"改革，有效破解"准入不准营""办照容易办证难"问题，助推全省经济高质量发展。

实施"证照分离"改革后，各地各部门将按照重新制定出台的具体管理措施，依法履行行政审批和事中、事后监管职责，着力营造透明高效的市场准入环境和公平、公正的市场竞争环境。

在行政审批服务方面，青海省取消了两项行政审批事项，对两项行政审批事项改为备案，对 19 项行政审批事项实行告知承诺制。

对实行告知承诺的 19 项和优化准入服务的 84 项行政审批事项，青海省将按照"能上尽上、全程在线"的要求，提供网上办理服务，为申请人提交申请材料提供便利；按照"相同材料一次提交、相同信息一次采集、相同证明一次审查"的要求，减少营业执照复印件、法定代表人身份证复印件等相关证明材料的提交次数，让信息多跑路、群众少跑腿；按照便捷高效的原则，将行政审批事项的办理时限压缩 1/4 或 1/3，申请人办理"证照分离"事项将更加便利、高效。

资料来源　张雷，谭梅. 青海今起实施首批行政审批事项"证照分离"改革 [EB/OL].（2018-11-10）[2018-11-19]. http://news.cnr.cn/native/city/20181110/t20181110_524411319.shtml.

讨论：什么是行政改革？

资料阅读 14-1

资料阅读 14-2

［1］BARTLE J. Evolving theories of public budgeting ［M］. New York：JAI Press，2001.

［2］AMAN K，HILDRETH W B. Budget theory in the public sector ［M］. Westpoint：Quorum Books，2002.

［3］AMAN K. Financial management theories in the public sector ［M］. Westpoint：Quorum Books，2004.

［4］LANGBEIN L. Public program evaluation：a statistical guide ［M］. New York：M. E. Sharpe，Inc.，2006.

［5］德巴什. 行政科学 ［M］. 葛志强，施雪华，译. 上海：上海译文出版社，2000.

［6］格斯顿. 公共政策的制定：程序和管理 ［M］. 朱子文，译. 重庆：重庆出版社，2001.

［7］罗森布鲁姆，克拉夫丘克，罗森布鲁姆. 公共行政学：管理、政治和法律的途径 ［M］. 张成福，等，校译. 5 版. 北京：中国人民大学出版社，2002.

［8］邓恩. 公共政策分析导论 ［M］. 谢明，伏燕，朱雪宁，译. 4 版. 北京：中国人民大学出版社，2011.

［9］登哈特，登哈特. 新公共服务：服务而不是掌舵 ［M］. 丁煌，译. 3 版. 北京：中国人民大学出版社，2016.

［10］亨利. 公共行政与公共事务 ［M］. 孙迎春，译. 10 版. 北京：中国人民大学出版社，2017.

［11］麦克斯怀特. 公共行政的合法性：一种话语分析 ［M］. 吴琼，译. 中文修订版. 北京：中国人民大学出版社，2016.

［12］亨利. 公共行政学 ［M］. 项龙，译. 7 版. 北京：华夏出版社，2002.

［13］费斯勒，凯特尔. 公共行政学新论：行政过程的政治 ［M］. 陈振明，朱芳芳，等，译. 2 版. 北京：中国人民大学出版社，2013.

［14］休斯. 公共管理导论 ［M］. 张成福，马子博，等，译. 4 版. 北京：中国人民大学出版社，2015.

［15］沙夫里茨，拉塞尔，伯里克. 公共行政导论 ［M］. 5 版. 北京：中国人民大学出版社，2011.

［16］库珀. 行政伦理学：实现行政责任的途径 ［M］. 张秀琴，译. 5 版. 北京：中国人民大学出版社，2010.

［17］登哈特. 公共组织理论 ［M］. 扶松茂，丁力，译. 5 版. 北京：中国人民大学出版社，2011.

［18］竺乾威. 公共行政学［M］. 3版. 上海：复旦大学出版社，2014.

［19］张康之. 公共行政学［M］. 2版. 北京：经济科学出版社，2010.

［20］蔡立辉. 电子政务：信息时代的政府再造［M］. 北京：中国社会科学出版社，2006.

［21］刘雪丰. 行政责任的伦理透视：论公共行政人员的道德责任［M］. 长沙：湖南师范大学出版社，2005.

［22］杨寅. 公共行政学［M］. 3版. 北京：北京大学出版社，2013.

［23］张永桃. 行政管理学［M］. 南京：南京大学出版社，2005.

［24］江超庸，黄丽华. 行政管理学案例教程［M］. 2版. 广州：中山大学出版社，2006.

［25］清华大学公共管理学院. 中国公共管理案例：第二辑［M］. 北京：清华大学出版社，2006.

［26］程祥国，韩艺. 国际新公共管理浪潮与行政改革［M］. 北京：人民出版社，2007.

［27］宋光周. 行政管理学［M］. 4版. 上海：东华大学出版社，2015.

［28］唐铁汉. 中国公共管理的重大理论与实践创新［M］. 北京：北京大学出版社，2007.

［29］吴江. 行政管理学［M］. 北京：中国农业出版社，2007.

［30］徐双敏. 公共管理学［M］. 武汉：武汉大学出版社，2007.

［31］严新明. 公共管理学［M］. 2版. 北京：科学出版社，2016.

［32］张成福，党秀云. 公共管理学［M］. 北京：中国人民大学出版社，2007.

［33］张国庆. 公共行政学［M］. 4版. 北京：北京大学出版社，2017.

［34］陈奇星. 行政监督新论［M］. 北京：国家行政学院出版社，2008.

［35］何增科. 政治之癌：发展中国家腐化问题研究［M］. 北京：中央编译出版社，2008.

［36］郭小聪. 行政管理学［M］. 4版. 北京：中国人民大学出版社，2016.

［37］莫勇波. 公共政策执行中政府执行力问题研究［M］. 北京：中国社会科学出版社，2008.

［38］彭和平. 公共行政管理［M］. 5版. 北京：中国人民大学出版社，2015.

［39］王乐夫，蔡立辉. 公共管理学［M］. 精编版. 北京：中国人民大学出版社，2012.

［40］夏书章. 行政管理学［M］. 5版. 北京：高等教育出版社，中山大学出版社，2013.

［41］徐双敏. 行政管理学［M］. 3版. 北京：科学出版社，2018.

［42］安仲文，高丹. 行政管理学［M］. 3版. 大连：东北财经大学出版社，2017.

［43］曾维涛，许才明. 行政管理学［M］. 北京：清华大学出版社，2009.

［44］丁煌. 行政管理学［M］. 2版. 北京：首都经济贸易大学出版社，2013.

［45］胡税根. 公共危机管理通论［M］. 杭州：浙江大学出版社，2009.

［46］沈荣华，钟伟军. 中国地方政府体制创新路径研究［M］. 北京：中国社会科学

出版社，2009.

［47］唐钧. 政府公共关系［M］. 2版. 北京：北京大学出版社，2016.

［48］王敬波. 公共危机管理案例［M］. 北京：研究出版社，2009.

［49］徐晓雯，丛建阁. 行政管理学［M］. 2版. 北京：经济科学出版社，2009.

［50］颜佳华. 当代中国社会转型期政府权力运行机制重塑［M］. 长沙：湖南人民出版社，2009.

［51］中国行政管理学会. 政府层级管理［M］. 北京：人民出版社，2009.

［52］马骏，侯一麟. 公共管理研究：第8卷［M］. 上海：格致出版社，上海人民出版社，2010.

［53］张康之. 公共管理学［M］. 北京：中国人民大学出版社，2010.

［54］曹现强，王佃利. 行政管理学［M］. 北京：清华大学出版社，2011.

［55］湖南省行政管理学会. 政府效能建设研究［M］. 长沙：湖南人民出版社，2011.

［56］廖为建. 公共危机传播管理［M］. 广州：中山大学出版社，2011.

［57］王玉明. 国外政府绩效评估模型的比较与借鉴［J］. 四川行政学院学报，2006（6）：37-40.

［58］何小琏. 政府绩效评估的国际比较与借鉴［J］. 开发研究，2007（3）：152-155.

［59］彭国甫. 绩效评估：地方政府管理创新的新途径［J］. 西安交通大学学报：社会科学版，2007，27（4）：66-70.

［60］陈初昇. 国内外地方政府绩效管理比较研究［J］. 佛山科学技术学院学报：社会科学版，2008，26（1）：84-87.

［61］罗晓俊. 行政组织运作机制研究：纪律的视角［J］. 北京行政学院学报. 2016（5）：64-70.

［62］张美伦，苏林. 我国公共行政环境分析：基于行政生态学的视角［J］. 新西部：理论版，2016（11）：85-86.

［63］杨晓帅. 关于加快推进承担行政职能事业单位改革的思考［J］. 中国机构改革与管理，2017（3）：19-21.

［64］靳永翥，丁照攀. 精准扶贫战略背景下项目制减贫绩效的影响因素研究：基于武陵山、乌蒙山、滇桂黔三大集中连片特困地区的调查分析［J］. 公共行政评论，2017，10（3）：46-70.

［65］熊竞，罗翔，沈洁，等. 从"空间治理"到"区划治理"：理论反思和实践路径［J］. 城市发展研究，2017（11）：89-93.

［66］杨开峰. 新时代国家治理视域下的行政体制改革［J］. 中国机构改革与管理，2018（2）：30-32.

［67］毕瑞峰. 新时代推进行政体制改革的重点和方向［J］. 探求，2018（2）：65-68.

［68］黄伟. 职能归位："放管服"再添新活力［N］. 新华日报，2018-02-24（2）.

［69］武文斌. 为垦区改革发展创造安全稳定的社会政治环境［N］. 北大荒日报，2018-02-28（1）.